KB197341

2022 개정 교육과정에 따른

초등통합교과 교육론

정광순 · 김세영 · 김수진 · 민보선 · 박일수 · 박채형 · 신태중
양효준 · 유성열 · 이윤미 · 이인용 · 이찬희 · 이한나 · 조상연 · 홍영기 공저

학지사

머리말

통합
교육과정 통합, 통합교육과정
초등통합교과…….

이 책의 차례만 보아도 통합과 관련 있는 용어를 여럿 발견할 수 있습니다.

학교교과교육, 교과교육과정 분야에서 통합이라는 개념이 낯설게 느껴질 수 있지만, 통합은 사실 교육실천과 친밀한 용어입니다. 교육자, 특히 교사는 학생이 더 잘 이해하고 배울 수 있게끔 하려고 학생이 살아가는 생활세계와 교과 내용을 연계하기도 하고, 여러 교과 지식과 수행 과제를 엮어서 학습 가능한 활동들을 개발해 왔습니다. 이에 통합은 세상을 더욱 풍부하고 깊이 있게 바라볼 수 있도록 돕는 교육과정적 접근입니다. 우리가 학창 시절에 교육받은 경험들, 교육실천 경험 속에 통합은 늘 함께해 왔습니다.

이런 관점에서 저자들은 이 책을 (예비) 초등교사가 초등학교 통합교과, 나아가서 교실에서 교육과정을 통합해서 실행하는 교과교육을 좀 더 깊이 이해하고, 이를 더 적극적으로 실천하고 싶은 마음을 자극할 수 있기를 바라며 썼습니다.

제1부는 '왜 교육과정 통합인가?'라는 질문을 시작으로, 교육과정 통합을 설명하는 주요 이론들과 통합교육과정을 개발하는 방법들을 예시하였습니다. 특히 초등학교 교실에서 교사와 학생이 함께 실제로 실행한 다학문적·간학문적·탈학문적 통합교육과정 사례를 제시하였습니다. 이는 초등학교 교사가 생활하는 다양한 교실의 여러 가지 교실 상황에서 교육과정 통합을 시도할 수 있도록 안내합니다.

제2부는 초등통합교과(바른 생활, 슬기로운 생활, 즐거운 생활) 교육과정과 교과서를 중심으로, 1~2학년 교실에서 통합교과를 가르칠 때 유용한 실제를 담았습니다. 우리나라 초등통합교과가 추구하는 통합의 성격과 변천 과정을 살펴볼 수 있습니다. 그리고 2022년 개정 초등통합교과 교육과정과 교과용 도서의 특징들도 비교적 상세히 소개하였습니다. 더불어 교실에서 초등통합교과 교과서를 어떻게 활용하고 개발할 수 있는지를 안내하여, 교사가 초등통합교과의 지향을 수업 설계 및 교육과정 개발에 효과적으로 반영할 수 있도록 도와줄 것입니다.

이 책은 예비 교사와 초등학교 교사가 교육 현장에서 학생들과 함께 성장해 나가는 과정에서 든든한 동반자가 되고자 합니다. 교육과정 통합이 여러분의 교실에서 어떻게 살아 숨쉬고 있는지 발견하고, 학생들의 학습 경험을 더욱 풍부하게 만들어 나가는 데 이 책이 큰 도움이 되기를 바랍니다.

마지막으로, 이 책을 통해 얻은 통찰이 여러분 교실에서 여러분의 교육과정 통합을 이야기하는 계기가 되기를 바랍니다. 저자들은 여러분이 만든 그 이야기를 듣고 더 다양한 교육과정 통합 이야기를 하고 싶습니다. 이렇게 여러분과 저자들, 그리고 더 많은 교사가 우리나라 초등학교 교육과정 통합에 대한 새로운 이야기를 계속해서 할 수 있는 문을 열 수 있을 것이라고 믿습니다.

2025년 3월
2022 개정 통합교과서 개발을 마치며,
저자 일동

차례

교육과정 통합

제2부
초등통합교과

제**1**부

교육과정 통합

왜 교육과정 통합인가

I. 통합의 의미

교육과정 통합 분야의 관련 문헌에 등장하는 통합의 의미는 학자의 수만큼, 논문의 수만큼 그 종류가 많다(김재복, 2000; 이영덕, 1932; Beane, 1997; Etim, 2005; Haigh, 1975; Ingram, 1979; Ward, 1960; Young & Gehrke, 1992). 따라서 수많은 통합의 의미 중 어떤 의미를 통합의 개념이라고 말할 수 없다.

서양 학교 교육에서 볼 때 1930년대까지 통합을 교육 철학 분야에서 특히 교육의 목적과 관련하여 조화(harmony), 전인(whole person)을 지지하는 의미로 사용했고(Ward, 1960), 이런 영향으로 우리나라에서도 Plato, Herbart, Spencer 등의 사상으로부터 통합의 연원을 찾는 연구들이 있어 왔다(김대현, 1993; 김재복, 1989; 장병언, 1991; 한옥주, 1990).

교육과정 및 수업 수준에서 통합을 논의하기 시작한 것은 적어도 1930년대 이후이다(Knudsen, 1937; Linderman, 1937). 통합을 교과들을 통합해서 가르치는 방법으로(pedagogically) 이해했고, 이를 위해서 통합단원을 설계하여 실행하기 시작했다. 그리고 후속하여 교육과정을 통합하는 혹은 통합교육과정 개발을 안내하는 다양한 방식을 연구했다(강충열, 1998; 홍영기, 2004; Drake, 1993; Fogarty, 1991; Ingram, 1979; Jacobs, 1989).

통합을 여러 차원에서 보다 다양하게 그리고 다각적으로 연구하면서 통합의 의미나 개념은 이에 상응하여 더 다양해졌다. 결국 통합이 무엇인가를 단정적으로 규정하기는 더 이상 힘들게 된, 아니 불가능한 상황이다. 이렇듯 통합의 개념의 다양성은 곧 통합을 하는 방식 및 접근에 혼란을 주고, 결국 '통합'과 관련한 제 현상을 전반적으로 모호하게 만들고 있다.

통합 개념의 다양성 혹은 모호성을 다소 해결하기 위해서는 '통합'이라는 용어를 사용하는 현상이나 차원을 구분해 볼 수 있다. 이런 관점에서 무엇보다 교사 차원에서 통합을 어떻게 이해해야 하는지를 살펴보는 것이 중요하다.

교사가 통합의 의미를 이해하는 데 가장 강력하게 영향을 미친 것은 교사 교육과정에서 접하는 통합 관련 강좌를 통해서이다(나장함, 2004; 심미옥, 1989; 유한구 외, 2003). 특히 이는 교사로서 초기 통합의 의미를 형성하는 데 영향을 미친다. 예비교사들이 대학 강좌를 통해서 접하는 통합의 개념은 통념화된 통합이지만 아주 다양하다. 이런 의미들을 두 가지로 대별해 볼 수 있다(정광순, 2007).

첫째, 통합은 곧 통합교과를 의미한다.

- 저학년 통합교과
- 바른 생활, 슬기로운 생활, 즐거운 생활
- 교과목의 이름
- 현행 초등학교의 3개 통합교과

현행 초등학교의 3개 통합교과, 즉 바른 생활, 슬기로운 생활, 즐거운 생활을 가장 널리 통합으로 알고 있었다. 현실적으로 교사들이 실감하는 통합의 실체는 대부분 통합교과로 한정하고 있었다. 이런 의미에서는 통합을 대부분 '합치다'로 이해한다. 즉, 통합이란 무엇인가를 합치는 것이며, 여기서 무엇에 해당하는 통합의 대상은 주로 교과였다.

- 하나로 묶어 놓은 것
- 교과들을 합친 것
- 여러 가지를 합친 것
- 교과 또는 경험을 합친 것

통합을 '합치다'로 보는 이런 의미와 더불어 2개 이상의 교과의 공통 내용을 뽑아 '연결한다'는 의미 혹은 과목과 과목 사이의 '경계선을 없앤다'는 의미도 상당수 있었다. 통합을 '합치다' '연결하다' '경계를 없애다'로 인식하는 기저에 있는 공통점은 합치고, 연결하고, 경계를 없애는 대상이 교과라는 점, 즉 통합의 대상을 교과로 본다는 점을 전제하고 있다. 교사들이 설명하는 통합을 살펴보면 이런 의미를 더 구체적으로 이해할 수 있다.

- 과목과 과목을 합치는 것
- 두 교과 내용을 압축하는 것
- 이 교과 저 교과에서 가져와서 엮으면 되는 것
- 과목은 다르지만 서로 비슷하거나 연관된 주제를 뽑아서 묶는 것
- 교과상의 내용의 연관에 따라 합쳐 놓은 것
- 교과의 공통 요소들을 모아서 만들어 낸 것
- 한 교과를 중심에 두고 교과들을 포함하는 것
- 교과가 먼저 오고, 그것들을 섞어 놓은 것

둘째, 통합은 곧 통합 수업을 의미한다. 교사들이 인식하는 통합은 교육과정 차원보다는 수업 차원과 더 가까이 있다. 교사들이 진술한 의미를 살펴보면 이런 의미로 통합을 인식하는 것을 알 수 있다.

- 한 시간(혹은 40분)에 합쳐서 지도하는 것
- 함께 묶어서 가르치는 것
- 분과된 교과를 합쳐서 가르치는 것
- 여러 교과를 한꺼번에 가르치는 것
- 2~3개의 교과 내용을 하나의 교과 시간에 한꺼번에 모아서 가르치는 것
- 다른 교과의 내용을 끌어와서 함께 가르치는 것
- 영어 표현 수업에 미술교과를 접목시켜서 가르치는 수업
- 미술 시간에 과학 내용을 그림으로 표현하는 것
- 수학의 칠교놀이, 사회의 전통문양, 국어의 글쓰기를 하는 것
- 타 교과의 내용을 접목시켜 가르치는 것
- 과목을 엄격하게 구분하지 않고, 노래, 율동, 그리기 등을 함께 가르치는 것
- 하나의 주제로 수업하는 것

이처럼 초등교사들은 대부분 통합을 통합교과나 통합수업이라고 생각한다. 교육과정 통

합의 의미를 교사들이 어떻게 규정하는가를 아는 일은 중요하다. 그들은 초등학교 교육과
정을 실행할 혹은 하는 사람들이기 때문이다. 교사가 말하는 통합의 의미가 정당한가, 합당
한가 등과는 별개로 교사는 자신의 수업을 성찰하면서 통합을 소박하게, 그러나 실제적으로
통찰한다. 따라서 교사가 알고 있는 통합의 의미에 따라서 초등학교에서 통합교육과정이나
교육과정 통합을 구현하는 방식, 정도, 방향 등을 예측할 수 있다는 점에서도 중요하다.

그럼 교사들은 통합의 의미를 어떻게 알아 가는가? 일반적으로 말하면, 교사는 통합을
경험하면서 정의해 간다고 말할 수 있다. 사람들은 무언가를 하다 보면, 그것도 오랫동안
일상적으로 하다 보면 누구나 한 번쯤 일탈을 꿈꾼다. 이런 일탈은 전형에서 조금 벗어난
작지만 달콤한 것일 수도 있고, 상상조차 할 수 없었던 전환일 수도 있다. 그렇다면 가르치
는 사람, 즉 교사가 하는 수업에서 일탈하는 것은 무엇일까?

초등학교 교실에서 학생들과 학기 초에 짠 시간표를 지키면서 교과서 진도를 나가는 수
업을 하면서 어떤 교사들은 이 '전형적인 수업'을 벗어나는 일탈을 꿈꾼다. 한 번쯤 수업의
대상을 바꾸기도 한다. 교과서가 아닌 것을 대상으로 삼기도 하고, 자기가 가르치고 싶은
것을 슬며시 들여놓기도 하고, 학생들이 하고자 하는 소원들을 한두 번쯤 들어 주기도 한
다. 이 과정에서 학생들과의 특별한 수업을 위해서 다양한 이벤트를 마련하기도 하고, 한
교과의 어떤 내용에 더 집중하기도 하며, 교과서 여기저기 내용을 가져와 새로 연결하고,
결합하여 그럴듯한 것을 새로 만들기도 한다. 내용이든 방법이든 전형적인 수업으로부터
일탈은 서로 관련짓고, 합치고, 연결하고, 연계하고, 집중하고, 구성하고, 창조하는 모습으
로 구체화된다.

통합은 이런 식으로 드러나는 수업이나 교육과정 실체들을 통칭하는 용어이다. 이런 맥
락에서라면 '통합한다'는 의미는 '교육한다' 또는 '가르친다'와 다르지 않다. 전형적인 교육
과정이나 전형적인 수업에 변화를 줄 수 있는 방식이 곧 기존의 것들을 '관련짓고, 합치고,
연결하고, 연계하고, 집중하고, 구성하고, 창조하여' 조금은 다르게, 조금은 새롭게 만들려
고 하는 것이기 때문이다. 이렇게 하는 것을 우리는 통합이라고 부를 뿐이다.

통합교과나 교육과정 통합을 연구하는 곳에서는 '통합교과에 어떤 교과와 어떤 교과를
통합하는 것이 옳은가' 하는 논쟁을 적지 않은 시간 동안 해 왔다. 왜 사람들은 '통합'이라는
말에 꼭 '비슷'하거나 '유사'한 내용, 즉 통합이 가능하려면 '공통'되는 내용이 있어야 한다고
생각할까? '묶는 것'에 집중하기 때문이다. 묶는 데 '동일한 것'끼리 묶어야 한다고 생각하기
때문이다. 그러나 정작 통합을 해 보면 동일한 혹은 유사한 내용을 통합하기는 힘들다. 이
런 통합에서는 여러 군데 있는 내용을 모아서 하나만 가르칠 수 있다는 점에서 효율성은 있

지만, 내 것이 사라질 수 있다는 예감 때문에 정작 통합의 대상이 되는 교과들이 동조하지도 않는다. 실제로 통합해 보면 사실 동질적인 내용을 통합하는 것보다는 '이질적인 내용'을 묶거나 연계할 때 수업은 더 창의적이고 다채롭고 재미있을 수도 있다. 어쨌거나 무엇을 통합할 것인가 하는 이 문제는 '무엇'을 묶는가 하는 것보다는 '왜' 묶는가에 따라 달라진다.

통합은 2, 3개 교과가 비슷해서 혹은 묶는 것이 적절해서 이 교과들을 통합하기도 하지만, 학생들이 더 잘 배울 수 있다면 묶어야 하는 것이다. 통합에서 묶이는 대상의 적합성, 즉 통합되는 교과의 동질성만 고려할 것이 아니라, 학생들이 뭔가를 배울 수 있다면 동질적인 것끼리 묶기도 하고, 이질적인 것끼리 묶기도 하며, 묶일 수 없어 보이는 것을 묶어서 보다 창의적인 통합을 구현하기도 한다는 의미다.

통합은 '가르쳤다고 해서 다 배우는 것은 아니다'를 전제로 한다. 그래서 통합을 꿈꾸는 교사들은 학생들이 더 잘 배우는 것 같은 흐릿한 영상을 쫓는, 그래서 전형으로부터 일탈을 꿈꾸는 사람들이다. 교사는 잘 조직된 교과를 한 토막씩 가르칠 때 뭔가를 '가르쳤다'는 것을 더 잘 실감할 수 있다. 그러나 가르쳤다고 다 배우는 것 같지는 않기에 학생이 학습, 배움으로 교수의 방향을 전환해 보는 것이다. 이 방향 전환에 사용하는 방식이 곧 서로 관련 짓고, 합치고, 연결하고, 연계하고, 집중하고, 구성하고, 창조하는 모습으로 드러난다.

같은 맥락에서 통합교육과정(integrated curriculum), 나아가 교육과정 통합(curriculum integrating)을 직접 실행하는 교실에서 관찰할 수 있는 '통합'이라는 용어는 구체적으로 다음과 같은 모습으로 드러난다(이영덕, 1983; Drake, 1993; Fogarty, 1991; Ingram, 1979).

- ~ 합한다.
- ~ 모은다.
- ~ 붙인다.
- ~ 묶는다.
- ~ 관련짓다.
- ~ 연계하다.
- ~ 연결하다.
- ~ 엮는다.
- ~ 재구성하다.
- ~ 초점화하다.
- ~ 벗어나다.

- ● ~ 탈피하다.
- ● ~ 다각적으로 접근하다.
- ● ~ 다양한 측면으로 본다.

이렇게 본다면, '통합'은 본질적으로 '가르친다'는 의미와 동의어이다. 교실에서 교사들이 교육과정을 통합하고 통합수업을 하는 이유는 더 잘 가르치고 싶어서, 학생들이 더 잘 배우는 방식으로 자신의 교수 형태를 바꾸어 보는 시도에서 시작한다. 이런 일들은 바로 지금까지 해 온 전형적인 교육과정 또는 전형적인 수업에 변화를 주어 조금은 다르게, 조금은 새롭게 만들려고 하는 모습들이다. 이렇게 변화를 가할 수 있는 방식이 곧 기존의 것들을 '관련짓고, 합치고, 연결하고, 연계하고, 집중하고, 구성하고, 창조하는' 것이다. 그리고 우리는 이것들을 통칭하여 '통합'이라고 부르고 있다.

2. 분과의 한계와 통합의 역할

일반적으로 우리 교육계에는 교육과정 통합에 대한 두 가지의 오류가 있어 보인다.

하나는 교육과정 통합을 단순히 학문 또는 교과 간의 내용을 연계하는 것으로만 보는 것이다. 통합교육과정은 내용의 연계를 넘어 지식을 보는 철학적 관점, 선호하는 교육내용, 강조하는 교수학습 방법에 있어, 교과 교육과정과는 그 강조점을 구분할 수 있는 하나의 교육 체제이다. 따라서 Beane(2000: 232)이 지적한 바와 같이, "교육과정 통합은 같은 것을 다르게 하는 것을 의미할 뿐만 아니라 다른 어떤 것을 하는 것이다."라는 것을 간과하는 오류가 있다.

또 하나는 교육과정 통합을 교과교육과 상반적인 관계에 있는 것으로 보는 것이다. 지식은 전문화를 통해 그 구조가 점점 차별화되고 분절화되며 발달하는데, 통합은 이 과정을 거꾸로 돌리는 것이 아니다. 그 분리에 따라 발생하는 역작용들, 예를 들어 지식의 일관성 상실, 전체로서의 지식 부족, 실제 세계에 대한 이해의 어려움 등에 대해 대처하고자 하는 노력으로 교과 교육과정과 상보적인 관계에 있다는 것을 간과하는 오류가 있다(Ingram, 1979).

영국, 미국 등에서는 교육과정 통합과 교과 교육과정의 이런 상호 보완 맥락에서 초 · 중등학교에 통합교육과정을 도입해 왔다. Blenkin과 Kelly(1981)는 처음에 교육과정을 통합하는 시도를 한 것은 중등학교였다고 말한다. 또 통합에 대한 연구적 관심은 분명하게 나뉘어 있는 교과들의 경계를 어떻게 그리고 왜 허물어야 하는가에 대한 것들로서, 주로 공적이고 명제적인 지식체를 새로운 교과로 재조직하는 인식론적 문제들을 다루었다. 그러나 이런 통합에 대한 인식론적 논의는 그 자체로 많은 논쟁을 불러일으켰다.

특히 중등학교에서 중등학교의 분과적인 교과 교육과정의 전통, 그에 따른 교사 구조로 인해 학교의 교육과정 및 교육 체제를 총체적으로 흔들어 혼란에 빠지게 했고, 통합하는 과정에서 교과들이 상호 합당하게 혹은 적절하게 통합하기 어려워지면서 학교 교육과정 안에서 교육과정 통합이 부작용 없이 정착하기 힘들었다. 그 결과 중등에서의 통합적 접근은 불균형과 불협화음을 양산했다.

그러나 초등학교에서는 중등학교에 비해 문제가 그리 크지 않았다. 초등교육과정은 이미 교과 중심이라기보다는 개별 학생의 삶 속에서 가지고 있는 경험에 기초한 총체성(wholeness)으로서 인식해 왔기 때문이었다. 그뿐만 아니라 학급 담임 중심 체제가 그 총체성을 구현하는 데 더 용이하여 초등학교에서의 통합교육과정은 비교적 성공적으로 정착했다.

두 학교급에서 통합을 좀 더 구체적으로 분석해 보면, 초등학교에서는 중등학교의 인식론적 통합과는 달리 아동의 경험 세계에 기초한 심리적 통합이었다. 다시 말해서, 심리적 통합은 당시 초등학교의 교육과정에 본질적으로 부합하는 것이었고, 한 담임이 여러 교과를 다루는 것 자체가 통합이 정착하는 데 상당한 완충 역할을 했다. 이에 초등학교에서의 성공적인 통합 노력은 중등학교에 많은 시사를 제공하는 영향을 발휘했고(Blenkin & Kelly, 1981), 소위 '처음 된 자가 나중되고, 나중 된 자가 처음이 되는 아이러니'가 발생하였다.

한편, 우리나라 초등학교에 통합교육과정을 도입한 배경은 영국의 경우와는 사뭇 다른 듯 보인다. 우리나라에서 초등 통합교육과정은 제4차 이후, 제7차 교육과정까지 중등학교에서나 적절한 접근인 교과에 통합의 기초를 두는 인식론적 통합의 영향을 받았다. 제4차 교육과정에서 몇 개의 교과를 합본식 교과서로 구성하여 바른 생활, 슬기로운 생활, 즐거운 생활을 탄생시킨 다학문적 접근에서부터 현재의 주제를 중심으로 몇 개의 교과로부터 공통적인 요소를 추출하여 연계시키려는 간학문적 접근에 이르기까지 모두 중등 통합교육과정의 영향하에 탄생된 인식론적 통합교육과정이었다.

이런 탄생과 발전의 배경을 살펴볼 때 우리나라 초등 통합교육과정의 문제는 크게 두 가지를 가지고 있다.

하나는 초등학교의 교육과정을 통합적으로 구성하는 데 있어 교육과정 정치학의 영향을 입어 일관적인 교육과정 통합 이론의 적용이 부족했다는 것이다. 그에 따라 교과들이 막연하고 상식적인 수준에서 상호 연계됨으로써 인식론적 관점에 대한 체제적 관점을 결여하고 있고, 그 결과 교육과정을 개정하면 할수록 교과들이 이합집산적으로 묶였다가 해체되곤 하는 과정을 되풀이해 왔다.

또 다른 하나는 초등학교 1~2학년 학생에게 적용하는 초등 통합교육과정이 그들의 인지적·정의적·신체적 발달 단계에 따른 특징을 고려하지 못하고, 성인들이 교과의 조직화된 지식 체계에 기초해서 그들에게 적합할 것이라고 생각하는 학습 내용들을 추출해 내어 교사 중심으로 교과분절적인 교수를 이끌어 가는 체제를 취해 왔다는 것이다. 그에 따라 교과의 매개적 가치에 대한 인식이 부족한 이 연령대의 아동들에게 이런 학습내용과 교수 체제는 그들의 경험 세계에 적합하지 못하여, 통합교육과정을 통해 얻을 수 있는 경험이 교과들을 개별적으로 학습하여 얻는 경험과 크게 다르지 않은 상황을 초래했다(Dewey, 1971).

이런 현상이 발생하는 이유는 여러 가지겠지만, 그중 하나는 초등 통합교육과정을 초등교육의 정체성에 부합하는 방향으로 구성하고 실현할 수 있는 이론의 부족에서 찾을 수 있다. 초등교육과 중등교육은 나름대로의 정체성이 있으며, 다른 여러 교육의 측면과 마찬가지로 통합교육과정도 각각의 교육적 정체성에 기초하여 구성하고 실행에 옮길 때 각 학교급별로 적절하고 바람직한 교육을 할 수 있다.

교육과정이라는 학문 분야의 선구자인 Bobbitt이 『The curriculum』을 집필한 1918년 당시 사회는 공립학교의 수가 증가하는 중이었고, 공립학교에서 가르치는 것들을 표준화하지 않았던 상황, 그래서 내용 표준화의 필요성을 요구하기 시작한 시기였다. 즉, 학교라는 곳에 학생들을 모아 놓고 가르치면서 학교에서 가르치는 것을 좀 더 일관성 있게 해야 한다는 의식이 싹텄고, 이는 학교 교육의 과학화 운동과 연동되어, '학교에서 무엇을 가르쳐야 하는가' 그리고 '그것을 어떻게 개발할 것인가' 하는 문제를 탐구했다. 이 문제는 Bobbitt이 활동하던 당시의 학교 교육에 대한 쟁점이었고, 그는 이 문제를 '교육과정(curriculum)'이라는 용어로 소통하는 길을 열었다.

그리고 지난 20세기 학교 교육 100년 동안 학교 교육은 제도교육으로서 '교육과정'이라는 개념을 통해서 '학교에서 무엇을 가르칠 것인가' 하는 질문에 범사회적 혹은 국가적 차원에서 최대한 합의하면서 답변하는 방식을 취하면서 학교의 교육과정을 점점 과학화, 학문화, 표준화해 왔다. 이는 20세기 말 '교과' 중심의 '학교 교육의 문법(grammar of schooling)'을 만들었다(Cuban, 1983; Kliebard, 1986; Tyack & Tobin, 1994).

그러나 역설적이지만 형성의 과정 어느 시점부터는 그 형성을 파기하는 현상을 동반한다. 20세기의 '교과' 중심의 학교 교육과정의 문법을 만들어서 공고화하는 과정과 더불어 동시에 '교과'에서 벗어나고자 하는 탈교과 현상들도 함께 등장해 왔다. 교과 중심의 교육 체제가 순기능을 넘어 역기능을 드러내기 시작하기 때문이다. '통합'은 학교 교육이 교과분과적 운영으로 고착되면서 발생하는 역기능을 목도하면서 대안적 측면에서 출현했다(Beane, 1992, 1997; Etim, 2005; Haigh, 1975; Ingram, 1979; Jacobs, 1989; Nesin & Lounsbury, 1999; Young & Gehrke, 1992). 그렇다면 지금까지 제도화된 학교 교육의 성장 과정과 함께 교과교육이 정착해 오는 과정에서 교과교육이 노출하고 있는 역기능, 즉 한계가 무엇인가?

교과교육의 3지류(Tanner & Tanner, 1980)로 지목하는 항존주의에서는 교과교육의 목표를 교육의 목표로 삼도록 유도했고, 본질주의에서는 교육을 지나치게 미래지향적으로 유도했으며(Taba, 1962), 학문주의에서는 교육내용을 구조화하면서 교육에서 아동을 소외시키는 폐쇄성을 유도했다. 이와 더불어 교과교육은 더욱 내용 중심으로(Kelly, 1990), 분과적으로 운영하는 체제를 군혀 왔다(Beane, 1993). 즉, 학교에서 가르치는 것이 교과가 중심이 되면서 점점 학교의 교과교육은 교육의 목적보다는 교과 자체의 전수나 유지에 집중하게 되었고, 이는 학교에서 가르치는 교과들이 총체적으로 기여해야 하는 교육의 궁극적인 목적을 달성하는 데 점점 무관심하게 되는 현상을 낳았다.

또 제도화된 교과지식은 점점 급변하는 사회에서의 폭발적인 지식의 증가와 가변성에 유연하게 대처하지 못함에 따라 학교에서 '배우는 지식'이 지체되는 현상, 교과지식이 삶과의 관련성(relevance)을 잃고 지식 자체의 생명성 및 활동성을 잃어버리고 있는 현상, 종국에는 교육의 비인간화 및 소외 현상으로 노출되었다.

이런 맥락에서 분과교육의 한계와 통합교육의 역할을 관련시켜 보면 다음과 같다.

첫째, 교과교육의 분과성이다. 교과는 자신의 경계를 유지하고자 하면서 점차 분절적이고 파편화하기 시작했고(Beane, 1993), 종국에는 학교에서 가르치는 교과지식이 무기력한 지식(Whitehead, 1929)이 되기 시작했다. 이에 학교의 교과교육이 학문 간, 삶과의 연계를 도모할 필요성을 낳게 되었고, 통합이 이런 역할을 하게 된다.

둘째, 교과교육의 주지성이다. 교과는 점점 교과의 가치를 인식하는 데 지식에 의존하기 시작했고(Taba, 1962), 때로는 정보를 지식으로 오해하거나 종종 지식 자체를 목적으로 여기게 되었다(Dewey, 1916). 이에 학교의 교과교육은 인지적인 것으로 편향되기에 이르렀고, 인간성, 정서, 심동, 정의 같은 교과와 분리할 수 없는 것들에 관심을 갖기 시작했고, 통합은 교과가 인지 및 인식에 치우쳐 소외시키고 있었던 정의, 정서, 인간성, 심동의 요소들을 살리는 과정을 구축하고 여기에 기여하게 된다.

셋째, 교사 중심의 설명식, 전달식 교수방법이다. 교과를 짧은 시간 안에 많은 학생에게 대량으로 효과적·효율적으로 가르치고자 하는 교과조직 및 교수방법에 대한 역기능은 설명식, 전달식 수업으로 정형화되는 패턴으로 나타났다. 교과교육은 점점 학생들의 노력, 훈육, 내용의 습득을 강조하고, 종국에는 교과교육을 통해서 학생들의 사고를 신장시켜 주지 못하는 역기능을 노출하였다. 이에 학교의 교과교육은 교사 중심에서 학생 중심으로(Ingram, 1979), 무엇보다 어떻게(Taba, 1962), 가르치는 교수보다 배우는 학습을 강조하기 시작했고, 통합은 이런 교과교육의 역기능을 보완하게 된다.

넷째, 논리성이다. 교과는 점점 학습자보다는 교과 자체의 논리성에 집중했고, 이는 교과 조직의 무미건조함, 학생의 흥미 단절, 학습자 소외 등의 역기능을 보이기 시작한다(Taba, 1962). 이에 통합은 교과의 논리적 조직을 보완하는 심리적 조직, 지식보다는 경험의 가치, 효율적인 교수보다 교수학습의 상호작용으로 접근하면서 교과교육의 역기능을 보완하는 데 기여하게 된다.

통합은 교과교육의 이런 역기능을 극복하고자 하는 다양한 접근방식을 모색하는 과정에 나타난 학교 교육의 한 현상이다. 이런 맥락에서 '통합'은 20세기 학교가 '교과'를 분과적으로 가르쳐 온 문법에 변화를 주려는 다양한 대안들을 통칭하는 용어로 볼 수 있다. 왜냐하면 '교과'를 분과적으로 가르치던 방식의 변화는 우선 '교과'를 통합하는 경향을 이끌기 때문이다.

점점 형식화(formalization)되어 가는 교과교육, 독자성·전문성을 확보해 가면서 교과 전문주의와 닫힌 교육 체제를 낳아 고립되어 가는 교과교육(Ingram, 1979: 11-12)으로 교과교육 전반에서 교과 전문주의, 닫힌 교육 체제로 인해 통합은 각 교과의 벽을 허물고, 상호 간의 교류와 공유를 유도하고, 상당히 중복 지도되는 내용에 대응하면서(Drake, 1993: 2-3), 교과와의 연계 혹은 보완 역할을 충족시켜 준다.

이를 다른 측면에서 보면 교과와 통합이 상보적으로 관계하고 있다고도 말할 수 있다. 통합과 교과가 서로가 할 수 없는 역할로 교육에 기여하기 때문에 둘은 상보적으로 관련성을 가지고 있다고 이해해야 한다. 오랫동안 '통합 vs 교과'를 서로 대립적인 관계로 오해해 왔다. 대립 관계를 좀 더 정확하게 지적하면, '통합 vs 분과'의 관계라고 보아야 한다. 이런 통합과 분과는 초등학교에서 교과교육을 하는 대표적인 두 갈래 길이다.

이런 의미에서 통합교과가 초등학교에서 하고자 하는 것은 분과로 편향된 초등 교과교육에 통합을 도입함으로써 균형을 찾고자 하는 일환이다. 외국의 경우, 분과와 통합의 조화와 균형의 문제에 대해 일상적인 교실수업 시간표 자체에서 통합의 가능성을 가시화하고 있다. 즉, 컴퓨터(Computer)와 사회(Social) 등 교과가 통합된 형태가 있는가 하면, 활동 학습(classroom Activity) 시간을 두어 분과에서 배운 교과에 기초해서 통합학습을 기획하여 실행할 수 있도록 시간표 자체에서 통합의 가능성을 담보해 놓고 있다. 이런 의미에서 교사는 스스로 초등학교 교과교육에 대해 분과로 접근하여 교과를 교과답게 가르치고 배우는 것뿐만 아니라, 통합적으로 접근하여, 즉 각 교과를 통해서 범교과적으로 배워야 할 것을 가르치고 배움으로써 교과방식에 대해 좀 더 융통성 있고 개방적이어야 할 필요가 있다.

　교과교육과 통합교육은 논리적으로도 상호 모순적이지 않다. 왜냐하면 교과란 통합적 과정의 산물이기 때문이다. 그리고 통합교육이 필요하게 만드는 것은 바로 이러한 교과의 존재이다(Ingram, 1979: 44). 교과란 경험에서 기원한다. 다양한 경험을 지식의 논리적 구조에 따라 여러 가지로 재구성한 것이 교과이기 때문에 다양한 통합의 과정을 거친 것이다. 그리고 통합교육은 그러한 교과를 다시 통합하는 노력인 것이다. 따라서 교과가 있기 때문에 분과, 통합 모두 가능하다.

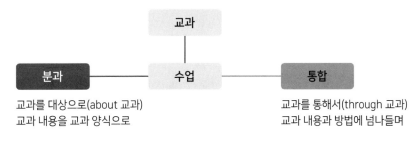

그림 1-1　학교의 교과교육 경로

참고문헌

강충열(1998). 주제중심 교수모델 정립에 관한 연구. 초등교육연구, 12(1), 5-29.

김대현(1993). 통합교과의 목표와 조직 방식의 정당성 문제. 교육학연구, 31(1), 99-116.

김재복(1989). 인간중심의 교육에서 본 통합교육의 의미. 통합교과 및 특별활동연구, 5(1), 1-16.

김재복(2000). 통합교육과정. 서울: 교육과학사.

나장함(2004). 통합교육과정에 대한 교사들의 인식 탐구. 교육과정연구, 22(1), 101-124.

심미옥(1989). 통합 교육과정 실시의 저해요인에 관한 연구. 통합교과 및 특별활동연구, 5(1), 41-73.

유한구, 장성모, 김승호, 김인, 박상철(2003). 초등 통합교과 지도 프로그램 개발. 서울: 교육인적자원부.

이영덕(1932). 통합교육과정의 개념. 한국교육개발원 편. 통합교육과정의 이론과 실제(pp. 15-56). 서울: 교육과학사.

장병언(1991). 교육사조면에서 본 교육과정의 통합. 교육학연구, 29, 149-161.

정광순(2007). 2007 개정 초등통합교과 교육과정에 대한 고찰. 교육과정연구, 25(4), 81-104.

한옥주(1990). 교육과정 통합에 관한 교육사상적 인식. 통합교과 및 특별활동연구, 6(1), 3-24.

홍영기(2004). 주제중심의 통합단원 설계모형의 근거이론적 접근. 교육인류학연구, 7(2), 109-135.

Beane, J. A. (1993). *A middle school curriculum: From rhetoric to reality* (2nd ed.). Columbus, OH: National Middle School Association.

Beane, J. A. (1997). *Curriculum integration: Designing the core of democratic education.* New York: Teachers College Press.

Beane, J. A. (2000). Curriculum integration and the disciplines of knowledge. In F. W. Parkay & C. Hass (Eds.), *Curriculum planning: A contemporary approach* (7th ed., pp. 228-237). Boston, MA: Allyn & Bacon.

Blenkin, G. M., & Kelly, A. V. (1981). *The Primary Curriculum.* London: Harper & Row Publishers.

Bobbitt, J. F. (1918). *The Curriculum.* Boston, MA: Houghton Miffin. Co.

Cuban, L. (1983). How teachers tauhgt, 1890-1980. *Theory into Practice, 22*(3), 159-165.

Dewey, J. (1916). *Democracy and education.* 이홍우 역(1996). 민주주의와 교육. 서울: 교육과학사.

Dewey, J. (1971). *The child and the curriculum* (10th ed.). Chicago, IL: The University of Chicago Press.

Drake, S. (1993). *Planning integrated curriculum: The call to adventure.* Alexandria, VA: Association for Supervision and Curriculum Development.

Etim, J. S. (2005). Curriculum integration: The why and how. In J. S. Etim (Ed.), *Curriculum integration K-12: Theory and Practice* (pp. 3-11). Lanham, MD: University Press of America.

Fogarty, R. (1991). *The mindful school: How to integrate the curricula.* IL: Skylight Publishing, Inc.

Haigh, G. (1975). *Integrate!* London: George Allen & Wnwin Ltd.

Ingram, J. B. (1979). *Curriculum integration and life long education.* Paris: UNESCO.

Jacobs, H. H. (1989). *Interdisciplinary curriculum: Design and implementation.* Alexandria: ASCD.

Kelly, A. V. (1990). *The national curriculum: A critical review.* London: Chapman.

Kliebard, H. (1986). *The struggle for the American curriculum 1893-1958.* New York, NY: RoutledgeFalmer.

Knudsen, C. W. (1937). What do educators mean by "integration". *Harvard Educational Review, 7*(1), 15-26.

Linderman, E. C. (1937). Integration as an educational concept. In L. T. Hopkins (Ed.), *Integration: Its application and meaning.* Oxford: Appleton Century Company.

Nesin, G., & Lounsbury, J. (1999). *Curriculum integration: Twenty question with answers.* 정광순 역(2007). 교육과정 통합: 20가지 질문과 대답. 서울: 한국학술정보.

Taba, H. (1962). *Curriculum development: Theory and practice.* San Diego, CA: Harcourt Publishers Group.

Tanner, D., & Tanner, L, N. (1980). *Curriculum development: Theory in to practice.* New York, NY: Macmillan Publishing.

Tyack, D., & Tobin, W. (1994). The grammar of schooling: Why has it been so hard to change? *American Educational Research Journal, 31*(3), 453-479.

Ward, J. M. (1960). *The curriculum integration concept applieds in intermediate grades.* Unpublished Doctoral Dissertation. Austion, TX: The University of Texas at Austin.

Whitehead, A. N. (1929). *The aims of education and other essays.* New York, NY: The Fress Press.

Young, D., & Gehrke, N. (1992). Curriculum integration for transcendence: A critical review of books in currirulum for integration. *Curriculum Inguiry, 23*(4), 445-454.

교육과정 통합에 대한 일곱 가지 질문과 답

교육과정을 혁신하려는 교사들은 어떤 의도를 구현하기 위해서 2~3개의 교과를 묶는 식으로 교육과정을 통합하기 시작했다. 이에 자연스럽게 교육과정 통합은 학교의 교과교육에 교과로 구분해서 접근하는 분과적 접근의 약점이나 역작용을 보완하는 역할도 해 왔다. 교육과정이나 수업은 이미 교과로 구분하여 접근하는 것에 익숙하고, 표준화 시험이 광범위하게 영향을 미치는 상황에서 교육과정 통합을 확산하기에는 크고 작은 장애(방해) 요인이 많다. 그러나 변화를 추구하는 교사, 학부모, 학생들은 꾸준히 교육과정 통합을 열정적으로 지지해 왔고, 이 과정에서 다양한 이론과 방법론들도 발달했다. 특히 학교 교육이 '유아교육-초등교육-중등(중학교와 고등학교)교육-고등교육'으로 제도화되어 있고, 이 과정에서 학생이 성장하고 발달하려면 교육과정에 분과적인 접근과 통합적인 접근이 공존해야 한다.

이 장에서는 교육과정 통합 분야의 쟁점을 다룬다. 이를 위해서 교육과정 통합과 관련해서 통상적으로 하는 일곱 가지 질문을 다룬다. 각 질문에 대답하면서 좀 더 다양한 맥락에서 교육과정 통합을 이해할 수 있기를 바란다.

Q1. 통합적 접근과 분과적 접근은 어떤 차이가 있는가?[1]

> 교과로 구분하는 수업 시간표는 지식에 대한 통합적인 관점보다는 분절적인 관점을 형성하게 한다. 이는 결국 학교에서 학생이 하는 교육활동을 일상적으로 하는 경험과 단절시켜서 점점 인위적으로 만든다. 교육과정 통합에서는 이 점을 다시 고려하라는 메시지를 전한다.
>
> -John Goodlad(1984)-

교과교육에 접근하는 경로는 두 가지로 나눌 수 있다.[2] 학교에서 실행하는 교육과정이나 수업에서 이 둘이 공존할 수 있다면, 그래서 균형과 조화를 이룰 수만 있다면, 학교 교육은 교과로 구별해서 분과적으로 접근하는 장점과 교과에 통합하는 장점을 모두 취할 수 있다.

분과 접근하는 교과교육(이후부터 분과형으로 부름)은 교과의 내용을 교과의 방식으로 다룬다. 이에 교육내용을 교과답게 가르치고 배울 수 있다. 이런 분과형은 학교 교육에서 전통적이고 전형적이었고, 주류였다. 그래서 교사나 학생에게 익숙하고, 또 어떤 측면에서는 편하다. 반면에 교과를 통합하는 교육(이후부터 통합형으로 부름)은 '어떤 의도' 때문에 필요한 교과의 내용과 방법론을 열어 놓고 필요한 만큼 취할 수 있다고 생각한다. 이런 점에서 어떤 교사는 통합형을 좀 더 새롭고 도전적이라고 생각하지만, 어떤 교사는 더 낯설어 하고 그래서 어려워한다. 무엇보다 교육과정을 직접 개발하거나 수업을 직접 만들어야 한다는 점에서도 선호하는 사람이 있는가 하면, 불편해하는 사람도 있다.

분과형과 통합형 학교의 교과교육을 수행하는 방식이라는 점에서 공통성을 가지고 있지만, 분명 서로를 구별할 수 있는 차이점도 있다. 차이는 늘 갈등의 소지가 있고, 그래서 긴장을 유발한다. 분과형과 통합형 모두 각자의 차이를 장점으로 설득하는 과정에서 의도하지 않게 마치 모든 교육과정이나 수업이 분과형 혹은 통합형이어야 한다는 식으로 오인하게 만드는 부작용 때문이다. 하지만 모두가 알듯이, 서로 다르다는 사실은 둘을 공존하게

---

1) Q1의 내용은 '정광순(2023). 2022 개정 통합교과 교과서의 존재론적 의미. 통합교육과정연구, 17(3), 3-24.'의 일부이다.

2) 핀란드 국가교육과정 2014(The Finnish National Board of Education, 2014)에서는 교과 분과형과 교과 통합형을 학교에서 교과교육을 하는 대표적인 두 가지 경로로 설명하면서, 학교에서 이 둘이 공존하도록 하여 균형과 조화를 만들 수 있다면, 학교 교육은 교과 분과형의 장점과 교과 통합형의 장점을 모두 취할 수 있다고 천명하고 있다.

하려는 제안이고, 서로 다른 둘의 공존을 통해서 전체적으로 조화와 균형을 찾으면서 궁극적으로는 좀 더 나은 교육을 지향한다. 따라서 한편으로는 분과형과 통합형 간의 차이를 분명히 하고, 동시에 분과와 통합이 학교의 교과교육, 특히 교육과정이나 수업에서 공존할 방안을 찾아야 한다. 이를 위해서 둘이 취하는 서로 다른 입장을 알고, 둘의 차이점이 학교의 교과교육 전체에 상호 호혜적인 역할을 할 수 있다는 점을 이해하는 것이 중요하다.

첫째, 분과형과 통합형은 교육과정에서 다루는 내용 지식과 삶을 관련시키는 방식이 다르다.
분과형이 교과 내용 지식 습득을 목적으로, 이를 위한 도구로 삶을 활용한다면, 통합형은 삶을 목적으로 하는 활동에 교과를 활용하기에 교과를 도구로 삼는다. 즉, 분과형이 [내용지식-삶]을 [목적-수단]으로 관련시킨다면, 통합형은 [삶-내용지식]을 [목적-수단]으로 관련시킨다는 점에서 둘은 서로 다르다.

알다시피, 학교가 생긴 이래로 학교에서는 꾸준히 지식을 가르쳐 왔고, 이렇게 해서 그동안 학교 교육은 지식교육이었다. 그러나 이 과정에서 학교 교육은 삶보다 교과 지식을 학생이 습득하도록 하는데 목적을 두고, 이를 위해서 학생의 생활이나 삶에서의 경험과 일화들을 활용하는 방식을 취했다. 이 과정에서 학교에서 지식을 가르치는 것 자체에 대한 논의도 분분했다. 학교에서 지식교육을 해야 한다고 생각하는 관점(Bruner, 1960; Macmillan, 1983; McPeck, 1981; Mclaughlin, 1995)과 탈지식교육(나아가서 탈학교교육)을 주장하는 관점(Illich, 1970/2023, Reimer, 1971)을 양극으로 해서 그사이에 수많은 논쟁과 주장들이 있었다. 지식교육이 불가피하다는 측에서는 지금까지 학교의 지식교육을 살펴서 잘못된 방식들을 바로잡는 방향을 취했다. 단적으로 Bruner(1960)가 말한 중간언어도 학교에서 하는 지식교육이 진정한 지식교육이 아니라 지식으로 표현하고 있는 개념, 원리, 방법 등 중간언어를 전달하고 전수하는 데 머물고 마는 현상을 비판하고, 이를 바로잡는 방안으로 발견이나 탐구를 통한 지식의 구조에 접근하는 방식을 제안한 것이라고 말할 수 있다. 또 다른 한편에서는 학교 교육이 지식 중심에서 벗어나, 다른 '중심'을 찾는 방향을 취했다. 가령, 인성(인격) 교육, 시민교육, 삶 중심 교육 등 ○○중심 교육을 지식교육의 대안으로 제시하는가 하면, 급진적으로는 탈지식, 탈학교 교육에 대한 논의까지 등장시켰다.

교육과정 통합 분야에서는 이런 학교의 지식교육 문제를 지식과 삶과 괴리 문제로 보고, 그 대안으로 교과를 통합하는 교육과정으로 접근했다. 교육과정 통합 연구자들은 그동안 전통적인 분과형 교육이 교과 지식을 전달·전수하는 데 편중해 왔다고 진단하고(Beane, 1997; Ingram, 1979), 이에 대한 대안으로 통합형을 통해서 학교 교육(활동)이 지식을 전달하여 전수하는 송유관 비유(Clandinin & Connelly, 1992; Palmer, 1983)를 넘어서 삶에 있는 쟁점이나 문제해결(다학문적 통합교육과정 개발)이나, 학생이 관심을 가지는 사항을 중심으로 (탈학문적 통합교육과정 개발), 교과의 개념들을 좀 더 상위의 개념이나 큰 아이디어로 다룰 수 있는 방향(간학문적 통합교육과정 개발)을 안내해 왔다(Beane, 1997; Drake, 2004; Fogarty, 1991; Jacobs, 1989 등). 이에 교육과정 통합 사례들을 보면, 지식 습득을 목표로 하기보다 문제해결이나 관심사나 빅아이디어(big idea) 탐구에 교과 지식을 사용하는 방식, 즉 지식을 도구로 활용하는 방식으로 접근하고 있다. 즉, 지식 습득을 목표하고, 이를 잘 습득하여 전이하는 장으로 삶을 활용하는 전통적인 교육이 취한 [지식-삶] 간의 [목적-수단] 관계를, 거꾸로 삶의 문제해결을 목표로 하면서 여기에 관련 교과 지식을 사용하는 관계로, 둘의 위치를 바꿔놓고 있다고도 볼 수 있다.

물론 학교의 교과교육은 지식-삶의 관계를 목적-수단으로 설정하여 접근하는 분과형과 삶-지식의 관계를 목적-수단으로 설정하여 접근하는 통합형을 모두 취할 수 있다. 이에 교사는 두 가지 방식 중 어느 방식이 더 교육적인지를 고민하여 더 적의한 방식을 선택할 수 있어야 할 것이다.

둘째, 분과형이 [전달-습득-전수] 경로를 취한다면, 통합형은 [전달-창조-전수] 경로를 취한다는 점에서 둘은 차이가 있다. 오늘날 학교 교육에서는 고정적인 지식과 변화하는 지식을 모두 다루어야 한다. 즉, 학생은 학교 교육 활동 과정에서 고정적인 지식을 습득할 뿐만 아니라, 그 지식을 변용하거나 (지혜로) 바꿔 볼 수 있어야 한다는 의미이다. 학교 교육 활동 중에 학생이 이런 고정적인 지식과 변화하는 지식을 모두 다루려면 지식교육의 경로를 확장해야 한다.

학교에서는 지식교육과 관련해서 [전달-습득-전수]라는 기존의 이 경로에 창조가 가능한 [전달-창조-전수]경로를 확장하여 결국 [전달$-\frac{습득}{창조}-$전수]를 공존시킬 수 있다. 다시 말해서, 학교 교육 활동을 통해서 학생은 당대 사람들이 대체로 지식이라고 생각하고 믿는 존재하는 지식(고정적인 지식, 객관적인 지식)을 접하고 이를 습득하고 이해할 뿐만 아니라, 문제해결에 이 지식을 사용해 보고 필요하면 비틀어 보고, 변용해 보고, 바꾸어 보는 상상을 하면서 학생이 지식을 창조할 수 있는 경험이나 기회를 제공해야 한다는 의미이다.

알다시피, 분과형에서는 교과의 내용을 교과의 방법론으로 교과답게 정확하게 가르치고 배우는 방식을 취할 수 있는 강점이 있다. 이에 분과형은 교과 지식을 전달하면, 학생이 이를 습득하거나 깊이 이해하게 함으로써 인류의 문화유산으로서 교과(학문) 분야가 당대를 거쳐 후대로 전수하는 중요한 역할을 하는 데 기여해 왔다. 분과형은 이런 [전달-습득(혹은 이해)-전수] 경로 의존성이 있고, 이 방식으로 학교의 교과교육에 기여해 왔다. 반면, 통합형은 존재하는 지식을 생활하면서 당면하는 문제, 학생 관심사 등 삶의 상황에서 문제해결에 사용해 보도록 하면서 학생이 교과를 좀 더 유용하게 그리고 의미 있게 경험할 수 있는 방식을 지향한다. 이에 통합형은 주어지는 지식을 변용-재창조해 보는 경험과 기회를 제공하는 역할을 더 잘할 수 있다. 통합형은 이런 [전달-창조-전수] 경로 의존성이 있고, 이 방식으로 학교의 교과교육에 기여할 수 있다.

학교 교육용 지식은 모든 사람이 지식이라고 생각하고 믿는 그런 지식이다. 이런 지식을 전달하고 접하고 습득하도록 해서 전수하는 것도 학교가 사회의 한 기관으로서 할 수 있는 역할이다. 그렇다고 해서 학교 교육 활동에서 지식을 학생에게 전달하거나 전수하는 방식으로만 다루어야 한다는 의미는 당연히 아니다. 지식을 바꾸고 변용하고 비틀어 보고 상상해 보는 기회를 제공하기 위해서 학생에게 지식을 사용할 수 있는 상황을 만들어 주고, 그 상황에서 학생의 실존과 삶에 의미 있는 지식이나 방법들을 성찰해 보는 기회, 그래서 특정 상황(혹은 개인) 내에서 사용 가능한 지식이나 지혜를 창조할 수 있도록 허용할 수 있어야 한다는 의미다. 즉, 학생이 자신의 실존과 삶에 개인적이고 주관적으로 의미 있는 지식으로, 상황 맥락적인 지식으로 변용하며 현재에도 미래에도 있을 수 있는 지식을 상상해 보는 경험을 해야 한다. 비록 지금은 학생의 차원에서 학생 자신이나 학생이 처한 상황에서만 통하는 지식을 창조하지만, 이 학생이 훗날 우리가 지식이라고 생각할 만한 믿을 만한 지식을 창조하는 사람이 될 때와 이어지기 때문이다. 학생이 성인이 되고, 그가 활동하는 사회에서 좀 더 일반적으로 존재할 수 있는 지식 탄생의 가능성을 품는 미래 지식 창조의 잠재성을 만드는 활동이다. 지식을 다루는 주체인 학생이 학교에서 지식을 창조적으로 다룬 경험은 향후 (새로운) 지식을 창조할 수 있는 기반이 된다는 의미이다. 이에 학생이 학교에서 창조한 지식을 지금 당장 생산적이지도 않고 사용할 수도 없는 쓸모가 없는 지식이거나 공상과 환상이 만든 상상의 지식이더라도 이를 의미 있는 교육 활동으로 인식하고 이해하는 태도가 필요하다.

교육의 장을 지식을 전수하는 공간뿐만 아니라 이런 (비생산적인) 지식을 창조(생성)하는 공간으로 이해할 때, 학교 교육은 사회 일반에 존재하는 지식을 전달·전수하는 데 머물지 않는 곳이 될 수 있다. 존재하는 지식의 전수뿐만 아니라 존재할 지식의 탄생으로 연결하는 곳이 될 수 있다. 이는 지식과 관련해서 (학교) 교육 활동이 지닌 정체성이나 독자성도 논의할 수 있게 해 준다.

셋째, 분과형이 [알기-하기] 방식을 취한다면, 통합형은 [하기-알기] 방식을 취한다는 점에서 둘은 차이가 있다.

분과형은 학생이 학교에 주어지는 지식을 습득하고 이해하는 데 초점을 둔다는 점에서 비교적 우리에게 익숙하다. 지금까지 분과형은 주로 학교 교육을 위한 '전이'가 높은 지식을 선정하여 학교 교육용으로 보급하고, 학교 교육 활동을 통해서 이를 전달하면, 학생은 이런 지식을 당면하여 습득하고 삶에 적용 활용해 보도록 안내했다. 이에 교과서 등에서도 학생에게 주어지는 지식을 설명하고 의미를 파악하게 하는 등 알아보는(knowing) 활동을 하고 나서 알게 된 것을 다양한 삶의 맥락에 적용해 보는(using) 활동으로 진행하는 [알기-하기] 방식을 주로 취해 왔다.

통합형에서는 당면하는 문제를 해결하는 데 필요한 교과(지식)를 동원해서 도구로 활용하는 편이다. 이에 학생에게 존재하는 지식을 자신의 실존과 삶에 의미 있게 재창조해 보도록 안내한다. 가령, 수업은 수행 과제를 해 보고(doing) 나서 알게 된 것을 정리해 보는 [하기-알기] 방식을 취하는 편이다.

분과형에서 취해 온 [알기-하기] 방식과 통합형에서 주로 취하는 [하기-알기] 방식이 학교의 교과 수업 공간에 상호 호혜적으로 공존할 때, 학교의 교과교육 방식을 좀 더 풍요롭게 할 것이다. 이에 교사는 필요한 상황에 적절한 방식을 적용하기도 하고, 두 방식을 병렬로 연결하는 접근 방식도 취할 수 있을 것이다.

교육과정 통합을 이제는 교육과정을 교과로만 규정할 수 없다고 생각한다. 교육과정 통합은 교사든 학생이든 원하는 의도로 출발하며, 어떤 교과(지식)를 활용할 수 있을지를 생각한다. 따라서 자연히 모든 교과를 대상으로 해서 교과를 넘나든다. 교과로 정해 놓은 경계에 얽매이지 않고, 교사나 학생들이 수업에서 원하는 의도나 목적을 위해서 필요한 교과의 내용을 통합하는 방식으로 접근한다. 이에 Beane(1997)은 교육과정 통합을 교실에서 교육과정을 정하는 의사결정 과정에서 구성원들, 특히 교사와 학생이 좀 더 동등하게 개입한다는 점에서 더 민주적인 방식이라고 주장한다.

교육과정 통합은 한때 유행하는 베스트 셀러 같은 것이 아니다. 교육과정 통합은 교사와 학생이 교육과정에 대해 좀 더 민주적으로 협업하기를 바라며, 그래서 더 생생하게 살아 있고, 진정으로 연관되도록 하려는 교육적 접근이다(Beane, 1997).

달리 말하면, 교육과정 통합에서 학생과 교사가 교실 교육과정을 개발하는 **공동 개발자라**

는 의미이다. 학생들은 그들이 공부하고 싶은 것을 제안하여 교육과정을 개발하고, 교사는 수업을 이끌기도 하지만 학생과 동등하게 교육과정 개발에 참여하기도 한다. 전문가로서 교사는 교육과정을 실행하는 과정에서 무슨 일이 일어날지에 미리 생각해 둔 것에서 시작할 수도 있지만, 학생과 협업하면서 학생들의 결정을 충분히 수용하면서 궁극적으로는 교육적인 경험을 할 수 있도록 이끈다.

그래서 교실에서 수업하는 교사라면 누구나 교과를 통합해서 수업하라고 요구하지 않아도 매 학기 적어도 한두 번쯤은 2개 이상의 교과를 통합한 수업을 하기 마련이다. 처음에는 공개 수업이라도 하게 되면 만드는 한 차시 수업처럼 평소에는 안 하는 수업으로(특별한 날에 하는 특별한 수업으로) 시작하기도 한다. 그러나 공개 수업처럼 특별한 수업이 아니더라도 매일 하는 수업에 활력을 불어넣으려고, 학급의 특색 활동이 필요해서 독자적인 프로그램을 개발하는데, 이런 프로그램은 관련 교과들을 통합하기 마련이다. 교실마다 교실 주변에서 당면하는 문제를 해결하는 방식으로, 특정 장소에서 의미 있는 교육활동을 하는 방식으로, 학생의 요구를 수업으로 수용하는 방식으로, 주변에서 발생하는 이슈나 쟁점, 사건 사고를 다루는 방식으로, 행사나 축제에 참여하면서 수업할 수 있는 방식으로 교과를 통합한 단원을 개발한다. 이런 단원을 통합교육과정이라고 부른다(Beane, 1997; Dewey, 1902; Drake, 2004; Fogarty, 1991; Ingram, 1979; Jacobs, 1989). 교육과정을 통합하기 위해서 별도로 시간을 내야 한다고 생각하지만, 실제로 학교에서 자연스럽게 하게 되는 것, 보게 되는 것이기도 하다. 하나의 의미를 이어 가려고, 외부의 의도나 요구에 응답하는 수업은 결국 교과를 통합한 교육과정 모습으로 드러나기 마련이기 때문이다. 따라서 교육과정 통합은 '하는' 것이기도 하지만 '되는' 것이기도 하다.

Q2. 통합교육과정과 교육과정 통합은 어떻게 다른가?

지식의 영역과 그 독자성을 기반으로 하는 교과가 여전히 현혹적인 힘을 갖고 있지만, 우리는 학교 수업을 교과로 구분해야 한다는 환상을 깰 필요가 있다. 교육도 삶이다. 삶은 필연적인 그리고 우연적인 사건들과 연결되고 관계하면서 여러 가지 양상으로 드러난다. ……
아이들도 이런 식으로 삶을 경험하면서 필요한 관계를 맺고 필요한 이해를 획득한다.

-Peter Abb(1966)-

교육과정에 대한 통합적 접근(curriculum integration)은 통상적으로 여러 교과를 통합한 모습으로 드러나는 교육과정을 가리키는 용어이다. 일반적으로 사람들은 이 용어를 통합교육과정(integrated curriculum)과 교육과정 통합(curriculum integrating)으로 구분하지 않고 사용하는 편이다. 그러나 이 개념을 좀 더 엄격하게 사용하는 사람들은 통합교육과정과 교육과정 통합을 구분한다. 교육과정 개발이 궁극적으로 교실에서 실제로 수행하는 수업을 위한 용어이고, 수업 차원에서(혹은 교사 입장에서 보면) 교육과정 개발은 결국 '수업을 만드는 활동'을 뜻한다. 이런 관점에서 통합교육과정과 교육과정 통합을 구분해서 이해해 볼 수 있다.

통합교육과정은 일반적으로 수업하기 위해서 수업 전에 교과를 통합한 수업을 만들어 놓은 것을 가리키는 개념이다. 이에 통합교육과정은 일반적으로 교사가(교사가 협업해서) 개발하여 완전한 수업 모습으로 수업의 장에 제공하는 교육과정이다. 이런 통합교육과정을 개발하기 위해서 교사는 따로 시간을 내서 교과를 통합한 수업을 만들어 놓는 식으로 수업을 준비한다.

이에 비해서 교육과정 통합은 수업 중에, 즉 교과를 통합하는 수업을 만들면서 수업하기 때문에 수업이 끝나야 완성되는 수업의 결과물이다. 이에 통합교육과정에 비해서 교육과정 통합에서는 교사와 학생 둘 다 교육과정 개발자로서 역할을 수행할 수 밖에 없다.

궁극적으로 교육과정을 통합하는 접근은 교실에서 교사와 학생이 직접 개발하는 교육과정 통합을 지향한다. 즉, 수업 차원에서 교사와 학생이 원하는 교육과정을 실행하는 과정에서 관련 교과들을 통합하는 방식으로 접근할 수 있도록 안내한다.

교실에서 이런 교육과정 통합이 가능하려면 여러 가지 전제나 조건을 갖추고 지원해야 한다. 예를 들어, 교육과정 실행 주체인 교사와 학생이 교과를 통합해 보는 경험이 필요하다. 교사는 교실에서 학생이 하는 교육활동의 목적이나 의도를 설정해야 하고, 더 중요한 것은 그런 목적이나 의도를 구현할 수 있는 교육과정을 개발해야 한다. 교실에서 교육과정을 개발해 본 경험이 없는 학생에게도 교육과정 개발자로서 기회와 역할이 주어진다고 해서 학생이 바로 이런 활동에 참여할 수 있는 것은 아니다. 물론 학교 내 동료 교사나 관리자나 학교 밖 학부모 등 교실 교육활동에 영향을 미치는 관계자들의 교육과정 통합에 대한 인식과 이해 그리고 지지하는 분위기도 영향을 미친다. 교육과정 통합 경험이 없는 교실에서 교사나 학생이 이런 지지나 아무런 지원 없이 교육과정 통합을 실행하기는 어렵다. 이에 교육과정 통합 경험이 없는 학교, 지역, 나라에서는 학교 밖에서 통합교육과정을 개발하여 보급함으로써 교실에서 교육과정 통합에 필수적인 최소한의 경험을 마련한다. 통합교육과정과 교육과정 통합은 이런 관계를 맺으면서 교육과정에 대한 통합적인 접근을 교실에 안착시킨다.

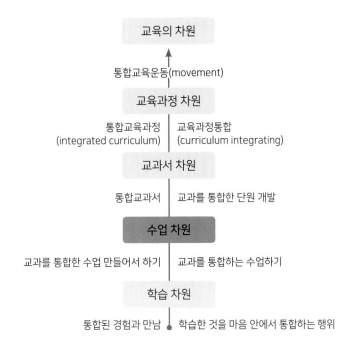

그림 2-1 교육과정에 대한 통합적인 접근

　따라서 통합을 여러 차원에서 읽을 수 있다. 중요한 점은 궁극적으로 수업 차원을 지향하기 때문에 다른 차원에서 통합에 대한 논의나 실천은 모두 이를 지원하기 위한 활동으로 이해해야 한다.

　먼저, 학습 차원에서는 의도적으로 통합하지 않아도 자연발생적으로 어느 정도 통합이 일어난다. 학습은 학습자가 선행해서 습득한 기존 지식이나 인식에 새로운 지식이나 인식을 통합 구성하는 활동이기 때문이다. 이렇게 학습자의 마음 안에서 일어나는 통합은 제도 교육에서 의도적으로 하는 교육활동이라기보다 교육받은 학생 내면에서 일어나는 활동이고, 이에 교육과정 통합(curriculum integration)은 학습활동에 부속하는 부산물이다.[3]

　이런 학습 차원을 적극적으로 지원하기 위해서 학교 교육에서는 수업 차원에서 학생이 통합 수업을 경험하거나 교과를 통합해서 학습하는 경험을 의도적으로 제공한다. 수업 차원에서 통합하기 위해서는 무엇보다 우선해서 교사가 교과에 통합적으로 접근해야 한다.

---

3) 이런 마음 안에서의 통합에 대해 더 알고 싶다면, 유한구와 김승호(1998) 참조

만약 수업 차원에서 통합이 전혀 일어나지 않는다면 교육활동은 자연히 분과형으로만 편향하기 마련이다. 학교에서 하는 수업이 이런 분과형이 독점하면, 분과 교육이 의도하지는 않는다 하더라도 여러 가지 비교육적인 역작용들이 발생하기 마련이다. 예를 들어, 학생은 학교 교육을 받으면 받을수록 교과와 삶을 분리한다든지, 공부나 학습을 학교에서 학생이 하는 활동으로 한정해서 이해한다든지, 교과교육이나 학교의 교육활동을 시험이나 진학과 진로를 위한 것으로만 한정하려 한다든지 등이다. 이런 상황에서는 학교 교육을 위한 교육과정 정책은 분과와 통합이 공존할 수 있는 정책들을 개발·지원하면서 둘이 학교 교육 활동의 장에 공존하면서 교과교육이 좀 더 균형을 갖추도록 조율한다.

이에 학교 교육에서 분과형이 주류인 나라에서는 통합교육과정을 개발하여 수업 차원에서 교육과정 통합을 지원하기 위한 교과서 정책을 도입한다. 즉, 학교나 교실 밖에서 통합교육과정을 연구 개발해서 교실로 적극적으로 보급하는데, 이런 교과서 차원의 지원이 교실에서의 교육과정 통합을 지원하기 위해서 가장 널리 활용하는 방식이다. 교과를 통합한 단원을 개발해서 제시하는 통합교과서를 교실 수업에 활용하도록 제공함으로써 교실에서는 교사와 학생이 교과 통합형을 직접 강제로 경험한다. 또 간접적으로는 관리자, 학부모 등도 교육과정 통합을 널리 접할 수 있다. 교실에서는 이런 통합교육과정을 경험하는 과정에서 어느 시점부터 자연스럽게 직접 교육과정을 통합할 수 있다.

교과를 통합한 교과서 개발에 대한 이해나 인식이 부족한 환경에서는 통합교과서 개발 자체가 불가능할 수 있다. 이에 통합교과서 개발을 가능하게 하려고 교과서 개발 근거이자 주 자료인 국가교육과정 편제에 교과를 통합한 통합교과를 편제하는 교육과정 정책을 활성화한다. 통상적으로 이런 편제로부터 교과를 통합한 통합교과서를 개발할 수 있는 명분을 얻기 때문이다. 이렇게 교과서 및 교육과정 차원에서는 교실에서 교과를 통합할 수 있도록 지원하기 시작하면 교실 안팎에서 교실에서 사용할 수 있는 다양한 교재를 개발할 때도 통합형이 나타나기 시작한다. 학교 교육은 비로소 통합형과 분과형 두 경로를 갖게 된다.

마지막으로, 이렇게 교육과정, 교과서, 수업 차원에서 통합형을 안착시키기 위한 교육운동은 통합교육과정 도입이나 교실에서 교육과정 통합을 좀 더 포괄적으로 지원한다. 교육과정에 대한 통합적 접근을 설명하고, 통합을 통해서 무엇을 할 수 있는지, 학교 교육 및 수업이 가진 어떤 문제를 완화·해소할 수 있는지를 종합적으로 설득하기 때문이다. 그러나 이런 운동 차원에서는 통합교육에 대한 방향과 비전을 널리 확산시킬 수 있지만, 후속하는 교육과정 및 교과서 차원의 지원으로 이어지지 않으면 슬로건으로만 유랑하다가 사라지곤 한다.

요약하면, 통합교육과정(integrated curriculum)이든 교육과정 통합(curriculum integrating)이든 교과를 통합하는 교육과정(curriculum integration)은 모두 2개 이상의 교과를 통합한 모습으로 나타난다. 하지만 궁극적으로는 교실의 상황, 요구나 요청, 필요를 충족시키는 교육활동을 하다 보면 자연히 교과를 넘나들며 교육과정 개발한다. 이런 점에서 교실에서는 교사와 학생은 궁극적으로 교육과정 통합을 지향한다. 하지만 교실에서 교육과정을 통합하는 현상이 실제로 나타나도록 하려면 학교나 교실 안팎에서 교육의 차원, 교육과정 차원, 교과서 차원에서 통합교육과정 정책을 활성화해서 교실을 지원하는 과정 또한 필요하다는 것을 이해하는 것이 더 중요하다.

Q3. 왜 주제인가? 주제를 어떻게 개발할 수 있는가?

> 주제는 학생들의 흥미나 관심으로부터 나오며, 교실에서는 이를 사회적으로 의미 있는 것
> 으로 다룰 수 있어야 한다. 학생들에게 물어보면, 그들은 진지하게 반응하고, 정말 중요한
> 주제들을 구성한다.
>
> -James Beane(1997)-

교육과정 통합은 교과들을 통합 조직하는 방식을 취한다. 교과들을 통합하려면 기준이 필요한데, 교육과정 통합 분야 연구자들은 이를 '통합의 실(threads)'로 부르는데(Tyler, 1958; Ward, 1960), 몇 가지 실을 사용한다.

통합의 실 중 하나가 '주제'다. 통합교육과정을 개발할 때 일반적으로 주제를 중심으로 교과를 통합한다. 물론 이런 주제를 통합교육과정 이름으로 쓰기도 한다. 교육과정을 통합하는 과정에서 주제를 먼저 정하는 편이고, 이렇게 정한 주제를 중심으로 학생이 할 학습 내용과 활동을 조직하는데, 이 과정에서 주제는 관련 교과들을 통합하는 구심점 역할을 한다.

통합교육과정에서 교과를 통합하는 실 혹은 기준으로서 이 주제를 정하는 방식은 통합 유형에 따라 조금씩 다르다.[4]

---

4) 통합의 유형을 자세히 알고 싶다면, 이 책의 제3장 참조

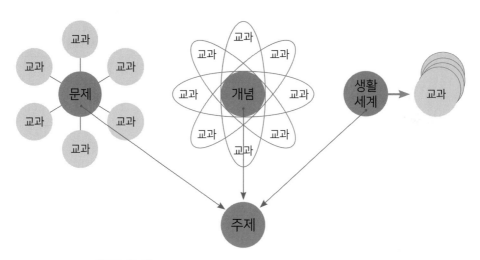

그림 2-2　다-간-탈 학문(혹은 교과) 통합 유형과 주제

첫째, 주제를 해결해야 할 문제, 과제, 미션 등으로 정할 수 있다. 예를 들어, 학교의 교육
과정으로 '따돌림' '코로나바이러스' '대통령 선거'와 같은 주제들은 다학문적 통합에서 흔히
볼 수 있다. 또 고등교육 이상에서 학제 간 접근으로 다루는 '게놈 프로젝트' '우주의 신비'
'몸의 신비' '인구 문제'과 같은 주제들도 다학문적 통합에서 흔히 볼 수 있다. 다학문적 통
합교육과정에서는 특정 문제나 미션이나 과제 수행에 필요하고 기여하는 교과들을 통합한
다는 점에서, 문제해결 학습이나 과제나 미션 수행하는 학습과 다르지 않다.

다음으로, 교과의 개념들로 주제를 정할 수 있다. 예를 들어, '패턴' '흐름' '날씨' '지속가능
성'과 같은 주제들이다. 간학문적 통합에서는 통합하는 교과들이 공통으로 가지고 있거나
개념, 원리, 방법 등을 주제로 정하는 경향이 있다. 학교에서는 간학문적 주제를 교과 교육
과정 성취기준을 기반으로 추출할 수도 있다. Drake(2007)는 주어지는 (국가)교육과정을 이
행해야 하는 공립학교 교사들이 국가교육과정을 기반으로 주제 단원을 설계할 때 유용하
게 활용할 수 있는 'KDB 모형' 및 'KDB 우산 모형'을 제시하였는데, 이 모형에서는 교육과
정 성취기준을 분석하여 주제를 선정한다는 점에서 간학문적 주제를 선정할 수 있도록 안
내하고 있다. 즉, 교육과정 개발자는 교과의 성취기준을 학생들이 알아야 할 것(to know),
할 수 있는 것(to do), 의도한 상태(to be)로 분석하고(1단계 교육과정 스캔하기), 이렇게 분석
한 것을 포괄하는 좀 더 큰 아이디어(big idea)를 도출한다(2단계 KDB 클러스터하기). 이렇
게 도출한 아이디어로 주제를 정하고(3단계 잠정적 주제 정하기) 통합교육과정을 설계(4단계

KDB 구조 만들기)하도록 안내한다.[5]

　마지막으로, 학생들이 생활하는 세계에 존재하는 단어들, 학생들이 생활 중에 사소하게 몰입하거나 관심을 집중하는 단어들을 주제로 삼을 수 있다. 예를 들어, '축구 시합' '병원' '마스크' '나는 누구인가'와 같이 학습자에게 탐구의 대상이 되는 이름들이 교육과정을 통합하는 주제로 등장할 수 있다. 이런 주제는 당연히 학생이 흥미나 관심을 가지는 용어들로, 주로 탈학문적 통합에서 사용한다. 이런 개인적인 의미를 가진 주제들은 통합적인 접근 과정에서 사회적으로 의미 있는 내용으로 발전하기도 한다. 따라서 '축구 시합'과 같이 학생의 흥미거리로만 보이는 주제든, 또 'AI(Artipical Intelligence)'처럼 사회적으로 큰 관심을 끄는 주제든, '패턴'처럼 여러 교과와 연결할 수 있는 것처럼 보이는 주제든 주제 자체가 중요한 것은 아니다. 중요한 것은 주제로 인해 학생이 탐구나 학습에 주인의식을 가지고 몰입할 수 있도록 하는 데 영향을 미치게 하는 것이다. 즉, 통합에서는 학생들이 반응할 수 있는 주제를 다루는 과정에서 주제로 인해 학습에 미치는 영향력(power)을 만들어 내는 것이 중요하다. 이런 관점에서 Harden(2000: 555)은 탈학문적 통합의 주제를 학습을 위한 주제가 아니라, 학생이 매일 살아가는 일상을 기반으로 하는 실세계에서 주제를 선정해야 한다고 주장한다. Harden과 같은 입장을 취하는 사람들은 학습을 실세계에서 발생한다고 본다. 따라서 실세계의 주제를 다루는 과정에서 학생은 의미 있는 무엇인가를 학습하고 이렇게 학습한 것이 교과에서 가르치고 있는 내용과 다르지 않다고 본다.

　교육과정 통합에서 주제는 교과를 통합하는 구심점들을 통칭하는 개념이다. 이렇게 교육과정을 통합하는 주제가 가진 성격이나 의미는 통합의 방식이나 유형에 따라 차이가 있지만, 주제는 교과 통합의 구심점으로서 통합교육과정을 구성하는 학습활동들을 개발하도록 안내한다.

Q4. 교육과정을 통합해도 성취기준을 이수할 수 있는가?

　모든 공부는 사람과 그 사람의 삶에서 시작한다. 우리는 홀로 살 수 없고, 우리는 모든 것이 어우러진 세계에 산다. 공부의 소재가 되는 존재와 삶은 보편적인 현상이 아니라, 한순간 한 번만 일어나는 유일한 현상으로 이해하는 것이 자연스럽다. 따라서 똑같은 결과가 실제에

---

5) 자세한 내용은 Drake(2007) 혹은 정광순(2010) 참조

서 다시 일어나지는 않는다. 이 교훈을 누구보다 교사가 알아야 한다.

-John Dewey(1990)-

교육과정 통합을 하든 안 하든 지식이 폭증하고 있는 것은 엄연한 사실이다. 하지만 예나 지금이나 학생이 학교에서 학습하는 시간은 별로 변하지 않았다. 그만큼 한정된 시간 안에 다루어야 할 교육내용은 많아지고, 이에 학생의 학습은 과중해지고 있다는 의미이다. 학교에서 배우는 교육내용이 증가하면 할수록 학생이나 교사는 무엇보다 시간 부족 문제를 겪기 마련이다. 그동안 교실에서 교사와 학생은 모두 적어도 주어지는 내용을 충실히 가르치고 배워야 하는 교육과정 실천 문화에 익숙하다. 물론 고정관념이기는 하지만 교육내용을 교과별로 구획해서 가르치고 배우는 것을 더 좋은 방식이라고도 생각한다.[6] 그래서 주어지는 내용을 가르치기 바빠서 실생활의 문제 등에 적용하거나 시간을 들여서 내면화하고 음미할 수 있는 여유 있는 학습들이 정착하기 어려웠다. 자연히 적용이나 음미를 생략하기 쉽고, 그래서 점점 '많이 그리고 얕게' 다루는 방식으로 치우친다. 이런 현상은 다시 학교 교육으로서 지식교육(혹은 교과교육)에 대한 여러 가지 문제와 섞여서 더 논쟁적이게 되었다.

교육과정을 통합해도 성취기준을 이수할 수 있는가? 이 질문에 교육과정 통합을 연구하는 이 분야 연구자들은 교실에서 교육과정을 통합해도 학생이 배워야 하는 교육내용을 모두 다룰 수 있다고 답한다(Nesin & Lounsbury, 1999/2007). 교육과정 통합은 국가차원 교육과정을 부정하거나 대체하려는 것이 아니기 때문이다. 학생에게 의미 있는 내용을 중심으로 국가교육과정 성취기준도 이수할 수 있는 교실 교육과정을 교실에서 개발해서 대처하려는 것이다. 따라서 국가교육과정 측면에서는 교실에서 교육과정을 재조정하는 활동이라고 볼 수 있지만, 교실에서 배우고 가르치는 당사자인 학생이나 교사 입장에서 보면 국가교육과정에 후속하는 교실교육과정을 교과 통합형으로 개발하는 활동이라고 말할 수 있다. 학교 교육으로 다룰 교육내용을 판단하고 선정하는 일을 지금까지 학교나 교실 밖에서 수행했지만, 학교 밖 지식의 폭증으로 학교에서 가르칠 내용을 미리 선정하거나 판단하기 어려운 상황이 되었고, 이제는 당사자인 교사와 학생에게도 교육내용을 일정 부분 선정할 수 있는 권한을 위임해야 할 것이다. 수많은 지식 중에서 그들 자신에게 더 의미 있는 교육내용을 선정할 수 있는 경로를 열어야 할 것이다. 교육과정 통합은 이렇게 교육내용 선정 권

---

6) Nesin과 Lounsbury(1999/2007)은 교육과정통합을 교과 분과 교육을 하는 과정에서 조성된 이런 여러 가지 고정관념들을 깰 수 있는 접근으로 설명한다.

한을 당사자인 교사나 학생에게 위임하더라도 지금까지처럼 교과에서 다루어 온 교육내용을 다룰 수 있을 뿐만 아니라, 학생에게 더 의미 있는 내용으로 발전시키고자 한다(Beane, 1997; Young, 1991).

　민보선과 정광순(2022)은 H교사가 교실에서 실행한 교육과정, '내용을 추론해요'와 '잠 못 이루는 밤' 사례를 분석해서 교실에 '성취기준 출발형' 교육과정과 '성취기준 연결형' 교육과정이 공존한다는 것을 보고했다. 성취기준 출발형에서는 주어지는 교과 교육과정의 성취기준을 전개하는 방식(풀어 내는 방식)을 취하는데, 이 연구에서 사례로 든 '내용을 추론해요'에서는 '성취기준 정하기 → 단원의 학습 목표 정하기 → 학생 활동 구상하기 → 구상한 수업 실천하기 → 교육과정 평가하기' 절차를 거쳤다. 성취기준 연결형에서는 교실에서 자연발생적으로 등장하는 활동을 수업으로 수용하는 과정에서 교사가 특정 교과 교육과정의 성취기준 중 하나를 찾아 연결하면서 이 활동을 성취기준도 이수할 수 있는 학교 수업으로 만들어 내는 방식을 취했다. 이 연구에서 사례로 든 '잠 못 이루는 밤'에서는 동학년에서 스마트폰 사용 및 채팅에 대한 생활 지도로 시작했다. 학생들은 '생활 지도 계획하기'로 시작해서, '스마트폰 채팅 시간 조정하기기' '스마트폰 사용과 수면 시간 부족 문제 토론' 등으로 꼬리에 꼬리를 물면서 활동을 이어 갔다. 이 과정에서 교사는 학생들이 하는 활동에 부합하는 교과 성취기준을 찾았고, 일련의 이 수업에 '잠 못 이루는 밤'이라는 교육과정 이름을 붙이며 교육과정 실행을 마무리했다.

　교육과정을 통합하든 안 하든 교사는 교실에서 학생이 수행하는 교육활동이나 경험 과정에서 학생이 국가수준 교과 교육과정에서 제시하는 성취기준을 이수할 수 있도록 한다. 어떤 교사는 성취기준을 교육활동의 출발점으로 삼아서 학생이 성취기준에서 추구하는 교육내용을 습득하도록 하는 데 중점을 두고, 필요할 때면 학생 활동 및 경험을 동원한다. 하지만 또 어떤 교사는 학생이 교실에서 지금 하고 있는 활동에서 출발해서, 이 활동과 더불어 이수할 만한 성취기준을 연결해서 결국 성취기준도 이수할 수 있는 수업을 만들어 낸다. 통상 전자가 분과형이 접근하는 방식이라면, 후자는 통합형이 접근하는 방식이다. 물론 교실에서 교육과정을 통합하는 교사도 성취기준에서 출발하는 교실교육과정을 개발할 수 있고, 성취기준을 연결하는 교육과정을 개발할 수 있다. 학생 활동을 성취기준 이수로 매개하는 일이 교사가 수행하는 역할이기 때문이다. 간학문으로 통합하는 교사는 주로 전자의 접근 방식을 취하는 편이지만, 다학문 혹은 탈학문으로 통합하는 교사는 주로 후자의 접근 방식을 취하는 편이다.

　특히 교육과정을 통합할 때, 교실에서는 학생들이 주제를 따라가며 학습하기 때문에 이

과정에서 계획하거나 의도하지 않았던 더 많은 것들도 배운다. 즉, 성취기준 이상을 경험하고 배운다는 의미이다.

'교육과정을 통합해도 성취기준을 이수할 수 있는가?' 하는 질문과 더불어 '교육과정을 통합하면 학생의 성적이나 기초학력이 저하되지는 않는가?' 하는 우려나, '학생들이 시험을 잘 칠 수 있을까?' 하는 걱정을 담은 질문들도 자주 한다.[7]

통상 기초학력이 부족한 학습부진 판정을 받은 학생에게 기본 정보 지식이나 기능을 반복 학습하고 학습지를 푸는 학습 방식을 더 강조한다.[8] Beane은 특히 경제적으로든 문화적으로든 특권이 없는 학생이나 학습이 부진한 학생에게 이런 연습이나 훈련에 의존하는 질 낮은 학습을 강조하는 경향이 있다고 비판한다.

> 왜 교육자, 정책 입안자, 입법자는 가장 효과가 없는 연습과 훈련 같은 교수법을 가장 특권이 없는 취약한 학생에게 제공하는가? 왜 모든 학생에게 최고의 교수법을 제공하려고 하지 않는 걸까? 가장 가난한 지역의 학교에 다니는 학생일수록 교실에서 엄격하고 참여적인 문제해결, 실습 활동, 토론, 이질 집단 조직 등과 같은 질 높은 학습 방식에서 배제한다. 슬프지만 학습 부진아들이 경험하는 것은 질 높은 학습 방식보다는 연습, 학습지 활동 등이다. 이것이 공평한가? 정의로운가? 정책 입안자와 입법자는 무슨 생각으로 시험 제도나 재정 지원을 통해 이러한 불평등을 더 조장하는 걸까? 왜 학교에서 이런 비민주적인 관행을 지속하도록 내버려 두어야 하는가? 학교는 학생의 여건이 어떻든 그들이 학교에서 성공해 볼 최고의 기회를 제공해야 하며, 이것은 학생이 가진 권리이기도 하다(Beane, 2005, p. 46).

교사라면 누구나 학생의 학습을 돕고자 하다. 교육과정을 통합하는 교사들도 마찬가지다. 교육과정 통합에서는 학생들의 성취에 영향력 있는 학력을 기르기 위해서는 그것을 습득하는 데 필요한 '의미 있는 상황을 만드는 것'을 중시한다. 교육과정을 통합하면 학생들이 원하는 문제, 과제, 미션에 우선 몰두하도록 하기 때문에, 공부를 하지 않는다고 오해하

---

7) 사실 아직은 교실에서 통합교육과정을 실행한 추수 연구의 결과들이 이 질문에 대해 명확한 답을 제시하지 못하고 있다. 하지만 교육과정을 통합해 본 교사들은 학생들의 시험 점수가 분과형이나 통합형에서 별반 차이가 없다고 할 뿐만 아니라, 특히 성취도가 높은 영재나 성취가 낮은 부진아들은 확실히 더 효과적이라고 밝힌다(Beane 1997; Marks, Newmann, & Gamoran, 1996; Thomas, 2000 등).

8) 이는 시험이 미치는 영향력이 크기 때문이기도 하지만, 역사적으로도 기본 지식과 기능 습득을 위한 훈련이나 연습 방식을 늘 지지해 왔기 때문이다. 이런 연습이나 훈련 방식에서 조금이라도 벗어나는 새로운 시도를 하면, 그것을 해 보기도 전에 기초학력 저하 문제를 들어 비판하기도 한다.

기 쉽지만, 그들이 문제, 과제, 미션을 해결하고자 하는 욕구가 강하면 강할수록 문제, 과제, 미션을 해결하는 데 영향을 미치는 정보 지식을 적극적으로 찾고, 활용하며 습득한다. 이렇게 할 때 학생은 기초학력이나 지식을 습득할 뿐만 아니라, 그것을 넘어서기도 한다. 그래서 교육과정을 통합하는 교사들은 학생의 현실적인 필요나 요구를 충족시키면서 우리가 의도하는 성취기준도 이수하고, 기초학력도 기르고, 필요하면 시험도 잘 칠 수 있게 지원한다.

　사실 학교 교육은 성취기준을 이수하는 것만으로는 부족하다. 학생은 강한 호기심과 모험심이 있고, 이런 호기심과 모험심이 배움을 끌어내고 이끌어 간다. 성취기준을 이수하는 교육과정이나 수업만으로는 이런 욕구와 요구를 만족시키기 힘들다. 교육과정을 통합할 때, 학생은 교과를 넘나들며, 여러 가지 정보 지식과 기능을 적용할 수 있는 문제, 과제, 미션에 도전한다. 이 과정에서 교사와 학생들이 성취기준을 포함한 활동에 참여하면서 성취기준을 넘어서는 자신과 우리의 삶과 존재를 검토하고 탐구한다. 결국, 교육과정을 통합할 때 학생들은 더 새롭고, 더 다채로운 학습에 더 적극적으로 참여하며, 이를 통해서 학교 교육에서 의도에도 다가간다.

Q5. 평가는 어떻게 해야 하는가?

　배운다는 것은 개인적이다. 의도적으로도 배우지만 그렇지 않게도 배운다. 책으로도 사람에게서도 자연을 통해서 사물로 인해서도 배운다.

-William Heard Kilpatrick(1919)-

　교육과정을 통합한다고 해서 교사가 하는 평가가 크게 다르지는 않다. 교사라면 누구나 교실에서 교육과정을 실행하면서 학생이 이수해야 할 성취기준에 어느 정도 도달했는지, 학생이 무엇을 의미 있게 배웠는지 등을 평가한다. 교육과정 통합에서도 마찬가지이다.

　그동안 표준화 평가가 발전하는 과정에서 평가 결과를 주로 학생을 선별하고 선발할 때 활용하면서, 점수, 등수, 등급으로 제시하는 방식으로 인해 평가의 비교육적인 작용이 없지 않았다. 이런 평가의 역작용에 대응해 온 참평가(the authentic assessment) 운동이나 형성 평가 운동 등으로 평가의 교육적 기능이 되살아나고 있다. 이에 오늘날 교실에서는 학생의 학습 결과뿐만 아니라 학습 과정도 고려하는 평가, 외부자나 교사가 하는 평가뿐만 아니라 학생 자신이나 동료가 하는 평가, 지필이나 서술 평가뿐만 아니라 수행을 평가하는 등 학생이 성취한 것을 다양하게 다각적으로 평가할 수 있는 방법과 전략들을 도입하고 있다.

　결국 학교교육에서 하는 평가는 교육과정이나 수업과 밀접해야 하는데, 평가하는 목적(이유)에 따라 다음과 같이 접근할 수 있다(Earl, 2003).

- **학습에 대한 평가(Assessment of Learning: AoL)**: 의도한 것을 학습했는지 평가
- **학습을 위한 평가(Assessment for Learning: AfL)**: 후속 학습을 위한 평가
- **학습으로서 평가(Assessment as Learning: AaL)**: 평가를 학습하는 평가

학습에 대한 평가(AoL): 성취기준을 이수했는가?

　AoL은 학생이 수업에서 의도한 국가교육과정 성취기준 성취 여부나 성취 정도를 판단할 필요가 있을 때 접근한다. 이에 평가를 하기 위해서 성취기준을 바탕으로 평가도구나 평가지를 만들고, 학생의 성취를 측정하고, 학생이 학습했다는 근거가 될 만한 정보들을 종합적으로 수집한다.

　AoL는 학교나 교실에서 학생의 학업 성취를 평가하는 지배적이고 주류적인 평가였다. 학생이 실제로 학습한 것을 평가하기보다는 학생이 배워야 할 것을 정말 배웠는지를 평가하기 때문에, 특히 집필 평가를 통해서 학생의 성취를 객관화할 수 있는 점수나 등급으로 표현하였다. AoL에서는 성취기준을 평가해야 한다는 평가 내용이 정해져 있기 때문에 평가자도 학생보다는 외부자나 교사였다. 이런 AoL 평가 결과는 학생별 성취를 비교할 수 있고, 대학입학시험 등 진급이나 진학에 사용하기에 용이하여 주로 학생 선별과 선발에 유용하게 활용해 왔다. 이에 AoL에서는 늘 교육 기능과 평가 기능이 서로 갈등해 왔고 이런 점에서 비판점도 많았지만, 학생이 성취 정보에 대한 객관성이 주는 신뢰를 바탕으로 여전히 강력한 평가 중 하나로 영향을 미치고 있다.

학습을 위한 평가(AfL): 다음 학습에서 무엇을 고려해야 하는가?

　AfL은 학생이 후속 학습을 도와주기 위한 목적으로 하는 평가이다. AfL에서는 학생이 학습하는 전-중-후에 학습 결과뿐만 아니라 과정, 특히 학습에 대한 평가에서 수집하는 정보 외에도 학생이 학습하기 어려워하는 이유나 원인 등을 구체적으로 파악하고 확인한다. 이에 AfL에서는 학생의 후속 학습을 설계하는 사람이 주 평가자인데, 이런 점에서 교사가 주로 평가한다. 평가자로서 교사는 진단평가를 통해 학생의 최근 성취를 확인하고, 어떤 후속

학습이 가능한지를 예측한다. 이렇게 학생을 평가한 결과를 바탕으로 개별 혹은 소집단 학생을 위한 차별화된 수업을 계획하기도 한다.

학습으로서 평가(AaL): 평가를 통해서 무엇을 학습할 수 있는가?

AaL에서는 학생이 자신의 학습 과정과 결과에서 스스로의 배움을 평가하며, 자기 평가 능력을 기르기 위해서 평가한다. 학생은 주로 자신의 학습 진보를 검토하기 위해, 학습 전략을 살펴보기 위해, 자신에게 맞는 학습 목표를 설정하기 위해서 평가한다. 이런 AaL은 무엇보다 평가를 곧 학습으로 간주기 때문에 학생이 주 평가자이고 학생이 실제로 자신이 배운 것을 평가할 수 있다.

교육과정을 통합하면서 교사는 전통적인 평가로서 AoL처럼 학생이 성취한 것 중에서 어떤 성취는 지금까지 해 온 것처럼 점수나 등급으로 표현할 수도 있다. 하지만 AoL 평가는 학생이 교육과정을 실행하면서 쏟은 노력, 진보 정도, 학생이 개인적으로 의미를 두고 있는 다양한 성취 내용들을 평가하지는 못하는 한계가 있다. 이에 교육과정 통합에서는 AoL보다는 상대적으로 AfL이나 AaL로 접근해 왔다. 교육과정을 통합하는 교사들은 평가를 위해서 학생이 성취하는 것을 면밀하게 관찰하고, 섬세하고 직관적으로 판단하며, 공부한 흔적이 있는 노트, 구체적인 항목들을 동시다발적으로 확인하고, 전시품이나 학생이 만든 모형, 학생이 쓴 글에 대한 교사의 의견, 구두 평가된 것들, 바로 그때 피드백한 진술문, 시험 점수 등을 종합적으로 고려해 왔다. 이런 평가를 통해서 점수나 등급으로 표현하는 표준화 평가에 불가피하게 동반하는 비교를 없애려고 노력했다. 학생 간 경쟁보다는 협력을 요청하고, 학생도 자신의 진보 정도와 성취 정도를 평가하면서, 다음 학습과 연계하는 편이다.

Q6. 교사, 학생, 교장, 학부모의 역할이 바뀌는가?

교육과정 통합이 가능할까? 매일 흔들리는데도 불구하고, 나는 낙관적이다. 거시적으로 보라. 변화를 느낄 수 있을 것이다. 보다 나은 미래를 위해 기꺼이 정면 돌파하는 용감하고 쾌활한 탐험이 일어날 수 있을까? 일어나야 한다. 강이 언제나 바다를 향해 자신의 길을 찾듯이.

-Mark Springer(1994)-

학교 교육에서 교사를 '지혜의 원천(the fountain wisdom)'이라고들 말한다. 교육과정을 통합하든 안 하든 교육과정이나 수업에서 교사가 하는 역할은 중요하다. 그리고 교육과정을 통합한다고 해서 교사가 하는 역할이 줄거나 늘어나는 것도 아니다. 교사가 하는 역할은 본래 다양하다. 어떤 역할이 다른 역할보다 더 중요하다고 말하기 힘들다. 적재적소에서 교사에게 요청하는 적절한 역할이 있을 뿐이다. 가령, 교사는 교수자 혹은 강의자이며, 프로그램을 개발하는 프로그래머, 교육과정 전체를 관리하고 감독하고 운영하는 조직자, 학습을 촉매하는 촉진자, 필요한 정보 지식을 제공하는 정보 제공자, 학생의 요구에 교육과정에 대한 조언을 해 주는 조언자, 학습 과정과 결과를 살피는 관찰자이며 보고자이고, 화자이면서 청자이기도 하다.

교육과정 통합에서 교사의 역할을 한마디로 말하려면, 열려 있다고 보는 것이 오히려 더 적절하다. 물론 모든 교사는 자신이 수행해 본 역할이 있는가 하면 안 해 본 역할이 있기 마련이다. 이전에는 교육과정 통합을 안 하던 교사가 교육과정을 통합해서 수업하는 데 도전해 보려고 하면, 그 교사는 새로 적응해야 할 일들이 많다. 흔히 예상하듯이, 아마도 가장 힘든 것은 학생을 일사불란하게 통제하는 일이나 수업을 카리스마 있게 이끌어가는 역할을 일부 내려놓아야 하는 일일 수 있다. 그뿐만 아니라 교육과정(혹은 프로그램)을 사전에 완전히 개발하거나 계획할 수 없는 것, 그래서 여러 순간, 여러 방면에서 다양한 기지를 발휘해서 융통성을 발휘하는 것, 권한을 학생들에게 나누어 주어야 하는 것 등에도 익숙하지 않을 수 있다. 이런 역할 변화는 어떤 교사에게는 쉬운 일이고 어떤 교사에게는 어려운 일인데, 더 정확하게 말하면 해 본 교사에게는 쉽고, 안 해 본 교사에게는 어려운 일이다.

특히 교육과정 통합에서 교사가 하는 역할은 내용 면에서는 교과를 넘나들고, 교육활동을 하는 장소 면에서는 교실을 자주 넘나든다. 교육과정 통합에서는 학습을 계획하는 단계에서부터 학생들이 참여한다. 하지만 지금까지 대부분은 교사나 교사 간 협업을 통해서 수업을 계획하면서 내용과 방법을 정하고, 인적·물적 자원을 배치하는 일을 교사 책임이었다. 하지만 교육과정 통합에서는 이런 활동에 학생을 배제하지 않는다. 더는 교사의 의견이 유일하거나 학생의 의견보다 늘 더 중요한 의견이라고 말할 수 없기 때문이다. 교육과정 통합에서 교사는 학생에게 말하는 것이 아니라 학생과 대화하며, 교실에서 하는 활동 대부분을 학생과 함께 정한다. 대부분 교사는 이런 변화를 처음부터 편안하게 여기지 못한다. 불편해한다. 그럼에도 교육과정을 통합할 때 수업에서 나타나는 변화는 늘 학생들을 지원하고, 실제에도 좀 더 부응한다.

교육과정을 통합한다고 해서 수업이 늘 역동적인 것은 아니지만(혹은 교육과정을 통합하지 않아도 역동적인 수업은 할 수 있지만), 교육과정 통합에서 교사는 언제나 학생들의 관심사와 함께 출발하며, 이런 관심이 교실에서 교육과정을 실행하고 수업하는 데 영향을 미친다.

오랫동안 교실에서 교육과정을 통합해 온 교사, Henry David Thoreau는 교육과정 통합을 "새로운 옷이 필요한 것이 아니라, 옷을 새로 입는 것이다."라고 말했다. 이런 점에서 교육과정을 통합하는 교사는 새로운 전문성 개발이 필요할 수 있다. 달리 말하면, 교사가 변해야 한다는 의미이기도 하다. 사람이 변하는 것은 빨리 되는 것도 아니고 쉬운 것도 아니다. 무엇보다 변화를 감지하고 느낄 시간이 필요하다. 다른 사람과 충분히 이야기해 볼 기회가 있어야 한다(Alexander, 1995; Homestead & McGinnis, 1997; Springer, 1995; Pate). 그리고 시작할 용기가 필요하다. 또 교육과정 통합에 도전하는 교사들은 주로 교육과정 통합 관련 자료를 함께 읽으며 대화하고 사례도 공유하는 활동도 흔히 활용하는 방식이다. Beane의 책들(1993, 1995, 1997, 2005)을 비롯해서 교육과정 통합을 지지하는 저자들(Vars, 1993; Brazee, Capelluti, 1994)의 책, 전문 학술지(통합교육과정연구)나 관련 학술지(초등교육연구, 교육과정연구)에서 다루는 이 주제를 다루는 특별호(『Middle School Journal』, November 1991, January 1992, September 1996, March 1998, November 1998; 『Educational Leadership』, October 1991, April 1995)에 실린 글들을 읽어 볼 수 있다. 이런 자료를 통해서 교육과정 통합에 대한 다양한 측면들을 이해할 수 있을 것이다. 교사가 교육과정을 통합하는 교사들과 서로 이야기하지 않는다면, 또 관련 책들을 읽고 이해를 확장하지 않는다면, 교육과정을 통합하는 방향으로 움직이기 힘들다. 교육과정 통합에 관심이 있는 교사들은 교사 모임(faculty meetings)을 하면서 함께 교육과정 통합 프로그램을 계획하거나 개발하면서 다양한 아이디어들을 공유하곤 한다. 동료와 상호작용함으로써 상호 지원적인 분위기 안에서 교육과정 통합에 학생들을 참여시킬 수 있다는 신념을 키우고, 학생 참여를 신장시킬 수 있는 전략과 역량을 기르면서 교육과정 통합이라는 방향으로 변화를 이끌 수 있다. 이런 점에서 교육과정 통합은 교사의 교육과정 전문성 발달을 지속적으로 이끌고, 교사들 간의 상호작용을 촉진하며, 교육과정 통합이라는 변화를 지원하는 궁극적인 조건으로서 기능한다.

교육과정 통합에서는 교사의 역할 변화만큼이나 학생의 역할도 변한다.

학생을 가르쳐 본 사람으로 부모나 교사라면 누구나 한 번쯤은 학교 학습처럼 강제하는 학습 상황에서 가르치는 것은 가능하지만, 학습하게 하는 것은 힘들다는 것을 안다. 모든 학생이 항상 학습할 의지나 의욕이 넘치는 것이 아니기 때문이다. 학생이 학습할 마음이나 태세가 있는가 하는 문제는 학생이 실제로 학습하는 데 매우 중요하다. 만약 당신의 학생들이 학습하려 하지 않는다면, 그들이 배울 마음이 없는 상황이라면, 무엇을 어떻게 가르칠 수 있을까?

　학생이 학교에서 하는 일들은 대부분 주어진다. 하고 싶은 것이라기보다는 해야 하는 일이다. 규정에 따라 행동하고, 주어지는 활동을 권장하는 방법으로 허락하는 시간 안에 수행해야 한다. 학생이 선택할 수는 있는 일이 전혀 없는 것은 아니지만 정해 놓은 그리고 허용하는 한계 내에서만 선택하기 때문에 학생은 실제로 자신이 정말로 선택한다고 실감하기 힘들어 한다. 이런 상황이 오랫동안 누적되면 학습에 대한 수동적인 태도, 부정적인 태도, 무관심한 태도를 형성한다.

　그래서 교육과정을 통합하는 교실에서는 학생들이 교육과정이나 수업과 관련해서 거의 모든 의사결정에 참여하도록 한다. 무엇을 할지, 그것을 어떻게 할지에 대한 의견을 내고 대화하면서 합의하고, 합의한 것을 수행한다. 그리고 무엇을 배웠는지에 대해 성찰하고 평가할 기회를 가진다.

　문제는 학생들이 시키는 일을 시키는 대로 하는 것에 익숙한 반면에 스스로 실질적으로 결정하고 선택하는 경험이 거의 없다는 점이다. 이런 학생에게 교육과정 통합은 수업에 대한 의사결정을 할 권리와 그에 따른 책임감을 주기 때문에 학생들도 교육과정 통합을 혼란스러워할 수 있다. 또 어떤 학생들은 여러 차례 의견을 내도록 요청은 받아 봤지만, 그것들이 번번이 무시되거나 기대했던 것에 미치지 못할 정도로 미미하게 반영되는 경험도 가지고 있다. 그래서 학생들은 교사가 정말 그들에게 그렇게 많은 것을 하도록 내버려둘 수 있다고 선뜻 믿으려 하지 않을 수 있다.

📖 김교사와 지수의 사례

김교사의 교실에서는 '교실 관리자'를 정하는 데 40분을 다 쓰기도 한다. 학생들 대부분이 교실 관리자로 3명이 있어야 한다고 했지만, 지수는 4명을 주장했다. 학교에서 문제아였던 지수는 선생님과 친구들이 자신의 의견에 얼마나 관심을 가지는가 시험해 보고 있었다. 결국, 교실에서는 한 주는 3명, 다음 주에는 4명이 관리자 활동을 하기로 하고, 운영하면서 필요하면 이 문제를 다시 논의하기로 했다. 지수는 자신의 의견이 정말 반영되는 것을 경험했다. 김교사는 교실 관리자가 무엇을 하며, 어떻게 그 역할을 할 수 있는지, 친구들과 협의하며 알아보도록 하면서 교실 관리자와 관련한 규칙을 정하는 후속 활동으로 이어 갔다. 그리고 이 활동과 국어과 성취기준([4국01-06] 주제에 적절한 의견과 이유를 제시하고 서로의 생각을 교환하며 토의한다.)을 이수하는 활동으로 연결하고, 국어 교과서 해당 단원을 검토하면서 마무리했다.

이 사례에서, 김교사는 이 활동에 국어과 성취기준을 찾아서 연결함으로써 학생에게 그들이 하고 있는(하고 싶어 하는) 활동에 필요한 시간을 확보해 주고 있다. 김교사는 학생들이 원하는 활동을 교육적으로 의미 있을 정도로 충분히 집중할 수 있도록 지원해 준 것이다. 이런 교사의 조처가 있었기 때문에 지수는 자신의 의견이 교실에서 실제로 반영되는 경험, 즉 수업이 되는 과정을 체험할 수 있었다.

　교실에서 교육과정을 통합할 때 학생은 교육과정에 대한 의견을 내고, 이렇게 제안한 의견이 협의를 통해서 교실 전체 학생들에게 의미 있는 배움이 일어나는 활동으로 바뀌는 과정을 경험할 수 있다. 합의를 도출하기 위해서 학생들은 다른 사람들의 의견을 경청하며, 정말 관심 있는 것들, 보다 나은 수업의 방향을 찾기 시작한다. 이전에 그렇게 하지 않았던 것들에 대해서도 마음을 연다. 공동의 목표를 갖는 것, 개인의 장점이나 역할을 알아차리는 것, 주변 사람들의 의견을 경청하는 것 등은 학생들이 교육과정을 통합하는 과정에서 배우는 학습자로서 갖추어야 할 역할이다.

　물론 지금까지 수업에서 늘 성공적이었던 학생 중에는 이런 역할 변화에 저항하기도 한다. 그들은 학교 교육에서 기득권자이고 통상적으로는 유명한 학생이다. 그들은 늘 승자였기 때문에 자신이 승자임을 분명하게 구분해 주는 교육활동에 익숙하다. 즉, 교육과정 통합에서 제시하는 정답이 없는 문제, 경쟁보다는 친구들과 협력을 요구하는 과제, 스스로 능력을 발휘해야 할 뿐만 아니라 다른 사람들의 도움을 받아야만 활동할 수 있는 이런 상황이 새롭고 그래서 낯설 수 있다. 교사와 마찬가지로 학생도 교육과정 통합에 호감을 보일 수도 있지만 저항할 수도 있다.

　학교에서 늘 가장 우수한 성적을 받아 온 민용이는 교사의 기대를 한껏 받아 온 학생이었다. 민용이는 우수한 성적을 받을 준비가 되어 있었다. 그해 내내 민용이는 그룹 학습보다는 혼자 공부하기를 원했다. 그는 교사에게 자신이 좋은 점수를 받기 위해서 알아야 할 것이 무엇인가 말해 달라고 했다. 그는 프로젝트를 통해서 지식을 사용하기보다 시험에 나올 만한 지식을 가르쳐 달라고 했다. 이런 민용이의 요구를 교사는 교실에서 실행 중인 교육과정에서 벗어나지 않는 범위 안에서 가능하면 수용했다. 교사는 민용이에게 시험을 치게 하고, 기회가 될 때마다 혼자 공부할 수 있도록 해 주었다. 교사는 상황을 복잡하게 만드는 민용이를 배척하지 않았고, 민용이가 최고 성적을 받는 엘리트에 속하는 학생이라는 선입견도 가지지 않았다. 민용이는 교육과정 통합의 목적과 실제를 충분히 받아들이지도 좋아하지도 않았다.

　대부분 학생은 학습에 대한 의지나 노력이 있지만, 학교 수업에서는 학생들의 이런 마음이 잘 드러나지 않는다. 교육과정을 통합하면서 이런 학생들은 자신의 관심사를 탐색하고, 창의적인 아이디어를 내면서 다양한 것들을 성취하며 성장하곤 한다.

성아는 눈에 띄지 않는 학생이었지만 교육과정을 통합하는 과정에 성실하게 참여했다. 성아는 초청 인사를 찾아가 약속을 받았고, 여러 자료 자원들을 찾아냈고, 시간적으로 양적으로 요구되는 것 이상을 기꺼이 공부했다. 심지어 성아는 교육과정 통합 활동을 발표할 때도 급우들을 이끌었다. 11월 즈음부터 성아는 수업에서 리더가 되었고, 동료들은 성아의 창의성, 열정, 능력, 훌륭한 발표를 존중했다.

물론 교육과정을 통합한다고 해서 모든 학생이 성아처럼 이렇게 발전하는 것은 아니다. 전형적인 교실 수업에서와 마찬가지로 실패하는 학생도 있다. 이 모든 것이 가능한 이유는 교사가 교육과정을 통합하는 과정에서 학생이 활동할 수 있도록 공식적인 방안을 찾고 조처하고 지원하기 때문이다. 또 교육과정을 통합할 때는 교사와 학생뿐만 아니라 학교장이나 학부모와 소통하고 그들을 교육과정 통합에 참여할 수 있도록 안내해야 하는 경우가 많다.

교육과정 통합에 익숙하지 않은 학교라면, 학교 안에서 학교장이나 학교 밖 학부모의 표면적·묵시적 지원은 매우 중요하다. 여러 가지 현실적인 여건이 갖추어지지 않은 학교 환경에서 교육과정을 통합하는 교사들은 실질적인 어려움들을 개인적으로 감수하기 때문이다.

교육과정 통합을 지원하는 교장이나 학부모가 되려면, 우선 교육과정 통합을 알아보고 이해할 기회가 있어야 한다. 교장이나 학부모가 교육과정 통합에 익숙해지면, 교실에서 교사나 학생이 당면하게 되는 장애들은 현격하게 줄 뿐만 아니라 있다고 해도 충분히 숙지하기 때문에 이런 장애들을 완화·제거하는 데 도움을 주면서 교실에서 교육과정 통합의 가능성을 더 열어 준다.

학교 안팎에서 교실의 교육활동을 지원하는 교장이나 학부모들을 교육과정 통합에 참여시키고 그들에게 정보를 제공하는 방법이나 시기는 그들과 교사 간 유대관계 정도에 따라 다르다. 교장도 학부모도 학생 및 자녀 교육에 적극 참여할 권리가 있기 때문에 그들은 학생들이 국가교육과정을 이수하는가의 여부, 그래서 상급 학교 진학을 적절하게 준비할 수 있는가의 여부 등에 일차적으로 관심이 있다. 때문에 처음에는 교육과정 통합을 생소해 할 수 있고, 회의적인 반응을 보여 줄 수도 있다. 따라서 교육과정을 통합하기 전-중-후 적절한 시간에 교사와 학생이 함께 하는 교육과정 통합에 대한 정보를 제공하고 필요하면 참여시키려는 노력이 필요하다.

교육과정을 통합하기 전이라면, 가정 통신문이나 교육과정 협의회(curriculum meeting) 시간을 마련할 수 있다. 이런 방식으로 학부모나 교장에서 교실에서 실행 중인 교육과정 통합에 대한 정보를 제공할 수 있다. 교육과정을 통합하는 의도를 알리고, 프로그램의 개요를 공개하고, 참여하기를 원하는 학부모나 교장이 무엇을 할 수 있는지 등에 대해 소통하는 것이 좋다. 어떤 교사들은 학생들과 함께 수업을 계획하는 과정을 보여 주기도 한다. 이렇게 함으로써 학부모나 교장이 직접 보고 느낄 수 있도록 할 뿐만 아니라, 주제에 관심을 가질 수 있고, 적극적인 참여에 필요한 파트너십도 조성할 수 있다.

　　교육과정 통합을 실행하는 중에 교사는 꾸준히 실행 중인 교육과정에 대해 소통하면서 교장과 학부모들이 교육과정 통합에 대한 관심을 유지하도록 도와줄 수 있다. 정기적으로 만나는 미팅, 통지표, 전화뿐만 아니라, SNS와 같은 채널을 통해서 학생들이 하는 활동, 성취하고 있는 것들, 발전하고 있는 모습 등을 볼 수 있도록 도와줄 수 있다. 이런 소통 활동을 통해서 학생은 그들이 배우고 있는 것에 대해 가정에서 부모와 대화 할 수 있을 뿐만 아니라, 자신의 학습 과정을 성찰하는 기회를 갖는다.

　　교육과정 통합을 마무리하면서 학생들이 한 학습활동 결과물과 성과들을 가지고 학부모나 교장을 초청하는 이벤트를 열 수 있다. 이런 이벤트는 학예 발표회나 공연 등 포스터, 전시, 공연, 예술 활동 등 다양한 형태가 가능하며, 무엇보다 학부모에게 총합적인 정보를 제공할 수 있다. 교사와 학생은 프로그램 전체 과정을 되돌아보며 이야기를 나누는 등 성찰과 평가의 기회를 가질 수 있다. 이런 정보 제공 활동은 학생, 교사, 교장, 학부모 간의 상호작용을 촉진한다.

　　학부모는 자녀의 첫 선생님이고, 일차적인 전문가이다. 교사는 학부모를 통해서 교실에서 공부한 학습의 결과가 가정에서 어떤 진척을 보이는지, 학생의 삶에 어떤 변화가 일어나고 있는지에 대한 유익한 정보를 가정으로부터 피드백을 받을 수 있다. 학부모의 피드백이 모두 긍정적인 것은 아니지만, 대부분은 고려할 만한 것이다.

　　이런 소통은 실제로 교사에게는 대부분 엄청난 업무이고 굉장히 힘든 일이지만, 서로 소통하면서 서로에게 개방적이고, 진술하고, 존중하는 분위기를 만들 수 있다. 또 이런 소통 과정에서 교사는 교육과정 통합에서 만나는 대부분 어려움을 극복할 수 있다.

　　교육과정을 통합하다 보면, 교실을 넘어서 교실 밖 여러 장소에서 활동하기도 하고, 다양한 학부모들이 가진 경험과 특정 분야의 전문성 지원을 받아야 할 일들이 상대적으로 더 많다. 이런 과정에서 교장이나 학부모는 도우미로서뿐만 아니라, 특정 활동에 교수자로 참여하기도 한다.

Q7. 앞으로 교육과정 통합은 어떻게 될까?

> 어떤 군대의 침략을 막아 낼 수는 있지만, 한 시대의 도래로 오는 생각의 영향을 받지 않
> 을 수는 없다.
>
> -Victor Hugo(1852)-

학부모도 교사도 학생도 그동안 학교에서 한 수업 경험 때문에 학교에서 공부하는 내용
이나 방법에 대한 고정관념을 가지고 있다.

- 학교에서 가르치는 것은 미래를 위한 것이다.
- 교사는 학생들이 배워야 하는 지식을 알고 있어야 한다.
- 공부할 것을 결정하는 사람은 교사이다. 왜냐하면 ＿＿＿＿＿＿＿＿＿＿＿ 때문이다.
- 교과별로 가르치는 것이 현실적이고 일반적이다.
- 배움이란 힘들고 지루하고 반복적이며, 때로는 고통스럽다. 등

이런 고정관념들이 전형적이긴 하지만, 옳거나 타당하다고 보기는 어렵다. 교실에서 교
육과정을 통합할 때, 교사와 학생은 이런 고정관념들을 검토해 볼 수 있다. 물론 이런 고정
관념들은 지금까지 수많은 경험을 통해서 형성되어 온 만큼 수정하는 데도 또 그만큼 시간
이 걸릴 수도 있다. 하지만 교육과정 통합이 비록 학교에서 늘 하던 분과 수업 같지는 않더
라도, 학생들이 배우고 싶은 것을 배울 수 있다는 경험을 하고 그것을 사실로 믿을 때까지
계속될 것이다. 교사와 학생은 이런 고정관념에서 벗어나려고 해야 하고, 그러기 위해서는
계속 꾸준히 성찰하는 것이 중요하다. 학교 교육은 늘 학생이 기존의 고정관념들을 극복할
수 있도록 지속적으로 도와주는 역할도 해야 하기 때문이다.
　좀 더 쉽게 교육과정을 통합하기 시작할 수 있다. 교실에서 그냥 "여러분이 원하는 것이
무엇입니까?"라고 물어보라. 교실 생활 규칙을 정하는 일, 차시 수업 하나를 만들어 보는
일도 가능하다. 그것이 무엇이든 학생들과 함께 시작해 보라. 물론 교사도 학생도 모두 해
야 할 것을 미리 정해 놓은 수업에 익숙하다. 우리가 할 수업을 모두 정해 놓고 한다면, 교
사와 학생에게 수업은 늘 해야 하는 것이고, 정해 놓은 내용과 방법과 시간을 지켜야 한다.
이렇게 해서는 그것이 정당한가를 생각하거나 이해할 필요도 별로 없다. 이렇게 해서는 교

사도 학생도 자신의 학습, 행동, 발달에 책임을 지려고 하지 않을 것이다. 주도성이나 주체성을 기르기를 기대하기도 어렵다. 교육과정 통합은 이런 것들을 시작하도록 도와준다.

학생들과 대화를 해 보라. 되고 싶은 것, 하고 싶은 것이 무엇인지, 이를 위해서 우리는 수업에서 무엇을 해야 하는지 생각할 수 있을 것이다. 우리는 교실에서 교사와 학생이 스스로 자율적으로 할 수 있는 것들을, 교사나 학생도 그렇게 할 수 있는 능력이 있다는 것을 다소는 과소평가해 왔다. 우리는 너무 오랫동안 해야 할 것으로 교사와 학생들을 가두었고, 수동적으로 개입하도록 해 왔다. 교실을 총체적으로 의도적으로 지속적으로 통제해왔다. 교사나 학생들이 생각하고 참여하고 진정으로 가르치고 배울 수 있는 기회들을 차단해 왔다.

교사와 학생이 학교에서 수행하는 활동 중에서 수업은 무엇보다 많이 하는 활동이다. 물론 시간도 노력도 가장 많이 걸린다. 그래서 중요한 문제들을 수업 시간에 수업 활동으로 다루어야 한다는 것이다. AI와 더불어 살아가야 하는 우리의 현재 삶과 가까운 그리고 먼 미래 삶을 생각해 보면, 학교에서 이런 '문제'를 다루는 활동에 더 비중을 높여 가지 않을까 싶다.

그럼에도 불구하고 어떤 사람들은 해야 할 책임이 있는 교육과정을 실행할 시간조차 빠듯해서 교육과정을 통합할 수 없다고 생각할 수 있다. 그래서 이런 활동을 수업 중에 하는 것에 대해 회의적일 수 있다.

또 교사나 학생들도 이런 활동을 하고 싶어 하지만, 해야 한다는 것도 알고 있지만, 실제로 할 여건이나 환경이 준비되지 않아서 못하고 있을 수도 있다. 안 하는 것이 아니라 못하는 것일 수도 있다. 그렇다면 학기 초 새로운 학년, 새로운 교실, 새로운 교사와 학생들과 원만하게 공부하고 생활하려는 목적으로 짧은 적응 단원을 하나쯤 기획해서 해 보자. 교실에서는 지금까지 해 온 분과별 수업을 하면서 교육과정을 통합해야 할 일이 생길 때 교육과정을 통합하면서 점진적으로 시작해 볼 수도 있을 것이다.

다시 한번 더 강조하지만, 무엇보다 교육과정을 통합할 때 교실에서 교사와 학생은 교육과정이나 수업(교수학습)에 대해 더 많이 대화하기 때문에 더 많은 결정권을 갖게 될 것이다. 더 적극적으로 참여하게 될 것이다. 이 과정에서 교사와 학생 모두 학교 교육이나 수업에 대해 가지고 있는 여러 가지 고정관념들을 성찰하고 검토하는 기회를 가질 것이다. 이에 교실에서 교육과정을 실행하는 수업 분위기나 교사-학생 관계도 조금씩 좀 더 민주적인 방향으로 이동할 것이다. 교사는 가르침에 대해 학생은 배움에 대해 새로운 신념들을 형성하는 계기를 만날 것이다. 이런 이유 때문에 교실에서 교육과정을 통합하는 활동이 실제로 멈춘 적은 거의 없었고, 앞으로도 그럴 것이라고 예상할 수 있다.

왜 국가차원 교육과정과 정면으로 대항하는 듯한 이런 교육과정 통합이 나오겠는가? 실제로 교육과정 통합을 피할 수 없고, 거부할 수 없기 때문이다. 여전히 학생들의 입장에서 수업하려는 교사들이 있기 때문이다. 이런 교사들이 계속 도전하기 때문이다. 교육과정 통합은 각자 처한 상황에서 할 수 있고 해야 하는 수업을 하고자 하는 교사들에게 가능한 정보나 예시를 제공하고 이를 격려하기 때문이다.

물론 지금까지 교육과정 통합이 교실에서 보편화된 것은 아니다. 하지만 여러 분야에서 통합과 융합을 통해서 새로운 것을 창조하는 활동이 일상적인 시대이다. 새로운 보편(new normal)이다. 이런 점에서 교실에서 교육과정 통합이 확산할 가능성이 더 크다.

 참고문헌

민보선, 정광순(2022). 교실교육과정의 유형 탐색. 초등교육연구, 35(4), 49-73.

유한구, 김승호(1998). 초등학교 통합교과교육론. 서울: 교육과학사.

정광순(2023). 2022 개정 통합교과 교과서의 존재론적 의미. 통합교육과정연구, 17(3), 3-24.

Aikin, W. M. (1942). *The story of the eight year study*. NY: Harper & Brothers.

Alexander, W. M., Carr, D., & McAvoy, K. (1995). *Student-oriented curriculum: Asking the right questions*. Columbus, OH: National Middle School Association.

Beane, J. A. (1993). *A middle school curriculum: From rhetoric to reality* (2nd ed.). Columbus, OH: National Middle School Association.

Beane, J. A. (1995). Curriculum integration and the disciplines of knowledge. *Phi Delta Kappan*, *76*(8), 616-622.

Beane, J. A. (1997). *Curriculum integration: Designing the core of democratic education*. New York: Teachers College Press.

Beane, J. A. (2005). *A reason to teach: Creating classrooms of dignity and hope: The power of the democratic way*. NH: Heinemann.

Bruner, J. S. (1960). *The process of education*. MA: Harvard University Press.

Clandinin, J. D., & Connelly, M. (1992). Teacher as curriculum maker. In D. W. Jackson (Ed.),

Handbook of Research on Curriculum (pp. 363-401). New York: MacMillan.

Dewey, J. (1902). *The child and the curriculum.* John Dewey: The Middle Works. Vol. 2. Carbondale and Edwardsvile: Southern Illinois University Press.

Drake, S. M. (2004). *Meeting standards through integrated curriculum.* Alexandria, VA: ASCD.

Drake, S. M. (2007). *Creating Standards-Based Integrated Curriculum: Aligning Curriculum, Content, Assessment, and Instruction.* CA: Corwin Press.

Earl, L. (2003). *Assessment as learning: Using classoom assessment to maximise student learning.* CA: Corwin Press.

Fogarty, R. (1991). *The mindful school: How to integrate the curricula.* 구자억, 구원회 역(1999). 교사를 위한 교육과정 통합의 방법. 서울: 원미사.

Goodlad, J. (1984). *A place called school: Promise for the future.* McGraw-Hill.

Haberman, M. (1991). Can cultural awareness be taught in teacher education programs?. *Teaching Education, 4*(1), 25-32.

Haigh, G. (1975). *Integrate!.* London: George Allen & Wnwin Ltd.

Harden, R. M. (2000) The integration ladder-A tool for curriculum planning and evaluation. *Medial education 34,* 551-557.

Illich, I. (1970). *Deschooling society.* 안희곤 역(2023). 학교 없는 사회. 서울: 사월의 책.

Ingram, J. B. (1979). *Curriculum integration and lifelong education.* NY: Pergamon Press Inc.

Jacobs, H. H. (1989). Design options for an integrated curriculum. In H. Jacobs (Ed.), *Interdisciplinary curriculum: Design and implementation* (pp. 13-24). Alexandria, VA: ASCD.

Marks, H., Newmann, E., & Gamoran, A. (1996). Does Authentic Pedagogy Increase Student Achievement? In F. M. Newmann and Associates (Eds.), *Authentic Achievement: Restructuring Schools for Intellectual Quality* (pp. 49-73). San Francisco: Jossey-Bass.

Nesin, G., & Lounsbury, J. (1999). *Curriculum integration: Twenty question with answers.* Georgia: Georgia Middle School Association. 정광순 역(2007). 교육과정 통합: 20가지 질문과 대답. 서울: 한국학술정보(주).

Palmer, P. (1983). *To know as we are known: A spirituality of education.* SF: A Diveision of Harper Collins Publishers.

Pate, P. E., Homestead, E. R., & McGinnis, K. L. (1997). *Making integrated curriculum work: Teachers, students, and the quest for coherent curriculum.* New York: Teachers College Press.

Reimer, E. (1971). *School is dead.* Penguin Education Specials.

Springer, M. (1994). *Watershed: A successful voyage into integrative learning.* Columbus, OH: National Middle School Association.

The Finnish National Board of Education. (2014). *National Core Curriculum for Basic Education 2014*. Helsinki: The Finnish National Board Education.

Thomas, J. (2000). A Revlew of Research on Project-Based Learning, Available at www.autodesk.com/foundation.

Tyler, R. W. (1949). *Basic principles of curriculum. and instruction*. NY: The University of Chicago Press.

Ward, J. M. (1960). The curriculum integration concept applied in intermediate grades. Unpublished Doctoral Dissertation. The University of Texas(Austin).

Young, R. E. (1991). *Critical theory classroom talk*. 이정화, 이지헌 공역(2003). 하버마스의 비판이론과 담론 교실. 서울: 우리교육.

교육과정 통합 이론들

I. Ingram의 평생교육과 교육과정 통합

Ingram(1979)은 평생교육의 관점에서 교육과정 통합을 논의하였다. 평생교육은 학교와 지역사회, 가정과의 연계를 중시하고, 학생뿐만 아니라 성인 학습자를 포함한다. 평생교육의 이러한 특성은 교과 또는 교육과정을 조직하는 데 영향을 미친다. 평생교육 체제하에서는 특정 교과의 내용을 국한하여 다루는 분과 형태의 교육과정 접근방법뿐만 아니라 사회 현상 및 특정 주제를 중심으로 다양한 내용을 다룰 수 있는 통합적인 접근방법을 함께 고려한다. Ingram은 평생교육의 관점에서 교육과정 통합의 유형을 제시하였다(김승호, 박일수, 2020: 134).

교육과정 수준에서 교과와 학문에 대한 통합의 필요성에 제기되는 이유는 다음과 같다(Ingram, 1979/1995: 48). 첫째, 지식의 폭발적인 증가 및 역동적으로 변화하는 사회에서, 교과를 구분하여 가르치는 것은 학생들의 삶을 통일되게 구성하고 유지하는 데 방해가 된다. 둘째, 분과는 지식의 구조화 및 운영 과정에서 교과와 학문에서 활성화되는 통합적 과정을 중단시킨다. 셋째, 분과는 각 교과에서 학습한 지식들 간의 통합과 상호 관련성을 파악하는 데 방해가 된다. 이러한 문제를 해결하는 방안으로 교육과정 통합에 대한 논의가 등장하였다(김승호, 박일수, 2020: 133-134).

Ingram(1979)은 지식의 역할을 기준으로 교육과정 통합의 유형을 [그림 3-1]과 같이 구분하였다. 교육과정 통합은 구조적 접근방법과 기능적 접근방법으로 구분할 수 있다. 교육과정 통합의 구조적 접근방법에서는 지식을 학습경험의 핵심으로 간주하지만, 교육과정의 통합의 기능적 접근방법에서는 지식을 학습경험을 촉진하는 수단으로 간주한다(김승호, 박일수, 2020: 134-135).

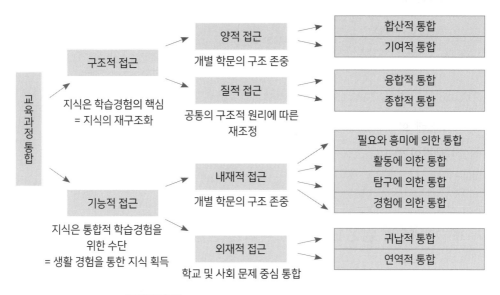

그림 3-1 Ingram(1979)의 교육과정 통합 유형

출처: 김승호, 박일수(2020), p. 134.

1) 구조적 접근방법: 양적 접근방법과 질적 접근방법

　교육과정의 통합의 구조적 접근방법은 지식의 재구조화 수준에 따라 양적 접근방법과 질적 접근방법으로 구분된다. 양적 접근방법에서는 교과의 내용 요소들을 병렬함으로써 교육과정을 통합한다. 이것은 개별 학문의 구조를 존중하며, 개별 학문들은 다른 학문과 독립적으로 교육과정 통합에 기여한다. 그러므로 지식의 폭과 깊이는 교과 또는 학문의 수만큼 단순하게 증가한다. 양적 접근방법에는 합산적 통합과 기여적 통합이 있다(Ingram, 1979/1995: 51). 질적 접근방법에서는 학문의 요소들을 재조직하여 교육과정을 통합한다. 이것은 교과 또는 학문에 공통적으로 내재되어 있는 구조적 원리에 기초하여 교육과정을 통합한다. 그러므로 질적 접근방법에서는 교과 또는 학문에 내재되어 있는 핵심 개념과 일반적 원리에 대한 심층적인 이해가 가능하도록 교육과정을 통합한다. 질적 접근방법에는 융합적 통합과 종합적 통합이 있다(Ingram, 1979/1995: 51-52).

첫째, 합산적 통합은 교육과정 통합의 가장 기본적인 형식이다. 합산적 통합에서는 둘 이상의 교과 영역들을 분리하여 가르치는 대신에 보다 종합적인 단위를 만들어 교육과정을 통합한다. 이러한 형태는 시간표에 등장하는 교과의 명칭에서 찾아볼 수 있다. 예를 들어, '국어' 교과는 말하기, 듣기, 쓰기, 읽기, 문학, 문법 등을 포괄하는 교과의 명칭으로 사용된다. 합산적 통합에서는 단순히 둘 이상의 교과의 내용을 재조직하여 교육과정을 통합하는 특징이 있다(Ingram, 1979/1995: 52-53).

둘째, 기여적 통합은 상관적 통합이라고도 부른다. 기여적 통합에서는 둘 이상의 교과목 사이의 관련성을 중시한다. 기여적 통합에서는 독립된 교과들이 서로 기여할 수 있는 공통적인 요소에 의하여 통합이 이루어지며, 교과의 독립성은 그대로 유지된다. 예를 들어, 역사적 사건이 반영되어 있는 문학작품을 가르치는 국어 교사는 역사 교사의 도움을 필요로 한다. 이것은 서로 다른 교과에서 다루는 지식의 간극을 좁히는 데 기여한다(Ingram, 1979/1995: 53-54).

셋째, 융합적 통합에서는 교과들 간에 중복되는 원리, 공통적 이슈, 공통적인 관심사에 기초해서 수업 프로그램을 완전히 재구성한다. 융합은 교과의 내용을 단순하게 병렬하는 것이 아니라, 교과의 내용을 완전히 뒤섞는 것을 의미한다. 여기서는 지식의 구조화 관점에서 교육과정을 통합한다(Ingram, 1979/1995: 54-55).

넷째, 종합적 통합에서는 개별 교과나 학문, 그리고 그들의 공통적인 관심 영역에 초점을 두지 않는다. 여기에서는 여러 교과 간의 공통적인 개념의 확인, 공유되고 있는 의미 탐색, 서로 다른 앎의 양식 비교, 현실에 대한 여러 접근방법의 해석, 서로 다른 가치에 대한 판단들의 정확한 평가, 이미 알려진 사실을 발견하는 여러 방식에 대한 평가 등을 포함한다. 종합적 통합은 어떤 현상의 차이점과 유사성을 모두 인정하며, 서로 다른 발견 양식들의 장점과 단점을 모두 탐색한다. 새로운 지식의 관점에서 그 개념적 구조를 수정하고, 의미 있는 현실과 그 현실에 대한 일시적인 정신적 표상을 구분한다. 종합적 통합은 직선적 종합, 순환적 종합, 방법론적 종합, 총체적 종합의 네 가지 유형이 있다(Ingram, 1979/1995: 55).

2) 기능적 접근방법: 내재적 접근방법과 외재적 접근방법

교육과정 통합의 기능적 접근방법은 아동의 학습경험을 조직하는 방식에 따라서 내재적 접근방법과 외재적 접근방법으로 구분된다. 내재적 접근방법에서는 학습자 개인으로부터 교육과정을 통합하기 때문에, 학생들의 동기와 흥미가 중시된다. 교육과정 통합의 내재적 접근방법에서는 학습과 관련된 심리학적 원리에 기초하여 교육과정을 통합한다. 교육과정 통합의 내재적 접근방법에는 '필요와 흥미' '활동' '탐구' '경험'의 네 가지 유형이 있다. 교육과정 통합의 외재적 접근방법에서는 학생들이 생활하는 학교나 사회의 문제를 중심으로 교육과정을 통합한다(Ingram, 1979/1995: 62-63). 외재적 접근방법에서는 통합의 사회적 기능을 강조한다. 외재적 접근방법은 귀납적 통합과 연역적 통합으로 구분된다(Ingram, 1979/1995: 62-68).

첫째, 필요와 흥미에 의한 통합에서는 아동의 필요와 흥미에 기초하여 교육과정을 통합하는 방식이다. 이것은 '통합의 날(integrated day)'의 형태로 구체화된다. 학생들은 필요와 흥미에 따라 자유롭게 학습활동을 선택할 수 있다.

둘째, 활동에 의한 통합에서는 지식을 구성하는 과정에 학습자가 능동적으로 참여하는 것을 가정한다. 지식은 도구적인 성격을 갖고 있기 때문에, 실제적인 상황에서 학습할 때 가장 잘 획득된다. 프로젝트 학습은 실생활을 교재에 통합하고, 학교와 외부세계의 학습을 연결시킨다는 점에서, 활동에 의한 통합이라고 할 수 있다.

셋째, 탐구에 의한 통합에서는 학생들의 호기심을 촉진하여, 학생들을 능동적이고 창의적으로 만드는 데 유용한 접근방식이다. 학생들이 습득한 발견 및 탐구는 다른 상황에도 적용할 수 있다. 탐구에 의한 통합은 학생 스스로 미래의 문제를 해결하는 능력을 기르는 데 효과적이다.

넷째, 경험에 의한 통합에서는 아동 중심, 학교와 지역사회와 연계, 실제 활동의 참여를 중심으로 교육과정을 구성한다. 경험을 통해 직접적으로 지식을 획득하는 것을 중시한다.

다섯째, 귀납적 통합에서는 특정 사회문제의 이해와 해결을 위해 간학문적 접근방법을 활용한다. 현대 사회의 대표적인 쟁점은 전쟁과 평화, 환경, 건강 등이다. 이러한 문제의 해결은 모든 사람의 협력을 통하여 가능하다.

여섯째, 연역적 통합에서는 초월적인 목적, 중복되는 아이디어, 특정 이데올로기 등에 의하여 교육과정을 통합한다. 연역적 통합에서는 아이들에게 삶의 목적과 방향성과 관련한 학습경험을 제공한다. 민주주의 이념에 따라 개발된 국가 교육과정이 연역적 통합에 해당된다.

2. Drake의 교육과정 통합의 접근방법

Drake(1993)는 교육과정 통합에 참여한 교사집단을 관찰하고, 교육과정 통합의 유형을 다학문적 통합, 간학문적 통합, 초학문적 통합의 네 가지 유형으로 구분하였다. 이러한 구분은 교육과정 통합에 대한 인식론, 개념구조, 학습 성과 및 평가의 관점에 따라서 구분될 수 있다. 다학문적 통합에서는 서로 분리된 학문을 같은 주제로 연결한다. 간학문적 통합에서는 서로 다른 교육과정에서 공통적으로 발견되는 일반적인 원리, 개념, 기술 등을 연결한다. 초학문적 통합에서는 학문의 경계선을 초월하여 다양한 학문 분야의 내용을 통합한다(Drake, 1993: 33-35).

첫째, 다학문적 접근방법은 서로 다른 학문 분야의 교육과정을 상호 관련시킨다. 교사는 학문의 절차를 엄격하게 유지하고, 전문적인 관점에서 과제를 해결한다. 다학문적 팀으로 활동하는 교사들은 자신이 가르치는 학문의 관점에서 교육과정 통합에 접근한다. 다학문적 팀은 학문의 성격이 유사한 집단들을 중심으로 소집단이 형성되는 경향이 있다. 만약, '사과'라는 주제가 결정되었다고 가정하자. 다학문적 팀은 브레인스토밍을 통하여 사과라는 주제를 탐색한다. 다학문적 팀에 소속된 교사는 '사과' 주제와 관련하여 그들의 교과 영역을 확인하고, 교육과정의 구조 및 범위 내에서 학생들을 가르친다. 교사는 학문에 반영되어 있는 지식을 조직하기 때문에, 교육과정의 내용을 수월하게 결합할 수 있다. 이와 같이 교사는 학문의 구분을 선호한다. 다학문적 접근방법에서 교사는 자신이 알고 있는 내용의 범위 안에서 통합을 시도한다. 다학문적 접근방법이 교과 간의 영역을 해소하는 데 도움이 된다. 교육과정 통합은 다학문적 접근방법에서 시작하는 경향이 있다. 일반적으로 다학문적 접근방법은 2~3개 교과 영역을 결합하여 구성한다(Drake, 1993: 35-36).

둘째, 간학문적 접근방법은 학문 간의 공통성을 중심으로 교육과정 통합을 시도한다. 최근 교육현장에서는 교육공학이 수업시간에 널리 활용되고 있으며, 인지심리학의 발달로 인하여 초인지를 강조하고 있다. 예를 들어, 간학문적 팀이 비판적 사고 기술을 중심으로 교육과정을 통합한다고 가정하면, 비판적 사고 기술을 중심으로 개별 학문의 내용과 절차가 결합된다. 의사결정과 문제해결을 중심으로 교육과정이 통합되는 것도 이와 유사한 현상이다(Drake, 1993: 38).

셋째, 초학문적 접근방법은 학문들과의 상호 관련성이 매우 다양해서, 학문의 경계선이 사라진다. 이 접근방법에서는 주제가 실생활 상황에서 선정되기 때문에, 자연스럽게 통합이 이루어진다. 통합교육과정은 최종적으로 초학문적인 접근방법으로 발전한다. 그러나 교사들은 이 설계방식에 두려움을 느낀다(Drake, 1993: 40).

앞에서 살펴본 교육과정 통합의 세 가지 접근방법은 교과의 경계선과 관련이 있다. 이들 접근방법은 교과와 경험의 연속선상에서 논의된다. 다문학적 접근방법에서는 개별 학문의 과정과 절차를 중시하기 때문에, 학문의 엄격성과 고유성이 남아 있다. 간학문적 접근방법에서는 교육과정의 성취기준을 충족시키기 위하여 백워드 교육과정 모형을 활용하여 교육과정을 통합한다. 초학문적 접근방법에서는 실생활 상황을 중심으로 교육과정이 통합되지만, 학문 및 교과의 성취기준이 포함되어야 한다(Drake & Burns, 2004: 15). 통합의 정도와 의도와 상관없이, 이들 세 가지 유형에도 공통점이 있다. 교육과정 통합의 세 가지 접근방법에 대한 특징을 비교하면 〈표 3-1〉과 같다.

표 3-1　세 가지 교육과정 통합 접근방법의 특징 비교

	다학문적 접근방법	간학문적 접근방법	초학문적 접근방법
접근방법	사회 국어 수학 과학 음악 주제 미술 체육 실과 도덕 영어	수학 문해력 협력 학습 국어 스토리텔링 사고기술 수리능력 사회 세계화교육 연구 기술 음악	공통 주제, 전략 기능
개념 구조 도식	오존층 파괴 가족 스포츠 이산화탄소 디자인 자원고갈 연소 연료 자동차 공해 오존층—열대우림	사회 체육 미술 영어 핵심(focus) 국어 수학 음악 도덕 과학 실과	사회적 쟁점 매체 환경 경영 핵심(focus) 법률 경제 기술 세계적 관점
개념 구조	• 의미 생각 그물 • 결합과 재결합	• 교육과정 수레바퀴	• 초학문적인 웹
가장 가치있는 지식이란 무엇인가?	• 학문의 절차	• 일반적인 기능의 절차	• 미래의 생산적인 시민을 위한 기술 습득
지식의 개념	• 지식은 학문의 구조를 통하여 가장 잘 학습됨 • 정답 • 답 1개	• 학문은 일반 개념과 기술과 관련됨 • 지식은 사회적으로 구성됨 • 다양한 답 존재	• 모든 지식은 상호 관련적이며 의존적임 • 다양한 답이 존재 • 지식은 결정되지 않고 혼란스러움
학문의 역할	• 학문의 절차가 가장 중요함 • 엄격한 지식과 개념	• 간학문적 기술과 개념을 중시함	• 학문을 가르치지만 실제 생활을 강조함

	다학문적 접근방법	간학문적 접근방법	초학문적 접근방법
의미 연결	• 학문의 시각에서 명백하게 연결	• 탐구의 관점을 통하여 학문들을 연결	• 실제 생활을 강조하는 의미와 관련성으로 부터의 연결
학습 결과	• 학문 기반 • 인지, 기술, 정의	• 학문 간 • 결합된 진술	• 본질적인 학습 • 초학문
평가 대상	• 학문 기초	• 간학문적 기술과 개념	• 간학문적 기술/개념
평가 목표	• 학문 절차 숙달	• 일반적인 기술 숙달	• 삶의 기술 획득
조직 센터	• 주제에 관련하여 조직화된 학문의 표준	• 학문 표준에 제시되어 있는 간학문적 기술과 개념	• 실제 생활 • 학생 질문
교사의 역할	• 촉진자 • 전문가	• 촉진자 • 전문가/생성자	• 상호 개발자 • 상호 학습자 • 일반주의자/전문가
출발점	• 학문 기준과 절차	• 간학문적 가교 • 앎/행/됨(KDB)	• 학생 질문과 관심 • 실세계 상황
통합의 정도	• 약함	• 중간/확장	• 패러다임 이동
지식	• 학문에 걸쳐 있는 개념과 본질적인 이해	• 학문에 걸쳐 있는 개념과 본질적인 이해	• 학문에 걸쳐 있는 개념과 본질적인 이해
행동	• 학문적 기술 • 간학문적 기술 포함	• 간학문적 기술 • 학문 기술 포함	• 간학문적 기술과 학문적 기술이 실생활 상황에 응용됨
인간	• 민주적인 가치 • 인성 교육 • 마음의 형성 • 생활 기술		
계획 과정	• 백워드 설계 • 표준 중심 • 수업, 표준, 평가의 일관성		
수업	• 구성주의 수업방법 • 탐구 • 경험 학습 • 개인적인 관련성 • 학생 선택 • 차별화된(개별 맞춤형) 수업		
평가	• 전통적이고 실제적인 평가의 균형 • 누적적인 활동이 가르치는 학문을 통합함		

출처: 김승호, 박일수(2020), pp. 182-183.

3. Fogarty의 교육과정 통합의 유형

　　Fogarty(1991)는 교육과정 통합의 세 가지 차원에 기초하여, 교육과정 통합의 유형을 제시하였다. Fogarty(1991)의 교육과정 통합에 대한 아이디어는 [그림 3-2]의 수직적 차원, 수평적 차원, 원과 밀접한 관련이 있다(Fogarty, 1991: xii-xiii).

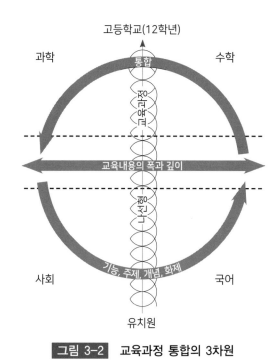

그림 3-2 　교육과정 통합의 3차원

출처: 김승호, 박일수(2020: 151).

　　첫째, 수직적 차원은 나선형 교육과정을 의미한다. 교육과정이 나선형으로 구성되어 있기 때문에, 학생들은 장기간에 걸쳐(유치원~고등학교 3학년) 교과와 관련하여 통합된 학습 경험을 하게 된다. 학생들의 배경지식은 새로운 개념을 형성하는 기초가 되므로 학생들은 이와 관련된 배경지식을 반드시 획득해야 한다. 이와 같이 통합은 학년이 증가함에 따라 수직적으로 발생한다. 둘째, 수평적 차원은 각 교과에서 다루는 교육내용의 폭과 깊이를 의미한다. 학생들은 교과별로 서로 다른 주제를 학습한다. 학생들은 이러한 과정을 통하여 개념 구조를 확장한다. 예를 들어, 하나의 수학적 개념은 또 다른 수학적 개념을 통합한다. 셋째, 원은 학문 간의 기능, 주제, 개념, 화제가 공통성의 관점에서 통합되어 있다는 것을 의미한다. 이러한 유형의 통합은 특정 교과의 아이디어가 다른 교과와 연결될 때 나타난다. 이러한 것을 종합하면, 교육과정 통합의 유형은 교과 내 통합과 교과 간 통합을 모두 포함한다(Fogarty, 1991: xiii-xiv).

　　Fogarty(1991)는 교육과정 통합의 세 가지 차원에 기초하여, 교육과정 통합의 유형을 [그림 3-3]과 같이 제시하였다. 교육과정 통합의 유형은 단일 교과 내 통합에서 교과 간 통합으로 확장되며, 최종적으로 학습자 자신 내부에서 통합하는 유형, 다른 학습자들과 네트워크로 연결하는 유형으로 마무리된다(Fogarty, 1991: xiii-xv).

그림 3-3 Fogarty의 교육과정 통합의 유형

출처: 김승호, 박일수(2020: 152).

　　Fogarty(1991)는 학생들이 학습하는 동안에 가치 있는 것을 연결시키는 방법으로 10개의 교육과정 통합의 유형을 제시하였다. Fogarty의 교육과정 통합의 유형은 단일 학문 내(분절형, 연결형, 동심원형), 다른 학문 간에 이루어지는 통합의 연속성(계열형, 공유형, 거미줄형, 실로펜형, 통합형), 최종 단계인 학습자 내 통합(몰입형), 학습자들의 네트워크 간에 이루어지는 통합(네트워크형)으로 구분된다. Fogarty(1991)의 교육과정 통합의 유형은 〈표 3-2〉와 같다.

표 3-2 교육과정 통합의 유형

유형 \ 방법	특징	내용	사례
1. 분절형 (교과 내)	잠망경: 단일한 방향, 단일한 시야, 하나의 교과에 초점	전통적 교과모형은 개별적이고 고유하며 교과영역은 분절되어 있다.	교사는 이 모형을 수학, 과학, 순수예술, 응용예술에 적용한다.
2. 연결형 (교과 내)	오페라 안경: 단일 교과 내의 세부적인 내용들, 세밀한 구분과 내적 연관에 초점	각 교과 영역 내에서의 교과 내용 및 주제 및 개념, 학습, 아이디어들이 서로 분명하게 연관된다.	교사는 분수 개념을 십진법, 화폐, 등급 등에 연관시킨다.

유형 \ 방법	특징	내용	사례
3. 동심원형 (교과 내)	3차원 안경: 하나의 장면, 주제, 단원에 대한 복합적인 차원	각 교과 영역 내에서 여러 가지 기능을 목표로 삼는다.	교사는 광합성 단원에서 합의 추구(사회적 기능), 계열화(사고 기능), 생명의 순환(과학적 내용) 등이 함께 달성될 수 있도록 계획한다.
4. 계열형 (교과 간)	안경: 광범위하게 관련된 개념들에 의해 구성된 다양한 교과의 내용	교과의 주제 및 단원들이 서로 연관되기 위해 재배치되고 계열화된다. 개별적인 교과 영역들은 유지되면서 유사한 아이디어들이 교육과정 통합의 요소가 된다.	문학 교사는 특정한 시기를 묘사한 역사 소설을 제시하는 한편, 역사 교사는 동일한 시기의 역사를 가르친다.
5. 공유형 (교과 간)	쌍안경: 중복되는 개념과 기능을 공유하는 두 개의 교과	두 개의 교과에서 수업계획과 교사가 공유되고 중복되는 개념과 아이디어들이 교과통합의 요소가 된다.	과학 교사와 수학 교사가 팀 티칭이 될 수 있는 공유된 개념으로 자료수집, 표, 그래프 등을 사용한다.
6. 거미줄형 (교과 간)	망원경: 다양한 학습내용들이 하나의 주제(thema)를 중심으로 재구성됨으로써 전체를 관망할 수 있는 광범위한 시야를 제공	풍부한 주제가 교육과정 내용과 교과로 조직된다. 교과는 주제를 활용하여 적절한 개념, 소주제, 아이디어들을 추출해 낸다.	교사는 '동물'과 같은 하나의 주제를 제시하고 그것을 교과 영역에 연결시킨다. '갈등'과 같은 개념적인 주제가 주제 접근에서는 더 깊이있게 조직될 수 있다.
7. 실로꿴형 (교과 간)	확대경: 메타교육과정 접근을 통해 모든 내용을 확대하는 중요한 아이디어들을 사용	메타교육과정적인 접근은 다양한 교과를 통해 사고 기능, 사회적 기능, 다중지능, 기술공학, 학습 기능 등을 실로 펜 듯이 연결시킨다.	교사는 독서, 수학, 과학, 실험실습 등을 통해 '예측'과 같은 개념의 형성을 목표로 삼기도 하고, 사회 교사는 현재의 사건들에 대한 예측을 목표로 삼을 수 있다. 따라서 교과 간에 예측 기능이 연결된다.
8. 통합형 (교과 간)	만화경: 각 교과의 기본적인 요소를 활용하는 새로운 형태와 계획	간학문적인 접근은 팀 티칭을 통해 중복되는 개념과 소주제들을 교과 간에 합치시킴으로써 충실한 통합모형을 이룬다.	수학, 과학, 순수예술, 문학, 응용예술 등에서 교사는 모형의 유형을 탐색하고 그러한 유형들을 통하여 내용에 접근한다.

유형＼방법	특징	내용	사례
9. 몰입형 (학습자 내부)	현미경: 모든 내용이 학습자의 흥미와 전문지식을 통해 여과되며, 미시적인 설명을 제공하는 개인적인 관점	각 교과는 전문지식을 통해 학습자의 관점을 형성시켜 준다. 학습자는 이 관점을 통하여 모든 내용을 여과하고 자신의 경험에 몰두하게 된다.	일반 학생과 박사과정 이수자는 이 렌즈를 통하여 전문적인 관심영역을 갖게 되고 모든 학습을 이 렌즈를 통해 바라보게 된다.
10. 네트워크형 (학습자 간)	프리즘: 다양한 차원과 방향으로 초점을 만들어 내는 관점	학습자는 전문가의 안목을 가지고 모든 학습을 여과시키고 관련 영역에서 전문가들을 외적 네트워크로 연결시켜 주는 내적 연관을 만들어 낸다.	건축가는 CAD/CAM을 디자인 기술에 적용시키고, 기술적인 프로그래머와 네트워크를 이루는 동시에, 전통적으로 실내 디자이너와 함께 일했던 것처럼 지적인 토대를 확대시킨다.

출처: 김승호, 박일수(2020), pp. 153-154.

4. Jacobs의 간학문적 통합의 유형

　Jacobs(1989)는 간학문적 통합의 관점에서 교육과정 통합의 유형을 논의하였다. 간학문적 통합은 현대 사회의 폭발적인 지식의 증가에 대한 대처, 교과별 시간 운영의 개선, 교과 교육과정의 관련성 증대, 다양한 분야에 대한 지식의 요구에 부응할 수 있다. 그러나 간학문적 통합을 실천하는 과정에서 결합(potpourri)과 양극단(polarity)의 문제가 종종 발생한다. 첫째, 결합의 문제는 간학문적 통합의 실천 과정에서 발생한다. 이것은 단위 학교에서 활용할 수 있는 교육내용 선정과 조직에 대한 구조가 없기 때문에 발생한다. 둘째, 양극단의 문제는 학문 중심 접근방법과 간학문적 접근방법 중에서 어떠한 설계 방법을 선택하는지와 관련이 있다. 이러한 문제점을 해결하기 위해서는 학문 중심 접근방법과 간학문적 접근방법을 이해하고, 이러한 설계 방법에 기초하여 학생들에게 학습경험을 제공하는 것이 요구된다(Jacobs, 1989: 2-3).

　교사가 간학문적 접근방법으로 교육과정을 설계할 때에는 다음을 고려해야 한다. 첫째, 학생들이 다양한 경험을 할 수 있도록 교육과정을 설계해야 한다. 교사는 학문 중심 접근방법과 간학문적 접근방법을 모두 활용하여, 학생들에게 학습경험을 제공해야 한다. 둘째, 교사는 적극적인 교육과정 설계자로서의 결합의 문제를 해결해야 한다. 이를 위하여, 교사는 통합의 성격, 정도, 범위, 계열을 결정할 수 있어야 한다. 셋째, 교사는 간학문적 설계 과정에서, 분과주의, 지식의 관련성, 지식의 성장 등과 관련된 문제에 창의적으로 대처해야 한다. 넷째, 간학문적 설계는 구성원 모두의 참여가 있어야 가능하다. 다섯째, 인식론을 고려해야 한다. 간학문적 경험은 학생들에게 관련성, 통합성, 경험을 자극할 수 있어야 한다. 여섯째, 학생들이 간학문적 단원 개발 과정에 참여할 수 있어야 한다(Jacobs, 1989: 9-10).

지금까지 살펴보았듯이, 교사는 교육내용을 설계할 때 교과를 전문화할 것인지 통합할 것인지를 결정해야 한다. Jacobs(1989)는 학문 중심 접근방법과 간학문적 접근방법의 연속 선상에서 교육과정 통합의 유형을 [그림 3-4]와 같이 제시하였다.

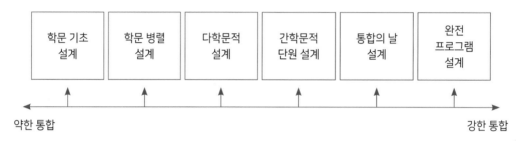

그림 3-4   Jacobs(1989)의 교육과정 통합의 유형
출처: 김승호, 박일수(2020), p. 144.

Jacobs(1989)가 제시한 교육과정 통합의 유형에 대하여 살펴보면 다음과 같다. 첫째, 학문 기초 설계에서 교과는 시간표에 의하여 엄격하게 구분되어 운영된다. 학문 기초 설계에서는 통합에 대한 관심과 시도가 없다. 초등학교에서는 국어, 수학, 과학, 사회, 음악, 미술, 체육 등의 과목이 시간표에 의하여 운영된다. 중·고등학교에서는 교과가 보다 세분화된다. 즉, 수학은 대수, 확률, 통계와 같은 교과로, 사회는 역사, 정치, 경제, 문화와 같은 교과로 세분화된다. 학문 기초 설계에서는 교과의 시간을 연속적으로 운영하거나, 주 또는 분기 단위로 운영함으로써 교육과정을 통합한다. 개별 교과의 지식이 다른 교과와 어떻게 관련되는지에 대하여 교사의 관심과 시도는 거의 없다(Jacobs, 1989: 14).

둘째, 학문 병렬 설계는 시간 운영 계획 또는 진도표를 조정하여, 서로 다른 학문에서 공통적으로 다루는 교육내용을 계열화한다. 예를 들어, 국어 교사와 사회 교사가 임진왜란에 대한 내용을 공통적으로 가르친다고 가정하자. 만약, 사회 교사가 임진왜란에 대한 주제를 10월에 가르치기로 계획했다면, 국어 교사는 '이순신의 일대기' 단원을 가르치는 시기를

10월로 조정할 수 있다. 이러한 설계 방법은 학문의 내용을 유지하되, 가르치는 시기를 조정함으로써 교육과정 통합을 유도한다. 이 설계 방법의 목적은 학생들에게 특정 교과에서 배운 내용을 다른 교과의 내용과 관련시킴으로써, 동시학습의 효과를 유발하는 것이다. 학생들은 학문 병렬 설계를 통하여, 지식이 연결되는 것을 암묵적으로 발견할 수 있다(Jacobs, 1989: 15).

셋째, 다학문적 설계는 상호 유관한 학문을 단원이나 과정으로 결합하여 교육과정을 통합하고, 학생들은 이들 단원이나 과정에 제시된 주제나 쟁점을 조사한다. 어떤 학문은 다른 학문과 직접적으로 관련이 있는데, 그 대표적인 사례가 인문학이다. 예를 들어, '과학에서의 윤리'라는 과목은 서로 다르게 보이는 2개의 학문이 결합된 통합교육과정의 명칭이다. 다학문적 설계에서 통합 대상이 되는 학문은 상호 보완적이어야 한다(Jacobs, 1989: 16). 이 설계 방법은 간학문적 설계 방법에 비하여, 몇 개의 학문을 결합하여 수업을 계획하는 것이 용이하다. 중학교에서는 지식의 분야가 상호 연결되어 제시되기 때문에, 다문학적 설계를 시도하는 교사는 거의 없다. 중학교의 단원이나 과정은 몇 개의 학문이 결합되어 구성된다. 다학문적 설계가 가능하기 위해서는 학교의 시간표 조정, 연간 지도 계획 또는 단원 지도 계획이 변경되어야 한다. 그리고 교직원 연수를 위한 행정적·재정적 지원이 필요하다(Jacobs, 1989: 16).

넷째, 간학문적 단원 설계에서는 여러 학문 분야의 내용을 교사가 주기적으로 결합하여, 간학문적 단원과 과정을 개발한다. 교사는 학문에 반영되어 있는 모든 시각을 반영하여 간학문적 단원을 구성해야 한다. 간학문적 단원은 특정 기간 동안 지속적으로 실행된다. 이것은 학문 중심 접근방법을 대체하는 것이 아니라 상호 보완적으로 이루어지는 활동이다(Jacobs, 1989: 16-17). 간학문적 단원을 통하여 학생들은 종합적인 인식론을 경험할 수 있다. 이러한 설계 방법은 학생과 교사를 자극시키고 동기화한다. 교사는 현행 교육과정의 주제와 쟁점을 중심으로 간학문적 단원 및 활동을 계획한다. 간학문적 단원은 대체로 4주에서 8주 동안 운영된다. 간학문적 단원은 단위 학교의 상황을 고려하여 운영 기간을 설정한다. 이 설계 방식은 교사의 노력과 변화를 요구한다. 간학문적 설계에서는 결합의 문제가 발생하는데, 이것은 정형화된 간학문적 단원 설계 개발 절차를 적용하여 해결할 수 있다. 교사는 학생들에게 의미있는 프로그램을 조화롭게 개발해야 한다. 간학문적 설계를 위해서는 시간이 소요되며, 교사의 열정이 필요하다. 최선의 실행과 장기간의 계획 및 실행을 위해서는 재정 지원이 필요하다. 간학문적 단원에 대한 학부모의 경험이 많지 않기 때문에, 이러한 접근방법에 대하여 학부모들이 동의하지 않는 경향이 있다(Jacobs, 1989: 17).

다섯째, 통합의 날 설계는 전일제 교육과정을 설계할 때 활용된다. 이 설계 방법에서는 학생들의 삶과 관련된 주제 또는 문제에 기초하여 교육과정을 설계한다. 이것은 학생의 질문과 흥미를 강조하고, 교실에 대한 유기적인 접근방법을 강조한다. 통합의 날 설계는 유치원에서 주로 사용된다(Jacobs, 1989: 17). 통합의 날은 자연스러운 날이다. 수업 시간은 학생들의 요구에 따라 구조화되며, 교육과정은 학생의 요구를 중심으로 계획된다. 연구주제가 학생들의 삶과 직접적으로 관련되기 때문에, 학습 동기가 증가한다. 이 설계 방법은 다수의 교사들이 좋아하지 않는다. 이 설계 방법은 일과 계획을 필요로 하기 때문에, 교사는 효과적으로 일해야 한다. 이것은 현행 교육과정에 기초를 두지 않는다. 이것을 적용하기 위해서는 교실 관리가 잘 되어 있어야 하며, 구체적인 교육이 선행되어야 한다. 기초 및 기본 교육이 성공적으로 이루어질 것이라는 보장이 없다(Jacobs, 1989: 17-18).

여섯째, 완전 프로그램 설계는 간학문적 설계의 가장 극단적인 형태이다. 학생들은 학교에서 생활하고, 교육과정은 그들의 삶에서 창출된다. 캠퍼스 빌딩에 관심이 있는 학생들은 건축학을 연구할 것이다. 학교 규칙에 대하여 논쟁이 발생하면, 학생들은 규칙과 정부에 대하여 공부할 것이다. 이것은 모든 것이 통합된 완전 프로그램이다. 학생들의 삶과 학교의 삶이 동의어이다(Jacobs, 1989: 18). 완전 프로그램 설계는 가장 통합적인 프로그램이다. 학생들의 삶은 학교에 기반을 둔다. 학생들은 독립성과 자기주도성에 있어서 역량을 발휘한다. 그러나 이것은 통합에 대한 급진적인 방식이다. 따라서 가족 및 학교 구성원들과 충분한 합의가 요구된다. 전통적인 교육내용에 대한 관심은 없다. 학생들이 표준화된 교육과정을 경험할 가능성은 전혀 없다(Jacobs, 1989: 18).

지금까지 살펴본 교육과정 통합의 유형을 학교 현장에서 활용할 때에는 다음의 세 가지를 고려해야 한다. 첫째, 시간 운영의 융통성이다. 교육과정 통합을 위해서는 시간 운영의 융통성을 확보해야 한다. 둘째, 교직원을 지원해야 한다. 교육과정 통합이 가능하도록 교직원을 지원하고, 주변의 협력을 구해야 한다. 셋째, 국가 교육과정의 요구 조건 및 성취기준을 고려해야 한다(Jacobs, 1989: 18-19).

5. Vars의 중핵 교육과정

Vars(1923~2012)는 중핵 교육과정(core curriculum)을 통해서 미국의 중등교육을 개선하는 데 크게 기여한 교육과정 통합학자이다. 그는 제2차 세계대전에 참전한 경험한 이후 사람과 아이디어를 발전시킬 수 있는 교육에 대해 고민하였다(Dyer, 1993). 그리고 그 결과 William Alexander, Don Eichhorn, John Lounsbury, Conrad Toepfer와 함께 5명의 '미국 중학교의 창시자'로 평가받고 있다.

Vars는 중학교 시기의 독특한 학생의 발달과 요구에 주목하면서 무엇보다도 학생 중심의 교육을 지향할 것을 강조했다. 이에 학생이 실제로 자신의 삶의 문제와 관련하여 학습할 수 있도록 하는 중핵 교육과정을 지지하였다. 학교에서는 학생들에게 단순히 지식을 전달할 뿐 아니라, 개인적으로 성장하며 사회적으로 책임 있는 존재가 될 수 있도록 가르쳐야 한다고 믿었기 때문이다.

Vars가 제안하는 중핵 교육과정은 학생의 관심을 가지는 문제를 해결하기 위해 학교교육의 핵심이 되는 교과를 중심으로 여러 교과를 아우르는 교육과정 개발을 의미한다. 중핵 교육과정을 효과적인 운영하기 위한 세 가지 대안으로 Vars가 제시한 방법은 교육과정 통합을 시도하는 오늘날의 학교에서도 널리 익숙하게 활용되고 있다. 개별 학교에서 중핵 교육과정은 다음과 같은 형태로 운영될 수 있다.

- 학교 차원의 주제 선정(all-school theme)
- 통합교육팀 구성(interdisciplinary team)
- 블록타임(block time)

(Vars, 1991: 14)

먼저, 학교 차원에서 주제를 선정한다는 것은 학교 전체 교직원들이 교육과정 통합에 참여하는 방식이다. 학교의 모든 구성원이 학교교육과정을 아우르는 어떠한 주제를 일정한 시기 동안 공유하면서, 하나의 주제를 중심으로 교과 내용을 통합해 갈 수 있다. 예를 들어, 마틴루터킹 실험학교(Martin Luther King Laboratory School)에서는 매년 몇 주 동안 유치원에서 8학년에 이르기까지 모든 학생이 미국의 '광란의 20년대'에 대한 주제를 선정하여 배우는 시간을 갖는다.

다음으로, 통합교육팀을 구성하는 것이다. 이 접근은 여러 교과 교사들이 팀을 이루어 배정받은 학생들에게 교과의 관련성을 중심으로 가르치는 방식이다. 예를 들어, 호라이즌 고등학교(Horizon High School)는 10학년 영어, 사회, 과학 교사들이 통합교육팀을 구성하였고, 특정한 주제를 선정하여 이를 중심으로 수업을 설계했다.

마지막으로, 블록타임을 적용할 수 있다. 이는 한 명의 담임교사에게 여러 교과를 가르칠 수 있도록 시간과 권한을 제공하는 방식이다. 예를 들어, 캔자스 남부중학교(Kansas South Junior High School)에서는 7, 8학년 교사들이 언어, 사회 교과를 2시간 블록타임을 통해 가르쳤다. 이때 교사마다 어떠한 교과를 어떻게 통합할 것인가에 대한 결정할 수 있는 권한을 부여해 줄 수 있다.

이렇게 Vars가 제시한 중핵 교육과정의 운영 방식은 이후 각 학교마다 여건과 실정에 맞춰 유연하게 교육과정을 통합할 수 있도록 도우며, 많은 교사와 이론가들에게 영향을 주었다.

한편, Vars는 평가 결과가 학생들의 미래에 큰 영향을 미치는 고부담 시험 시대에서 학교교육은 점차 시험을 준비하는 기관으로 전락될 위험이 있다는 점을 고민하였다. 이에 학교교육이 지식을 전달하기 위한 수단이라기보다 학생들이 실제로 자신들에게 의미가 있는 현실 세계의 문제를 이해하고 해결하는 데 필요한 기술과 지식을 습득하는 과정으로 이해해야 한다는 점을 강조한다(Vars, Beane, 2000). 이러한 고부담 시험 시대에서 학생에게 필요한 것은 고차원적으로 사고하고, 협동적으로 배울 수 있는 통합적 접근이다. 연구 결과들도 분과적인 프로그램을 경험한 학생보다 간학문적 접근을 통해 학습한 학생들의 표준화된 성취도 평가 결과가 더 우수하거나 동일하다는 점을 뒷받침해 주고 있다(Vars, 2001; Vars & Beane, 2000).

교육과정에 통합적으로 접근할 때 학생들에게 발달적으로 적합하면서도 높은 성취 수준을 담보할 수 있는 학생 중심 교육을 제공할 수 있다. 이런 점에서 Vars는 중핵 교육과정을 통한 교육과정 통합을 중등교육의 핵심으로 제안하였다.

6. Beane의 민주주의와 교육과정 통합

Beane은 교육과정 통합의 의미를 민주주의에서 찾으며, 교사와 학생의 협력적인 설계 과정을 강조하였다. Beane의 관점에서 기존의 분과 교과 중심 교육과정은 학생들의 실제 삶과 동떨어진 방식으로 가르치는 한계를 가지고 있다. 이에 Beane(1997)은 실제 삶의 문제와 관련된 주제를 중심으로 교과 및 학문 지식을 활용할 것을 주장한다. 가령, 다학문적 통합이 기존 교과의 틀 안에서 주제를 중심으로 여러 교과를 통합하려고 한다면, Beane이 말하는 교육과정 통합은 교과 영역의 구분을 초월하여 학생들이 직면한 문제에 더 집중하는 방식을 취한다. 이러한 통합 과정은 교사와 학생의 협력적 설계를 통해 이루어져야 하며, 이는 민주적이어야 한다고 Beane은 강조한다. 교실에서 통합교육과정을 실행하는 목적 자체가 학생들이 민주적으로 생활하는 방식을 배우도록 돕는 것에 있기 때문이다 (Beane, 2005/2024).

민주주의란 사람들이 살아가는 삶의 방식으로, Beane은 학생이 학교 교육을 통해 민주주의를 배우기 위해서는 먼저 교실에서 민주적인 방식으로 살아야 한다고 주장한다. Beane은 민주주의를 인간 존엄성(human dignity)과 공동 선(common good) 존중의 원리로 설명하며, 이 두 가지를 핵심 가치로 삼을 때 교실이 민주적일 수 있다고 설명한다. 보다 실제적으로 Apple과 Beane(1995)은 『민주적 학교(Democratic Schools)』에서 민주주의를 실천하는 교실을 주제 단원(thematic units)을 통한 통합교육과정 운영으로 특징짓는다. 이러한 민주적인 교실에서는 학생들이 교육과정 계획에 참여할 수 있으며, 개인적 · 사회적으로 중요한 쟁점을 단원의 주제로 삼는다. 즉, Beane은 교육과정 통합의 과정을 교실에서 교사와 학생이 민주적인 방식으로 살아가는 실천으로 이해한다.

이런 점에서 Beane은 교육과정 통합을 단순히 여러 교과의 내용을 하나의 주제를 중심으로 재구성하는 것으로 간주하는 것을 지양한다. Beane이 말하는 교육과정 통합은 학생과 교사가 민주적으로 협력하여 개인적 · 사회적으로 의미 있는 주제로 교육과정을 재조직하는 '교육과정 설계'로 이해할 수 있다. Beane의 접근법은 학생들이 단순히 지식을 습득하는 것을 넘어서, 자신의 삶과 사회에 대해 비판적으로 사고하고 적극적으로 참여하는 민주 시민으로 성장하도록 돕는 것을 목표로 한다.

민주적인 방식의 교육과정 설계를 지향하는 교사는 학생의 개인적 관심사를 고려할 뿐만 아니라, 사회적으로 중요한 문제를 주제로 삼아야 한다. 이를 위해 유닛을 재조직할 수 있는 중심 주제를 선택할 때 몇 가지 기준을 활용할 수 있다. 첫째, 주제는 실제 학생들에게 공유되는 질문과 관심사를 반영해야 한다. 둘째, 주제는 사회적으로 중요한 세계적 관심사를 포함해야 한다. 셋째, 다양한 지식과 기술을 활용할 수 있어야 한다. 넷째, 다양한 활동의 가능성을 제공할 수 있어야 한다. 마지막으로, 주제는 학교 내외에서 실천적인 행동을 이끌어 낼 수 있어야 한다(Beane, 1993). 즉, Beane이 말하는 교실에서 개인적 · 사회적으로 중요한 주제라는 것은 교사와 학생이 사회적 가치와 교과의 가치를 통합하는 의도를 명확하게 보여 줄 수 있는 주제여야 한다는 의미이다. 이러한 주제는 학생들의 학습 동기와 참여도를 높이고, 학습 과정을 더욱 의미 있게 만들 수 있다(Beane, 2005/2024).

Beane의 교육과정통합을 위한 설계는 [그림 3-5]를 통해 보다 구체적으로 이해할 수 있다.

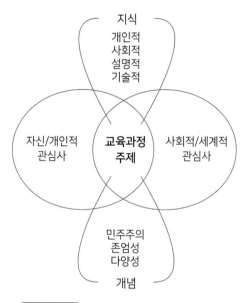

그림 3-5 교육과정 통합을 위한 설계

출처: Beane (1997/2019), p. 101.

교육과정 통합의 조직 중심체(organizing center)로서 교육과정 주제(curriculum themes)는 개인적 관심사와 사회적 관심사의 교차점에서 나올 수 있다. 이러한 개인적·사회적 맥락 안에서 전통적으로 다루는 학문 지식적인 내용과 기능(skills)을 다룰 수 있다. 이때 지식의 측면에서는 개인적 지식, 사회적 지식, 설명적 지식, 기술적 지식이 통합될 수 있다. 더 나아가 Beane은 이러한 설계 과정에서보다 지속적인 개념(concept)도 다뤄야 한다고 주장하는데, 즉 학생이 민주주의, 인간의 존엄성, 다양성을 존중하는 경험을 할 수 있도록 교육과정을 설계해야 한다는 의미이다. 이러한 접근법은 학생들이 다양한 종류의 지식을 통합적으로 이해하고, 실생활에서 그 지식을 적용하며, 더 나아가 민주적 가치와 인간 존엄성을 존중하는 태도를 기르는 데 중점을 둔다.

이러한 과정에서 일어나는 교사와 학생이 협력하는 모습을 Beane은 다음과 같이 예시한다. 먼저, 교사들은 주제와 관련하여 다음의 두 가지 질문을 던질 수 있다. "자신에 관해 어떤 질문이나 관심을 가지고 있는가?" "세계에 관해 어떤 질문이나 관심을 가지고 있는가?" 이러한 개별적인 질문들은 학생을 소집단으로 구성하게 한다. 소집단 안에서 학생들은 자신과 세계에 관한 질문을 사용하는 조직 중심체 또는 주제를 결정한다. 이후 학급 전체는 주제 목록 중에서 어떤 주제를 먼저 다룰 것인가를 투표한다. 결정된 주제와 관련해서 학급 전체는 질문을 선택하고, 이 질문을 해결하기 위해 필요한 활동을 함께 계획한다. 이러한 계획에 따라 단원 학습을 진행하고, 한 단원이 끝나면 교실에서는 다음 주제 목록을 함께 선택한다. 이렇게 새로운 단원의 계획을 함께 협력적으로 세워 나가는 것이다(Beane: 1997/2019).

교실에서 수행할 수 있는 민주적인 방식의 협력적 설계는 다음과 같은 특징을 가진다. 첫째, 학생의 개인적인 관심사로부터 교육과정이 만들어진다는 점에서 자신의 경험과 연결될 가능성이 높다. 둘째, 민주적으로 협력하는 과정에서 학생들은 자신의 경험과 지식을 연결할 기회를 갖게 된다. 셋째, 설계 과정이 학생들의 개인적인 질문에서 집단적인 질문으로 확장되면서 학생들은 자신의 관심사와 사회적 관심사를 통합할 수 있다(Beane, 1997/2019).

교육과정 통합이 일어나는 교실은 교사와 학생이 민주적으로 생활하는 공동체가 될 수 있다. 학생이 교사와 협력하여 통합교육과정을 개발할 때, 학생은 자신의 목소리를 낼 수 있으며, 교사와 함께 교육과정 주제와 구체적인 학습 내용을 선정할 수 있고, 자신의 배움을 스스로 평가할 수 있다(Beane, 2005/2024). 이는 결국 학생의 존엄성을 존중하는 방식으로 민주주의를 실천하는 것이라고 할 수 있다. 즉, 민주적인 방식으로 가르치고 배우는 과정에서 민주주의 자체를 가르치고 배우게 된다. 교육과정 통합을 위해 협력하는 교실에서는 학생들은 결국 민주적으로 배우며, 이로 인해 민주시민으로 성장할 수 있다는 의미이다.

정리하자면, Beane의 교육과정 통합은 학생들의 개인적 관심사와 사회적 쟁점을 통합하여, 민주적인 방식으로 교육과정을 설계함으로써 학생들이 자신의 삶과 사회에 대해 성찰하고 실천할 수 있는 민주 시민이 되는 것을 목표한다. 이러한 교실 환경은 지금 이 순간에 교사와 학생이 함께 민주주의를 직접 실천하고 경험하는 공간이 되며, 이는 궁극적으로 학생들이 민주시민으로서의 자질을 함양하는 데 기여할 수 있다(Beane, 2005/2024).

7. Erickson의 개념 기반 교육과정 통합

개념 기반 교육과정(concept-based curriculum) 이론은 교육과정 및 수업 설계 전반에 대한 이론으로, 오로지 교육과정 통합만을 연구한 특수 이론으로 간주할 수는 없다. 그러나 개념 기반 교육과정에서는 지식과 과정, 또는 교과와 교과 사이의 통합이 항상 강조되며(Erickson & Lanning, 2014: 82-87), 실제로 개념 기반 교육과정의 실천 사례가 교과 교육과정 통합의 형태로 제시되는 경우가 많다(정나라, 온정덕, 임재일, 2021: 392-393; Erickson, Lanning, & French, 2017, 2019: 49). 따라서 주요한 교육과정 통합 이론의 하나로 개념 기반 교육과정을 면밀히 살펴보는 것은 의미가 있다.

개념 기반 교육과정을 주장하는 이론적 공동체에서 가장 대표적인 인물은 미국의 교육 컨설턴트인 H. Lynn Erickson이다. 그녀가 제안한 개념 기반 교육과정의 이론적·실천적 틀은 현재 주요한 교육과정 흐름 가운데 하나인 이해 중심 교육과정(백워드 교육과정 설계), 인터내셔널 바칼로레아(International Baccalaureate: IB) 교육과정 등과 호환 가능한 개념적 유사성을 지니고 있다. 또한 개념 기반 교육과정은 우리나라 2022 개정 교육과정 각론(교과 교육과정) 구성의 이론적 바탕이기도 하다.

개념 기반 교육과정은 Bruner(1960)로부터 이어진 학습과 지식에 대한 구조주의적·합리주의적 관점을 철저하게 따르고 있다. 이러한 관점은 학습 현상이나 지식이 구조적 요소들로 이루어졌다고 보며, 이러한 요소들 사이의 위계나 인과관계를 근거로 삼아 교육적 처방을 제시한다. 그러므로 개념 기반 교육과정 통합을 살피기에 앞서, 먼저 개념 기반 교육과정의 개념적 근간을 이루는 요소들이 어떤 의미와 관계를 지니고 있는지 이해할 필요가 있다.

이 절에서는 다음과 같이 개념 기반 교육과정 통합을 설명하고자 한다. 먼저, 개념 기반 교육과정에 대한 기본적 이해를 돕기 위해 주요 용어를 중심으로 설명하겠다. 다음으로, 개념 기반 교육과정 이론의 통합에 대한 관점과 설계 절차에 따라 교육과정 통합을 살펴보겠다.

1) 개념 기반 교육과정에 대한 이해

Erickson, Lanning과 French(2017, 2019)는 사실을 전달하는 일에 초점을 맞추는 기존의 수업들이 사실적 지식(facts)과 기능(skills)이라는 두 개의 차원을 중심으로 설계되었다고 보았다. 그들에 따르면, 전통적인 2차원적 수업은 이해라는 중요한 요소를 간과하고 있어 아는 것을 이해한 것으로 간주하는 잘못을 저지르고 있다. 이에 따라 학생이 교육내용을 교사로부터 수동적으로 주입받는 수업 형태가 주류가 되고, 이렇게 주입받고 암기된 학습 결과로는 학생이 유의미한 전이를 일으키지 못하여 교육의 효과가 크게 떨어진다.

이러한 문제의식을 바탕으로 제시된 대안이 개념 기반 교육과정이다. 개념 기반 교육과정은 3차원적인 교육과정 및 수업 모형을 지향한다. 이 모형의 차원은 사실(안다, Know), 개념(이해한다, Understand), 기능(한다, Do)이며, 이에 따라 개념 기반 교육과정의 3차원적 모형을 각 차원의 머릿글자를 따서 KUD모형으로 축약하여 이르기도 한다. 개념 기반 교육과정에서 가장 중시하는 것은 학생들이 생산적으로 전이 가능한 이해(개념적 이해)에 도달하는 것이다. 전이 가능한 이해에 도달한 학생은 학습한 지식과 기능을 비슷하거나 새로운 맥락에 적용할 수 있다.

　이와 같은 목적은 개념 기반 교육과정이 바라보는 교과와 학습 현상, 즉 지식의 구조와 과정의 구조에 근거하고 있다. 지식의 구조는 사회, 과학, 수학과 같이 대체로 내용 지식이 많은 교과들에 부합한다. 과정의 구조는 언어, 음악, 미술, 체육과 같이 기능에 기초한 교과들에 부합한다.

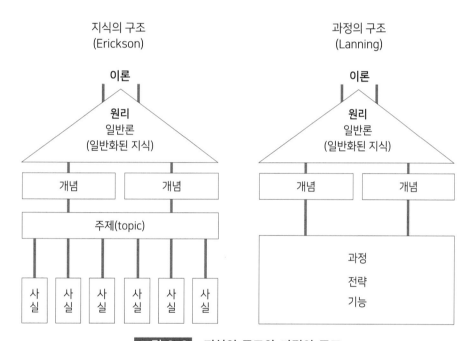

그림 3-6　**지식의 구조와 과정의 구조**

출처: Erickson & Lanning (2014).

　[그림 3-6]의 도식을 바탕으로 각 구조의 구성요소들의 뜻과 관계를 살펴보겠다. 먼저, 지식의 구조 구성요소를 과학과의 사례를 통해 살펴보면 다음과 같다.

- **사실(facts):** 인물, 장소, 상황, 물건 등의 구체적인 예나 정보를 말한다. 특정 시간, 장소, 상황에 한정되는 정보이다. 이는 전이되는 지식은 아니다. 예) 우물에 있는 도르레를 사용하여 우물 바닥에 있는 물을 퍼올렸다.
- **주제(topics):** 수업을 조직하기 위하여 사실들을 관련짓고 모으는 구체적인 틀이자 맥

락이다. 이 역시 구체성과 특수성이 강하기에 전이되는 지식이 아니다. 예) 단순 기계

- **개념(concepts):** 사실과 주제로부터 도출된 지적 구성체이다. 개념은 시간, 장소에 한 정되지 않은 보편적이고 추상적인 명사이기에 여러 가지 상황과 맥락에 전이 가능하 다. 예) 도르래, 힘, 일
- **일반화(generalizations):** 하나의 문장으로 개념 사이의 관계를 서술한 것이다. 이 역시 특수한 상황에 한정되지 않고 추상적이기에 여러 맥락에 적용할 수 있다. 일반화는 흔 히 개념적 이해, 영속적 이해, 핵심적 이해, 빅 아이디어로 불리기도 한다. 이러한 일반 화는 사실에 근거하며, 역시 사실에 비추어 검증된다. 예) 도르래는 힘의 방향을 바꿀 수 있다.
- **원리(principles):** 학문에서 기초를 이루는 것으로 근본적인 진리로 인정받은 일반화들 이 원리가 된다.
- **이론(theories):** 현상이나 실제를 설명하기 위해 사용되는 개념적인 아이디어들의 집합 체계이다.

과정의 구조 구성요소 가운데 지식의 구조와 중복되지 않는 요소인 기능, 전략, 과정을 언어 교과의 사례를 통해 살펴보면 다음과 같다.

- **기능(skills):** 전략에 내재된 작은 행동이나 조작들이다. 과정, 전략, 기능 중에 가장 세부 적인 것이다. 예) 다시 읽기, 서로 확인하기, 예측하기, 확증하기, 명료화하기, 교정하기
- **전략(strategies):** 학습자가 수행을 향상하기 위해 의식적으로 적용하거나 점검하는 체 계적인 계획이다. 기능들이 토대가 되어 복잡한 전략이 수립된다. 예) 자기 조절
- **과정(processes):** 결과를 만들어 내는 연속적이고 단계적인 행동이다. 수행해야 할 것 에 대한 규정으로 과정, 전략, 기능 중에 가장 광범위하면서 복잡한 것이다. 예) 독해 과정

어느 학문 및 교과 분야가 지식의 구조나 과정의 구조 가운데 한 가지만을 전적으로 지니 는 것은 아니다. 두 구조는 한 교과 안에서 복합적으로 병존할 수 있다. 다만 수업과 교육과 정의 초점에 따라 어느 한 구조가 더 두드러지게 된다. 예를 들어, 국어과가 문학적 지문을 중심으로 한 내용 지식에 치중한다면 지식의 구조에 좀 더 부합되지만, 읽기나 쓰기 과정과 같은 기능적 분야에 치중하게 된다면 과정의 구조에 좀 더 부합하게 된다.

개념 기반 교육과정의 목적은 지식과 과정의 구조 위에서 학생들이 일반화 및 원리를 이해하고 습득하는 일, 즉 개념적 이해에 도달하는 데에 있다. 이때 교사는 학생들이 개념적 이해에 도달하도록 전략적으로 어떠한 초점을 제공해 줄 수 있는데, 이를 개념적 렌즈(conceptual lens)라고 한다. 예를 들어, 홀로코스트와 관련된 역사를 배울 때, 교사는 학생들에게 '인간성과 비인간성'이라는 개념적 렌즈를 제공할 수 있다. 학생들은 여러 사실을 인간성과 비인간성이라는 개념과 연결하여 사고하게 되고, 이를 통해 개념적 이해에 도달할 수 있다는 것이 개념 기반 교육과정 이론가들의 주장이다.

2) 개념 기반 교육과정에서 통합

개념 기반 교육과정 이론은 교과 통합을 교과 교육과정 통합 자체를 위한 방법보다는 개념적 이해를 위한 인지적 과정에 수반되는 방법 가운데 하나로 본다(Erickson & Lanning, 2014: 84). 개념 기반 교육과정 이론에서는 여러 가지 사실과 기초 기능들을 개념, 법칙, 일반화와 연관하는 것을 '시너지를 내는 상호작용(synergistic interplay)' 또는 '사실적 사고와 개념적 사고의 내적 통합'이라고도 한다. 그런데 이러한 사고의 통합은 학문이나 교과의 경계에 한정되는 것이 아니기에 교과의 경계를 넘어서서 서로 다른 교과들을 가로지르며 일어날 수 있다. 심지어 때로는 이러한 간학문적인 접근이 학생들이 더 깊고 폭넓게 이해하도록 할 수도 있다(Erickson, Lanning, & French, 2017/2019: 49). 결국 개념 기반 교육과정 이론에서의 통합이란 교과 간 교육과정 통합을 목표하였던 결과물이기보다는 개념적 이해와 사고의 통합을 위한 인지적 과정을 설계하는 방법이다.

Erickson, Lanning과 French(2017, 2019)는 개념 기반 단원 설계 방법을 단계적으로 제시하고 있다. 이를 교육과정 통합과 연관하여 설명하면 다음과 같다.

● 1단계: 단원명 정하기(초점 혹은 맥락)

단원명은 학습의 초점이 되는 것으로 단원명에 단원의 중심 주제나 개념적 렌즈를 반영할 수 있다. 단원명은 학년 수준과 학습 시기에 맞추어 학생의 참여를 촉진하는 흥미로운 것이어야 한다. 교과 통합적인 단원이라면 단원명에 여러 교과의 연결고리가 되는 소재와 주제, 또는 개념적 렌즈를 반영할 수 있다.

● 2단계: 개념적 렌즈 파악하기

개념적 렌즈는 단원의 방향을 결정하는 것으로 사실적 사고와 개념적 사고 사이에서 시너지를 낼 수 있어야 한다. 단원의 제목과 맥락을 파악한 후, 적절한 개념적 렌즈를 선택한다. 개념적 렌즈는 사고의 통합, 때때로 교과 사이의 통합을 이끌기에, 다른 교육과정 통합 이론에서 종종 이르는 '통합의 초점'과 같다. 교과 통합적인 단원을 설계할 때, 강력한 개념적 렌즈를 선택하는 일은 매우 중요하다.

● **3단계: 단원의 영역(strand) 파악하기**

단원의 영역을 설정한다. 이 영역에 따라 단원의 소제목들을 구성할 수 있다. 교과 간 통합단원의 경우, 영역은 그 단원이 포함하는 각 교과들을 대표한다.

● **4단계: 영역 안에서 단원 주제와 개념을 얽기**

이 과정은 단원의 내용(성취기준)과 개념을 개괄적으로 조직하여 단원의 큰 그림을 그리는 것이다. 이는 단원 그물로 나타내며, [그림 3-7]은 간학문적인 통합단원의 단원 그물의 예시이다.

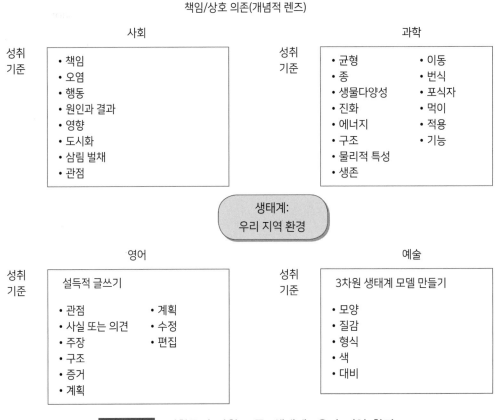

그림 3-7 **간학문적 단원 그물: 생태계-우리 지역 환경**

출처: Erickson, Lanning, & French (2017/2019), p. 101.

단원 그물은 브레인스토밍을 거쳐 작성한다. 단원 그물을 만드는 활동은 단원의 정합성을 확보할 뿐만 아니라, 작성자가 단원의 주제와 개념들을 이해하는 데에 도움을 준다. 단원 그물의 완성도가 높을수록 단원의 일반화가 더 공고해진다.

● **5단계: 학생들이 개념적으로 이해하길 바라는 일반화 작성하기**

개념적 렌즈에 대한 일반화 한두 개, 그리고 각 영역마다 한두 개의 일반화를 작성한다. 이에 따라 한 단원에 5~9개 정도의 일반화가 있을 수 있는데, 이는 학년 수준이나 단원에 할당된 시간에 맞추어 달라진다. 또한 하나의 일반화가 하나 이상의 영역에 걸쳐 있는 것도 가능하며, 이러한 일은 과정 중심 교과에서 일어나기 쉽다. 성취기준에 따라 일반화 대부분이 지식의 이해로 기울지, 과정의 이해로 기울지 결정된다.

● **6단계: 안내 질문 만들기**

안내 질문(guiding question)은 일반화에 도달하기 위한 학생들의 사고를 촉진하는 역할을 한다. 개념 기반 교육과정 이론에서 질문은 사실을 묻는 질문(factual questions), 개념적 이해를 요구하는 질문(conceptual questions), 논쟁할 수 있는 질문(debatable questions)으로 나뉜다. 각 일반화에는 단원 설계 과정에서 개발한 3~5개의 개념적 질문이 필요하며, 단원 전체에서는 2~3개의 논쟁적 질문이 필요하다.

● **7단계: 중요한 사실적 지식 파악하기**

7단계는 사실적 지식을 준비하는 것으로, 이는 일반화의 근거가 되거나, 단원 주제에 대한 지식을 깊이 있게 하거나, 학생들이 과정 및 기능에 대해 알아야 할 바를 정의하기 위한 기반이 된다. 간단히 말해, 명시적으로 학생들에게 가르쳐야 할 지식의 목록을 파악하고 준비한다.

● **8단계: 학생들이 할 수 있어야 하는 핵심 기능 파악하기**

핵심 기능은 학생들이 학습을 마친 후 할 수 있어야 하는 것으로 성취기준이나 국가교육과정에서 그대로 가져올 수 있다. 핵심 기능은 여러 분야, 여러 주제에 걸쳐 적용될 수 있다.

● **9단계: 최종 평가와 채점 지침 또는 평가 준거 작성하기**

최종 평가는 학생들이 개념적 렌즈를 포함한 한두 개의 일반화나 중요한 내용 및 핵심 기능을 얼마나 이해하고 있는지 확인하는 것이다. 채점 지침이나 평가 준거에는 사실적 지식과 핵심 기능뿐만 아니라, 개념적 이해 및 일반화를 확인하는 내용을 담는다.

● **10단계: 학습활동 설계하기**

학습활동은 학생들이 최종 평가에서 요구되는 것을 준비할 수 있게 하는 활동이다. 학습활동은 가능한 의미있고 실제적이어야 한다. 학습 속도, 형성평가, 학생 맞춤형 전략, 단원

자료를 포함하여 활동을 마련한다.

● **11단계: 단원개요 작성하기**

단원개요는 교사가 단원을 학생들에게 소개하기 위한 것이다. 단원개요는 학생의 흥미와 관심을 끌 수 있으며, 단원 학습을 안내할 수 있도록 작성한다.

참고문헌

김승호, 박일수(2020). 통합교과의 이론과 실제(2판). 경기: 교육과학사.

정나라, 온정덕, 임재일(2021). 통합교육과정에 대한 관계 중심의 생태학적 접근. 학습자중심교과교육연구, 21(19), 385-399.

Apple, M., & Beane, J. (2007). Democratic schools: lessons in powerful education. 강희룡 역(2015). 마이클 애플의 민주학교. 서울: 살림터.

Beane, J. A. (1993). *A middle school curriculum: From rhetoric to reality* (2nd ed.). Columbus, OH: National Middle School Association.

Beane, J. A. (1997). Curriculum integration, designing the core of democratic education. 노경주 역(2019). 민주적인 교육의 핵심을 지향하는 설계 교육과정 통합. 춘천교육대학교 출판부.

Beane, J. A. (2000). Curriculum integration and the disciplines of knowledge. In F. W. Parkay & C. Hass (Eds.), Curriculum planning: A contemporary approach (7th ed., pp. 228-237). Boston, MA: Allyn & Bacon.

Beane, J. A. (2005). A reason to teach. 정광순 역(2024). 가르치는 이유. 서울: 학지사.

Bruner, J. S. (1960). *The process of education*. New York: Vintage Books.

Drake, S. (1993). *Planning integrated curriculum: The call to adventure*. Alexandria, VA: Association for Supervision and Curriculum Development.

Drake, S. M., & Burns, R. C. (2004). *Meeting standards through integrated curriculum*. Alexandria: ASCD

Dyer, D. (1993). Gordon F. Vars: The heart and soul of core curriculum. *Middle School Journal*, *24*(3), 30-38.

Erickson, H. L., & Lanning, L. A. (2013). *Transitioning to concept-based curriculum and instruction: How to bring content and process together*. CA: Corwin Press.

Erickson, H. L., Lanning, L. A., & French, R. (2017). *Concept-based curriculum and instruction for the thinking classroom*. CA: Corwin press.

Fogarty, R. (1991). *The mindful school: How to integrate the curricula*. Illinois: Skylight

Publishing, Inc.

Ingram, J. B. (1979). *Curriculum integration and lifelong education*. 배진수, 이영만 공역 (1995). 교육과정통합과 평생교육. 서울: 학지사.

Jacobs, H. H. (1989). *Interdisciplinary curriculum: Design and implementation*. Alexandria: ASCD.

Lounsbury, J., & Vars, G. (1978). *A curriculum for the middle school years*. NY: Harper & Row.

Pickett, W. (1982). *The Emergence of the National Middle School Association*, [Doctoral dissertation, East Tennessee State University].

Vars, G. (1991). Integrated curriculum in historical perspectives. *Educational Leadership, 49*(2), 14-15.

Vars, G. (1993). *Interdisciplinary teaching: Why and how*. OH: National Middle School Association.

Vars, G. (2001). Can curriculum integration survive in an era of high-stakes testing? *Middle School Journal, 33*(2), 7-17.

다학문적 접근

I. 개요

다학문적 통합교육과정은 서로 다른 교과에서 공통적으로 다룰 수 있는 주제를 선정하고, 해당 주제와 관련하여 개별 교과에서 학생들이 배워야 하는 지식, 기능, 가치를 습득하도록 교육과정을 통합하는 방식이다. 다문학적 통합교육과정은 제3장에서 살펴본 Ingram(1979)의 합산적 통합, Drake(1993)의 다학문적 접근방법, Fogarty(1991)의 거미줄형, Jacobs(1989)의 다학문적 설계 모형에 해당된다.

학교 현장에서 자주 활용되고 있는 주제중심 통합이 다학문적 통합교육과정에 해당된다고 볼 수 있다. '사과(apple)'라는 공통 주제에 기반하여 [그림 4-1]과 같이 주제중심의 다학문적 통합을 하였다고 가정하자. 교사는 사과라는 공통 주제를 중심으로 국어, 수학, 사회, 과학, 음악, 미술 교과 등에서 다루는 교육내용, 즉 지식, 기능, 가치 등을 연결시킨다.

[그림 4-1]을 구체적으로 살펴보면 다음과 같다. '사과' 주제를 중심으로 6개 교과가 통합되어 있다. 국어 시간에는 사과와 관련한 「나무가 여기 있네」라는 동시를 다루면서, 동시의 형식, 구조, 특징을 배우게 된다. 수학 시간에는 사과 개수 세기 활동을 통하여 숫자와 수세기를 배우게 된다. 사회 시간에는 사과 생산 지역을 다루면서, 재배 환경과 지역의 지리적 특성을 배우게 된다. 과학 시간에는 사과 관찰을 통하여, 사과의 특징과 기초 탐구 능력을 배우게 된다. 음악 시간에는 사과와 관련한 「사과 같은 내 얼굴」 노래를 부르면서 박자와

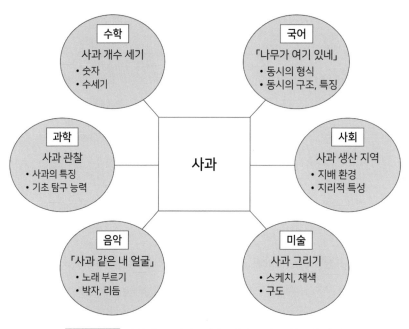

그림 4-1 '사과' 주제에 대한 다학문적 통합교육과정

리듬을 배우게 된다. 미술 시간에는 사과 그리기 활동을 통하여, 스케치, 채색, 구도를 배우게 된다. 이와 같이 다학문적 통합교육과정은 '사과'라는 주제를 중심으로 교육과정을 통합하였으나, 개별 교과 및 학문의 지식, 기능, 가치 등을 학습한다는 점에서 통합의 정도가 약하다고 할 수 있다.

[그림 4-1]의 사례에서 볼 수 있듯이, 다학문적 통합교육과정에서는 개별 교과들의 정체성을 인정하고, 이들 교과에서 숙달되어야 할 중요한 내용과 기능을 확인하는 것으로 시작한다. 이후 어떤 주제가 어떤 하나의 교과로부터 추출되어 정해지며, 개별 교과들이 이 주제에 대해 어떠한 기여를 할 수 있을지 탐색하게 된다. 선정된 주제는 이 주제와 관련된 교과들의 수업 시간에 각 교과의 내용, 기능을 통해서 다루어지며, 학생들은 이들 교과들을 번갈아 배움으로써 그 주제를 경험하게 된다. 다학문적 통합교육과정에서는 동일 주제를 여러 교과에서 가르치지만, 각 교과의 내용과 기능을 숙달하는 데 관심이 있다(소경희, 2017: 300). 이러한 점에서 다학문적 통합에서는 서로 다른 교과에서 다루는 지식, 기능, 태도 등을 긴밀하고 유기적으로 연결 또는 관련시키지 못한다.

다학문적 통합교육과정에서는 동일 주제를 여러 교과의 렌즈를 통해서 바라본다. 교사들은 선정된 주제를 교과 영역 측면에서 관련지으려고 시도하기 때문에 학교의 일과는 분과된 교과의 형태로 이루어지는 경향이 강하다. 다학문적 통합교육과정에서는 분과적인 접근과 유사하게 교과 기반 내용과 기능으로 시작하고 마무리되는 경향이 있으며, 지식도 미리 정해진 계열에 따라 고정된 방식으로 다루어지는 경향이 있다(소경희, 2017: 300). 이러한 점에서 다학문적 통합교육과정은 물리적 통합에 해당된다. 다학문적 통합교육과정이 개별 교과의 고유성이 유지된다는 점에서 간학문적 통합교육과정에 비하여 교사들의 저항과 거부가 상대적으로 적으며, 통합교육과정의 개발이 쉽다는 장점이 있어 학교현장에서 활용도가 높은 편이다.

2. 다학문적 통합교육과정 사례(1, 2학년): 우리 마을 시장에 가면

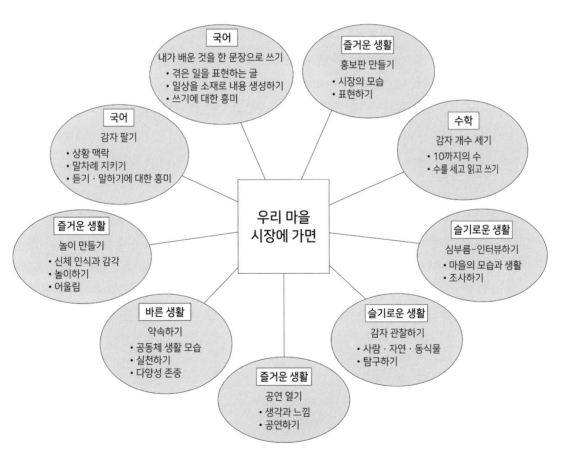

그림 4-2 '우리 마을 시장에 가면' 통합교육과정 개요

'우리 마을 시장에 가면'은 각 교과의 관점으로 주제를 다룬 통합교육과정이다. 교사와 학생은 우리 마을에 있는 시장을 탐험하는 경험을 중심으로 각 교과 내용을 다루는 방식으로 통합교육과정을 만들어 가면서 완성했다. 이런 점에서 '우리 마을 시장에 가면' 통합교육과정은 다학문적 통합교육과정 개발이면서 동시에 교사와 학생이 협력해서 만들어 가는 교육과정으로 이해할 수 있다.

1) 교사가 통합교육과정을 개발하겠다고 마음먹은 순간

1학년을 담임하는 이교사는 어떤 사정으로 인해 학교에서 하루 정도 점심 식사를 제공하기 어렵기에 빵과 우유를 제공한다는 이야기를 듣게 되었다. 대수롭지 않게 생각한 이교사는 학생에게 자신이 전해 들은 이야기를 전해 주었다. 평소 먹던 식사 대신에 빵과 우유를 제공한다는 소식에 1학년 학생들은 망연자실한 모습을 보였다. 어떤 학생들은 내일이라도 세상이 끝날 것처럼 이야기했고, 그런 이야기에 어떤 학생들은 걱정에 사로잡혀 눈물을 보이기도 했다. 물론 교사와 같이 대수롭지 않게 생각한 학생도 많았다. 그렇다 하더라도 이교사가 전한 이야기에 교실 분위기가 바뀐 것은 사실이었다.

이교사와 같은 학년에 속한 박교사의 교실도 마찬가지였다. 쉬는 시간에 두 반 학생들은 함께 모여 이 상황을 어떻게 헤쳐 나가야 할지 작전회의도 열었다. 교사들은 하루 이틀이면 이 분위기가 일상적인 분위기로 돌아갈 것이라고 예상했지만 교사들 생각과는 달리 학생들 사이에서 만들어진 분위기는 점점 더 고조되었다.

이교사와 박교사는 이 상황을 그냥 두고 볼 수는 없었다. 무엇보다 이 상황에 대해 진지하기도 하면서, 때로는 장난기 가득한 학생들의 모습을 보면서, 학생이 마주한 상황을 교육적인 상황으로 만들고 싶었다. 무엇보다 박교사가 한 말 한마디로부터 교사들은 통합교육과정을 만들기로 마음먹었다.

"선생님, 우리 학교에 있는 감자를 갖고 시장에 가 볼까요?"

2) 통합교육과정 개발하기

(1) 내용 선정하기

먼저, 두 교사는 무엇을 어떻게 가르칠지 결정하기 위해 교과 교육과정 내용 체계와 성취기준을 살펴보았다. 그리고 두 교사가 아직 가르치지 않은 내용과 학생이 더 배울 필요가 있는 내용 등을 기준으로 교과 교육과정 내용을 정리하였다.

다음으로, 교사들은 교과 교육과정 내용을 바탕으로 박교사가 제안한 감자를 가지고 시장에 가 보는 아이디어를 구체화하기 시작했다.

> **박교사:** 우리 학교 농장에 아이들이 심은 감자가 있잖아요. 마침 감자를 수확할 때도 되었고, 이 감자를 수확해서 직접 시장에 가서 팔아 보는 것은 어때요? 수익금으로 시장에서 아이들과 점심 식사도 할 수 있겠어요.
>
> **이교사:** 좋은 생각입니다. 아이들이 감자를 수확해서 시장에서 파는 과정에서 무엇을 배울지 아이디어를 모아 볼까요? 저는 감자를 수확할 때 아이들이 심은 감자를 관찰한 결과를 기록해 보면 좋겠어요. 우리가 하고 있었던 활동이기도 하면서 그동안 감자가 어떻게 생장했는지 아이들이 배울 수 있어요.
>
> **박교사:** 수확한 감자 개수는 꽤 될 거예요. 시장에 가서 감자를 팔려면 포장도 할 수 있어야 하는데, 그러기 위해서는 수확한 감자를 적절히 나눠야 해요. 이때 아이들과 10씩 묶어 세기도 해 볼 수 있겠어요.
>
> **이교사:** 마침 10씩 묶어 세기 공부를 하는 차례였는데 좋은 기회네요. 아이들이 포장지를 꾸미는 것도 할 수 있겠어요.

두 교사는 정리한 교과 내용을 바탕으로 아이디어를 생성하기도 했고, 생성한 아이디어에 교과 내용과 연결하기도 했다. 이 과정을 거치면서 전반적인 교육과정 개요(주제망)를 [그림 4-3]과 같이 완성할 수 있었다.

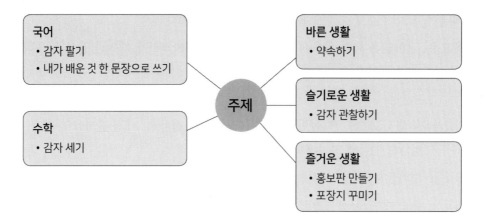

교과	1, 2학년군 성취기준	내용 요소
국어	[2국01-03] 상대의 말을 집중하여 듣고 말 차례를 지키며 대화한다. [2국03-04] 겪은 일을 표현하는 글을 자유롭게 쓰고, 쓴 글을 함께 읽고 생각이나 느낌을 나눈다.	상황 맥락, 말 차례 지키기, 일상을 소재로 내용 생성하기
수학	[2수01-01] 수의 필요성을 인식하면서 0과 100까지의 수 개념을 이해하고, 수를 세고 읽고 쓸 수 있다.	수를 세고 읽고 쓰기
바른 생활	[2바02-01] 공동체에서 내가 할 수 있는 일을 찾아보고 실천한다.	공동체 생활 모습, 실천하기, 다양성 존중
슬기로운 생활	[2슬01-04] 사람과 자연, 동식물이 어우러져 사는 생태를 탐구한다.	사람 · 자연 · 동식물, 탐구하기
즐거운 생활	[2즐02-04] 다양한 세상을 상상하고 표현한다.	시장의 모습, 표현하기

그림 4-3   교육과정 개요(초안)

그러고 나서, 두 교사는 개발하고 있는 통합교육과정에 학생들에게 유의미한 여러 학습 경험을 더하고자 다른 학년 교사들에게 도움을 요청했다. 이교사는 다른 학년 교사들에게 지금까지 짜 놓은 통합교육과정 주제망을 소개했다. 그리고 두 교사가 정리한 교과 교육과정 내용도 함께 안내하면서 개발하고 있는 통합교육과정에 무엇을 더 가르쳐 볼 수 있을지, 학생에게 어떤 유의미한 학습 경험을 선정할 수 있을지 등에 관한 의견을 요청했다. 교사들은 여러 아이디어를 제시해 주었는데 그중에 이교사와 박교사는 '심부름하기'를 선정했다. 심부름하기는 학생이 보호자와 교사에게 받은 심부름 과제를 해결하는 활동이었는데, 두 교사는 이 활동을 통해 시장에 있는 사람들이 생활하는 모습을 배울 수 있을 것으로 판단했다.

마지막으로, 두 교사는 1학년 학생이 모인 자리에서 점심 식사가 어려운 그날에 어떤 공부를 해 볼 수 있을지 이야기를 나누기로 했다. 이를 위해 교사들은 학생들에게 어떤 공부를 할지 충분히 상상할 수 있도록 소개 자료를 만들었다. 먼저, 두 교사는 학생에게 어떤 활동을 할 것인지 안내했다. 그리고 모둠을 만든 후 모둠에 활동할 사진을 나누어 주었다. 두 교사는 학생에게 앞으로 할 활동과 관련한 사진을 보면서 무엇이 기대되는지, 어떤 활동을 더 해 보고 싶은지 등에 관해 이야기하자고 했다. 어느 정도 이야기를 나눈 후 학생은 교사에게 더 해 보고 싶은 활동을 제안하기로 했다. 여러 활동 중에서 학생들에게 가장 호응이 높았던 활동은 시장에서 공연 열기였다. 그 당시 학생들 사이에서는 음악에 맞춰 춤을 추는 분위기가 퍼져 있었는데, 이런 분위기에 힘입어 공연 열기가 학습활동으로 선정할 수 있었다. 공연 열기를 선정하는 과정에서 다음과 같은 학생 대화도 있었다.

지유: 시장에 가서 사람들에게 우리가 연습한 춤을 보여 주자.

재현: 지유아, 나는 춤을 못 추는데? 부끄러워서 잘 못하겠어.

서준: 맞아, 지유야. 나는 못할 것 같아.

윤경: 그럼 우리가 도와줄게, 같이 해 볼래?

재현: 도와주면 같이 해 볼게.

서준: 그래도 난 잘 못하겠어.

지유: 그러면 서준아, 너는 우리가 춤출 때 노래를 같이 따라 불러 줄래?

서준: 그건 할 수 있겠어.

학생들은 어떤 활동을 해 볼지 하지 않을지 결정하는 단계에 왔을 때 그 활동에서 저마다 무엇을 해 볼지 고민했다. 윤경이는 춤을 추지 못하는 재현이에게 쉬는 시간마다 춤을 가르쳐 준다고 했고, 지유는 춤을 추는 것을 부끄러워하는 서준이에게 노래를 따라 불러 달라고 요청했다. 서로 해 볼 수 있는 것에 대해 이야기를 나눠 보면서 학생들은 해 보고 싶은 활동을 선정했다.

교사들은 학생이 해 보고 싶은 활동에 어떤 교과 내용을 연결할지 정리한 교육과정 내용을 살펴보았다. 그리고 그 활동에서 학생이 배울 수 있는 교과 내용을 연결했다. 교사와 학생은 함께 개발한 통합교육과정에 이름을 붙이기로 했다. 교사와 학생이 해 보는 수업을 가장 잘 나타내는 제목을 선정할 필요가 있었는데, 그때 진유가 재밌는 수업명을 제시했다.

> **진유:** 애들아, '시장에 가면' 놀이 알아? 우리 시장에 가면 공연도 하고, 감자도 팔고
> 하잖아. 그래서 그 놀이 이름을 주제로 정하는 거야.

진유가 제안한 주제명은 아이들에게 큰 호응을 받았다. 평소 자주 하던 놀이 이름이라 친숙하기도 하면서 학생들이 앞으로 할 공부와 밀접한 관련성이 있기 때문이었다. 최종적으로 교사와 학생이 개발한 통합교육과정 이름은 "우리 마을 시장에 가면"으로 결정했다.

3) 내용 조직하기

교사와 학생은 어떤 활동부터 해 볼지 순서를 정해 보기로 했다. 마침 학교에서 감자를 수확할 날짜가 정해졌고, 이날부터 '우리 마을 시장에 가면' 수업을 시작하기로 했다. 먼저, 감자를 수확하기 전 감자의 크기를 관찰하고 이를 그림으로 표현하기로 했다. 학교 텃밭에 심은 감자를 수확하고 난 뒤에는 수확한 감자가 몇 개인지 또는 열 개씩 몇 묶음인지 알아보기로 했다. 다음으로, 감자를 포장하기 위해 포장지도 꾸미고, 감자를 알리기 위한 홍보판을 만들기로 했다. 또한 감자를 팔기 위해, 심부름 과제를 해결하기 위해 사람들과 어떻게 대화를 나누는 법을 배우기로 했다. 공연 열기를 위한 공연 준비는 쉬는 시간마다 연습하기로 했고, 공연 열기 하루 전에 함께 작은 공연을 열어 보기로 했다. 교사와 학생은 이런 과정을 거치면서 〈표 4-1〉과 같이 수업 순서를 확정하였다.

표 4-1 '우리 마을 시장에 가면' 수업 순서

시장에 가기 전	시장에서	시장을 다녀온 후
① 감자 관찰하기(2슬01-04) ② 감자 세기(2수01-01) ③ 홍보판 만들기(2즐02-04) ④ 포장지 꾸미기(2즐02-04) ⑤ 공연 준비하기(2즐04-03) ⑥ 대화하는 법(2국01-03)	⑦ 약속하기(2바02-01) ⑧ 심부름-인터뷰하기(2슬02-01) ⑨ 감자 팔기(2국01-03) ⑩ 공연 열기(2즐04-03)	⑪ 배운 것 한 문장으로 쓰기 (2국03-04) ⑫ 놀이 만들어서 하기(2즐01-01)

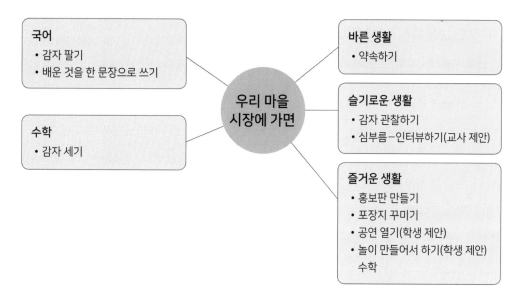

교과	1, 2학년군 성취기준	내용 요소
국어	[2국01-03] 상대의 말을 집중하여 듣고 말 차례를 지키며 대화한다.	상황 맥락, 말 차례 지키기
	[2국03-04] 겪은 일을 표현하는 글을 자유롭게 쓰고, 쓴 글을 함께 읽고 생각이나 느낌을 나눈다.	일상을 소재로 내용 생성하기
수학	[2수01-01] 수의 필요성을 인식하면서 0과 100까지의 수 개념을 이해하고, 수를 세고 읽고 쓸 수 있다.	수를 세고 읽고 쓰기
바른 생활	[2바02-01] 공동체에서 내가 할 수 있는 일을 찾아보고 실천한다.	공동체 생활 모습, 실천하기, 다양성 존중
슬기로운 생활	[2슬01-04] 사람과 자연, 동식물이 어우러져 사는 생태를 탐구한다.	사람 · 자연 · 동식물, 탐구하기
	[2슬02-01] 우리가 살고 있는 마을과 사람들이 생활하는 모습을 살펴본다.	마을의 모습과 생활, 조사하기
즐거운 생활	[2즐02-04] 다양한 세상을 상상하고 표현한다.	시장의 모습, 표현하기
	[2즐04-03] 생각이나 느낌을 살려 전시나 공연 활동을 한다.	생각과 느낌, 공연하기
	[2즐01-01] 즐겁게 놀이하며, 건강하고 안전하게 생활한다.	신체 인식과 감각, 놀이하기, 어울림

그림 4-4 '우리 마을 시장'에 가면 교육과정 개요(최종)

4) 통합교육과정 실행하기

(1) 감자 관찰하기(슬기로운 생활)

감자 관찰하기는 학생이 심은 감자를 수확하기 전에 감자가 어떻게 자랐는지를 관찰하는 수업이다. 그동안 학생들은 격주에 한 번씩 텃밭에 나가 감자의 크기를 기록했다. 감자가 땅속에서 자라기에 자라고 있는 감자 하나를 캐서 함께 관찰했다. 교사는 학생에게 손가락이나 도구를 활용해서 감자 크기를 기록해 보라고 안내했다. 연필이나 자와 같이 도구를 활용한 학생도 있었고, 손가락 마디나 주먹 크기를 활용해 가며 감자 크기를 기록한 학생도 있었다. 수확하기 전 감자의 크기를 기록한 후 교실에 들어와서 그동안 기록한 결과물을 살펴보았다. 그리고 감자가 격주마다 어느 정도로 자랐는지 자신이 탐구한 결과를 발표해 보았다. 그리고 자연물을 탐구해 보면서 들었던 생각이나 느낌을 나누었다. 이후 교사와 학생은 탐구한 결과지를 묶어서 작은 책으로 만들면서 수업을 마무리했다.

(2) 감자 세기(수학)

전교생이 협력해서 감자를 수확하는 날이 되었다. 학생들은 감자를 캐고, 자신이 캔 감자는 학급 상자에 넣어 두었다. 감자를 수확하고 난 뒤에 학교 마당으로 이동했다. 학생들은 모둠으로 나누어 감자를 하나씩 꺼내며 총 몇 개의 감자가 있는지 세어 보았다. 학생들이 수확한 감자는 총 125개였다. 교사는 학생들에게 수확한 감자를 열 개씩 묶어 보라고 안내했다. 학생들은 감자 크기를 고려해서 열 개씩 묶어 바닥에 분류했다. 그리고 교사가 준 활동지에 우리 반에서 수확한 감자 개수, 열 개씩 몇 묶음 등을 수와 그림으로 나타냈다. 이후 교사는 학생에게 열 개씩 포장은 어려우니 열 개씩 묶은 것을 다섯 개씩 나누어서 포장하자고 제안했다. 학생들은 교사의 제안에 다섯 개씩 묶어서 분류했고, 분류한 결과는 활동지에 기록했다. 교사는 학생에게 검은 비닐봉지를 두 개씩 나눠 주었고 봉지 하나에 감자 다섯 개를 담아 달라고 요청했다. 학생들은 교사가 나눠 준 비닐봉지에 감자 다섯 개씩을 담았고, 자신이 담은 이 감자를 포장해서 사람들에게 팔 것으로 기대하면서 수업을 마무리했다.

(3) 포장지 꾸미기(즐거운 생활)

포장지 꾸미기는 다섯 개씩 묶은 감자를 팔기 위한 포장을 하는 수업이었다. 교사는 학생에게 사전에 준비한 포장지를 나누어 주었다. 그리고 유성 매직과 네임펜을 활용해 자기만의 포장지를 만들 수 있다고 안내했다. 먼저, 교사는 학생에게 포장지의 다양한 예시 사진을 안내해 주었다. 그리고 내가 어떤 문구를 만들지, 그 문구를 가장 잘 나타내기 위해 어떤 그림을 그릴지 고민했다. 어떤 학생은 '서준이가 캔 감자'와 같이 이름을 활용해 문구를 제안하기도 했고, 어떤 학생은 '무농약 감자'와 같이 자신이 캔 감자의 특징을 가장 잘 나타내는 문구를 선정하는 학생도 있었다. 이렇게 학생들은 서로가 생각한 아이디어를 공유하고, 공유한 아이디어를 바탕으로 문구를 선정한 후 그 문구를 여러 방법으로 표현해 보았다. 글씨도 뒤죽박죽이고 칠한 색도 번지기도 했지만, 그 어떤 포장지보다 자신이 캔 감자를 가장 잘 나타내는 포장지를 만들었다.

(4) 홍보판 만들기(즐거운 생활)

포장지 꾸미기에 이어 홍보판 만들기 수업을 이어서 진행했다. 홍보판 만들기는 학생들이 감자를 팔 때 활용할 물품을 만드는 것이었다. 교사는 도화지, 색종이 등 학생이 활용할 수 있는 여러 재료와 도구를 준비했다. 교사는 어떤 재료로 홍보판을 만들면 좋을지 학생과 이야기를 나누었다. 학생들은 교사가 준비한 재료보다 감자를 수확할 때 활용한 종이 상자를 이야기했다. 학생들은 그 상자를 자르고 그 위에 홍보판을 만들면 환경도 보호할 수 있다고 했다. 학생의 제안에 따라 교사는 종이 상자 몇 개를 더 구해 왔다. 그리고 종이 상자를 잘라 학생에게 나누어 주었다. 교사가 종이 상자를 자르는 동안 학생은 어떤 내용을 쓸지 고민하는 시간을 가졌다. 앞서 포장지 꾸미기를 할 때 어떤 내용을 쓸지 충분히 고민했기에 이 과정을 어렵지 않게 해낼 수 있었다. 학생들이 만든 홍보판 위에 감자 가격도 있었고, 가격이 저렴하다는 문구도 있었다. 이 감자가 세상에서 가장 맛있는 감자라는 것을 알리는 문구도 있었다.

(5) 공연 준비하기(즐거운 생활)

학생들은 시장에서 준비한 공연 열기를 희망했다. 그래서 학생들은 쉬는 시간과 점심시간을 활용해 팀별 공연 연습했다. 춤을 추기 어려운 학생들은 노래를 부르는 역할을 하기로 했다. 교사는 학생이 연습하는 과정을 보면서 필요로 하는 물품을 제공해 주기도 하고 공연에 관한 아이디어를 주기도 했다. 이교사와 박교사는 학생이 준비하는 공연을 보면서 1학년에서만 공연을 열기에 아쉽다는 생각이 들었다. 그래서 사전 공연을 겸해서 깜짝 게릴라 공연을 열자고 학생들에게 제안했다. 공연 시작 하루 전에 매 쉬는 시간마다 복도에서 게릴라 공연을 열었다. 게릴라 공연에서 다른 학년 학생과 교사들은 1학년 학생에게 열띤 응원과 호응을 해 주었다. 게릴라 공연이 끝난 뒤 학생들은 또 공연하고 싶다는 말을 계속했다. 그리고 시장에서 있을 공연도 더 잘해 보고 싶다는 마음이 든다고 말했다. 이 수업은 교사가 공식적인 수업 시간을 활용하지는 않았을지라도 학생들이 쉬는 시간이나 점심시간, 방과 후 시간을 활용해 공연을 연습하고 게릴라 공연까지 열었던 수업이었다.

(6) 대화하는 법(국어)

대화하는 법 수업은 학생들이 시장에서 심부름하거나 인터뷰할 때, 감자를 팔 때 사람들과 어떻게 대화하는지 배우는 수업이었다. 교사는 이 수업에서 말 차례 지키는 것과 맥락에 맞게 이야기하기 위해 사람들이 어떤 말을 하는지 잘 듣는 것이 중요하다는 것을 가르치고자 했다. 먼저, 교사는 말 차례를 지키지 않아 서로 대화가 되지 않는 영상을 보여 주었다. 이 영상을 보면서 왜 서로 대화가 되지 않았는지 그 이유를 찾아보았다. 다음으로, 교사는 상대방 이야기를 끝까지 듣지 않아 대화가 잘되지 않는 영상을 보여 주었다. 이를 통해 상대방 이야기를 끝까지 듣는 것에 중요성을 가르쳤다. 교사는 학생이 실제 상황에서 배운 것을 적용하도록 돕기 위해 역할 놀이를 활용했다. 물건을 파는 사람과 사는 사람으로 나누어서 상황을 만들고 그 상황에 따라 실제 배운 것을 활용해 보았다. 교사는 학생이 하는 역할 놀이를 보면서 더 나은 대화를 위해 무엇을 어떻게 할 수 있을지 구체적인 피드백을 안내하였고, 이를 학생이 다시 역할 놀이로 표현해 보면서 수업을 마무리했다.

(7) 약속하기(바른 생활)

준비물을 들고 시장 입구에 도착했다. 시장 입구에 모여 교사와 학생은 사람들이 함께 생활하는 공공장소에서 나는 어떤 일을 할 수 있을지에 관하여 이야기 나누었다. 특히 학생들은 공공장소에 있는 시설물을 깨끗이 이용하여야 하고 도움이 필요한 상황이 생기면 주저 말고 주변 어른에게 도움을 요청할 것이라는 점을 강조했다. 교사는 학생이 발표한 것을 모으고 각각 번호를 붙였다. 그리고 학생과 번호 순서대로 함께 읽어 보면서 우리가 생각한 것을 활동하면서 실천해 보기로 했다.

(8) 심부름-인터뷰하기(슬기로운 생활)

심부름-인터뷰하기 수업은 시장의 모습과 시장 사람들의 생활 모습을 탐구해 보는 수업이었다. 학생들은 전날 보호자에게서 심부름 과제를 받았다. 그리고 심부름을 수행하면서 교사와 사전에 준비한 인터뷰를 수행하였다. 이를테면, 학생들이 인터뷰할 때 하는 공통질문은 "시장에서 어떤 일을 하시나요?"이다. 이 질문은 시장 사람들이 물건을 사고파는 것을 넘어서 시장이라는 공동체를 유지하기 위해 어떤 일을 하는지 이해하고자 교사가 의도한 것이었다. 학생들은 이 질문을 바탕으로 시장에 있는 여러 사람에게 인터뷰를 하였다. 학생들은 인터뷰를 하면서 시장에는 시장을 깨끗하게 하는 사람, 시장을 안전하게 도와주는 사람, 시장을 시원하거나 따뜻하게 지켜 주는 사람 등도 있다는 것을 발견하였다.

(9) 감자 팔기(국어)

시장 상인회의 배려로 시장 한 가운데에 학생들이 감자 팔기 활동할 수 있는 공간을 마련할 수 있었다. 학생들은 돗자리를 펴고 그 위에 포장한 감자를 올려 두었다. 그리고 시작 신호에 따라 준비한 홍보판을 활용해 감자 팔기를 시작했다. 학생들이 준비한 감자는 다른 채소 가게에서 파는 감자보다 크기는 작고 가격은 좀 더 비쌌다. 그렇지만 학생들의 모습을 본 주변 사람들은 학생들에게 감자를 구입하기 시작했다. 사람들이 학생에게 감자를 사는 과정은 굉장히 천천히 진행되었다. 사람들은 학생이 무슨 말을 하는지 끝까지 들어 주었고, 학생도 자신이 준비한 말을 천천히 내뱉었다. 그리고 사람들이 물어보는 질문에 대해 자기 생각도 전달했다. 학생들이 감자를 파는 그 짧은 시간은 시장을 활기차게 만들었고, 준비한 감자는 얼마 되지 않아 금방 다 팔리게 되었다. 학생들이 열심히 공부하는 모습이 기특했는지 어떤 상인 분들은 학생에게 아이스크림도 하나씩 선물로 나누어 주었다. 학생들은 감자도 팔고 선물도 받으며 준비한 것을 모두 표현해 볼 수 있었다. 감자를 팔고 난 수익금으로 교사와 학생은 떡볶이, 자장면, 김밥 등 주변 상가에서 점심 식사를 할 수 있었다. 학생들이 걱정했던 그 점심 식사를 시장에서 할 수 있게 된 것이다.

(10) 공연 열기(즐거운 생활)

감자를 다 판 뒤에 곧이어 학생들은 준비한 공연을 열었다. 학생들은 여러 사람 앞에서 준비한 공연을 진행했다. 많은 사람이 학생에게 열띤 호응과 응원도 해 주었고 노래도 따라 불러 주었다. 이 과정에서 인상 깊었던 장면은 공연에 참여하기 어렵다는 학생들이 모여서 사람들 앞에서 노래를 부르고 싶다고 교사에게 제안하는 모습이었다. 그 눈빛은 평소 교사가 알던 눈빛과는 달랐다. 학생들은 자신감이 가득 차 있었고 도전해 보고 싶다는 느낌을 교사에게 풍겼다. 교사는 춤 공연이 끝난 뒤에 노래 공연을 이어서 할 수 있도록 도와주었다. 학생들이 부른 노래는 많은 사람이 알고 있는 대중적인 노래였고, 그 덕분에 시장 안에 있는 사람들이 함께 따라부를 수 있는 노래였다. 이렇게 학생들의 공연 열기는 학생들과 사람들 모두 노래를 함께 부르는 것으로 마칠 수 있었다.

(11) 배운 것을 한 문장으로 쓰기(국어)

시장을 다녀온 다음 날 교사와 학생은 '우리 마을 시장에 가면' 통합교육과정을 실행하면서 배운 것에 관해 이야기를 나누었다. 먼저 교사는 학생에게 자신이 배운 것을 한 문장으로 써 보라고 안내했다. 또한 문장이 어렵다면 단어를 써도 된다고 안내했다. 학생들은 저마다 재밌었던 것, 알게 된 것, 더 해 보고 싶은 것 등을 글로 표현했다. 교사도 학생과 같이 이 수업을 통해 무엇을 배웠는지 썼다. 이후 교사와 학생은 자신이 쓴 글을 발표했다. 교사는 학생의 발표를 들으면서 학생이 무엇을 의미 있게 배웠는지 기록하면서 수업을 마무리했다.

(12) 놀이 만들어서 하기(즐거운 생활)

시장에 다녀오고 무엇을 배웠는지를 평가하고 난 뒤 교사는 '우리 마을 시장에 가면' 수업을 마무리했다. 그런데 교사는 재밌는 장면을 발견했다. 학생들이 시장에서 있었던 경험을 바탕으로 놀이를 만드는 것이었다. 학생들이 말하길 시장에서 감자를 팔 때 많이 떨렸는데 그때 어떤 분께서 학생에게 얼음땡 놀이처럼 "땡!"이라고 말하면서 떨리지 않도록 도와주었다고 했다. 그때 기억이 재밌었는지 학생들은 얼음땡 놀이를 바꾸는 것이었다. 교사는 학생들이 말하는 것을 들어보니 주요 규칙은 술래잡기와 같은데 "앗, 떨려!" 하면서 멈추고, "안 떨려!" 하면서 멈춘 동작을 풀어 줄 수 있는 것이었다. 교사는 아이들 이야기에 감탄했고 이를 공식적인 즐거운 생활 수업으로 활용하고자 했다. 그리고 학생들이 놀이에 즐겁게 참여하는 것뿐만 아니라 술래잡기하는 데 필요한 기본 움직임 동작도 가르치고자 했다. 먼저 학생들과 술래잡기하는 데 필요한 몇 가지 동작을 익혀 보고 힘껏 뛰기, 순간적으로 뛰기, 순간적으로 속도 줄이기 등 기초 동작을 연습했다. 그리고 이 기능을 술래잡기에 활용하면서 수업했다. 배운 것을 발표하는 것에서 수업이 끝난 줄 알았지만 교사는 학생들이 놀이를 만들어서 하는 모습을 보았고 이를 즐거운 생활 수업으로 만들어서 했다. 이렇게 놀이를 하며 교사와 학생은 '우리 마을 시장에 가면' 수업을 공식적으로 종료하였다.

5) 통합교육과정 평가하기

(1) 교사가 가르치려고 의도한 것 평가하기

'우리 마을 시장에 가면' 통합교육과정은 국어, 수학, 바른 생활, 슬기로운 생활, 즐거운 생활 교과 내용을 학생 삶과 연결한 수업이다. 그래서 이 수업에서는 각 교과에서 제시된 내용을 교사가 가르치고 이를 학생이 잘 배웠는지 평가하는 것이 중요하다. 이를 위해 교사는 무엇을 가르칠 것인지를 분명히 했고 이를 어떻게 평가할 것인지 사전에 설정했다. 그리고 실제 수업하며 학생이 해당 내용을 잘 배웠는지 지속해서 평가했고, 교사가 겨냥한 교과 내용을 학생이 잘 배울 수 있도록 학습활동을 구성해 갔으며 학생에게 개별 피드백도 해 주었다. '우리 마을 시장에 가면' 수업이 끝난 뒤 학생이 배워야 할 것을 어떻게 배웠는지 기술했다. 그리고 교사는 기술한 결과를 다음 수업을 계획하는 데 적극적으로 활용했다.

(2) 교사가 의도하지 않았더라도 학생이 배운 것 평가하기

교사는 '우리 마을 시장에 가면'에서 교사가 의도하지 않았지만 학생이 배운 것도 함께 평가했다. 이 평가 과정은 시장을 다녀온 후 자신이 배운 것을 한 문장으로 쓰는 수업에서 잘 나타났다. 학생들은 수업에서 저마다 배운 것을 교사와 학생에게 알렸는데, 그 내용은 교사가 사전에 가르치려고 의도한 교과 내용과는 거리가 멀었기 때문이었다. 즉, 학생이 배운 내용은 교사가 사전에 의도한 것이라고 볼 수는 없었지만 학생에게 유의미한 내용이자 다른 성취기준 내용으로 볼 수 있었다. 그래서 교사는 '우리 마을 시장에 가면' 통합교육과정에서 학생은 교사가 의도한 것 뿐만 아니라 더 많은 것을 배울 수 있었음을 이해할 수 있었고, 학생이 배웠다고 말한 내용을 바탕으로 다음 수업을 계획하는 데 적극적으로 활용할 수 있었다.

3. 다학문적 통합교육과정 사례(3~6학년): 동산에 다 있소![1]

1) '동산에 다 있소!' 개관

동산동에는 특별한 색깔이 있다. 키 작은 건물들이 서로 맞닿아 옹기종기 모여 있고, 골목골목으로 언니, 동생, 삼촌, 이모 하며 다들 모르는 사람이 없는 것 같은 정겨운 동네. 문을 활짝 열어 두고 지나가는 사람들과 수다를 떠느라 정신이 없는 곳도 보이고, 또 어느 곳은 근처에 번쩍번쩍한 프랜차이즈 경쟁업체를 옆에 두고도 손님이 끊이지 않는 모습이 보

---

1) 이 내용은 이윤미(2021)의 글 일부를 요약·정리한 것이다.

그림 4-5   '동산에 다 있소!' 워드클라우드

이기도 한다. 아이들은 '우리 동네, 동산동'을 어떻게 생각하고 있을까? 이 수업을 통해 동산동이 잘 살고 발전하는 데 '나도 기여할 수 있다'는 생각을 지닌 합리적인 동산 소비자가 되었으면 좋겠다.

파리바게트, 뚜레쥬르에 맞서는 익산 빵 맛집인 풍성제과, 특색 있고 알차게 채운 김밥 속으로 꾸준히 사랑받는 청년 꼬마 김밥, 우리 학교 최고의 인기 플레이스 왕눈이 분식집. 프랜차이즈와의 경쟁 속에서도 꿋꿋하게 살아남아 사랑받는 우리 동네만의 가게이다. 이 수업을 통해 아이들은 프랜차이즈의 공격적인 마케팅을 이겨 낸 비법을 면담을 통해 알아보고, 그 과정에서 우리 동네에 대한 자부심도 함께 느껴 보도록 했다. 또한 이런 가게들을 업종별로 묶어 '대동산 ○○지도'를 그려 보고 지도 속 가게를 홍보하기 위한 포스터, UCC 등을 자유롭게 제작해 보도록 수업을 구성하여 동산동의 경제활동에 대한 관심을 끌어올리고자 했다.

첫 번째 소단원을 통해서 동산동 골목상권을 살펴보는 활동을 주로 한다면, 두 번째와 세 번째 단원에서는 동산동의 소비 주체로서의 활동에 집중한다. 아이들은 만 원으로 살 수 있는 것들을 떠올리고 가장 가치 있는 소비를 실천한다. 모둠별로 자신의 소비 내용을 공유하고 소감을 나누는 과정에서 합리적 소비, 윤리적 소비의 개념을, 영수증을 분석하는 과정에서 경제의 의미를 배우게 된다.

이 교육과정을 통해 우리 아이들이 동산동이 잘 살고 발전하는 데 '나도 기여할 수 있다.'는 생각을 지니고 소비자와 자영업자가 함께 상생할 수 있는 윤리적 소비자, 한정된 재화를 가치 있게 사용하는 합리적인 동산 소비자로 자랄 수 있을 것이다. 또한 경제의 주체가 되어 가게를 창업하고, 골목 경제의 일원으로 창의적이고 협력적인 활동을 해 봄으로써 창의적 사고 역량 및 공동체 역량을 기를 수 있을 것이다.

2) 통합교육과정의 실행의 실제

'동산에 다 있소!'는 우리 동네에서 사랑받는 가게들을 탐색하고 우리 동네에 있어 자랑스러운 가게들을 발굴해 내면서 우리 동네에 대한 자부심과 애향심을 갖게 하는 데 그 첫 번째 목적이 있다. 또한 대기업의 자본에 기대지 않고도 나만의 길을 우직하게 걸어가는 가게들이 많은 동네, 그런 가게들이 사랑받고 오래 지속되는 동네, 영세 소상공인도 노력하면 살 수 있는 동네, 내가 성인이 되어서도 계속 살고 싶은 동네를 꿈꾸고 계획해 보는 것이 두 번째 목적이다.

(1) 수업의 개요

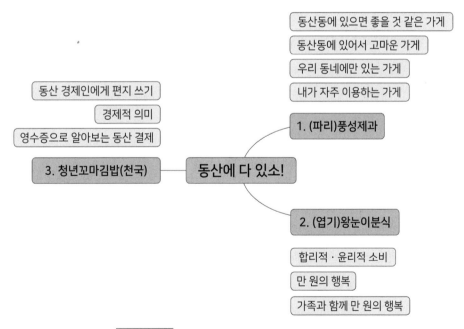

그림 4-6　'동산에 다 있소!' 교육과정 개요도

(2) 수업 내용

표 4-2 수업 계획표

교과목명	동산에 다 있소!		시수	15시간
교과목 목표	내가 살고 있는 동산동의 골목상권을 살펴보고 모두가 행복한 합리적 소비자로 살아가기 위한 자세를 기른다.			
순	단원명	주요 내용과 활동	관련 교과 및 성취기준	시수
1	(파리) 풍성 제과	• 내가 자주 이용하는 가게 발표하기(경험) 　- 같은 종류 다른 가게 묶어 보기(프랜차이즈란 무엇일까?) • 우리 동네에만 있는 가게(비프랜차이즈) 　- 〈백종원의 골목식당〉 영상 보기 　- 사랑받는 비법 찾기(면담 및 면담 결과 발표) • 동산동에 있어서 고마운 가게 　- 대동산 ○○지도 만들기 　- 홍보 포스터, CM송 만들기 • 동산동에 있으면 좋을 것 같은 가게(시설)은? 　- 나는 꼬마 CEO(창업 계획서 만들기)	[사(교사개발)] 골목상권 탐방을 통해 동산동 경제활동에 대해 관심을 가진다. [사(교사개발)] 이웃들이 자주 이용하고 사랑받는 가게들의 특징을 이해할 수 있다. [사(교사개발)] 동산동의 발전에 기여할 수 있는 소비 활동을 찾아 실천한다.	8
2	(엽기) 왕눈이 분식	• 합리적 · 윤리적 소비 　- 지속가능한 소비 　- 상생의 소비(지역상권) • 만 원의 행복 　- 가치 있는 만 원의 소비 계획하기 　- 가치 있게 소비하기(모둠별) 　- 소감문 쓰기(배움공책) • 소비 내용 비교활동지 작성하기(모둠별) 　- 모둠별 소비 내용 발표하기 • 가족과 함께 만 원의 행복 　- 가족과 동산동에서 소비해 보기	[사(교사개발)] 소비 활동의 결과물을 활용하여 경제 개념을 이해할 수 있다. [6국01-05] 매체 자료를 활용하여 내용을 효과적으로 발표한다. [6국01-07] 상대가 처한 상황을 이해하고 공감하며 듣는 태도를 지닌다. [6미01-05] 미술 활동에 타 교과의 내용, 방법 등을 활용할 수 있다.	4
3	청년꼬마 김밥(천국)	• 동산동 가게 이용 쿠폰 나눠 주기 • 영수증으로 알아보는 동산 경제 • 경제의 의미 알기 • 동산 경제인에게 편지 쓰기	[6실03-03] 용돈 관리의 필요성을 알고 자신의 필요와 욕구를 고려한 합리적인 소비생활 방법을 탐색하여 실생활에 적용한다.	3

(3) 수업의 실제

① (파리)풍성제과

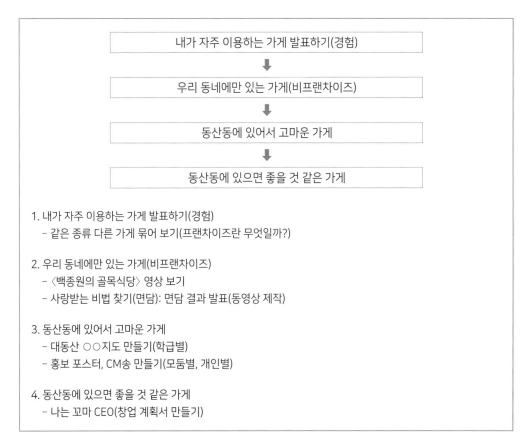

내가 자주 이용하는 가게 발표하기(경험)

⬇

우리 동네에만 있는 가게(비프랜차이즈)

⬇

동산동에 있어서 고마운 가게

⬇

동산동에 있으면 좋을 것 같은 가게

1. 내가 자주 이용하는 가게 발표하기(경험)
   – 같은 종류 다른 가게 묶어 보기(프랜차이즈란 무엇일까?)

2. 우리 동네에만 있는 가게(비프랜차이즈)
   – 〈백종원의 골목식당〉 영상 보기
   – 사랑받는 비법 찾기(면담): 면담 결과 발표(동영상 제작)

3. 동산동에 있어서 고마운 가게
   – 대동산 ○○지도 만들기(학급별)
   – 홍보 포스터, CM송 만들기(모둠별, 개인별)

4. 동산동에 있으면 좋을 것 같은 가게
   – 나는 꼬마 CEO(창업 계획서 만들기)

그림 4-7 '(파리)풍성제과' 수업의 흐름

'동산에 다 있소!'의 첫 번째 수업인 '(파리)풍성제과'는 아이들이 내가 사는 동네의 골목 상권에 대해 관심을 갖고 골목 가게들에 대한 사랑과 자긍심을 키우는 수업이다. 우리 동네에 대한 나의 경험을 떠올리기 위해 수업의 도입으로 내가 자주 이용하는 가게 발표하기를 해 보았다. 평소 자신이 자주 다니는 가게나 우리 동네를 오가며 보아 왔던 가게들을 칠판에 적어 보았다. 자신의 경험을 나누는 활동은 아이들에게 생동감과 자신감이 있는 발표를 가능하게 한다. 발표를 마친 뒤에는 우리 동네에서만 볼 수 있는 가게와 다른 동네에서도 볼 수 있는 가게들을 묶어 보았다. 이 과정에서 '프랜차이즈 가맹점'의 개념에 대해 알아보고 프랜차이즈 가맹점으로 가게를 운영했을 때의 좋은 점과 아쉬운 점에 대해서 이야기했다. 그리고 우리 동네에만 있는 가게는 어떤 가게들이 있는지 다시 한번 살펴보았다. 이 수

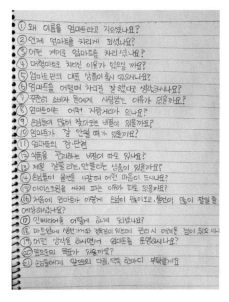

① 왜 이름을 엄마트라고 지으셨나요?
② 언제 엄마트를 차리게 되셨나요?
③ 어떤 계기로 엄마트를 차리셨나요?
④ 대형마트로 차리신 이유가 있을까요?
⑤ 엄마트만의 대표 상품이 혹시 있으시나요?
⑥ 엄마트를 어떻게 차리면 잘했다고 생각하시나요?
⑦ 꾸준히 소비자 들에게 사랑받는 이유가 있을까요?
⑧ 엄마트에는 어떤 자랑거리가 있나요?
⑨ 손님들이 많이 찾아오는 비결이 있을까요?
⑩ 엄마트가 잘 안될 때가 있을까요?
⑪ 엄마트의 장·단점
⑫ 식품을 꾸리려는 비결이 따로 있나요?
⑬ 제일 잘팔리는/안팔리는 상품이 있을까요?
⑭ 손님들이 물건을 사실때 어떤 마음이 드시나요?
⑮ 아이스크림을 싸게 파는 이유가 따로 있을까요?
⑯ 처음에 엄마트나 이렇게 손님이 많으리고, 물건이 많이 팔릴 줄 예상하셨나요?
⑰ 인테리어를 어떻게 하게 되셨나요?
⑱ 마트안에 생선가게와 정육점이 있는데 관리 시 어려운 점이 있으시나요?
⑲ 어떤 생각을 하시면서 엄마트를 운영하시나요?
⑳ 앞으로의 목표가 있을까요?
㉑ 손님들에게 앞으로의 다짐, 약속 한마디 부탁드릴게요

그림 4-8 면담질문지

업의 주요 포인트는 '프랜차이즈 가맹점'보다는 '우리 동네에만 있는 가게'였기 때문에 '비프랜차이즈'인 가게에 보다 집중하도록 했다.

먼저, 한창 방송되고 있는 프로그램인 〈백종원의 골목식당〉에서 첫 점검에 칭찬받은 가게들을 모아 놓은 영상을 함께 보았다. 골목 식당을 살리려는 방송 프로그램의 취지가 우리 동네 상권을 배우는 이 수업과도 일맥상통한 부분이 있었기에 동기유발 자료로 적절하다고 생각했다. 영상을 보고 '골목식당' 프로그램에 추천하고 싶은 우리 동네의 가게에 대해 이야기를 나누었다.

매일같이 학교 앞에서 꼬치를 사 먹는 왕눈이 분식부터 우리 가족이 자주 이용하는 단골 고깃집을 홍보하는 아이, 그리고 수줍게 자신의 부모님이 운영하는 가게를 이야기하는 아이까지 동산동에 위치한 많은 가게가 쏟아져 나왔다. 우리도 '백대표'처럼 동산동에서 사랑을 듬뿍 받고 있는, 또는 사랑을 충분히 받을 만한 좋은 가게들에 대해 알아보고 홍보해 보자는 이야기도 나왔다.

먼저 면담할 동네 가게를 정하였는데, 한 가게에 여러 모둠이 몰리지 않도록 조정하였다. 그리고 아이들에게 직접 가게를 찾아가 사전에 면담 약속을 잡은 후 교사에게 면담 약속 여부를 확인받도록 하였다. 학교 밖을 벗어난 색다른 활동에 아이들의 기대감은 쭉쭉 올라갔다. 아이들의 면담 약속에 흔쾌히 응해 주신 사장님이 있는 반면 그렇지 않은 가게들도 있었다. 거절한 가게에는 담임교사들이 다시 연락하여 수업의 취지에 대해 설명드리고 아이들의 배움을 위해 협조해 주시기를 부탁드렸다. 교사들이 나서도 쉽지 않았으니 아이들이 직접 면담 약속을 잡는 과정이 정말 어려웠을 것이다.

면담할 가게가 정해진 후 면담 질문을 만들고, 역할을 정하고, 면담 시 유의해야 할 점까지 알아보았다. 수업이 일찍 끝나는 목요일 오후를 이용하여 면담 활동을 진행했고, 메모, 녹음, 동영상 및 사진 촬영을 통해 면담 내용을 수집할 수 있도록 하였다. 그리고 면담 발표 자료는 동영상이나 4절 도화지에 글이나 그림을 그리는 것 중 선택하도록 하였다. 가게 이름의 유래, 가게를 개업한 이유, 가게의 자랑거리, 사장님의 목표, 손님에게 하고 싶은 한마디 등 가게 사장님과 면담한 내용을 넣기도 하고, 면담 활동을 하면서 아이들끼리 분석한

가게의 장점과 단점을 넣어 발표 자료를 구성하였는데 아이들이 분석하고 평가한 결과는 상당히 진지하였다. 아이들이 면담하러 가서 사장님의 무성의한 태도에 실망을 하고 오기도 했는데, 우리는 동산동을 사랑하고 보탬이 되고자 이 수업을 하는데 그 마음을 몰라주시는 것 같아 안타까웠다. 그래도 아이들에게 친절하게 참여해 주신 사장님들께 감사하는 마음으로 수업을 진행하였다.

우리가 면담한 가게 외에도 많이 이용하면 좋을 가게들을 동산동 지도에 표시하고 각 특색을 넣어 대동산 ○○지도를 만들었다. 아이들은 '대동산에 다 있지도'라고 재미있는 이름을 붙이고 자신의 경험과 기억을 떠올려 외부 사람들에게 자랑하고 싶은 가게들을 지도 안에 담았다. 그리고 동산동에 있어 고마운 가게 중 한 곳을 골라 모둠별 또는 개인별로 홍보물(포스터, 동영상, CM송)을 만들어 가게를 홍보하였다. 이미 한 번 면담 결과 발표 과정을 통해 아이들의 머릿속에 다양한 아이디어들이 생겨나서인지 상당히 좋은 결과를 만들어 냈다.

그림 4-9 우리 동네 가게 홍보 포스터　　**그림 4-10** 대동산 지도　　**그림 4-11** 우리 동네 가게 홍보 동영상

지금까지 동산동에 있는 좋은 가게들을 알아보았다면, 앞으로 동산동에 어떤 가게가 있으면 좋을지 꼬마 CEO가 되어 창업 계획서를 만들어 보았다. 가게 이름, 가게를 만든 이유, 우리 가게만의 특징(경영 방침 및 전략), 우리 가게의 자랑거리, 주 고객, 우리 가게의 상징 및 내부 구조와 간판 등을 구체적으로 생각해 보라고 안내하였다. 비슷한 창업 아이템이라면 같은 생각을 가진 친구들과 함께 작성하는 것도 허용하였다. 평소 자신이 좋아하는 음식을 파는 가게나 어른들이나 중·고등학생들이 있는 PC방의 불편을 느낀 아이는 초등학생 전용 PC방을, 블루오션을 찾고 싶은 아이들은 동산동에는 없는 북카페, 애완동물을 데리고 들어갈 수 있는 카페, 스터디 카페 등을 창업해 보고 싶다고 하였다. 저렴하고 친절한 서비

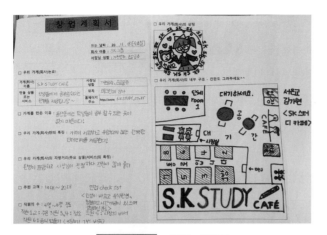

그림 4-12   창업 계획서

스, 믿을 수 있는 먹거리를 제공하는 것은 물론 창업 계획서에 저마다 가게의 특색과 전략이 구체적으로 드러나 있어 아이들의 깊은 생각과 고민에 교사들은 놀라움을 표했다.

'(파리)풍성제과' 수업을 통해 우리 아이들은 동산동 골목상권의 매력을 흠뻑 느낄 수 있었고, 평소에는 그냥 지나쳤을지도 모를 작은 가게들의 소중함과 우리 동네의 발전 가능성을 같이 느낄 수 있었다. 그리고 더 나아가 '우리 동산동 정말 괜찮은 동네구나.' '자랑스러운 동네구나.'라는 애향심도 기를 수 있는 수업이었다. 동산동이 익산에서 아주 번화한 동네는 아니지만 아이들이 동산동을 따뜻함이 묻어나고 어린 시절의 추억을 담을 수 있는 동네, 앞으로 더 잘 살 수 있는 가능성을 가진 동네로 생각하고 살아가길 바라면서 첫 번째 수업을 마쳤다.

② (엽기)왕눈이 분식

'동산에 다 있소!'의 두 번째 수업인 '(엽기)왕눈이 분식' 수업은 '소비'에 대해 생각해 보고 어떠한 소비가 옳은지 알아보고 실천까지 해 보는 수업이다. 시작은 합리적 소비와 윤리적 소비에 대해 알아보는 것이다. 공정무역, 상생의 소비, 생산자도 이득이 되는 소비, 로컬 푸드 등 소비와 관련된 많은 이야기를 나누니 아이들은 고개를 끄덕이며 바른 소비에 대하여 이해해 나갔다.

다음은 '합리적 · 윤리적 소비' 수업에 이어 아이들이 가장 하고 싶어하고 손꼽아 기다리던 '만 원의 행복' 순서이다. 처음 계획은 모둠별로 만 원을 어떻게 사용할지 계획하고 소비해 본 뒤 어떻게 소비하였는지 발표하고 친구들과 비교하여 내가 한 소비가 잘한 것인지 생각해 보며 합리적 · 윤리적 소비에 대해 배우는 것이었다. 하지만 코로나19로 인해 이 활동은 수정될 수밖에 없었다. 직접 소비를 하는 것이 아니라 앞서 배운 합리적 · 윤리적 소비를 바탕으로 소비 계획서를 작성해 보는 것으로 변경하였다. 더 다양한 소비를 생각해 볼 수 있도록 금액을 2만 원으로 올려 소비 계획서를 작성하였다. 아이들이 바뀐 수업 내용에 매우 아쉬워하며 의욕을 잃은 모습을 보여 안타까웠다. 하지만 그래도 아이들은 실제 2만 원

```
┌─────────────────────────────────────────┐
│           합리적 · 윤리적 소비              │
└─────────────────────────────────────────┘
                    ⬇
┌─────────────────────────────────────────┐
│              만 원의 행복                  │
└─────────────────────────────────────────┘
                    ⬇
┌─────────────────────────────────────────┐
│      소비 내용 비교 활동지 작성하기(모둠별)   │
└─────────────────────────────────────────┘
                    ⬇
┌─────────────────────────────────────────┐
│          가족과 함께 만 원의 행복           │
└─────────────────────────────────────────┘
```

1. 합리적 · 윤리적 소비
   - 합리적 소비에 대해 알기
   - 윤리적 소비에 대해 알기
   - 지속가능한 소비
   - 협동조합, 공정무역
   - 상생의 소비(지역상권)

2. 만 원의 행복
   - 가치 있는 만 원의 소비 계획하기
   - 가치 있게 소비하기(모둠별)
   - 소감문 쓰기

3. 소비 내용 비교 활동지 작성하기(모둠별)
   - 모둠별 소비 내용 발표하기

4. 가족과 함께 만 원의 행복
   - 가족과 동산동에서 소비해 보기

그림 4-13 '(엽기)왕눈이 분식' 수업의 흐름

그림 4-14 소비 계획서

의 돈을 모둠 친구들과 상의하며 가치있게 사용하려고 많은 이야기를 나누며 소비 계획서를 작성해 나갔다. 아이들의 소비 계획서에서 같은 돈이라면 합리적으로, 또 환경이나 생산자들도 생각할 줄 아는 윤리적인 소비를 하려고 노력한 점을 엿볼 수 있어 뿌듯하였다.

③ 청년꼬마김밥(천국)

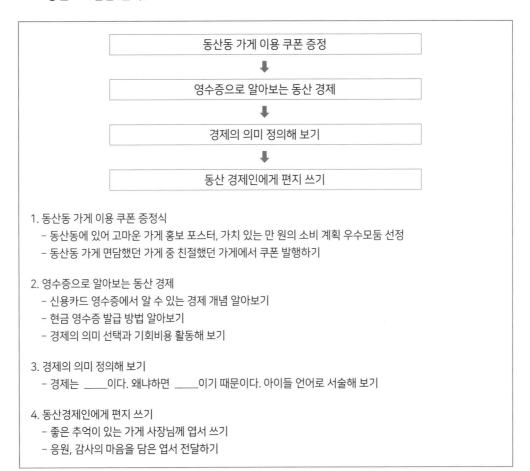

동산동 가게 이용 쿠폰 증정

⬇

영수증으로 알아보는 동산 경제

⬇

경제의 의미 정의해 보기

⬇

동산 경제인에게 편지 쓰기

1. 동산동 가게 이용 쿠폰 증정식
   - 동산동에 있어 고마운 가게 홍보 포스터, 가치 있는 만 원의 소비 계획 우수모둠 선정
   - 동산동 가게 면담했던 가게 중 친절했던 가게에서 쿠폰 발행하기

2. 영수증으로 알아보는 동산 경제
   - 신용카드 영수증에서 알 수 있는 경제 개념 알아보기
   - 현금 영수증 발급 방법 알아보기
   - 경제의 의미 선택과 기회비용 활동해 보기

3. 경제의 의미 정의해 보기
   - 경제는 _____이다. 왜냐하면 _____이기 때문이다. 아이들 언어로 서술해 보기

4. 동산경제인에게 편지 쓰기
   - 좋은 추억이 있는 가게 사장님께 엽서 쓰기
   - 응원, 감사의 마음을 담은 엽서 전달하기

그림 4-15 '청년꼬마김밥(천국)' 수업의 흐름

'동산에 다 있소!'의 마지막 수업인 '청년꼬마김밥(천국)'은 그 전에 진행하였던 활동에 보상을 주는 쿠폰 증정식으로 시작된다. 지금까지 수업을 진행하며 친구들이 칭찬하고 싶은 아이들을 선정하였다. 동산동에 있어서 고마운 가게 홍보 포스터 제작을 잘한 친구들과 면담을 진행하며 우리 모둠에서 역할을 잘해 준 친구들을 아이들 스스로 뽑아 우리 동네 가게에서 사용할 수 있는 쿠폰을 주었다.

쿠폰 발행의 혜택을 받은 가게는 프랜차이즈가 아닌 동산동에서 살아남은 가게들, 면담 활동에서 친절하게 아이들을 맞아 주었던 가게들로 선정해 5천 원 상당의 쿠폰을 발급받아 진행하였다. 사장님께서 준비해 주신 쿠폰을 미리 받아 와 아이들에게 나누어 주었다. 쿠폰을 발급해 주시면서 사장님들께서는 연신 고마워하시며 아이들이 와서 사용하는 데 무리가 없게 진행해 주시기로 약속하셨다.

쿠폰을 사용해 본 아이들의 소감을 들어보니 "스스로 노력한 것으로 보상을 받아서 물건을 사보니 보람 있고 좋았다." "쿠폰으로 물건을 사 보는 것, 이런 게 경제 활동이구나!" 등의 반응을 보였다. 가게 사장님뿐만 아니라 활동을 하는 아이들도 즐거워 보여서 기획한 의도가 괜찮았다는 생각이 들었지만, 다음에 한다면 보다 많은 아이가 보상을 받을 수 있게 쿠폰 가격을 조금 낮추는 것도 좋겠다는 생각을 하였다.

그림 4-16 보상용 쿠폰

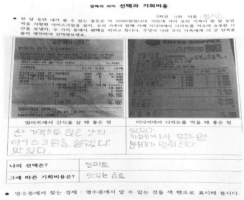

그림 4-17 선택과 기회비용

다음 활동은 영수증에 나와 있는 경제 개념에 관해 알아보고 경제의 의미, 부모님의 경제 활동, 나의 경제 활동, 우리 가족의 경제 활동에 대해 이야기 나눠 보는 시간을 가졌다. 그리고 경제를 따라다니는 선택의 문제를 제시해 주고 선택과 기회비용에 관해 알아보았다. 16,000원이라는 한정된 돈으로 가족과 '○○○카페'를 가는 것과 '○○마트'에서 물건을 사는 것을 제시해 주고 각각의 좋은 점을 생각해 보며 선택해 보기 활동, 그로 인해 발생하는 기회비용의 개념까지 익힐 수 있는 활동이었다. 아이들에게 선택에는 항상 기회비용이 따른다는 점을 명확하게 인식시킬 수 있는 좋은 활동이었다.

경제 개념은 처음에 교사가 제시하는 것보다 '동산에 다 있소!'의 다양한 활동을 통해 익힌 내용을 아이들이 문장으로 만들어 보는 보며 정리해 보았다. '경제는 _____이다. 왜

냐하면 _____이기 때문이다.'로 이번 '동산에 다 있소'에서 배운 경제 개념을 정의, 정리해 보는 시간이다. 아이들이 나름의 생각으로 합리적·윤리적 소비, 경제의 개념, 경제의 순환 필요성 등에 대해 문장으로 나타내는 모습이 기특했다.

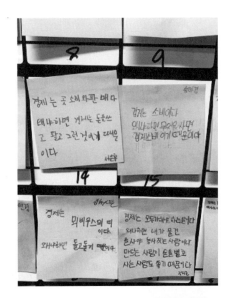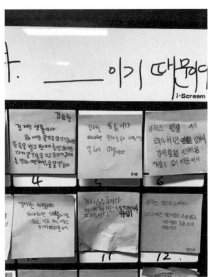

그림 4-18　경제 개념 정리

마지막 활동은 좋은 추억이 있는 가게 사장님께 엽서 쓰기이다. 코로나 시국이니 응원하는 글을 적어도 좋고 감사하는 마음을 담아 보는 것도 좋다고 안내하였다. 아이들이 예쁘게 만든 엽서로 따뜻한 마음이 전해지고 사장님들이 이 엽서를 보면서 힘을 내면 좋겠다는 바람으로 마지막 마무리 활동을 하였다. 코로나 19로 인해 어려운 상황에서 활동하는 데 어려운 점이 있어 기존 계획에서 수정되어 진행된 내용들이 있었다. 이런 활동을 직접 나가서 해 보았다면 하는 아쉬움이 많이 남았다.

④ 평가하기

'동산에 다 있소!' 수업의 목표는 동산동의 골목 경제를 탐방하고 동산동의 경제 활동에 관심을 갖는 것, 합리적 소비와 윤리적 소비에 대해서 배우고 주어진 재화를 소비해 보는 것이다. 수업에 대한 평가는 수업하는 과정에서 드러나는 전반적인 모습들을 교사가 관찰하고 아이들끼리 상호 평가를 하는 방법 등을 통해 이루어졌다. 평가기준은, ① 동산동의 골목가게 면담을 계획하고 실행하는 태도와 면담 후 만든 결과물, ② 주어진 재화를 어떻게 쓸지 계획하고 의미있는 소비 계획 세우기이다.

| 표 4-3 | **평가 계획표** |

평가 의도	내가 터를 잡고 있는 이곳, 동산동에 대해 얼마나 알고 있을까? 동산동의 골목경제를 탐방하고 동산동에 있어서 고마운 가게, 프랜차이즈와의 경쟁 속에서도 꿋꿋하게 살아남아 사랑받는 우리 동네만의 가게, 그리고 그 비법을 발견하는 과정을 통해 동산동 경제활동에 대한 관심을 갖게 하고자 한다. 　주어진 재화를 합리적으로 소비해 보고, 그 내용을 상호 평가하는 과정을 통해 동산동의 상생과 발전에 기여할 수 있음을 느끼도록 한다.
평가 내용	1. 동산동에 대한 이해를 바탕으로 나만의 창업 계획서 만들기 　▶ 관련 성취기준: [사(교사개발)] 골목상권 탐방을 통해 동산동 경제 활동에 대해 관심을 가진다. 2. 주어진 재화를 어떻게 쓸지 계획하고 의미 있게 소비한 과정 설명하기 　▶ 관련 성취기준: [사(교사개발)] 동산동의 발전에 기여할 수 있는 소비 활동을 찾아 실천한다.

평가기준	평가방식							
	평가자			평가시기		평가방법		
	교사	자기	동료	과정	결과	구술	관찰	지필
동산동에 대한 이해를 바탕으로 나만의 창업 계획서를 만들었는가?	✓	✓	✓		✓	✓		
주어진 재화를 어떻게 쓸지 계획하고 의미 있게 소비한 과정을 설명할 수 있는가?	✓		✓	✓		✓		

　①의 평가는 1.(파리)풍성제과의 '우리 동네 가게 면담하기' 활동 속에서 이루어졌다. 면담을 계획할 때 만든 질문들과 모둠 안에서 역할을 정하는 과정, 면담 후 자료를 정리하는 과정들을 교사가 관찰하여 평가하였다. 또한 면담할 때 가장 앞장서고 열심히 참여했던 아이를 모둠 안에서 추천하여 동산동 골목 가게 상품권을 보상으로 주기도 하여 상호 평가도 가능하게 했다.

　면담 후에는 결과를 발표 자료로 만들어서 친구들 앞에서 발표하였다. 모둠별로 영상을 만들거나 4절지에 정리하여 전시하는 방법을 택하였다. 모둠별로 만든 영상은 다른 반에도 공유하여 다른 반 친구들의 면담 과정과 결과를 살펴볼 수 있었다.

　또한 면담한 가게를 홍보하기 위해 개인이나 모둠별로 홍보 포스터를 만들었다. 홍보 포스터에 쓰인 내용의 적절성과 포스터로서의 가시성을 평가 기준으로 정했다. 홍보 포스터를 교사와 다른 친구들이 함께 관찰하고 해당 결과물에 스티커를 붙이는 방식으로 투표하였다. 이 투표에서 높은 표를 얻은 친구들은 골목가게 홍보에 기여했다고 볼 수 있으므로 동산동 골목가게 상품권을 보상으로 주었다.

②에 대한 평가는 2. (엽기)왕눈이분식 '만 원의 행복' 활동에서 이루어졌다. 원래 평가하기로 되어 있었던 활동은 주어진 재화를 어떻게 쓸지 계획하고 의미있게 소비한 과정 설명하기였지만 코로나19 상황으로 사회적 거리두기가 2단계로 격상되는 바람에 계획 세우기에서 그치고 말았다.

합리적 소비와 윤리적 소비를 배운 후, 이를 생각하며 소비 계획을 세웠다. 소비 계획 내용에 합리적 소비와 윤리적 소비의 내용이 들어갔는지 살펴보고 평가하였다.

3) 통합교육과정 돌아보기

'동산에 다 있소!' 수업을 계획하고 실행을 앞두고 있을 때, '와 이 수업 정말 재미있겠다! 그런데 이거 코로나 때문에 아이들이 매일 등교를 하지 못하고 있는데 이 수업, 할 수는 있을까?' 하는 불안함이 있었다. 다행히 코로나19 사회적 거리두기가 1단계로 완화되며 전면등교가 시작되었다. 단계가 언제 격상될지 알 수 없기 때문에, 전면등교를 하는 즉시 '동산에 다 있소!' 수업을 시작했다. 지역경제에서 시작하여 경제 전반적인 것들을 배우다가 다시 지역경제로 마무리되는 이 수업은 우리 학교에서만 할 수 있는 수업이며, 교사보다 아이들이 이 동네에선 터줏대감이기 때문에 아이들이 주도할 수 있는 수업임을 알려 주어 아이들 스스로 이 수업에 흥미와 자부심을 갖게 했다.

동학년 교사들과 모여 함께 수업을 위해 많은 회의를 하며 수업의 내용과 흐름을 준비했는데, 실제로 체험하며 활동하는 부분에 대한 좋은 아이디어가 많이 나와서 회의 자체가 재미있었다. 그런데 경제 개념에 대해서 어디까지 알려줘야 할지 결정하는 게 어려웠다. 많은 고민과 회의를 거쳐 결과적으로는 4학년 사회에 나오는 생산, 소비 개념에 조금 더해 영수증, 합리적 소비, 윤리적 소비 그리고 선택과 기회비용이라는 개념까지 가르쳐 보기로 결정했다. 수업을 통해 아이들이 가치있는 소비에 대해 배우고, 우리 동네의 가게들을 찾아가서 면담하기, 소비 계획하기 등의 직접적인 체험을 통해 경제에 대해 조금 더 입체적으로 이해하지 않았을까 생각한다. 그리고 그러한 활동들을 통해 코로나19로 인해 성장이 조금 주춤해 있던 아이들이 서로 협력하면서 눈에 띄게 성장한 것 같아 뿌듯하다.

'동산에 다 있소!' 수업은 특히 동산동을 주 무대로 한 수업이기 때문에 아이들이 우리 동네에 대한 자부심과 애향심을 갖게 하는 데 일조한 것 같다. 골목 가게 상인들께도 우리 동산초 아이들이 면담하는 과정에서 너무 예의바르고 예뻤고, 여러 방면으로 소비를 해 준 덕분에 힘을 더 얻었다는 말씀을 해 주셨다. 우리 아이들은 동산동이 잘 살고 발전하는 데 기여할 수 있다는 자부심을 가지게 되었고, 한정된 재화를 가치있게 사용하는 동산의 합리적인 소비자, 윤리적 소비자로 한층 발돋움한 듯하다.

 참고문헌

소경희(2017). 교육과정의 이해. 경기: 교육과학사.
이윤미(2021). 우리, 학교교과서 만들자. 전남: 기역출판사.

Drake, S. (1993). *Planning integrated curriculum: The call to adventure*. Alexandria, VA: Association for Supervision and Curriculum Development.

Fogarty, R. (1991). *The mindful school: How to integrate the curricula*. IL: Skylight Publishing, Inc.

Ingram, J. B. (1979). *Curriculum integration and life long education*. Paris: UNESCO.

Jacobs, H. H. (1989). *Interdisciplinary curriculum: Design and implementation*. Alexandria: ASCD.

제5장

간학문적 접근

I. 개요

간학문적 통합과정은 여러 가지 교과 또는 학문에서 공통되는 주요 개념, 원리, 탐구방법을 중심으로 교육과정을 통합하는 방식이다. 간학문적 통합교육과정이 교과 수준에서 둘 이상의 학문을 관련짓는다는 점에서 다학문적 통합교육과정과 유사하다.

그러나 다학문적 통합교육과정이 여러 교과의 개별 성격을 보존하면서 주제를 중심으로 교육과정을 통합한다면, 간학문적 통합교육과정에서는 학문의 개별 성격이 약화되고 학문들 간에 공통되는 개념, 원리, 탐구방법을 중심으로 교육과정을 통합한다는 점에서 차이가 있다(김대현, 2017: 198). 이러한 연유로 간학문적 통합교육과정은 교과의 내용, 기능, 탐구방법을 단순 결합하지 않고 새로운 교육과정을 창출한다는 점에서 화학적 결합 또는 화학적 통합에 해당된다. 간학문적 통합교육과정은 제3장에서 살펴본 Ingram(1979)의 융합적 통합, Drake(1993)의 간학문적 접근방법, Fogarty(1991)의 공유형과 통합형, Jacobs(1989)의 간학문적 단원설계 모형에 해당된다.

간학문적 통합교육과정에서는 여러 교과에 걸쳐 학습되어야 할 중요성이 크다고 간주되는 개념, 기능을 밝히는 것에서 시작한다. 개념과 기능이 밝혀지고 나면 여러 교과에서 관련 내용이 추출되고, 이러한 내용은 선정된 개념, 기능 중심의 공통 학습을 위한 것으로 결합한다. 이 과정에서 추출된 개별 교과의 내용은 선정된 개념과 기능의 학습에 적합한 형태로 수정의 과정을 거치게 된다. 이렇게 선정된 개념과 기능에 기초하여 간학문적 단원이 설계된다. 간학문적 통합교육과정에서는 2시간 연속 수업, 반나절 수업, 통합일 운영 등으로 운영되며, 여러 교과의 교사들이 팀티칭 형태로 제공한다. 간학문적 통합교육과정에서는 개별 교과의 내용과 기능의 습득을 강조하기보다는 상호 관련된 간학문적인 개념과 기능의 습득이 강조된다. 이와 같이 간학문적 통합교육과정에서는 여러 교과에서 공통적으로 다루는 개념과 기능을 지속적으로 심화시키는 것을 강조한다(소경희, 2017: 301).

학교 현장에서는 서로 다른 교과에서 다루는 내용을 공통된 '개념' '원리' '탐구방법' '기능' 등을 중심으로 통합교육과정을 개발하여 운영할 수 있는 데, 이러한 형태가 간학문적 통합교육과정에 해당된다. 간학문적 통합교육과정을 설계할 때에는 Wiggins와 McTighe(2015)의 백워드 설계, Erickson, Lanning과 French(2017)의 개념 기반 설계, Drake와 Burns(2004)의 KDB 설계가 유용하게 사용될 수 있다.

교사가 '상호 의존성'이라는 개념을 중심으로 [그림 5-1]와 같이 국어, 음악, 미술, 체육 교과의 교육과정을 통합하였다고 가정하자. 교사는 이들 교과에서 공통적으로 발견되는 '상호 의존성' 개념을 중심으로 간학문적 통합교육과정을 개발하였다.

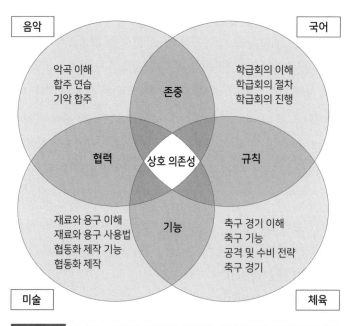

그림 5-1 '상호 의존성' 개념에 기반한 간학문적 통합교육과정

[그림 5-1]의 '상호 의존성' 개념에 기반한 간학문적 통합교육과정 사례에서 볼 수 있듯이, 국어 시간의 수업목표가 학급회의 규칙을 배우고 익히는 것이라면, 간학문적 통합단원에서는 학급회의 규칙을 배우고 익히는 과정에서 상호 의존성이라는 핵심 개념을 학습하는 것이 중요한 목표가 된다. 즉, 간학문적 통합단원에서는 단지 학급회의 규칙에 따라 회의하는 것뿐만 아니라 이러한 학습을 통하여 상호 의존성을 습득하였는지의 여부가 중시된다. 따라서 학급회의 규칙을 알고 실천하였으나 상호 의존성의 개념과 태도가 형성되지 않았다면 이와 관련된 수업활동을 추가로 계획해야 한다. 음악 시간에 기악 합주를 한다고 했을 때, 단순히 악곡을 이해하고 합주 연습을 하며 기악 합주 연주만 잘하는 것이 아니라, 이 과정에서 다른 사람과 상호 의존성을 학습하도록 교육과정이 운영되어야 한다. 체육 시간에 축구경기를 이해하고, 축구 기능과 전략을 익히고, 축구경기를 하는 과정에서 상호 의존성을 학습할 수 있도록 교육과정과 수업이 운영되어야 한다. 미술 시간에도 재료와 용구를 이해하고, 사용법을 익히고, 협동화를 제작하였다면, 이러한 과정에서 상호 의존성을 학습하는 것이 중요하다. 이와 더불어 학급회의와 축구경기를 배우는 과정에서 규칙이라는 공통된 개념을 학습할 수 있으며, 음악과 기악합주와 미술과 협동화 제작 과정에서 협력이라는 공통된 가치를 학습할 수 있다. 그리고 협동화 제작 기능과 축구 기능을 학습하는 과정에서 기능이라는 공통된 기능을 학습할 수 있다. 기악합주와 학급회의 진행을 학습하는 과정에서 존중이라는 공통된 가치를 학습할 수 있다.

　[그림 5-1]의 간학문적 통합교육과정 개발에서 볼 수 있듯이, 간학문적 통합이 된 4개의 서로 다른 교과에서 다루는 지식과 기능은 모두 다르지만 공통적으로 상호 의존성이라는 개념이 관통하고 있다. 또한 서로 다른 두 개의 교과에서도 존중, 협력, 기능, 규칙이라는 공통된 개념, 기능, 가치가 통합되어 있다. 이와 같이 간학문적 통합교육과정 설계의 최종 목표는 개별 교과의 지식과 기능의 숙달이 아닌 상호 의존성의 개념의 습득에 초점이 맞추어지게 된다. 간학문적 교육과정 통합에서도 다학문적 교육과정에서와 동일하게 개별 교과의 지식과 기능을 학습하지만, 통합된 모든 교과의 교육내용이 상호 의존성의 개념을 중심으로 전환된다는 점에서 화학적 결합 또는 통합이라고 할 수 있다.

　이러한 연유로 간학문적 통합교육과정에서는 간학문적 통합단원의 형태로 교육과정이 운영된다. 일반적으로 간학문적 통합단원은 4주 이상으로 장기간에 걸쳐 프로젝트 형태로 진행되는 특징이 있다. 간학문적 통합단원은 여러 교과의 내용이 섞이고 블록화된 교과 간 공통 수업 시간을 활용하여 팀티칭 형태의 수업이 이루어지는 특징이 있다(소경희, 2017: 301-302).

따라서 간학문적 통합교육과정으로 단원을 설계할 때에는 노력과 변화를 요구한다. 기준 수업 시간을 여러 시간 단위(20분, 60분, 80분 등)로 나누고 이를 융통성 있게 관련지어 운영할 수 있는 모듈 시간표나 2~3시간에 걸치는 블록 시간표 등이 필요하다. 간학문적 통합교육과정은 교육과정 통합에 대한 학교 문화, 학교장의 긍정적 지지, 시기에 맞는 활동, 설계에 소요되는 시간, 설계자의 노력, 예산과 시설 지원, 학교 문화 등도 함께 요구된다(김대현, 2017: 199).

2. 간학문적 통합교육과정 개발 사례(1, 2학년): 마을에서 함께 살아가기

1) 통합교육과정 개관

- **대상:** 초등학교 2학년
- **주제:** 마을에서 함께 살아가기
- **관련 교과:** 국어, 통합교과(바른 생활, 슬기로운 생활, 즐거운 생활)
- **시수:** 총 17차시
- **실행 기간:** 10월 1~2주(약 2주)

'마을에서 함께 살아가기'는 국어와 통합교과의 바른 생활, 슬기로운 생활, 즐거운 생활에서 가르치는 내용을 가지고 '함께 살아가기'라는 공통 주제로 엮고 2학년 학생들이 살아가는 '마을'이라는 공간을 연결하여 '마을 속에서 사람들이 어떻게 살아가는가?'를 주제로 삼고 만든 통합교육과정이다. 이를 위해 '마을에서 사람들은 어떻게 살아가는가?'와 '마을에서 사람들은 어떻게 소통하는가?'라는 질문을 던지고 이를 해결하기 위해 아이들과 함께 마을에서 일하시는 분들을 조사하고 이를 교실 속 상황으로 가져와 직업을 체험하고 더 나아가 우리 마을에서 일하시는 분들의 소중함을 알고 고마움을 표현하는 활동으로 개발한 교육과정이다.

표 5-1 '마을에서 함께 살아가기' 교육과정표

관련 교과		국어, 바른 생활, 슬기로운 생활, 즐거운 생활		**총 시수**	17차시
성취기준	학년 교육과정	[2슬02-01] 우리가 살고 있는 마을과 사람들이 생활하는 모습을 살펴본다. [2즐02-01] 내가 참여할 수 있는 문화 예술을 향유한다			
	교실 교육과정	[2바02-01] 공동체에서 내가 할 수 있는 일을 찾아보고 실천한다. [2국06-02] 일상의 경험과 생각을 글과 그림으로 표현한다.			
교육과정 주제		마을에서 함께 살아가기			
교육과정 목표	학년 목표	마을 사람들은 어떻게 살아가는가? 마을 안의 여러 가지 직업을 알아보고 학생들이 직접 직업 체험 부스인 '직업 놀이터'를 계획 · 준비 · 운영을 통하여 마을 직업에 대해서 알 수 있고 일의 보람을 함께 느껴 우리 마을에서 일하시는 분들의 소중함을 느낀다.			
	교실 목표	마을 사람들은 어떻게 소통하는가? 마을에서 사람들이 직업뿐만 아니라 서로 소통하기 위해 어떻게 해야 할지 탐색하고 이를 직접 표현함으로 의사소통능력을 신장한다.			
핵심질문	**활동주제**	**주요 내용**		**관련 교과**	**시수**
마을 사람들은 어떻게 살아가는가?	마을 생활 탐색	- 탐색 직업 선정하기 - 직업 인터뷰 준비하기 - 직업 인터뷰하기(평가) - 직업 인터뷰 내용 정리하기		슬기로운 생활	6
	마을 생활 표현	- 직업 놀이터 준비하기: 부스 계획서, 간판, 부스 소개글 등 - 직업 놀이터 하기		즐거운 생활	6
마을 사람들은 어떻게 소통하는가?	감사 표현	- 직업 놀이터 돌아보기 - 우리 마을의 고마운 분께 감사한 마음 표현하기		국어	2
	마음 공유	- 우리 마을을 위해 일하는 분들을 위해 할 수 있는 일 실천하기		바른 생활	3

2) '마을에서 함께 살아가기' 교육과정 개발하기

2학기가 시작한 8월, 학년교육과정을 개발하기 위해 교사들이 연구실에 모였다. 무엇을 가르칠지 고민하며 교육과정과 교과서를 살펴보며 이야기를 한다.

이교사: 2학기에 통합 주제에 세계가 있네요? 전에 6학년이 '세계'를 주제로 박람회를 운영했는데, 저학년도 함께 참여하는 것도 좋을 거 같다는 생각을 했어요.

학년부장: 세계 박람회는 아이들 수준에 너무 어려울 거 같다는 생각이 들지만 박람회를 학생들 수준에 맞게 해 보면 좋겠네요. 혹시 다른 의견은 없으신가요?

박교사: 이 선생님 말을 들으니 저는 전에 학교에서 1, 2학년 공동 교육과정 개발을 해 본 게 생각이 나네요. 그때 2학년에서 키자니아처럼 직업 체험 마을을 만들고 1학년 아이들은 그 마을에서 체험을 했었어요.

이교사: 직업 놀이 재미있겠어요! 직업 박람회처럼 직업을 체험하고 소개하는 방법도 좋겠어요. 아이들도 좋아할 주제이기도 하고요.

학년 교사들은 통합교과에서 슬기로운 생활과 즐거운 생활 성취기준을 중심으로 직업이라는 주제를 연결지었고 직업놀이터 활동을 중심으로 교육과정을 개발하였다. 마을에 있는 직업을 탐색하고 이를 교실 속 상황으로 만들어 직업놀이터를 통한 직업박람회를 운영하기로 했다. 또 이 직업놀이터를 학부모공개수업으로 운영하며 참여 수업으로 확장하고 한 주에 집중적으로 운영하여 서로 도움을 주고받기로 하였다.

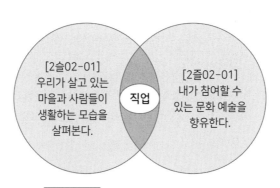

그림 5-2 학년교육과정 개념 연결망

한편, 이교사는 교실에 돌아와 아이들이 직업에 대해 더 탐색해 보았으면 좋겠다고 생각했다. 우리 마을에 있는 직업을 알아보고 직업놀이터를 통해 그 직업의 소중함을 아는 것이 학년교육과정의 목표라면 여기서 한 걸음 더 나아가 그분들에게 감사 직접 표현하는 것을 배우는 것도 중요하다고 생각하였다. 그래서 학년교육과정에 국어와 바른 생활의 성취기준에서 찾은 공통 개념을 더해 '함께 살아가기'라는 공통 개념으로 확장시켜서 교실교육과정을 개발하였다.

각 교과들의 공통 가치들을 연결해 줄 핵심질문을 '마을 사람들은 어떻게 살아가는가?'와 '마을 사람들은 어떻게 소통하는가?'로 개발하였다. '사람들은 어떻게 살아가는가?'는 슬기로운생활, 즐거운생활로, '마을 사람들은 어떻게 소통하는가?'는 국어, 바른 생활으로 운영하여 '마을 사람들이 어떻게 함께 살아가는가?'를 알아갈 것을 기대하였다.

3) '마을에서 함께 살아가기' 교육과정 실행하기

(1) 마을 탐험 직업 선정하기

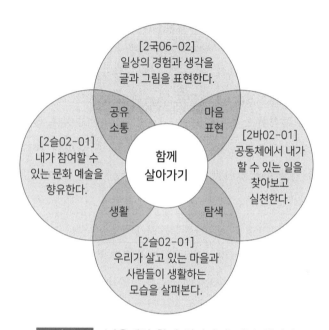

그림 5-3　'마을에서 함께 살아가기' 개념 연결망

　이교사는 아이들에게 먼저『우리 동네 슈퍼맨』이라는 그림책을 읽어 주며 수업을 시작했다. 이번 시간에 아이들과 해야 할 것은 우리 마을에 있는 직업 중 어떤 직업을 조사할지 정하는 것이다. 그림책을 읽으며 우리 마을에 있는 직업을 떠올리고 우리 마을 주변에서 본 사람들, 직업들을 이야기해 보도록 했다. 수업을 준비하며 예상한 답변은 경찰관, 소방관 같은 일반적인 직업이었는데, 아이들은 내가 주로 가는 와플집 사장님, 내가 다니는 미용실 이모, 내가 다니는 태권도 관장님 등 자신의 삶과 관련된 직업들을 이야기했다. 물론, 소방관을 이야기한 친구도 있었는데, 자신의 아빠가 시청상황실에서 일하는 소방관이어서 이야기를 한 거였다. 이제 생각들을 포스트잇에 적어서 칠판에 붙였더니 칠판에 포스트잇이 한 가득이다. 이 직업들을 다 조사해 볼 수 없으니 비슷한 직업끼리 묶고 아이들에게 꼭 가 보고 싶은 직업을 골라 보라고 했다. 치열한 논의 결과, 편의점 사장님, 경찰관, 미용사, 빵집

사장님, 꽃집 사장님, 태권도 관장님, 소방관을 만나기로 했다.

(2) 인터뷰 준비하기

이어서 이교사는 아이들에게 각 직업별로 궁금한 점을 생각해 보도록 하였다. 교사가 크게 하는 일, 힘든 점, 보람된 점을 질문하도록 제시하였고 모둠별로 자신들이 정한 직업에 대해 더 궁금한 점을 질문으로 만들어 보게 하였다. 질문이 정리된 걸 가지고 질문 내용은 어떤지, 더 추가할 것은 없는지를 함께 이야기 나누어 질문 목록을 완성하였다. 그리고 인터뷰할 때 모둠 안에서 개인별로 어떤 질문을 할지 역할을 나누었다. 마지막으로, 인터뷰를 하면서 필요한 기본 예절, '질문은 한 사람씩 한다.' '질문은 또박또박, 잘 들리게 한다.' 등을 살펴보며 마을 직업 조사를 위한 준비를 하였다. 이를 가지고 이교사는 정해진 직업을 가진 마을 사람들에게 전화를 하며 인터뷰 내용을 미리 안내드리며 섭외를 하였다.

(3) 기타: 마을 직업 인터뷰하러 가는 길에……

마을 직업 인터뷰를 하는 날은 아이들이 모두 아침부터 들떠있다. 학교밖으로 나가서 무언가 한다는 생각에 벌써부터 기대가 되었나 보다. 마을 인터뷰를 하러 가는 길에 아이들의 눈에 쓰레기가 많이 보였다.

> 선생님, 이거 주우면 안 돼요?

한 아이의 말에 이교사는 미리 준비해 온 도구가 없어 지금 할 수 없지만 다음에 한 번 더 나와서 줍기로 제안을 하자 아이들도 흔쾌히 동의하였다. 더 나온다고 하니까 좋은 것일까? 아니면 아이들 스스로 무언가 배울 것을 발견할 걸까?

(4) 직업 인터뷰 하기

아이들은 이교사가 미리 섭외해 둔 인터뷰 대상들을 만나 인사를 나누고 인터뷰를 한다. 내가 맡은 인터뷰 대상 앞에 각 모둠별로 나가서 인터뷰를 하고 나머지 친구들은 그 주위에서 인터뷰하는 모습을 본다. 내가 맡은 인터뷰 대상은 아니지만 다른 직업들에도 관심을 가지고 유심히 듣는다. 이때 아이들은 직업에 대해 알아보고 이교사는 이 모습을 보며 학생들이 질문을 잘 하는지, 또 잘 듣는지 등을 평가했다.

그림 5-4　직업 인터뷰 장면

(5) 마을 직업 정리하기

이교사는 아이들과 교실에 돌아와서 조사해 온 내용을 책으로 만들어 정리하기로 하였다. 먼저, 아이들이 조사해 온 직업, 그 직업이 하는 일, 힘든 점, 보람된 점을 친구들 앞에서 발표했다. 그리고 그 발표한 직업 중 마음에 드는 직업 3개와 내가 인터뷰한 직업까지 포함해 4개의 직업에 대한 내용을 정리하여 나만의 직업 책을 만들었다.

(6) 직업놀이터 준비하기

이제 본격적인 직업놀이터의 시작이다. 이번 시간은 직업놀이터에서 내가 할 역할을 정하고 필요한 준비물과 대본 등을 준비하는 시간이다. 먼저 자신이 하고 싶은 장소를 정하고 거기에 필요한 역할을 정하기로 하였다. 우리 반에서 인터뷰한 대상으로 놀이를 하고 싶었지만 학년에서 함께 준비하고 운영하다 보니 우리가 조사한 내용과는 다르게 역할이 조금 수정되었다(〈표 5-2〉 참조).

표 5-2　직업놀이터 역할

장소	병원	사진관	학원	미용실	카페	마트
역할	의사 간호사 약사	사진사 연출작가	학원선생님	네일 아티스트 타투이스트	요리사 사장님	판매원

아이들 몇몇은 아쉬워하였지만 그래도 역할을 골라 주었다. 이교사는 각 장소에 맞는 상황극을 만들어서 대본을 만들었고 이 대본을 토대로 필요한 준비물이 무엇인지 적어 보게 하였다. 그리고 학생들은 이어서 팀을 나누어 사장과 손님 역할을 나눠 대본을 정리하고 각

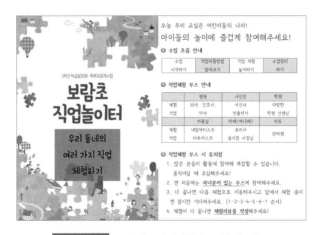
그림 5-5 직업놀이터 대본

상황에 맞는 행동을 연습해 보았다.

(7) 직업놀이터 하기

직업놀이터는 학부모가 함께하는 참여수업이었다. 학부모는 학생들이 만든 일종의 직업 부스에 와서 손님으로서 그 직업을 체험했다. 이교사는 학부모님들에게 직업부스가 무엇이 있는지를 안내하고 직업 체험 방법을 안내했다. 활동을 시작하고 아이들은 직업놀이를 연습한 내용을 토대로 자유롭게 놀이를 하였다. 학부모님들은 부스를 돌아다니며 아이들이 준비한 체험에 참여하고 체험 후기를 교실 뒤편에 준비된 방명록에 포스트잇에 써 붙였다. 이교사는 돌아다니며 아이들이 놀이에 즐겁게 참여하는지, 어려워하는 것이 있으면 도와주기도 하며 수업을 운영하였다.

그림 5-6 직업놀이터 학부모 안내 자료

(8) 감사를 표현하기

이 수업은 아이들이 직업 인터뷰와 직업놀이터 활동을 진행하면서 느낀 마음을 돌아보는 수업이었다. '직접 인터뷰해서 좋았다' '이렇게 많은 사람들이 있는 줄 몰랐다' 등 마을에 다양한 사람들이 살고 있다는 것을 아이들이 발표를 했다. 또 놀이활동을 하며 한 아이가 다음과 같이 이야기하였다.

허○○: 저는 이 놀이 또 하기 싫어요.

순간 당황했다. 그러나 아이의 이어지는 말에 놀란 마음이 가라앉았다.

허○○: 정말 힘들었어요. 엄마아빠들이 계속 오셔서 정신없이 바빴어요.
이교사: 그래. 이렇게 힘들게 지내시는 분들이 마을에는 엄청 많단다. 이런 분들이
　　　　있어서 ○○이가 마을에서 맛있는 것도 먹고, 재미있는 것들을 할 수 있다
　　　　고 생각해. 우리 그분들에게 어떤 마음을 갖는 게 좋을까?
허○○: 고마운 마음을 가져야 해요!
이교사: 맞아 감사하는 마음이 중요하지. 우리 그럼 그분들에게 어떻게 감사를 표현
　　　　할지 같이 생각해 보자.

이교사는 아이들과 어떻게 감사를 표현할 수 있을지 이야기를 나눠 보았다. 편지 쓰기, 선물하기가 나와서 교실에서 편지를 쓰고 각자가 선물을 준비해 전해 주기로 하였다. 어떤 친구는 종이꽃 접기를 드리기로 하였고, 어떤 친구는 음료수를 사오기로 하였다. 더 나아가 교사는 지난번 나가서 쓰레기 줍기로 한 것을 떠올리며 편지를 전달하러 나가는 길에 쓰레기를 줍는 것도 마을 사람들을 위한 감사를 표현하는 모습임을 아이들과 이야기하였다. 아이들도 좋다고 하며 선물을 드리러 가는 길에 쓰레기 줍기도 하기로 하였다.

(9) 마을을 위해 할 수 있는 일 실천하기
지난 시간에 준비한 편지와 선물을 들고 인터뷰를 해 주신 분들을 만나러 갔다. 몇몇 어

그림 5-7 선물 드리기

그림 5-8　쓰레기 줍기

른들은 당황하시기도 했지만 함께 고마움을 표현해 주셨다. 앞으로 지나다니다 만나면 더 크게 인사해 주기로 약속도 하셨다. 아이들도 처음에는 선물을 드릴 때 부끄럽고 어색해하더니 선물을 받고 즐거워하시는 분들의 표정을 보며 점점 자신있게 마음을 전달해 주었다.

이어 마을 주변에 쓰레기 줍기를 하였다. 선물도 드리느라 제법 많이 걸었을 텐데 아이들이 힘들다는 말도 없이 즐겁게 쓰레기를 주웠다. 마을에 이렇게 쓰레기가 많았다면서 아이들이 보여 준 쓰레기가 한 봉지 가득이었다. 아이들이 주운 쓰레기를 정리하면서 우리가 한 활동처럼 마을에서 서로를 돕고 살아가는 사람들이 누가 있는지 이야기 해 보니 배움터 지킴이 선생님, 녹색어머니 등이 나왔다. 그분들에게 어떤 마음을 전해야 할지 생각해 보며 수업을 마무리하였다.

3. 간학문적 통합교육과정 사례(3~6학년) : 학교 주변 안전 문제 해소를 위한 사회참여 프로젝트

교사가 가르치는 교육과정은 언제나 책무성과 적절성 사이에 위치한다. 이는 한편으로는 교사라면 마땅히 가르쳐야 하는 국가, 사회적 요구를 교육과정에 담아내야 한다는 점을 의미하고, 다른 한편으로는 지금 여기에서 만나는 학생의 수준과 흥미, 요구 등에 부합하는 교육과정을 가르쳐야 한다는 점을 뜻한다. 간학문적 접근은 책무성과 적절성을 모두 지향하는 방향으로의 통합을 지향하는 대표적인 교육과정 통합 방식이다(Drake et al., 2014: 180). 간학문적 접근은 교과와 교과 간의 핵심 내용, 개념, 아이디어 등을 중심으로 하는 통합을 지향하면서도 교과와 교과를 엮을 수 있는 실로서 학생의 삶, 특성, 맥락, 상황 등을 고려하기 때문이다. 이 절에서는 이러한 간학문적 통합을 적용한 대표적인 교육과정 사례를 소개한다.

- **대상:** 초등학교 6학년
- **주제:** 학교 주변 안전 문제 해소를 위한 사회참여 프로젝트

- **관련 교과:** 사회, 국어 등
- **시수:** 총 40차시
- **실행 기간:** 6~10월(약 5개월간)

개략적으로 살펴보면, 이 교육과정은 '학교 주변 안전 문제 해소를 위한 사회참여 프로젝트'라는 주제를 초등학교 6학년 학생을 대상으로 총 40차시(약 5개월간)에 거쳐 실행한 사례에 해당한다. 통합은 그 종류, 모습, 결과가 어떠하던 사실상 교실에서 교사와 학생에 의해 이루어진다. 이에 이 절에서는 교육과정의 사례를 교실 맥락에 비추어 먼저 제시하고 뒷부분에 이 교육과정이 어떠한 면에서 간학문적 특성을 갖는지 설명하는 구조를 취한다.

1) 사회참여 프로젝트 교육과정의 시작

어느 날 A학교에 다니는 5학년 학생 중 한 명이 하굣길에 교통사고를 당하는 일이 발생하였다. 이 사건은 B반 학생들에게 큰 충격으로 다가왔다. 그 이유는 그 학생을 B반 학생들이 잘 알고 있기 때문이기도 했지만, 무엇보다 그 문제는 비단 그 5학년 남학생만의 문제가 아니었다는 것을 모두가 잘 알고 있었기 때문이다. 그즈음 교실에서는 「헌법」에서 보장하는 국민의 기본권과 관련한 수업이 이루어지고 있었다. 그때 한 학생이 물었다. "선생님! 저희는 안전하게 다닐 수 있는 권리가 있는 것 아닌가요?" 그러나 주변에서는 "맞아요!"라며 공감하는 소리가 이곳저곳에서 들려오기 시작하였다. 교사는 얼마 전 조만간 우리 지역의 문제를 발굴하고 공론화할 수 있는 사회참여 발표대회가 열린다는 소식을 접하였던 터라 교사는 학생들에게 그럼 이번 기회에 우리의 문제를 널리 알려 해결해 보는 것은 어떨지 제안하였다. 6학년 1학기 사회 시간에는 「헌법」, 국민의 의무와 권리, 정치 등 민주 시민으로서 갖추어야 할 여러 지식을 다루었고, 국어 시간에는 여러 매체를 통하여 자기 생각을 표현하고 다른 사람들 앞에서 발표하는 내용을 다루었는데 이러한 내용을 아이들의 삶과 연계하여 다루기에 적절하다고 판단하였기 때문이다.

정문 앞 교통 사고 사건 → 교육과정화 → 사회참여 프로젝트

그림 5-9 **삶의 장면의 학교 교육과정화**

이렇게 6학년 B반 교사와 학생들의 학교 주변 안전 문제 해소를 위한 사회참여 프로젝트는 시작되었다. 사회참여 활동은 크게 다음 네 단계로 진행되었다.

2) 사회참여 프로젝트 교육과정 이야기

(1) 사회참여 1단계: 문제 인식

학기 초 A초등학교 5학년 남학생이 학교를 마치고 집에 가던 길 1톤 트럭에 다리가 밟히는 사고가 발생했다. 다행히 크게 다치지 않았고 학교와 멀지 않은 곳에서 사고가 발생하여 교사들과 학생들이 신속하게 대처할 수 있었다. A학교 학생들이 학교 주변에서 경험한 안전사고는 비단 이번이 처음이 아니다. 요즘에도 사고는 종종 일어나고 있고 사고가 날 뻔했던 이야기는 더 자주 들린다. 학생들은 학교에서 안전하게 길을 건너는 방법부터 교통질서를 지키는 방법, 안전한 자전거 이용 방법까지 다양한 안전교육을 받고 있다.

그러나 학생들이 겪고 있는 안전사고 대부분은 그들의 의지와는 상관없는 것들이 많았다. A학교 등하굣길 대부분은 사람들이 걸어 다니는 보도와 차가 다니는 차도의 구분이 없었다. 그래서 학생들은 주로 차와 구분 없이 도로를 걷는다. 게다가 거리에 아무렇게나 주차된 불법 주차 차량이 많이 있어서 안 그래도 좁은 도로는 더 좁게 느껴진다. 그래서 학생들이 걸어 다닐 도로가 명확하게 구분되어 있지 않으며 차가 올 때면 어디로 피해야 할지 도무지 알 수가 없다. 그리고 삼거리나 사거리와 같이 여러 도로가 만나는 교차로를 지나갈 때 특히나 많은 사고가 발생한다. 그리고 사고를 당할 뻔했다던 이야기도 많이 들린다. 반사경이 설치되어 있지 않기 때문에 보이지 않는 방향에서 차가 오고 있는지 알 수 없음은 물론이고 교차로에도 불법으로 주차한 차량이 많아서 교차로를 지나갈 때 학생들은 늘 알 수 없는 위험을 많이 느낀다.

이러한 문제들이 반드시 학생들의 지식의 부족이나 부주의함 때문에 일어나는 것 같지는 않다는 공감대가 형성되었다. 무엇보다 학생들이 다니는 등하굣길인만큼 이곳의 문제를 가장 잘 알고 있는 것은 학생들이고 개선을 요구하고 개선으로 인하여 혜택을 받을 당사자도 학생이라는 생각이 확산하며 사회참여 프로젝트가 시작되었다.

사회참여 활동 과정에서 그들이 다니는 학교 주변은 '어린이 보호구역'으로 지정되어 있음을 알게 되었다. 어린이 보호구역은 유치원, 학교, 보육시설 등의 주변 도로에 교통사고의 위험으로부터 어린이를 보호하기 위하여「도로교통법」에 의해 필요한 일정 구간에 대해 지정되며, 어린이 보호구역으로 지정되면 차의 통행을 제한하거나 금지하는 등 필요한 조

3. 간학문적 통합교육과정 사례(3~6학년): 학교 주변 안전 문제 해소를 위한 사회참여 프로젝트 **127**

치 또한 할 수 있다. 그리고 어린이 보호구역은 학교의 주 출입문을 중심으로 반경 300미터 이내의 도로 중 일정 구간을 보호구역으로 지정하고, 필요한 경우 반경 500미터 이내의 도로에 대해서도 보호구역으로 지정할 수 있다. 즉, A학교 학생들 대부분은 학교 주변에 살고 있기에 대부분의 등하굣길은 어린이 보호구역이었다. 어린이들이 마땅히 보호받아야 하는 어린이 보호구역임에도 불구하고 학생들의 등하굣길 안전은 끊임없이 위협받고 있었다. 학생들은 대한민국 국민으로서 안전한 등하굣길을 누릴 권리가 있다. 그리고 자신들의 안전을 요구할 권리도 있다. 이에 A학교 6학년 B반 학생들은 자발적인 사회참여 활동을 통하여 학교 주변 안전 문제를 해소하여 학생들의 안전을 지키고자 하였다.

이처럼 문제 인식 단계는 학생의 삶에서 일어난 정문 앞 교통사고 문제를 학교에서 다루는 공식적인 교육과정으로 끌어들이는 과정에 해당하였다. 교사는 학생들에게 학교에서 다루는 교육과정을 통해 삶의 문제를 해결하는 경험을 제공함으로써, 한편으로는 학교에서 이루어지는 교육 활동이 자기가 살아가는 삶에 어떠한 의미를 지니는지를 다시 한번 생각해 볼 기회를 제공하고 다른 한편으로는 학교에서 배우는 여러 교과 개념, 지식, 기능 등을 맥락적으로 관련지어 학습할 수 있도록 도울 수 있다.

(2) 사회참여 2단계: 관련 자료 조사

문제 인식 단계에서는 삶의 문제를 교육과정의 문제로 끌어들였다면, 관련 자료 조사 단계는 이제 학교에서 이루어지는 교육과정 활동을 통하여 이 문제를 해결해 나가는 본격적인 활동에 해당하였다.

① 등하굣길 안전 실태 파악을 위한 설문조사 실시

설문조사하기		
[국어] 설문지 만들기	[사회] 설문조사하기	[수학] 결과 정리하기

그림 5-10 '설문조사하기' 수업의 연결망

우선 A 초등학교 등하굣길 안전 실태를 파악하기 위해, 학생들이 안전 설문지를 직접 제작하여 설문을 수행하였다. 정확한 조사를 위해 A학교 학생들 40명, 학부모 20명, 인근 지역 주민 10명을 대상으로 설문조사를 실시했으며, 그 결과는 비율 그래프(원그래프)로 표현하였다.

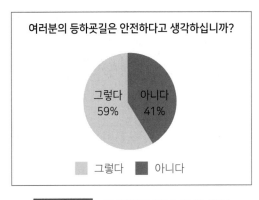

그림 5-11 등하굣길 안전 인식 정도

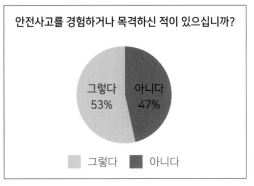

그림 5-12 등하굣길 사고 직간접 경험 유무

설문 결과 등하굣길은 안전한가에 대한 질문에 절반에 가까운 41%가 안전하지 않다고 응답하였으며, 등하굣길에서 안전사고를 경험하거나 목격했던 사람도 절반에 가까운 47% 나 되었다. 당연히 안전하다고 생각하고 안전해야만 할 등하굣길이 어느새 많은 사람이 생각하기에 위험한 장소가 되어 있었다. 그래서 학생들은 과연 무엇이 우리의 등하굣길의 안전을 위협하고 있는지를 다시 한번 조사해 보기로 하였다.

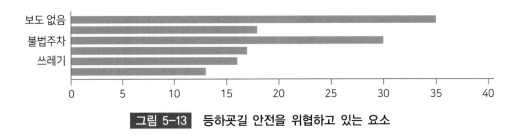

그림 5-13 등하굣길 안전을 위협하고 있는 요소

설문 결과, 다양한 요소가 우리들의 안전을 위협하고 있었다. 특히 인도와 차도의 구분이 없다는 것이 35명으로 가장 많이 나왔고, 불법 주차가 30명으로 그다음이었다. 그리고 교차로에 반사경이 없고, 가로등이 없는 곳들이 있으며, 쓰레기 무단 투기 등이 안전을 위협하고 있다는 응답들이 나왔다.

② 정확한 실태 파악을 위한 2차 설문조사 및 현장 조사 실시

실태 조사하기		
[국어] 면담하기	[사회] 조사하기	[미술] 표현하기

그림 5-14 '실태 조사하기' 수업의 연결망

설문조사 결과, 우리 학교 등하굣길 안전이 생각보다 심각하다는 것을 깨달았고, 구체적이면서도 정확한 원인을 파악하고자 2차 조사를 실시하기로 하였다. 2차 조사는 크게 설문조사와 현장 조사 두 가지로 구분하여 수행하였다.

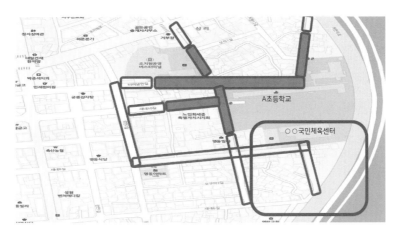

그림 5-15　학생들이 가장 많이 이용하는 등하굣길 조사 결과

　2차 설문조사 결과를 바탕으로, 학생들의 등하굣길을 하나의 지도에 모두 표시하여 학생들이 많이 다니는 길을 파악하였다([그림 5-15] 참조). 그리고 학생들이 가장 많이 다니는 길이 어린이 보호구역과 얼마나 중복되는지 파악하기 위하여 같이 지도에 표시하였다([그림 5-15] 참조). 그 결과, 학생들이 실제로 많이 이용하는 길 중 어린이 보호구역으로 지정된 구

그림 5-16　안전 위협 요소 현장 조사 결과

역은 절반도 되지 않다는 점을 깨달았다. 그리고 심지어 학생들이 주로 이용하는 한 통로는 아예 어린이 보호구역이 지정되지 않아 그 부분의 안전이 심각하게 위협받고 있음을 알게 되었다.

그리고 1차 설문조사 결과를 통하여 파악하였던 위협 요소들이 학교 주변에 실제로 어떠한지 그 실태를 파악하기 위해 직접 현장으로 나갔다. 현장으로 나가 설문에서 응답한 결과가 현실이라는 점을 두 눈으로 직접 목격하였고, 그 장면을 기록하기 위해 직접 사진으로 찍었다. 그 장면을 최대한 생생히 남기기 위해서 어떻게 사진을 찍으면 좋을지도 함께 고민하여 최고의 사진을 남기기 위해 노력하기도 하였다.

③ 어린이 보호구역 관련 법 조사

관련 법 조사하기	
[국어] 매체 활용하기	[사회] 조사하기

그림 5-17   '실태 조사하기' 수업의 연결망

활동을 진행하다 보니, 등하굣길 대부분은 어린이 보호구역(school zone)이라는 사실을 알게 되었다. 사회 시간에 다루었던 국민의 기본권에 대해 좀 더 자세히 알아보니 학생들은 자신이 안전하게 다녀야 할 권리가 있으며 그것은 법으로 분명히 보장되어 있다는 점을 깨달았다. 그래서 학생들은 자신들의 활동과 제안을 뒷받침해 줄 수 있는 타당한 근거와 정당성을 확보하기 위해 어린이 보호구역과 관련한 법들을 본격적으로 찾기 시작하였다. 법을 찾기 위해 인터넷(국가법령정보센터)과 관련 도서들을 활용하였다.

표 5-3   「어린이ㆍ노인 및 장애인 보호구역의 지정 및 관리에 대한 규칙」

제3조: 어린이 보호구역 지정
　　학교의 주 출입문을 중심으로 반경 300미터 이내의 도로 중 일정 구간을 보호구역으로 지정한다.
제6조: 교통안전시설의 설치
　　지방경찰청장이나 경찰서장은 제3조 제6항에 따라 지정된 보호구역에 안전표지를 설치하여야 한다.
　　(예) 어린이 보호구역 등
제7조: 보도 및 도로부속물의 설치
　　1. 보호구역의 도로가 보도와 차도와 구분되지 않은 경우 특별한 사유가 없으면 보도와 차도를 구분하여 설치하거나 관할 도로청에 설치를 요청할 수 있다.

2. 보호구역에 다음 각 호의 어느 하나에 해당하는 도로부속물을 설치하거나 도로청에 요청할 수 있다.
  (예) 보호구역 도로표지, 도로반사경, 과속방지시설, 방호울타리, 그 밖에 필요하다고 인정하는 도로
    부속물

제9조: 보호구역에서의 필요한 조치
  1. 차마(車馬)의 통행을 금지하거나 제한하는 것
  2. 차마의 정차나 주차를 금지하는 것
  3. 운행속도를 시속 30km 이내로 제한하는 것

처음에는 법을 찾는 일도 어렵고, 법을 읽는 것은 더욱 어려웠지만 교사와 함께 우리에게 필요한 법을 찾아 읽고 그 의미를 파악하다 보니 우리가 당연히 누려야 할 권리와 의무가 무엇인지를 좀 더 분명하게 느끼고 깨달을 수 있었다. 법이라는 단어를 들어본 적은 많지만, 법이 이렇게 나의 삶과 밀접한 것이라는 점을 깨달은 것은 이번이 거의 처음에 가까웠다. 이를 통하여 학생들은 교과서 속에서 배웠던 지식이 나의 삶과 연결되는 경험을 하였다.

(3) 사회참여 3단계: 해결 방안 수립

관련 조사하기 단계에서 조사하기 기능을 중심으로 여러 교과를 통합하여 다루었다면, 해결 방안 수립 단계에서는 문제를 해결하는 데 필요한 지식과 기능 등을 통합적으로 다루는 데 초점을 두었다.

① 대안 정책[1] 조사

학생들은 학교 주변 안전 문제 해소를 위한 정책을 제안하기에 앞서 자신들이 이용한 등하굣길 안전을 위해 현재 시행되고 있는 정책들에는 어떠한 것들이 있는지 알아보았다.

● 어린이 보호 구역

A학교 주변 등하굣길은 어린이 보호구역(스쿨존)으로 지정하여 운영되고 있었다. 「도로교통법」을 보면 어린이 보호구역은 정문을 기준으로 반경 300m 이내의 도로를 지정할 수 있는데 실제 A학교 어린이 보호구역은 정문을 기준으로 대략 100m 이내만 지정되어 있었다([그림 5-15] 참조).

---

1) 여기에서 대안 정책은 문제를 해결하기 위해 관련 행정기관이 고안하여 실행하고 있는 정책, 또는 시민사회단체들이 제안하고 있는 정책을 말한다.

A학교 학생들의 등하굣길 대부분은 100m를 훌쩍 넘었고, 학생들이 많이 다니는 길임에도 어린이 보호구역이 지정되어 있지 않은 부분이 상당했다. 심지어 어린이 보호구역임을 알려 주는 표지판도 제대로 되어 있지 않은 곳도 있었고, 이 도로가 어린이 보호구역임을 알려 주는 바닥 도로표지는 반 이상 지워져 있는 곳들이 많았다. 또한 어린이 보호를 위하여 어린이 보호구역에 마땅히 설치되어야 할 도로반사경, 방호울타리 등도 대부분 설치되어 있지 않았기 때문에, 학생들의 등하굣길에서의 안전은 심각하게 위협을 받고 있었다. 평소에 어린이 보호구역을 단속하는 사람이나 시설이 없었기 때문에 과속하는 차량은 물론 불법 주차하는 차들도 제대로 단속할 수 없었다. 이처럼 학교 주변 등하굣길은 법적으로 어린이 보호구역으로 지정되어 있음에도 불구하고, 사실상 어린이 보호구역의 역할을 제대로 하고 있지 못하고 있었다.

● **교통안전 지도**

A학교는 매일 아침 배움터 지킴이, 녹색 어머니, 지역 노인들께서 번갈아 가며 등하굣길 교통안전 지도를 해 주시고 있다. 교통안전 지도는 주로 정문 앞에서 이루어졌는데 인력이 부족하여 정문 외에도 학생들이 많이 다니는 수영장 옆길, 테니스장 쪽문 등에서는 교통안전 지도가 거의 이루어지지 못하였다. 또한 등하굣길 주변에 교통안전시설 자체가 너무 부족하여 효율적인 교통안전 지도가 이루어지지 못하였다.

● **교통안전 점검**

시청, 교육청, 경찰청 등 지방자치단체 기관들이 연계하여 정기적으로 학교 주변 통학로 교통안전 점검을 하고 있다. 하지만 정작 등하굣길을 직접 다니는 학생들이 함께하지 않기 때문에, 학생들이 정말로 문제라고 생각하는 것들과 필요한 것들은 문제 개선에 반영되지 않았다. 그래서 학생들이 이용하는 등하굣길임에도 그들의 요구와 불편함을 전달할 방법은 딱히 없었다.

이와 같이 A학교 등하굣길 안전을 위해 시행하고 있는 정책들을 조사하고 분석한 결과, '어린이 보호구역'다운 어린이 보호구역과 학생들의 의견이 반영될 수 있는 안전 점검 및 대책이 시급히 필요하다고 생각하게 되었다.

② 공공 정책 제안

학생들은 학교 주변 안전 문제를 해소하고, 안전한 등하굣길을 만들기 위해 다음과 같은 정책을 제안하기로 하였다.

● **'어린이 보호구역'다운 어린이 보호구역을 만들어야 한다.**

첫째, A학교 학생들의 등하교 거리를 고려하여 어린이 보호구역을 확대 지정해야 한다. 어린이 보호구역은「도로교통법」에 학교 정문을 기준으로 300m 이내를 지정할 수 있음에도 불구하고, 현재 A학교 주변 어린이 보호구역은 평균 100m 이내로 매우 짧은 편이어서 학생들의 등하교 거리에 비해 정말 짧은 편이다. 그리고 학생들이 가장 많이 다니는 ○○국민체육센터 주변은 아예 어린이 보호구역으로 지정되어 있지 않다. △△초등학교, □□초등학교, ◎◎초등학교 등도 어린이들을 보호하고 안전사고를 예방하기 위해 어린이 보호구역 추가 지정을 고려하고 있듯이, A학교도 어린이 안전보호 구역 추가 지정이 꼭 필요하다.

둘째, 어린이 보호구역에 대한 엄격한 관리가 필요하다. 어린이 보호구역을 나타내는 표지판과 도로표지가 잘 관리가 되지 않아, 어린이 보호구역임을 알기 어려운 곳들이 많이 있다. 표지판과 도로표지를 다시 정비해서 어린이 보호구역을 확실하게 알려 줄 필요가 있다. 그리고 어린이 보호구역임에도 불법 주차는 물론, 쓰레기를 투기하여 우리의 안전을 위협하고 있다. 정기적으로 단속하고 엄격하게 관리하여 법을 위반한 사람들에게는 벌금을 부과해야 한다.

셋째, 추가적인 보도 및 도로부속물 설치가 필요하다. 어린이 보호구역임에도 불구하고, 보도와 차도의 구분이 거의 없어, 학생들은 위험에 처해 있다. 어린이 보호구역만큼이라도, 학생들이 안전하게 걸어 다닐 수 있는 보도가 확보되어야 한다. 그리고 어린이 보호구역 내 교차로에는 도로반사경을 설치하고, 지나치게 어두워 이용하기 두려운 도로에는 가로등을 추가 설치하여 안전한 등하굣길을 만들어야 한다.

● **학생과 지방자치단체(시청, 교육청, 경찰청 등)가 함께하는 학교 주변 교통안전 점검을 주기적으로 실시해야 한다.**

그동안 개학 후 4주간 개학기 학교 주변 교통 분야 안전 점검을 지자체에서 실시해 왔다. 하지만 정작 학교를 직접 다니는 학생들이 빠진 채, 다른 곳에 사는 사람들이 주로 와서 그들의 기준으로 점검하다 보니, 학생들이 정말로 위험하다고 생각하는 곳은 어디인지, 정말로 도움을 요청하고 싶은 곳이 어디인지는 반영이 되지 못했다. 그래서 학생도 함께 참여하는 교통안전 점검이 필요하다고 생각한다. 또한 지자체와 함께하는 '어린이 안전 지킴이' 제도를 실시하여, 학생 스스로 보호구역을 관리하고 단속할 수 있는 여건을 만들어 줄 필요가 있다. 지자체에서 매일 단속하기에는 여러 어려움이 있기에, 학생들이 직접 불법 주차 차량에는 어린이 보호구역 관련 법과 주변 주차타워 위치를 안내하는 홍보물을 나누어 주거나 알려주는 등 스스로 관리하도록 지원해야 한다.

(4) 사회참여 4단계: 정책 제안 및 실천

정책 제안 및 실천 단계는 이 교육과정의 사실상 총화 활동(culminating activity)에 해당한다. 이 단계에서 학생은 지금껏 배운 내용들을 종합하여 자신의 문제를 해결하기 위해 활용한다. 이 과정에서 한편으로는 이 교육과정에서 배운 여러 교과 지식, 기능 간 연계와 통합이 이루어지며, 다른 한편으로는 문제를 해결하기 위해 각 단계에서 축적해 온 활동을 종합하여 문제해결에 직접적으로 관여한다. 가령, 지금껏 조사해 온 여러 문제점과 이를 해결하기 위해 마련한 정책들을 정리하고 종합하여 공식적으로 활용할 정책 제안서를 만들고 캠페인, 온라인 정책 참여, 사회참여 발표대회 등을 통해 이러한 실상과 대안을 널리 알리는 활동을 진행하였다.

① 정책 제안

● '안전한 ○○ 등하굣길 만들기' 제안서 설문조사

학생들은 '안전한 등하굣길 만들기' 정책을 정식적으로 제안하기 전에 그들이 만든 제안서에 대한 학교 구성원들의 의견을 최종적으로 물었다. 그 의견서는 비단 A학교 B반 학생들의 의견을 대변하는 것이 아닌 A학교 전체 학생들의 의견을 대변하는 문서에 해당하였기 때문이다. 그렇게 다시 한번 전교 학생들의 의견을 듣고, 검토하여 최종 제안서를 만들었다.

● '안전한 ○○ 등하굣길 만들기' 제안서 서명운동

학생들은 사회 시간에 다수의 의견이 무조건 옳은 것은 아닐지라도 여러 사람의 의견을 모아 전달하는 것이 문제를 해결할 방법 중 하나라는 점을 배웠다. 이에 학생들은 다수의 의견이 소수의 의견보다 낫다는 원리가 아닌 우리가 제안하는 문제에 다수의 사람이 공감하고 있다는 뜻을 전하기 위해 '안전한 등하굣길 만들기 제안'의 필요성에 대한 서명운동을 A학교 학생, 교직원, 학부모는 물론 지역 주민을 대상으로 진행하였다.

● **온 · 오프라인 정책 제안**

학생들은 국민이 누릴 수 있는 권리 중 하나로 자신의 의견을 제안할 수 있는 청원권이 있다는 점을 배웠으며, 우리나라에서는 이러한 청원권을 보장하기 위해 여러 제도적 장치를 마련해 두었음을 여러 교과 학습을 통하여 배웠다. 그래서 학생들은 이렇게 만들어진 정책 제안서와 서명운동 결과물을 온 · 오프라인 다양한 매체를 활용하여 전달하였다.

[온라인]	▶ [○○시청] 똑똑세종! 아이디어 제안
	▶ [○○시교육청] 교육감에게 바란다.
	▶ [안전신문고] 의회에 바란다.
[오프라인]	▶ [○○읍사무소] 안전도시과 방문 및 면담
	▶ [○○시청] 교통과 방문 및 면담
	▶ [○○시교육청] 학생생활안전과 방문 및 면담

등하굣길 안전 문제는 학생들의 살아가는 지역의 문제이자 교육청의 문제라고 생각하여 시청과 교육청 차원에서 마련하고 있는 온라인 청원 공간을 활용하여 자신들의 의견을 전달하였고, 관련 부서에 연락 후 방문하여 A학교가 처한 현실을 직접 알리기도 하였다.

안전한 등하굣길 만들기 정책 제안서
- ○○ 초등학교 -

안녕하세요? 우리는 A초등학교 학생들입니다.

A학교 가족 여러분! 오늘 아침, 여러분의 등굣길은 안전하셨나요? 우리의 등하굣길에 비해 턱없이 짧게 지정된 어린이 보호구역, 불법 주차로 사라진 우리의 보도, 가로등과 반사경이 설치되지 않은 도로 등으로 인하여 우리의 등하굣길이 안전을 위협받고 있습니다. 우리는 대한민국 국민으로서, 당연히 안전하게 학교를 다닐 권리가 있습니다. 특히 어린이 보호구역은 법으로 지정된 구역으로 당연하게 안전하게 지켜져야 할 구역입니다. 그럼에도 불구하고, 우리의 등하굣길은 안전하지 못합니다.

이처럼 당연하게 지켜져야 할 우리의 안전을 이제 우리가 직접 지켜야 한다고 생각합니다. 우리의 안전을 위하여, 다음과 같은 정책을 지방자치단체에 적극적으로 건의하고자 합니다. 우리의 의견에 힘을 얻기 위해 교육 가족 서명운동도 했습니다. 적극 검토 부탁드립니다.

'어린이 보호구역'다운 어린이 보호구역을 만들어 주세요!

하나, 우리 학교 학생들의 실질적인 등하교 거리를 고려하여, 어린이 보호구역 확대 지정

「도로교통법」상 어린이 보호구역은 정문을 기준으로 300m 이내로 지정될 수 있음에도 불구하고, 우리 학교 어린이 보호구역은 정문을 기준으로 평균 100m 이내 지정되어 있습니다. 그리고 우리가 가장 많이 다니는 수영장 옆길은 어린이 보호구역으로 지정조차 되지 않고 있습니다.

둘, 어린이 보호구역에 대한 지속적이고, 엄격한 관리 및 단속 요구

학교 주변 어린이 보호구역을 나타내는 표지판 및 도로표지가 제대로 관리가 되고 있지 않아, 여기가 정말 어린이 보호구역인지 알기 어려운 경우가 많습니다. 또한 어린이 보호구역임에도 관리와 단속이 거의 이루어지지 않고 있기 때문에, 불법 주차와 쓰레기 무단투기는 날이 갈수록 증가하여 우리의 안전을 위협하고 있습니다. 이에 대한 엄격한 관리와 단속이 필요합니다.

셋, 추가적인 보도 및 도로부속물 설치

우리의 등하굣길 중 80% 이상은 보도가 따로 없습니다. 여기에 불법 주차까지 일어나고 있어, 우리가 안전하게 걸어 다닐 보도가 없습니다. 보도 설치가 어렵다면, 보도 바닥표시 또는 방호울타리라도 설치하여 우리의 보도가 보장되어야 합니다. 그리고 사고가 빈번하게 일어나는 주변 교차로에는 도로반사경을 설치하고, 밤길이 어두운 구역에는 가로등을 추가 설치해야 합니다.

학생과 함께하는 학교 주변 교통안전 점검을 실시해 주세요!

하나, 지자체에서 실시하는 교통 분야 안전 점검에 학생 참여 요구

매 학기 주기적으로 지자체에서 교통 분야 안전 점검을 실시하고 있습니다. 하지만 여기에는 실제 이용하는 학생들이 빠져 있어, 학생들의 필요성과 요구가 거의 반영되지 못하고 있습니다. 학생이 참여할 수 있어야 우리에게 실질적으로 안전한 등하굣길을 만들 수 있습니다.

둘, 지자체와 연계한 '어린이 안전 지킴이' 운영

등하굣길을 가장 많이 이용하는 사람도, 안전을 위협하는 요소를 가장 잘 알고 있는 사람도 바로 우리입니다. 지자체와 연계한 어린이 안전 지킴이를 운영하여, 우리가 직접 불법 주차, 쓰레기 무단투기 등을 바로 단속하고, 개선 사항 등을 요구할 수 있어야 합니다.

어린이 보호구역 지정

▶ 어린이 보호구역 표지판 정비 필요: 주택 방향으로 돌아가 있어서, 차도에서 잘 보이지 않는다.

▶ 어린이 보호구역 도로표지가 지워져 있는 부분이 사진 외에도 다수 있다.

▶ → : 화살표는 우리 학교 학생들이 많이 이용하는 등하굣길 / ▮▮ : 현재 지정된 어린이 보호구역
▶ 어린이 보호구역은 도로교통법상 정문을 기준으로 300m(최대 500m) 이내로 지정될 수 있음에도 불구하고, ○○ 초등학교 어린이 보호구역은 100m 이내로만 지정되어 있다.
▶ 위 그림에서 볼 수 있듯, 학생들의 등하굣길에 비하여 짧게 지정되어 있으며, 학생들이 많이 이용하고 있는 ○○국민체육센터 방향 길은 아예 지정되어 있지 않다.

불법 주차 단속

▶ 어린이 보호구역으로 지정된 구역임에도 불구하고, 불법 주차 차량이 많아 정상적인 통행이 어렵다. 우리는 총 10일 동안 학교 주변 불법 주차 현황을 파악해 보았지만, 실제적인 단속이 거의 이루어지지 않고 있었으며, 불법 주차로 인하여 좁아진 도로로 인하여 보행자 도로는 더욱 줄어들었다.

일시	정문	후문	체육센터	일시	정문	후문	체육센터
8월 21일	25	20	24	8월 27일	17	26	26
8월 23일	16	23	30	8월 29일	19	24	28
8월 25일	23	23	24	9월 31일	18	23	21

▶ 심지어 일부 도로에는 도로가 좁아, 불법 주차 차량과 지나가는 차량이 있을 때, 우리가 피할 장소조차 없었기 때문에 정말로 위험천만했다. → **엄격하고 주기적인 불법 주차 단속 필요**

가로등 설치

▶ 우리 학교 학생들이 많이 다니는 등하굣길 도로 중 하나이다. 가장 많이 다님에도, 어린이 보호구역으로 지정되어 있지 않음은 물론이고, 가로등이 거의 없고, 있는 것들도 불빛이 매우 약하기 때문에 밤에는 물론, 낮에도 어두운 날에는 이 길을 지나다니기 무서울 때가 많다. → **가로등 설치 필요**

보행자 도로 구분 또는 설치

▶ 위 사진은 우리 학교 학생들이 가장 많이 다니는 도로 세 군데이다. 왼쪽 첫 번째 사진은 정문 앞 도로, 두 번째 사진은 국민체육센터 옆 도로, 세 번째 사진은 후문 앞 도로이다. 우리 학교 학생들이 가장 많이 등하굣길임에도 불구하고, 보행자 도로가 따로 마련되어 있지 않음은 물론, 구분되어 있지 않아 언제나 위험에 처해있다. → **보행자 도로 구분(바닥 색, 방호 울타리) 또는 설치 필요**

반사경 설치

▶ 도로와 도로가 만드는 교차로 부분에서 특히 사고가 많이 발생하고 있다. 특히, 교차로 부분에 불법 주차를 하는 사람도 많아서, 이 부분은 더욱 위험해지고 있다. 도로반사경 설치는 어린이 보호구역에 설치되도록 법적으로도 정해져 있는 만큼, 사고가 빈번하게 일어나는 교차로에 반사경 설치가 필요하다. 반사경 설치는 물론, 교차로 부분의 불법 주차는 특히 엄격하게 단속해야 한다.

그림 5-18 **정책 제안서**

② 실천

● 안전 지킴이 봉사 동아리

안전한 등하굣길을 위해 지자체의 도움이 필요한 일들도 있지만, 학생들이 직접 할 수 있고, 해야만 하는 일들도 있었다. 그래서 그들은 안전 지킴이 봉사 동아리를 조직하여 다음과 같은 일들을 수행하였다.

첫째, 현재 관리 인력이 부족한 등하굣길 안전 지도에 학생들이 함께 참여하여 그동안 학생들이 많이 다님에도 관리할 수 없었던 장소(수영장 옆길)와 공사로 인하여 안전 지도가 필요했던 장소도 관리할 수 있게 되었다. 둘째, '어린이 안전 지킴이' 제도와 연계하여 학생들이 직접 불법주정차 및 쓰레기 무단투기 단절하기를 위한 순찰을 하였다. 이와 더불어 등하굣길 내 불법주정차 및 쓰레기 무단투기 장소에 어린이 보호구역 안전 홍보물을 부착하여 주변 사람들의 자연스러운 행동 변화를 유도하였다. 이때 필요한 어린이 보호구역 안전 홍보물은 학생들이 직접 디자인하여 손수 제작하였다.

● 등하굣길 안전 캠페인

A학교 자체 안전신문고를 온·오프라인으로 운영하여 A학교 등하굣길 안전을 위협하는 요소가 발생하면 언제든 의견을 제출할 수 있도록 하였다. 또한 월 1회 안전 지도 만들기를 실시하여 등하굣길에 교사와 학생, 학부모가 함께 둘러보며 안전을 위협하는 요소를 발견하고, 해결 방안을 제안하여 안전 지도를 지자체에 제출하였다. 그리고 월 2회 학생회와 연계하여 학생 중심의 교통안전 실천 캠페인을 개최하여 학생들 스스로 안전의 필요성을 의식하고 자기 스스로 안전을 지키는 문화를 정착시키고자 노력하였다.

3) 사회참여 프로젝트 교육과정 조망하기: 백워드 설계를 중심으로

다학문, 간학문, 탈학문적으로 접근하는 교육과정을 구분하는 경계는 사실상 유동적이다(Drake et al., 2014: 202). 이는 곧 각 접근법 간의 경계는 이론적으로는 구분될 수 있으나 실제적인 적용에서는 유연하고 동적으로 변화할 수 있다는 것을 의미하기도 한다. 이런 점에서 이 절에서 소개한 '학교 주변 안전 문제 해소를 위한 사회참여 프로젝트' 교육과정도 관점에 따라 다학문적 접근으로도 볼 수 있으며 간학문적 접근 또는 탈학문적 접근으로도 볼 수는 있다.

그러나 이 교육과정은, 첫째, 교과 교육과정 간 성취기준을 연결하면서 시작하였으며, 둘째, 교과 간 경계를 넘나들며 통합적인 이해를 추구한다는 점에서 간학문적 접근에 가깝다고 볼 수 있다. 이러한 교육과정의 의도를 좀 더 분명히 하기 위해 이 절에서는 이 교육과정을 백워드 설계를 중심으로 정련한 모습을 제시하였다.

(1) 바라는 결과 확인

이 교육과정은 학생의 입장에서는 정문 앞에서 발생한 교통사고로부터 출발하였으나 교사의 입장에서는 6학년 학생들이 다루는 교육과정에 대한 전반적인 이해로부터 출발하였다. 교사는 학생이 경험한 문제를 듣고 문제 자체에 대해서도 공감한 것은 분명하지만 6학년 학생들이 다루는 교육과정을 통해 한편으로는 학생이 경험한 삶의 문제를 해결하는 데 학교 교육이 유의미한 도움을 줄 수 있다는 점을 느낄 수 있도록 돕고, 다른 한편으로는 6학년 학생들이 다루어야 할 성취기준을 좀 더 잘 배울 수 있도록 도울 수 있다는 점을 직감하였다.

특히 사회과에서 다루는 '생활 속 민주주의와 민주 정치 제도, 사회참여'와 국어과에서 다루는 '체계적 내용 구성, 매체를 활용한 발표, 공감하며 듣기'는 서로 다른 지식에 해당한다고 볼 수도 있으나 이러한 지식들은 결국 학생들의 사회참여 활동을 통해 하나의 맥락으로 연결되며 학생들에게 좀 더 유의미한 지식으로 다가갈 수 있다.

표 5-4 **바라는 결과 확인**

'핵심역량' 교과역량	[의사소통 역량] ㉒ 문제해결력 및 의사결정력, ㉓ 의사소통 역량		
	[지식정보처리 역량] ㉒ 정보 활용 역량, ㉓ 자료 · 정보 활용 역량		
	[공동체 역량] ㉒ 의사소통 및 협업 역량, ㉓ 공동체 · 대인 관계 역량		
성취기준	[6사02-04] 「헌법」에서 규정하는 기본권과 의무가 일상생활에 적용된 사례를 조사하고, 권리와 의무의 조화를 추구하는 자세를 기른다.		
	[6사02-06] 법의 역할을 권리 보호와 질서 유지의 측면에서 설명하고, 법을 준수하는 태도를 기른다.		
	[6국01-04] 자료를 정리하여 말할 내용을 체계적으로 구성한다.		
	[6국01-05] 매체 자료를 활용하여 내용을 효과적으로 발표한다.		
	[6국01-07] 상대가 처한 상황을 이해하고 공감하며 듣는 태도를 지닌다.		
'교과' 영역	㉒ 정치 ㉓ 듣기 · 말하기	핵심개념	정치과정과 제도
일반화된 지식	현대 민주 국가는 정치과정을 통해 시민의 정치 참여가 실현되며, 시민은 정치 참여를 통해 다양한 정치 활동을 한다.		

이해 6측면	설명	시민의 정치 참여 필요성과 과정을 설명한다.
	해석	생활 속 다양한 상황에서 정치 참여의 필요성을 느끼고, 찾아낸다.
	적용	생활 속 다양한 상황에서 다양한 정치 활동에 직접 참여한다.
	관점	정치적 상황에 따라 다양한 관점이 있을 수 있음을 인지한다.
	공감	정치 활동이 필요한 상황 속에서 다양한 입장을 경청하고 공감한다.
	자기지식	생활 속에서 스스로 다양한 정치 활동에 참여하고 있는지 반성한다.
본질적 질문		• 민주 국가의 주인은 누가 되어야 하는가? • 생활 속에서 정치가 필요한 상황은 언제인가? • 민주 국가에서 시민의 정치 참여가 필요한 이유는 무엇인가? • 시민이 어떻게 정치에 참여할 수 있는가?
교과 간 지식		지식
핵심 지식	사회	생활 속의 민주주의, 민주 정치 제도, 시민 참여
	국어	체계적 내용 구성, 매체를 활용한 발표, 공감하며 듣기
교과 간 기능		기능
핵심 기능	사회	• 조사하기　• 분석하기　• 참여하기 • 토론하기　• 비평하기　• 의사 결정하기
	국어	• 맥락 이해·활용하기　• 청자 분석하기　• 내용 조직하기 • 자료·매체 활용하기　• 표현·전달하기　• 경청·공감하기

　결국 이 교육과정을 통해 학생이 배울 수 있기를 공식적으로 기대하는 바는 〈표 5-4〉와 같이 국가 교육과정에서 제시하는 사회과, 국어과 성취기준과 밀접한 관련이 있다. 학생들이 사회참여 활동을 통하여 학교 주변 안전 문제를 해소하는 일은 결국 초등학교 6학년 수준에서 생활 속에서 정치가 필요한 상황이 언제인지를 깨닫고, 정치에 참여하여, 자기의 경험과 생각을 체계적으로 구성하여 효과적으로 발표하는 일에 가깝기 때문이다.

(2) 수용 가능한 준거 결정

　수용 가능한 준거 결정 단계는 학생들이 이 교육과정을 통하여 정말로 무엇을 배웠는지(바라는 결과에 대한 배움이 제대로 이루어졌는지)를 파악할 방법과 준거를 미리 결정하는 과정이다. 그러다 보니 백워드 설계에서 수행과제는 교육과정의 총화 활동과 깊은 관련을 지닌다. 총화 활동은 교육과정을 통하여 학생이 배운 것들을 종합적으로 정리하고 연결하여 산출하는 단계에 해당하기 때문이다. 이러한 이유로 이 교육과정에서도 사회참여 활동이라는 총화 활동을 수용 가능한 준거를 확인할 수 있는 수행과제로 결정하였다.

표 5-5 수행과제

수행과제	평가 방법
〈학생 사회참여 발표대회〉 - ㅁㅁ시 청소년의 꿈과 희망을 위해 나아갈 길 - 자신이 속한 사회에 관심을 갖고, 구체적인 영향력을 발휘하여 공동체 발전을 추구하는 사회적인 행위를 사회참여라고 합니다.	관찰평가 자기평가 상호평가

이 교육과정에서 학생들은 그들 스스로 인지한 문제를 찾고 이를 해결하기 위해 노력하는 과정과 그 결과물들을 종합하여 사회참여 발표대회에서 이를 공론화하고 발표한다. 수행과제의 상황이 좀 더 구체적이고 분명히 제시될수록 학생이 궁극적으로 도달해야 하는 바가 좀 더 분명해질 수 있다. 그래서 이 수행과제를 GRASPS로 구체화한 모습은 〈표 5-6〉과 같다.

표 5-6 수행과제 GRASPS

목표(Goal: G)	생활 속 문제를 해결하기 위해 직접 정치에 참여하여 활동한 내용을 발표한다.
역할(Role: R)	학생 사회참여 발표대회 참가자이다.
대상(Audience: A)	시민 및 평가단이다.
상황(Situation: S)	현대 민주 사회에서는 시민의 직접적인 정치 참여가 세상을 바꿀 수 있다. 이는 학생도 예외는 아니다. 학생 스스로 우리 주변에서 문제점을 발견하고, 발견한 문제점을 직접 해결해 보는 경험을 발표해 보는 사회참여 발표대회가 열린다. 민주 시민으로서 직접 사회참여 발표대회에 참가해 보고자 한다.
수행(Performance: P)	우리 주변 문제를 해결을 위한 사회참여 활동을 해 보고, 그 경험을 발표한다.
기준(Standard: S)	• 주변에서 많은 사람이 공감할 수 있는 문제를 선정해야 한다. • 객관적이고 타당한 자료 조사를 바탕으로 신뢰할만한 자료 제시를 해야 한다. • 문제해결에 적절하고, 실천 가능성이 큰 해결 방안을 제시해야 한다. • 실천방안이 타당해야 하며, 실천 가능성이 커야 한다.

이처럼 GRASPS는 수행과제의 목표는 무엇인지, 이때 학생의 역할은 무엇이며, 수행의 대상과 상황은 어떠한지, 그리고 그 수행은 어떠한 기준을 충족시켜야 하는지를 분명히 제시한다.

학생들이 이 교육과정을 통하여 궁극적으로 함양해야 할 역량은 크게 의사소통 역량, 지식·정보처리 역량, 공동체 역량에 해당한다. 이러한 역량은 이 교육과정에서 주된 교과로 삼는 국어와 사회 모두를 가로지르는 주요 역량으로서 두 교과 모두에서 주요한 의미와 가치를 지닌다. 이러한 역량을 학생이 함양했다는 점을 실제로 어떻게 확인할 수 있는지를 루브릭을 통하여 구체화하였다.

표 5-7 수행과제 평가 루브릭

핵심역량	의사소통 역량	지식 정보처리 역량	공동체 역량
교과역량	(사) 문제해결력 및 의사결정력	(국) 자료·정보 활용 역량	(사) 의사소통 및 협업 능력
구분	문제해결 및 의사결정 과정의 타당성	내용의 타당성 및 구성의 적절성	정책 결정 및 실천을 위한 상호작용의 적절성
3	생활 속 문제를 해결하기 위해 적절한 단계를 구성하고 합리적인 과정을 거쳐, 문제해결 및 의사소통의 타당성을 확보한다.	문제의 심각성과 새로운 정책의 필요성을 알리기 위해 타당한 내용을 바탕으로, 적절히 구성한다.	함께 정책을 결정하고 함께 실천하기 위해 다양한 의견과 관점을 가진 사람들과 적절히 상호작용한다.
2	생활 속 문제를 해결하기 위하여 적절한 단계를 구성하고, 실천함으로써 문제해결 및 의사소통 과정의 타당성을 갖춘다.	문제의 심각성과 새로운 정책의 필요성을 알리기에 적절한 내용을 바탕으로 구성한다.	정책을 결정하고 실천하기 위해, 다른 의견과 관점을 가진 사람과 상호작용한다.
1	주변의 도움을 받아 생활 속 문제를 해결을 위한 단계를 구성하고, 실천하여 문제해결 및 의사소통의 타당성을 갖춘다.	문제의 심각성과 새로운 정책의 필요성을 알리기 위한 내용을 준비한다.	정책을 결정하고 실천하기 위해 다른 사람들과 상호작용을 위해 노력한다.

백워드 설계에서 루브릭은 단순히 학생을 서열화하고 점수화하기 위함이 아니다. 루브릭이 구체적으로 설계될수록 학생은 현재 어디까지 할 수 있는지를 분명하게 알 수 있으며 적어도 이 루브릭을 기준으로 하였을 때 좀 더 나은 수행으로 이어지기 위해서는 무엇을 해야 하는지를 좀 더 구체적으로 파악할 수 있다(Wiggins & McTighe, 2005: 45). 이에 루브릭은 수행과제와의 밀접한 관련하에 최대한 면밀하게 기술될 필요가 있다. 그리고 이러한 루브릭은 교사뿐만 아니라 학생과도 함께 공유하여 학생 스스로 활용할 수 있도록 하면 좋다.

수행과제만으로 학생이 바라는 결과에 대한 배움이 얼마나 일어났는지를 명확히 파악하기에는 다소 부족할 수 있다. 수행과제는 아무래도 결과적 성격이 강하기 때문이다. 이에 교사는 학생의 배움을 좀 더 정확하고 면밀하게 파악할 수 있는 여러 평가를 병행할 수 있다. 이러한 기타 증거 자료는 수행과제 결과와 함께 학생의 배움을 점검하고 확인할 수 있는 유용한 자료로 쓰인다(〈표 5-8〉 참조).

표 5-8　교사별 평가를 위한 기타 증거 자료

평가 방법	평가내용
관찰평가	정치 문제를 해결하는 방법 / 사회참여란 무엇일까? / 정책 제안서 작성 및 발표 준비 과정
상호평가	「헌법」에 보장하는 국민의 기본권과 사례 발표하기 / 비율 그래프를 이용한 설문 결과 분석
자기평가	자료를 활용하여 발표하는 방법 / 사회참여 프로젝트 계획 세우기(4단계) / 정치가 필요한 상황은 언제인가? / 시민은 어떻게 정치에 참여할 수 있는가?
서술형 평가	민주 국가의 주인은 누가 되어야 하는가? / 생활 속에서 정치가 필요한 상황은 언제인가? / 민주 국가에서 시민의 정치 참여가 필요한 이유는 무엇인가?
토의·토론 평가	규칙은 왜 필요할까? / 국가의 일을 나누어 맡아야 하는 까닭은 무엇인가?

기타 증거 자료에서 제시한 내용은 수행과제보다는 일반적으로 좀 더 작은 규모인 경우가 많고 학생의 학습 과정 그 자체를 좀 더 온전히 파악하기 위한 것들이 많다. 그러다 보니 방법도 수행과제보다 다양한 편이다. 그렇다고 하여 이러한 기타 증거 자료를 통하여 파악한 학습 결과의 중요도가 수행과제를 통하여 파악된 학습 결과보다 낮다고 볼 수는 없다. 이 모든 자료는 결국 학생들에게 일어난 배움을 면밀하게 파악하기 위한 여러 자료에 해당하기 때문이다. 수행과제를 통하여 파악할 수 없었던 것을 기타 증거 자료를 통하여 파악할 수 있다면 그것은 수행과제 그 이상으로 더 값진 가치를 지닐 수도 있기 때문이다.

(3) 학습 경험과 수업 계획

이제 이러한 수행과제를 이 교육과정의 궁극적인 목적이자 도달점으로 삼고 여기에 도달하기 위해서 학생들은 어떠한 학습 경험이 필요한지를 설계하는 일이 필요하다. 수행과제 자체가 이미 교과 통합적인 성격을 지녔기 때문에 여기에 도달하기 위한 학습 경험이 각각 어떤 교과인지 구분하는 일은 크게 중요하지 않다. 다만 교과의 시수를 중시하는 우리나라의 교육과정 실행 문화상 학습 경험 단위로 주되게 관련한 교과를 우측에 표기하였다.

WHERETO는 학습 경험과 수업 계획을 구체화하는 데 사용되는 약어로서 학습자가 학습 과정에서 어디로 가고 있는지, 왜 그것이 중요한지, 그리고 그 과정에서 어떻게 학습에 참여하고 있는지 등을 명확히 하는 데 도움을 준다.

- **Where:** 학습자들이 학습 과정에서 현재 어디에 있는지, 그리고 그들이 향해 가고 있는 방향을 명확히 한다.
- **Hook:** 학습자들의 관심을 끌고, 그들이 학습 내용에 흥미를 느끼도록 동기를 부여한다.
- **Explore and Experience:** 학습자들이 새로운 정보를 탐색하고, 실제 경험을 통해 학습하도록 한다.
- **Reflect:** 학습자들이 자신의 학습 과정과 결과를 되돌아보고, 자기평가를 할 수 있도록 한다.
- **Evaluate:** 학습자들의 이해도와 학습 결과를 평가한다.
- **Tailor:** 학습 경험을 개별 학습자의 필요, 관심사, 학습 스타일에 맞게 조정한다.
- **Organize:** 학습활동, 자료, 시간을 효율적으로 구성한다.

WHERETO 접근법은 학생 중심의 교육을 강조하며 학생이 학습 과정에 더 활발히 참여하고 궁극적으로 학습 목표를 달성하는 데 도움을 주는 것을 목표로 한다. 이는 학생들이 학습의 의미와 목적을 이해하고 그 과정에 적극적으로 참여하며 자신의 학습 과정을 반성하고 평가할 수 있는 기회를 제공함으로써 보다 깊은 이해와 지속 가능한 학습 능력을 개발할 수 있도록 돕는다(Wiggins & McTighe, 2005: 141).

표 5-9 학습 경험 및 수업 계획

차시	학습 경험 및 수업 계획	평가 방법	W	H	E1	R	E2	T	O	교과
수업 열기 1~4	1. 정치는 세상을 바꿀 수 있을까?		○	○					○	사회
	2. 정치의 뜻 알아보기		○		○					
	3. 사례를 통하여 정치가 무엇인지 이야기하여 보기					○				
	[본질적 질문] 생활 속에서 정치가 필요한 상황은 언제인가?					○	○			
	4. 민주 정치의 뜻 알아보기								○	
	5. 정치 문제를 해결하는 방법 알아보기	관찰								
	[본질적 질문] 민주 국가의 주인은 누가 되어야 하는가?	서술형		○				○		

차시	학습 경험 및 수업 계획	평가 방법	W	H	E1	R	E2	T	O	교과
5~8	6. 규칙은 왜 필요할까?	〈토의·토론〉		○						사회
	7. 생활 속 법 사례 찾아보고, 공유하기		○							
	8. 「헌법」의 의미 알기									
	9. 「헌법」의 내용 살펴보기				○		○			
	10. 「헌법」에서 보장하는 국민의 기본권과 사례 조사하기								○	
	11. 「헌법」에서 보장하는 국민의 기본권과 사례 발표하기	〈상호〉		○				○		
9~12	12. 삼권 분립이란 무엇인가?							○	○	사회
	13. 국회와 법원이 하는 일 알아보기		○							
	14. 정부가 하는 일 알아보기				○		○		○	
	15. 국가의 일을 나누어 맡아야 하는 까닭은 무엇인가?	〈토의·토론〉			○					
13~14	[본질적 질문] 시민은 어떻게 정치에 참여할 수 있는가?			○						창제, 사회
	16. 사회참여 사례 영상 시청하기					○		○	○	
	17. 누가 사회참여 활동을 할까?					○	○			
	18. 사회참여란 무엇일까?	〈관찰〉		○				○		
	19. 사회참여 4단계 방법 알아보기		○					○		
15~16	20. 사회참여 사례: 노인분들, 더 이상 힘든 버스는 No!									창제, 사회
	21. 사회참여 사례: 국립중앙박물관 새롭게 만들기		○		○				○	
	[본질적 질문] 민주 국가에서 시민의 정치 참여가 필요한 이유는 무엇인가?	〈서술형〉			○	○	○			
	[본질적 질문] 민주 국가의 주인은 누가 되어야 하는가?			○				○		
17~20	[본질적 질문] 생활 속에서 정치가 필요한 상황은 언제인가?							○		사회
	22. 생활 속에서 중요하다고 생각하는 문제점 찾아보기		○	○		○				
	23. 생활 속에서 중요하다고 생각하는 문제점 발표하기			○			○			
	24. 〈문제 인식〉 우리 반 사회참여 프로젝트 문제 선정하기									
	[본질적 질문] 시민은 어떻게 정치에 참여할 수 있는가?					○		○		
	25. 사회참여 프로젝트 계획 세우기(사회참여 4단계)	〈자기〉	○					○		

차시	학습 경험 및 수업 계획	평가 방법	W	H	E1	R	E2	T	O	교과
21~22	26. 자료를 활용하여 발표하면 좋은 점 알아보기			○						국어
	27. 다양한 종류의 자료와 효과 알아보기		○							
	28. 자료가 있을 때와 없을 때 발표 비교하기									
	29. 자료의 객관성과 타당성이 필요한 이유 알아보기									
	30. 발표 상황에 따른 적절한 자료 찾아보기				○		○			
	31. 자료를 활용하여 발표하는 방법 정리하기	〈자기〉							○	
	32. 자료를 활용하여 발표할 때 주의할 점 생각하기			○				○		
23~26	33. 〈자료 조사〉 문제 관련 설문조사 작성 및 실시			○		○			○	국어·수학
	34. 비율 그래프가 필요한 이유 살펴보기					○		○		
	35. 비율 그래프를 해석하여, 정보를 얻는 방법 알아보기									
	36. 조사한 자료를 해석하여, 비율 그래프로 나타내기									
	37. 〈자료 조사〉 설문조사 결과 분석 및 해석	〈상호〉		○		○				
27~30	38. 〈자료 조사〉 문제와 관련한 법 조사 및 분석			○				○		사회
	39. 〈해결 방안〉 대안 정책 조사 및 분석		○						○	
	40. 〈해결 방안〉 공공 정책 제안 및 평가					○		○		
	41. 〈해결 방안〉 정책 제안서 작성	〈관찰〉		○						
31~34	42. 〈정책 제안 및 실천〉 정책 제안서 설문조사 및 서명운동					○		○		창제
	43. 〈정책 제안 및 실천〉 온라인·오프라인 정책 제안									
	44. 〈정책 제안 및 실천〉 정책 실천을 위한 캠페인 활동					○	○			
35~38	45. 사회참여 발표대회 보고서 작성: 체계적 내용 구성	〈관찰〉						○		국어
	46. 사회참여 발표대회 발표 준비: 매체를 활용한 발표	〈관찰〉				○				
39~40 수업 닫기	47. 사회참여 발표대회 참가 및 발표	[수행 과제]	○			○		○		사회
	48. 사회참여 프로젝트 참가 후기 작성 및 공유	〈상호〉				○	○	○		
	[본질적 질문] 생활 속에서 정치가 필요한 상황은 언제인가?	〈자기〉						○	○	
	[본질적 질문] 시민은 어떻게 정치에 참여할 수 있는가?	〈자기〉	○				○			

학습 경험과 수업 계획을 구분하는 단위는 사용하는 교사에 따라 얼마든지 달라질 수 있다. 여기에서 제시한 학습 경험과 수업 계획은 학생들의 학습 경험 단위로 제시하였다. 즉, 학생은 총 48개의 학습 경험을 40차시에 거쳐 학습한다는 의미이다. 그리고 모든 학습 경험이 교과 통합적으로 이루어진 것은 아니다. 어떤 경험은 특정 교과 내용이기도 하였고, 어떤 경험은 교과서 활동 그대로이기도 하였다. 중요한 점은 그러한 학습 경험이 모두 '학교 주변 안전 문제 해소를 위한 사회참여 프로젝트'라는 실로 이어지고 있다는 점이었다.

학생들이 경험한 이 프로젝트의 수업은 앞서 교육과정 이야기에서 제시한 바와 같이 '문제 인식—자료 조사—해결 방안 수립—정책 제안 및 실천'의 네 단계에 가까웠으나 교사가 설계한 교육과정의 모습은 총 48개의 학습 경험으로 구체화되었다. 학생이 경험한 수업의 모습은 '활동' 자체에 초점이 맞추어져 있으나 교사의 설계에는 그러한 활동을 넘어 학생이 배워야 할 국가 교육과정(역량, 교과, 성취기준 등)이 함께 고려되었기 때문이다.

4) 사회참여 프로젝트 교육과정의 마무리

약 5개월에 걸친 장기간 사회참여 프로젝트를 마친 후 학생들의 가장 주된 반응은 이 프로젝트가 끝나서 너무나 아쉽다는 점이었다. 그 5개월은 학생들이 느끼기에 그 어느 때보다 힘들고 그 어느 때보다 치열했던 순간들이었다. 그럼에도 불구하고 학생들의 주된 반응이 아쉬움이라는 점, 그리고 그 아쉬움의 원인이 이 프로젝트를 더 이어가지 못하기 때문이라는 점이 다소 놀라웠다. 여기에서 한 가지 더 놀라운 점은 학생들은 정작 학생들에게 자신의 정책 제안에 따른 결과는 사실 크게 중요하지 않았다는 점이다. 프로젝트에 참여하는 과정에서는 이렇게 노력을 해서 반드시 학교 주변에 눈에 띄는 변화가 일어났으면 좋겠다는 바람이 가득하였으나, 막상 이러한 과정을 모두 마치고 나니 결과는 생각보다 중요치 않다는 것을 학생들 스스로가 느꼈다. 그렇다고 하여 결과 자체가 중요치 않고 무조건 과정만이 중요하다는 점을 강조하려는 것은 아니다. 학생들은 그저 자기들만의 문제라고 생각했던 등하굣길 문제를 학교에서 그것도 수업 시간에 공식적인 주제로 가져와 다루었다는 점, 그리고 학교에서 배우는 공부들이 사실은 자기가 살아가는 삶과 밀접한 관련이 있다는 점을 느낀 것만으로도 큰 의의가 있던 것이다.

사회참여 발표대회에 대한 기억이 잊혀 갈 무렵, 학교 앞 공사가 시작되었다. 학교를 둘러싼 등하굣길에는 모두 도보가 생겼고 도보와 차도를 구분 짓는 울타리도 함께 설치되었다.

그리고 어린이 보호구역을 나타내는 표지판이 곳곳에 설치되었고, 학생들의 주된 등하굣길에 해당하는 구역의 바닥에는 어린이 보호구역임을 나타내는 붉은색 도로표지가 생겨났다. 그뿐만 아니다. 학교 주변에 불법주정차와 쓰레기 무단투기를 단속하는 카메라가 설치되었고, 학교 뒤편 수영장 길에는 밤에도 환하게 빛나는 가로등이 설치되었다.

　이런 변화를 보며 학생들은 자신이 만들어 낸 변화에 한 번 놀라고, 학교에서 배운 지식이 자기의 삶에 실질적인 변화를 가져왔다는 사실에 다시 한번 놀랐다. 아리스토텔레스는 '경이'야말로 교육의 목적이자 동기라고 말하였다. 이러한 학생의 경이를 촉발하게 된 것이 통합교육과정 때문이라고는 단정할 수는 없으나 통합적인 경험 이후 학생이 이러한 경이를 느꼈다는 점은 분명하다.

 참고문헌

김대현(2017). 교육과정의 이해(2판). 서울: 학지사.
소경희(2017). 교육과정의 이해. 경기: 교육과학사.

Drake, S. (1993). *Planning integrated curriculum: The call to adventure*. Alexandria, VA: Association for Supervision and Curriculum Development.

Drake, S. M., & Burns, R. C. (2004). *Meeting standards through integrated curriculum*. Alexandria: ASCD.

Drake, S. M., Reid, J. L., & Kolohon, W. (2014). *Interweaving Curriculum and Classroom Assessment: Engaging the Twenty-First-Century Learner*. 정광순, 조상연, 김세영 공역 (2022). 통합교육과정으로 수업과 평가 엮기. 서울: 학지사.

Erickson, H. L., Lanning, L. A., & French, R. (2017). *Concept-based curriculum and instruction for the thinking classroom*. Thousand Oaks, CA: Corwin Press.

Fogarty, R. (1991). *The mindful school: How to integrate the curricula*. IL: Skylight Publishing, Inc.

Ingram, J. B. (1979). *Curriculum integration and life long education*. Paris: UNESCO.

Jacobs, H. H. (1989). *Interdisciplinary curriculum: Design and implementation*. Alexandria:

ASCD.

Wiggins, G. P., & McTighe, J. (2005). *Understanding by design* (2nd ed.). Alexandria, VA: Association for Supervision and Curriculum Development.

제6장

탈학문적 접근

I. 개요

　탈학문적 통합교육과정은 학습자 중심적 입장에서 자유로운 표현활동이나 문제해결의 과정을 통해서 이루어지는 경험과 활동을 중심으로 교육과정이 통합되는 방식이다. 탈학문적 통합교육과정은 교과의 구조를 무시하는 구조 없는 접근방법으로서, 교과의 독립성이 완전히 상실되며, 학교에서의 학습내용은 곧 일상생활에서의 경험한 것과 동일하다. 탈학문적 통합교육과정은 학생에게 학습경험의 선택권이 주어지는 학생 중심의 접근이 되고, 학문보다는 학습이 이루어지는 과정에 더 관심을 두기 때문에 논리적 측면보다는 심리적 측면을 강조하게 된다(이영만, 홍영기, 2006: 2000).

　탈학문적 통합교육과정은 주제를 중심으로 개발되는 경향이 있다. 다학문적 통합교육과정도 주제를 중심으로 개발되는 공통점이 있다. 그러나 다학문적 통합교육과정에서는 공통된 주제를 선정하고, 각 교과별로 주제와 관련된 교육내용을 추출하여 통합교육과정을 구성하지만, 탈학문적 통합교육과정에서는 주제를 제시하고, 각 주제와 관련하여 학생들이 흥미와 관심을 보이는 활동을 추출하여 통합교육과정을 구성한다는 점에서 차이가 있다. Ingram(1979)의 교육과정 통합 유형에 따르면, 탈학문적 통합은 기능적 접근으로 분류되며, 다문학적 통합은 구조적 접근으로 분류된다. 이러한 탈학문적 통합교육과정은 Drake(1993)의 초학문적 접근방법, Fogarty(1991)의 몰입형, Jacobs(1989)의 통합의 날과 밀접하게 관련되어 있다.

탈학문적 통합교육과정은 교사, 교사와 학생이 협력하여 학생들이 학습할 주제를 함께 정하고, 그 주제와 관련하여 공부하고 싶은 내용을 결정하는 생성형 교육과정에 해당된다. 교육과정의 교과별 수업시수 산정은 학생들이 배우고 싶은 내용이 어떠한 교과교육과정과 관련되는지에 기초하여 이루어진다.

초등학교 저학년 및 창의적 체험활동 시간에서는 주제 중심의 탈학문적 통합교육과정이 자주 활용된다. 제4장의 다학문적 통합교육과정에서 살펴본 '사과' 주제가 학습자의 흥미와 관심을 중심으로 이루어진다면, [그림 6-1]과 같은 탈학문적 통합교육과정의 모습이 나타날 가능성이 있다.

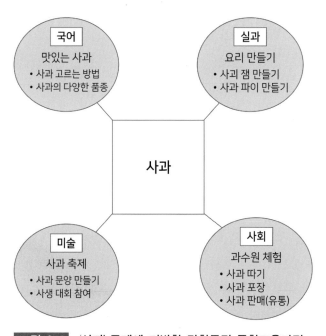

그림 6-1 '사과' 주제에 기반한 탈학문적 통합교육과정

[그림 6-1]의 '사과' 주제에 기반한 탈학문적 통합교육과정 사례에서 볼 수 있듯이, 학생들은 사과 주제와 관련하여 맛있는 사과 고르기, 요리 만들기, 사과 축제 참여하기, 과수원 체험 활동을 선정할 수 있을 것이다. '맛있는 사과 고르기'와 관련하여 학생들은 맛있는 사과 고르는 방법을 매체를 이용하여 조사하여 발표할 수 있으며, 사과의 품종에 따라 맛의 차이가 있다는 것을 배울 수 있다. 학생들이 배운 내용은 국어과의 매체 활용 및 설명하는 글로 연결된다. 그러나 주의할 점은 탈학문적 통합에서는 학생들이 하고 싶은 활동을 먼저

생각하고, 그 활동이 어떤 교과의 내용과 관련성이 있는지를 확인하여 수업시수를 배정해야 한다는 점이다. 학생들의 흥미와 활동에서 학습이 시작되지만, 학생들에게 유의미한 학습경험을 제공하기 위해서 교사의 전문성이 많이 필요하다고 할 수 있다. '요리 만들기'에서 학생들은 사과를 이용한 사과 잼 또는 사과 파이를 만들기를 희망할 수 있다. 이것은 실과 음식 만들기와 연계된다. '과수원 체험'은 사과 따기, 사과 포장, 사과 유통 등에 대하여 배울 수 있으며, 이것은 사회과의 생산자와 유통과 연결할 수 있을 것이다. 학생들이 '사과 축제'에 참여하여 사과 문양을 만들어 보거나 사생 대회에 참여할 수 있으며, 이 경우에는 미술과의 만들기와 그리기와 연결할 수 있을 것이다.

[그림 6-1]의 사과 주제 사례에서 볼 수 있듯이, 탈학문적 통합교육과정은 학생들의 흥미, 활동, 참여를 유발하고 체험중심, 주제중심, 생활경험중심으로 교육과정이 구성되어 프로젝트 중심으로 수업이 운영될 가능성이 높다. 또한 탈학문적 통합교육과정에서 학생이 프로젝트 주제를 계획하고 참여하고 반성하는 과정에서 학생 주도성(student agency)을 경험할 수 있는 기회를 제공한다.

탈학문적 통합교육과정이 학생들의 흥미와 참여에 효과적이지만 깊이 있는 학습이 이루어지지 못한다는 비판이 있다(Wiggins & McTighe, 2005). 이것은 앞의 사례에서 볼 수 있듯이, 탈학문적 통합교육과정이 교과에 기반한 것이 아니기 때문이다. 이러한 문제를 해결하려면 학생들이 선호하는 활동을 교과교육과정과 자유자재로 연결할 수 있는 교사의 교육과정 문해력 및 교육과정 실행 역량이 매우 중요하다고 할 수 있다. 어떤 교사는 사과 잼 만들기 수업에서 사과 잼을 만드는 데 초점을 둘 수도 있지만, 어떤 교사는 사과 잼의 유통기한을 어떻게 늘릴 수 있을지, 어디에 보관하는 것이 좋은지와 같은 발문을 통하여 보다 깊이 있는 탐구학습으로 확장할 수 있기 때문이다.

2. 탈학문적 통합교육과정 사례(1, 2학년): 마을 탐험

'마을 탐험'은 교사와 학생이 함께 만들어서 실천한 통합교육과정이다. 교사와 학생은 마을 탐험이라는 주제에서 배우고 싶거나 해 보고 싶은 것 등을 선정하고 교사와 학생이 원하는 방식으로 실천하면서 통합교육과정을 완성했다. 이런 점에서 '마을 탐험' 통합교육과정은 주제를 가르치고 배우는 탈학문적 통합교육과정 개발이면서 교사와 학생이 협업해서 만들어 가는 교육과정으로 이해할 수 있다.

1) 교사가 통합교육과정을 개발하겠다고 마음먹은 순간

'마을 탐험'은 마을에 어떤 사진 한 장으로부터 시작한 통합교육과정이다. 이교사는 거리 뷰 프로그램을 활용해 우리 마을에 찾아볼 수 있는 주요 공공기관을 가르쳐 주고 있었다. 학생들은 거리뷰 프로그램에서 익숙한 아파트, 놀이터, 문구점 등을 포착하였고, 익숙한 장 소가 나올 때마다 이야기를 꺼내곤 했다. 이런 상황이 계속되다가 하민이는 학생들이 들릴 정도의 혼잣말로 다음과 같이 이야기했다.

"친구들하고 같이 가 보고 싶다."

하민이의 말 한마디에 교실 분위기는 더욱 시끌벅적하게 되었다. 그리고 학생들은 교사 가 중요한 결단을 내려 주길 바랐다. 이교사는 학생의 이 한마디를 의미 있게 만들어 주고 싶었다. 동시에 이교사는 학생이 한 말과 같이 학생과 마을을 돌아다니는 경험을 교사가 가 르쳐야 하는 것도 가르칠 수 있고 학생도 해 보고 싶은 것도 해 볼 수 있는 기회로 만들 수 있다고 생각했다.

"그래, 애들아. 우리 마을 탐험 해 볼까?"

이교사는 공식적으로 학생들에게 마을 탐험을 하자고 선언했다. 그리고 이교사가 한 선 언에 당연히 학생들은 열광했고, 뒤이어 언제 갈 것인지, 가서 무엇을 할 수 있을지 등에 대 해 물었다.

"마을 탐험을 하면서 우리가 무엇을 해 볼 수 있을지 생각해 볼까?"

교사의 제안에 학생들은 그렇게 해 보자고 응답했다. 이렇게 이교사와 학생들은 함께 통 합교육과정을 만들어서 실천하기로 했다. 학생이 한 말에서 시작한 '마을 탐험' 주제는 교 사와 학생에게 구체적인 용어였고, 학생의 관심사, 경험 등에서 생성되었다는 점에서 자연 스럽게 형성되었으며, 교사와 학생이 함께 협의해서 설정했다는 특징이 있다.

2) 학생과 통합교육과정 만들어 가기

(1) 해 보고 싶은 것 제안하고 목록화하기

교사는 학생과 해 보고 싶은 것을 제안하고, 목록화하기 위해 우리가 살아가는 마을의 모습을 떠올리는 것으로 시작했다. 학생들이 자주 가는 장소, 좋아하는 장소, 친구와 가 보고 싶은 장소, 만나고 싶은 사람들 등 모둠별로 주제를 정해 그 주제에 관해 자유롭게 이야기를 나누어 보았다. 예은이는 자신이 떠올린 마을에 관한 이야기를 떠올리면서 며칠 전 읽었던 그림책도 함께 소개했다. 예은이의 그림책 소개를 들으면서 다른 친구들은 예은이에게 그 그림책을 어디서 볼 수 있는지 알려 달라고 했다. 학생들이 예은이가 본 그림책에 관심을 두게 된 것이다.

예은이가 봤던 그림책에 관심이 쏠리자, 이교사는 예은이에게 마을 그림책을 도서관에서 빌려 달라고 요청했다. 예은이는 도서관에 가서 마을 그림책을 대여해서 교사에게 가져다주었다. 그리고 이교사는 예은이에게 친구들에게 그림책을 읽어 줄 수 있는지 부탁했다. 예은이는 흔쾌히 동의했고, 실감 나는 목소리로 친구들에게 그림책을 읽어 주었다. 예은이가 읽어 주는 그림책을 학생들은 집중해서 들었다. 그림책 읽기가 끝난 뒤 이교사는 학생들에게 마을 탐험을 통해 무엇을 해 보고 싶은지 제안해 달라고 요청했다. 학생들은 자신이 해 보고 싶은 것을 친구들과 교사에게 제안했고, 이교사는 이를 장소별로 목록화해서 정리했다.

표 6-1 학생들이 가 보고 싶은 장소와 장소에서 할 일(초안)

▶ 놀이터(학생 제안) - 친구와 탈출 놀이하기	▶ 아파트(학생 제안) - 친구와 아파트 한 바퀴 걷기	▶ 우체국, 주민센터(교사 제안) - 각 장소에서 할 수 있는 일 찾기
▶ 경찰서(학생 제안) - 경찰관 만나기	▶ 마을 지도 만들기(학생·교사 제안) - 마을 사람들이 하는 모습을 지도에 나타내기	▶ 소방서(교사 제안) - 소방관에게 감사 인사 전하기

이교사는 학생이 제안한 것, 교사가 제안한 것, 교사 학생이 공동으로 제안한 것을 목록화하였고, 이를 정리해서 보호자에게 알렸다. 보호자에게 알리는 목적에는 학교 밖으로 체험학습을 간다는 소식을 전하는 의도도 있었고, 혹시라도 학생이 배울 수 있는 유의미한 마을에 있는 장소를 추천받고 싶은 의도도 있었다. 결과적으로, 학생 보호자 두 분이 연락을 주셨다. 보호자 한 분은 마을에 위치한 군부대 소속 군인이었으며, 학생들이 군부대에 방문한다면 잠시 군부대를 견학할 수 있도록 도와주신다고 하셨다. 또 다른 한 분은 별하 학생

의 보호자였다. 별하 부보님은 직접 마을에 집을 짓고 살았는데 만약 학생들이 온다면 별하가 사는 곳을 소개해 주고 싶다고 하셨다. 이교사는 두 보호자의 제안도 학생과 해 볼 활동 목록에 추가했다.

표 6-2 **학생들이 가 보고 싶은 장소와 장소에서 할 일(확정)**

▶ 놀이터(학생 제안) - 친구와 탈출 놀이하기	▶ 아파트(학생 제안) - 친구와 아파트 한 바퀴 걷기	▶ 우체국, 주민센터(교사 제안) - 각 장소에서 할 수 있는 일 찾기	▶ 군부대(보호자 제안) - 군부대 견학하기 - 군인이 하는 일 알기
▶ 경찰서(학생 제안) - 경찰관 만나기	▶ 마을 지도 만들기(학생 · 교사 제안) - 마을 사람들이 하는 모습을 지도에 나타내기	▶ 소방서(교사 제안) - 소방관에게 감사 인사 전하기	▶ 별하네 집(보호자 제안) - 별하네 흔들 의자 타기 - 별하네 마을 구경하기

(2) 주제망 만들기: 버스 경로 만들기

교사는 학생에게 목록화한 장소와 그 장소에서 할 수 있는 것을 보여 주었다. 그리고 우리 학교에서 출발해 어떤 순서로 해 보고 싶은 것을 할지 협의했다. 이 과정은 학생과 '마을 탐험' 통합교육과정의 주제망을 짜는 과정이면서 동시에 활동 순서를 정해 보는 과정이었다.

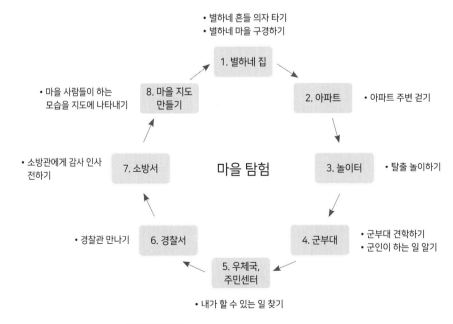

그림 6-2 '마을 탐험'통합교육과정의 주제망

학생들은 학교에서부터 가깝게 갈 수 있는 순서대로 활동 순서를 정했다. 이를 바탕으로 교사와 학생은 별하네 집부터 출발해 마지막 소방서까지 가는 버스 경로를 확정했다. 이교사는 학생과 만든 주제망을 인쇄해서 학생들에게 나누어 주었고, 혹시 더 가보고 싶은 곳이나 어떤 장소에서 해 보고 싶은 활동이 있으면 알려 달라고 요청했다. 이교사는 자신이 제안한 우체국, 주민센터 등 공공장소에서 사람들이 하는 일과 학생이 그곳에서 할 수 있는 일을 알아보는 활동, 소방서에 가서 소방관에게 감사 인사를 전하는 활동을 제외하고는 구체적으로 학생에게 가르칠 내용을 명확히 설정하지 않았다. 이는 이교사가 학생과 실제 그 장소에 가서 학생에게 유의미한 내용을 가르치려고 한 것이고 학생이 실제 배웠다고 한 것을 '마을 탐험' 교육과정에서 다룬 중요한 교육내용으로 선정하고자 한 의도였다.

(3) 마을 탐험 떠나기
① 별하네 집

첫 번째로 학생이 탐험할 장소이자 수업명은 '별하네 집'이었다. '별하네 집' 수업은 별하 학생의 보호자가 학생에게 제안한 활동이었다. 학생들은 첫 번째 장소로 별하네 집에 내렸다. 버스에서 내리자마자 별하 어머니와 마을 분들이 학생들을 맞이해 주셨다. 별하 어머니는 마을에서 가장 오래된 나무와 그 이야기도 알려 주었고, 직접 만든 식혜도 나눠 주었다. 별하 어머니는 평소 실내 조경 식물을 키우는 취미가 있었는데, 직접 학생들을 실내 화원에 데리고 가서 여러 식물의 이름과 식물을 소중하게 대하는 법 등을 알려 주었다. 이후에 학생들은 평소 별하가 평소 자주 말하던 흔들의자도 같이 타 보았고 그 의자 앞에서 함께 사진을 찍으며 첫 번째 수업을 마무리했다.

표 6-3 '별하네 집' 수업 내용

수업명	주요 활동	교사나 다른 사람이 학생에게 가르친 것	관련 성취기준
별하네 집	• 마을에 전해 내려오는 이야기 듣기 • 식혜 마시기 • 실내 조경 식물 관찰하기 • 흔들 의자 타기	• 마을 이야기	• [2국05-04]
		• 식물을 소중하게 키우는 법	• [2슬01-04]

② 아파트

두 번째로 학생이 탐험할 장소이자 수업명은 '아파트'이다. 학생들은 '아파트' 수업에서 자신들이 살고 있는 아파트 주변을 친구, 교사와 함께 산책해 보길 원했다. 교사와 학생은 버스에서 내렸고, 아파트 정문에서부터 천천히 이야기를 나누면서 산책했다. 산책하는 중에 첫 번째 만난 사람은 경비 아저씨였다. 경비 아저씨는 아파트에 온 택배를 정리하고 있었는데, 경비 아저씨는 아이들을 보자마자 반갑게 인사해 주었다. 학생들은 경비 아저씨한테 궁금한 점을 물어보았다.

> 지우: 아저씨, 택배가 이렇게나 많아요?
> 경비 아저씨: 그럼, 당연하지. 사람들이 택배를 쉽게 가져갈 수 있도록 아저씨가 이렇게 정리하는 것이란다.

학생들은 경비 아저씨가 한 말에 깜짝 놀란 표정이었다. 늘 쉽게 받았던 택배가 누군가의 도움으로 좀 더 쉽게 받을 수 있다는 것을 알게 된 눈치였다. 마침 바로 옆에는 택배 기사도 있었는데, 택배 기사는 땀을 흘려 가면서 택배를 옮기고 있었다. 이교사는 학생들에게 사람들이 하는 일에 관한 소중함에 대해 알려 주었다.

> 이교사: 경비 아저씨도 택배 아저씨도 저마다 하는 일을 열심히 하고 있어서 우리가 행복하게 살아갈 수 있어. 우리는 이분들을 위해 어떤 마음을 가져야 할까?
> 주현: 고마운 마음을 가져야 해요. 이분들이 있어서 우리가 잘 살 수 있어요.

짧은 만남을 뒤로 하고 학생들은 이어서 분리수거장 앞에 도착해 있었다. 분리수거장은 조금은 정리가 되지 않은 더러운 상태였다. 교사는 이 장면을 두고 학생과 분리수거장을 깨끗하게 이용하는 법에 대해 가르쳐 주었다. 그리고 왜 공공시설물을 깨끗하게 이용해야 하는지도 학생과 함께 이야기를 나누었다.

표 6-4 '아파트' 수업 내용

수업명	주요 활동	교사나 다른 사람이 학생에게 가르친 것	관련 성취기준
아파트	• 아파트 주변 산책하기 • 경비 아저씨, 택배 기사와 대화하기 • 분리수거장 살펴보기	• 고마운 마음	• [2바01-03]
		• 분리수거장을 개끗하게 이용하는 법	• [2바01-04]
		• 공공시설물을 깨끗하게 이용해야 하는 이유	• [2바02-01]

③ 놀이터

세 번째로 학생들이 탐험할 장소이자 수업명은 '놀이터'이다. 이 수업은 학생들이 가장 기대하는 수업 중 하나였다. 평소 자주 가는 놀이터에서 반 친구 모두와 함께 놀 수 있기 때문이었다. 학생들은 함께하기로 했던 탈출 놀이를 시작했다. 그리고 탈출 놀이하기 어려워하는 친구들은 여러 놀이기구를 활용해 놀았다. 탈출 놀이하면서 학생들은 크고 작은 다툼이 있었다. 그리고 놀이기구를 활용할 때도 크지 않은 갈등도 있었다. 그때마다 교사는 학생에게 함께 규칙에 대해 다시 이야기를 나눠 본 후 놀이를 진행하는 법을 가르쳤다. 학생들은 평소 자주 가던 장소에서 규칙을 정하고 그 규칙을 지켜가며 놀이하는 경험을 할 수 있었다.

놀이가 끝난 후 놀이터 옆에 있는 나무 정자에 모여 함께 점심 식사를 했다. 학생들은 자신이 가져 온 도시락과 간식을 서로 나눠 먹었다. 그리고 식사가 끝난 뒤에는 다른 사람들이 정자를 이용할 수 있도록 깨끗하게 청소도 했다. 이렇게 세 번째 놀이터 수업이 마무리되었다.

표 6-5 '놀이터' 수업 내용

수업명	주요 활동	교사나 다른 사람이 학생에게 가르친 것	관련 성취기준
놀이터	• 탈출 놀이하기 • 규칙 만들기 • 규칙 지키기 • 타인을 배려하기 • 공공장소 깨끗하게 이용하기	• 공동체 생활 모습	• [2바03-03]
		• 소통하며 어울리기	• [2즐01-03]
		• 상대방의 말을 듣고 말하기	• [2국01-02]

④ 군부대

네 번째로 학생이 탐험할 장소이자 수업명은 '군부대'이다. 이 수업은 직업 군인인 학생의 보호자가 학생들에게 제안한 활동이었다. 학생들이 군부대 도착하자마자 군복을 입은 군인 세 분이 인사해 주셨다. 학생들은 군인의 인사 방식을 활용하여 군인에게 답례 인사했다. 학생을 초대한 현웅이 아버지는 학생들에게 군부대 이곳저곳을 관람하도록 도와주셨다. 그리고 군인이 어떤 일을 하는지, 이 군부대는 어떤 역할을 하는지를 가르쳐 주었다. 현웅이 아버지는 군인들만 이용할 수 있는 가게에서 학생들에게 아이스크림 간식도 하나씩 사서 주셨다. 학생들은 마지막으로 현웅이 아버지와 경례하며 이번 수업을 마쳤다.

표 6-6 '군부대' 수업 내용

수업명	주요 활동	교사나 다른 사람이 학생에게 가르친 것	관련 성취기준
군부대	• 군부대 관람하기 • 군부대 이야기 듣기 • 군인처럼 인사하기	• 군인이 하는 일	• [2슬02-01]
		• 우리 마을 군부대가 하는 역할	• [2슬01-03]
		• 군인과 인사하는 법	• [2국01-05]

⑤ 우체국과 주민센터

다섯 번째로 학생이 탐험할 장소이자 수업명은 '우체국과 주민센터'이다. 이 수업은 마을 사람들이 자주 사용하는 공공장소에는 무엇이 있고 이곳에서 무엇을 할 수 있을지를 알아보고자 교사가 제안한 활동이었다. 먼저, 학생들은 우체국에 들어갔다. 이교사는 사전에 우체국 직원에게 우체국이 하는 일과 역할, 학생이 우체국에서 할 수 있는 일에 대해 가르쳐달라고 요청했다. 우체국 직원은 학생에게 우체국을 설명해 주었다. 그리고 실제 우체국을 어떻게 이용할 수 있는지 그 순서대로 알려 주었다. 학생들은 짧은 시간이었지만 우체국에서 어떤 일을 하는지 그 실제 모습을 살펴볼 수 있었다.

다음으로, 학생들은 우체국 옆에 있는 주민센터로 이동했다. 이교사는 사전에 우체국 직원에게는 설명을 요청했지만 주민센터에는 따로 방문 요청을 하거나 설명을 요청하지 않았다. 그런데 우연히도 학생 보호자 중 한 분을 주민센터에서 만나게 되었다. 보호자는 주민센터에서 일하시는 직원이었고, 교사에게 따로 연락하지는 않았지만 아이들이 오기를 기다리고 있었다고 했다. 덕분에 주민센터의 여러 직원들이 아이들을 맞이하러 나와 주었고, 이곳에서 어떤 일을 하는지 실제 그 장소를 탐방해 보면서 가르쳐 주었다.

학생들은 우체국과 주민센터를 방문해서 실제 그곳에서 살아가는 사람들의 생활 모습을 이해할 수 있었고, 그 사람들의 이야기를 들으면서 우리 마을 사람들이 어떤 일을 하고 학생은 이 사람들과 어떤 관계를 맺을 수 있을지 이해할 수 있었다.

표 6-7 '우체국과 주민센터' 수업 내용

수업명	주요 활동	교사나 다른 사람이 학생에게 가르친 것	관련 성취기준
우체국과 주민센터	• 어떤 일을 하는지 듣기 • 내가 어떤 일을 할 수 있는지 찾기 • 여러 마을 사람과 인사 나누기	• 타인의 말 듣기	• [2국01-01]
		• 공공장소 이용하는 법	• [2바02-01]
		• 관계 맺기	• [2국01-05]

⑥ 경찰서

여섯 번째로 학생이 탐험할 장소이자 수업명은 '경찰서'이다. 이 수업은 평소 경찰차와 경찰관에 관심이 많은 학생이 제안한 수업이었다. 학생들은 경찰서에 가서 경찰관에게 궁금한 것도 물어보고 싶고 실제 경찰차도 타 보고 싶다고 했다. 이교사는 사전에 경찰서에 방문 요청을 하였고, 학생들이 도착하자마자 경찰관 세 명이 맞이해 주었다. 경찰관은 학생들에게 경찰서 곳곳을 보여 주며 이곳에서 어떤 일을 하는지 알려 주었다. 그리고 학생들이 타 보고 싶어 했던 경찰차를 태워 주기도 했다. 경찰관은 그 무엇보다 학생의 권리에 대해 가르쳐 주었다. 어떤 행동이 나쁜 행동이고 그런 행동을 당하거나 볼 때는 반드시 주변 성인에게 알리고 경찰서에 신고해야 한다는 것도 알려 주었다. 경찰에 관심이 깊은 학생들은 경찰관이 되려면 어떻게 해야 하는지 질문했었는데, 경찰관은 "학생에게 경찰관이 되려면 주변에 어려운 사람이 있으면 도울 수 있어야 하고 나쁜 행동을 하는 사람을 주변 사람에게 알릴 수 있어야 한다"고 답해 주었다. 학생들은 경찰관을 만나면서 경찰관이 하는 일, 아동의 권리, 나쁜 행동을 보았을 때 할 수 있는 일 등에 대해 배울 수 있었다.

표 6-8　'경찰서' 수업 내용

수업명	주요 활동	교사나 다른 사람이 학생에게 가르친 것	관련 성취기준
경찰서	• 경찰서 관람하기 • 경찰차 타기 • 경찰관에게 질문하기	• 경찰관이 하는 일	• [2슬02-01]
		• 아동의 권리	• [2즐03-04]
		• 나쁜 행동을 보았을 때 할 수 있는 일	• [2즐03-04]

⑦ 소방서

일곱 번째로 학생이 탐험할 장소이자 수업명은 '소방서'이다. 이 수업은 교사가 타인에 감사하는 마음을 표현하는 기회를 마련하고자 학생에게 제안한 수업이다. 마을 탐험을 떠나기 전에 학생들은 우리 마을에 소방관이 있어 어떤 도움을 받는지 알아보았다. 그리고 소방관이 타인을 위해 희생하는 모습도 영상을 통해 알아보았다. 이후에는 타인을 위해 희생할 줄 알고 타인을 위해 살아가는 소방관에게 감사하는 마음을 담은 짧은 편지를 썼다. 그리고 어떤 말을 하면서 편지를 드리면 좋을지도 함께 정했다.

경찰서에 도착한 것과 같이 소방서에 도착하자마자 여러 소방관이 학생들을 따뜻하게 맞이해 주었다. 그리고 소방차를 가까이에서 볼 수 있도록 도와주었다. 이후 학생들은 준비한 편지를 소방관에게 건네면서 고마운 마음을 표현했다. 학생들이 건넨 고마운 마음에 소방관들은 답례 인사를 해 주었다. 버스에 다시 올라타면서 학생들은 정말 재밌었다고 했다. 그중에서도 직접 쓴 편지를 드렸던 순간이 좋았다고 했다. 교사는 학생에게 누군가에게 고맙다는 말을 듣는다는 것은 자신이 하고 있는 일에 대해 칭찬을 받는다는 의미이므로, 학생이 한 일이 소방관에게 의미 있는 일이었음을 알려 주었다. 이교사는 학생이 한 말로부터 소방서 수업이 학생에게 유의미한 수업이 되었다는 것을 알 수 있었다.

표 6-9 '소방서' 수업 내용

수업명	주요 활동	교사나 다른 사람이 학생에게 가르친 것	관련 성취기준
소방서	• 소방서 관람하기 • 소방차 관찰하기 • 소방관에게 준비한 편지를 드리고 고마운 마음을 말로 표현하기	• 소방관이 하는 일	• [2슬02-01]
		• 고마운 마음을 표현하는 법	• [2국01-04]
		• 의미 부여하기	• [2즐04-04]

⑧ 마을 지도 만들기

이교사와 학생은 일곱 개의 장소를 탐방하고 난 뒤 학교로 돌아왔다. 그리고 다음 날 학생들은 자신이 보고 듣고 생각한 내용을 지도 위에 표현하기로 했다. 먼저, 이교사는 학생들이 꾸밀 지도를 큰 크기로 인쇄했다. 그리고 그 지도 위에 학생이 갔었던 주요 장소를 표시해두었고 학생들이 알아보기 쉽도록 사진도 옆에 붙였다. 또한 이교사는 마을 탐험하면서 찍었던 사진을 인쇄해서 학생들이 마을 지도에 활용할 수 있도록 나누어 주었다.

마을 지도 만드는 방법은 간단했다. 교사가 표시해둔 장소에 학생이 한 것, 알게 된 것, 재미있었던 것, 아쉬웠던 것 등을 붙임쪽지에 적어 붙이거나 지도 위에 직접 표현하는 것이었다. 장소별로 모둠을 나누었다. 그리고 그 모둠 위에 지도를 올려 두었다. 학생들은 모둠을 돌아다니면서 그 위에 자기 생각을 표현하였다. 자기 생각을 표현하는 과정이 끝난 뒤에는 모둠별로 나누었던 지도를 이어 붙였고, 학교 작품 게시판에 붙였다. 교사와 학생들은 학교 작품 게시판에 가서 자신이 경험한 것에 관해 이야기를 함께 나누었다. 교사는 학생한 명의 이야기가 끝날 때마다 그 학생이 이번 마을 탐험에서 보여 주었던 가장 큰 활약을다른 친구들에게 설명해 주었다. 교사는 이를 통해 학생 스스로 어떻게 성장했는지 이해하고 학생이 성장한 모습을 타인에게 인정받도록 돕고자 했다.

교사는 학생들이 만든 지도에 다른 학년 학생들도 우리 마을 사람들의 생활 모습과 자주 가는 장소 등을 표시해서 표현할 수 있도록 안내했다. 쉬는 시간이나 점심 시간에 다른 학년 학생들도 학생이 가보지 않은 여러 장소를 표시해 두었고 그 장소를 설명해 주는 글을 써 주었다. 학생이 만든 작품을 1개월 정도 전시하였다. 학생들은 오며 가며 그 작품을 한 번씩 보았고 그때마다 자신이 했던 마을 탐험도 떠올리고, 다른 학년 학생들이 추천해 준 장소와 그 장소에 관한 내용도 살펴볼 수 있었다.

학생들은 마을에 있는 놀이터에서 함께 놀이한 것을 기억했다. 그리고 학교 놀이터에 가서 주변 친구들에게 탈출 놀이를 알려 주었고, 탈출 놀이는 몇 달간 학생들 사이에서 가장 인기 있는 놀이터 놀이가 되었다. 즉, 학교 밖으로 나간 마을 탐험 수업은 다시 학교 안으로 들어오게 되었고 학생 삶에 유의미한 영향을 주었다.

표 6-10 '마을 지도 만들기' 수업 내용

수업명	주요 활동	교사나 다른 사람이 학생에게 가르친 것	관련 성취기준
마을 지도 만들기	• 내가 배운 것 나타내기 • 겪은 일 나누기 • 성장한 모습에 관해 이야기 나누기 • 친구와 경험한 놀이하기	• 겪은 일 쓰기	• [2국03-04]
		• 전시하기	• [2즐04-03]
		• 기억에 남는 경험을 떠올려 의미 부여하기	• [2즐04-04]
		• 신체 인식과 감각 및 놀이하기	• [2즐01-02]

3) 통합교육과정 완성하기

'마을 탐험'은 학생의 흥미와 요구 그리고 실생활에서부터 학생이 학습할 내용이나 활동을 선정하고 조직한 통합교육과정이다. 교사와 학생은 마을 탐험이라는 주제를 선정하고 선정한 주제에 따라 어떤 특정 교과를 겨냥해서 수업을 만들지 않았다. 오히려 개별 교과를 넘나들면서 학생이 하고자 하는 활동에 교과 지식을 연결하고, 실제 그 활동을 하면서 여러 교과 지식을 배우는 방식이었다. 그래서 수업 시간 단위도 40분으로 고정되지 않았고, 어떤 수업이 특정 교과를 겨냥한다고 보기 어려웠다. 오히려 학습에 필요한 총 시간을 활동별로 블록화해서 활용했다고 볼 수 있으며, 한 활동에 여러 교과 지식을 활용했다고 볼 수 있다. 또한 교과에서 추구하는 방식을 넘어서 학생이 배우고 싶은 방식 또는 학생이 잘 배울 수 있는 방식을 택했다는 특징도 있었다.

'마을 탐험'에서 두드러진 특징은 수업을 해 나가면서 배울(운) 것을 연결했다는 것이다. 즉, 마을 탐험의 교육내용은 교사는 학생이 해 보고 싶은 활동을 하면서 가르쳤던 내용이나

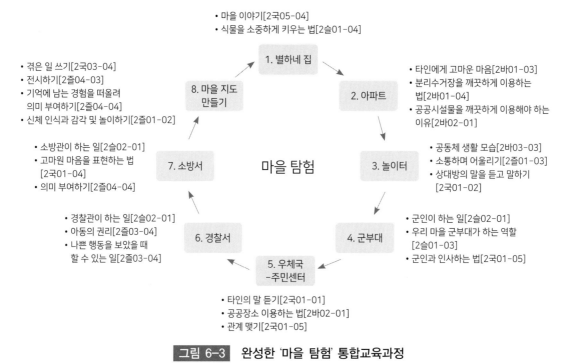

그림 6-3 완성한 '마을 탐험' 통합교육과정

학생이 배운 내용으로 이해할 수 있으며, 이는 수업 시작 전 계획한 것을 넘어서 수업 중에 혹은 수업 후에 선정했다는 것을 의미한다.

이교사는 마을 지도를 만들면서 학생과 수업에 관해 이야기를 나누었다. 학생은 수업에서 자신이 경험한 것을 교사에게 알렸다. 교사는 학생이 경험한 것을 마을 탐험의 교육과정 내용으로 정리하였다. 또한 이교사는 각 수업에서 교사가 혹은 교사가 아닌 다른 사람이 학생에게 가르친 상황도 떠올렸다. 그리고 그 상황에서 학생에게 무엇을 가르쳤는지 정리하면서 그 정리한 내용도 교육과정 내용으로 포섭했다. 이런 과정을 거치면서 이교사는 학생과 '마을 탐험' 통합교육과정을 완성하였다.

3. 탈학문적 통합교육과정 사례(3~6학년): 참새의 죽음을 밝혀라!

이 수업은 2023년 6월 어느 날에 있었던 사건에서 시작하였다. 당시 4학년에서는 학년 특색 활동으로 벼 기르기 프로젝트를 진행하고 있었다. 5월에 볍씨를 심고, 10월에 벼를 수확하기까지 매주 월요일마다 화단 옆에 있는 화분에 물을 채우고, 벼를 관찰하고 생태일지를 썼다. 그날도 다른 날과 마찬가지로 생태일지를 쓰고 교실로 돌아오는 길이었다. 학생들은 날씨가 좋다며 학교 산책을 한 바퀴하고 교실로 들어가자고 졸랐다. 학교 화단에 핀 꽃들을 구경하며 중간 뜰을 걷는 길에 민경이가 외쳤다.

"선생님! 여기 참새가 죽어 있어요!"

민경이의 다급한 외침에 몇몇은 기겁하며 소리를 질렀고, 몇몇 학생들은 "어디에? 어디야?" 하고 물으며 달려왔다. 중간 뜰 화단 옆에 있는 콘크리트 구조물 위에 작은 참새 한 마리가 누워져 있었다. 화단에 떨어진 나뭇가지로 참새를 살짝 건드려 봤지만, 참새는 움직이지 않았다.

"정말 죽었나 봐."

"불쌍해."

"왜 죽은 거야?"

학생들이 웅성거리기 시작했다. 학생들이 참새 주변으로 모여들며 관심을 보이자 이 사건을 수업으로, 즉 '참새가 죽은 사건'을 주제로 통합교육과정을 실행해야겠다고 생각했다. 그래서 학생들에게 죽어 있는 참새에 대해 질문을 했다.

"얘들아. 이 참새는 왜 죽었을까요? 혼자 죽었을까요? 아니면 다른 누군가가 죽인걸까요?"

"학교에 있는 까치가 죽인 게 아닐까요?"

"코로나처럼 뭐 병에 걸려서 죽었나?"

"배가 고파서 죽은 건 아닐까?"

"아! 학교 주변에 사는 길고양이가 참새를 잡은 건가!"

학생들은 여러 의견을 이야기했다.

"시윤아. 시윤이는 엉덩이 탐정을 매일 읽잖아. 혹시 엉덩이 탐정이라면 어떻게 했을까?"

"음……. 일단 잘 관찰하라고 했을 것 같아요. 항상 이런 사건에는 현장에 단서가 있으니까요."

"그럼. 우리 단서를 찾아볼까?"

의욕이 넘치는 학생들은 자신이 직접 참새를 만져 보겠다고 했지만, 위생 및 안전 문제가 우려되어 학생들을 대신하여 교사가 죽은 참새의 몸을 살피기로 했다. 나뭇가지로 이리저리 참새의 몸을 돌려 보았지만, 몸에는 상처 하나 없었고, 부리 주변도 깨끗했다.

"얘들아. 만약 까치나 고양이가 참새를 물어서 죽인 거라면 몸에 상처가 있지 않을까? 근데 상처가 안 보이네. 그렇지?"

"거 봐. 코로나 같은 병에 걸린 거야."

"배가 고파서 죽은 거라니까."

"벽에 부딪힌 걸 수도 있어."

학생들은 수근거리자 학생들의 관심을 수업으로 돌리기 위한 질문을 했다.

"얘들아. 우리 학교에 참새 살인 사건이 일어났어![1] 이렇게 작고 어린 참새가 말이지. 우리는 어떻게 해야 할까요?"

"범인을 찾아서 벌을 줘요!"

"살인 사건을 해결해요!"

마치 경찰이 범죄 사건 현장 사진을 찍는 것처럼 여러 위치와 방향에서 참새 사진을 찍었다. 사진을 찍은 후 학생들은 불쌍한 참새를 묻어 주자고 말했다. 몇몇 학생들은 화단에 떨어진 꽃을 가져와 무덤 위에 놓아두었고, 몇몇은 절을 했다.

"내가 범인을 꼭 찾아줄게. 다음엔 사람으로 태어나."

이렇게 '참새의 죽음을 밝혀라!' 수업이 시작되었다.

그림 6-4 참새 살인 사건 현장과 참새

---

1) 엄격하게 말하면 참새는 사람이 아니기 때문에 살인 사건이 아니다. 그러나 학생들의 관심을 끌고, 수업의 극적인 효과를 높이기 위해 살인 사건이라고 말했고, 이후 수업에서도 사용하였다.

1) '참새의 죽음을 밝혀라!' 수업 준비하기

(1) 주제 수업 계획하기

① 주제를 중심으로 얼개 짜기

'참새의 죽음을 밝혀라' 수업은 학기 초에 계획했던 수업이 아니었고, 참새의 죽음이라는 사건을 계기로 시작하게 된 수업이다. 따라서 이 사건을 주제로 통합교육과정을 운영하기 위해서는 시수를 확보해야 했다. 학교에서는 교사 수준 교육과정 개발 및 운영에 대해 허용적이었고, 학년에서도 학년 교육과정을 운영하면서도 주제별로 여유 차시를 두고 운영하고 있었기 때문에 '참새의 죽음을 밝혀라!' 수업을 진행할 수 있었다.

'참새의 죽음을 밝혀라' 수업을 운영하기 위해서는 여러 교과의 성취기준과 교과서 내용을 연결했다. 또한 어떻게 수업이 진행될지에 대한 대략적인 얼개를 세웠다.

'참새의 죽음을 밝혀라' 수업의 흐름은 '문제 확인(참새의 죽음에 대한 원인 탐색) → 문제해결방법 찾기 → 문제해결 방법 실천'으로 나눌 수 있다. 계획단계에서 세웠던 통합교육과정은 다음과 같다.

- **대상**: 초등학교 4학년
- **주제명**: 참새의 죽음을 밝혀라!
- **관련 교과**: 국어, 도덕, 미술, 창의적 체험활동
- **시수**: 9차시
- **실행 기간**: 6월 2~4주(약 3주)

② 성취기준 및 활동 계획하기

대략적인 얼개에 기초하여 실제 교실에서 통합교육과정을 실행하는 과정과 결과에 따라 관련 교과의 성취기준을 연결하고, 교과 시수로 가져오는 유연한 방식을 사용하였다. 예를 들면, 학생들이 참새 문제를 알리기 위해 짧은 영상을 만들기로 했다면 미술과 창의적 체험활동을 연계하고, 참새 사건에 대한 연극 공연을 하기로 한다면 국어와 창의적 체험활동을 연계하는 식이다. 따라서 초기 얼개와 최종 실행한 교육과정은 달라질 수밖에 없었다.

아래의 주제망은 최종적으로 '참새의 죽음을 밝혀라' 통합교육과정에서 실행한 결과로서 관련 교과를 나타낸 개요이다.

교과를 정할 때와 마찬가지로 최종 실행한 성취기준은 진행한 활동에 따라 최종 선정했

다. 〈표 6-11〉은 최종적으로 학생들이 했던 활동과 관련 성취기준을 나타낸 것이다.

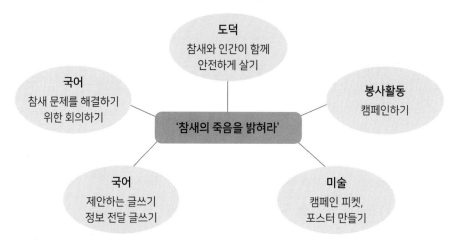

그림 6-5 '참새의 죽음을 밝혀라' 통합교육과정 개요

표 6-11 관련 성취기준 연결 표

교과	성취기준	활동계획
국어	[4국03-03] 관심 있는 주제에 자신의 의견이 드러나게 글을 쓴다.	• 학생들에게 새 충돌 문제의 원인과 심각성을 알리고, 이 문제에 관심을 촉구하는 글을 쓴다. • 교장 선생님께 학교 창문에 새 충돌 방지 스티커를 붙이자고 제안하는 글을 쓴다.
	[4국01-02] 회의에서 의견을 적극적으로 교환한다.	• 자신이 쓴 교장 선생님께 제안하는 글을 발표한다. • 회의 주제에 맞는 말할 내용을 준비한다. • 회의 절차와 규칙을 지켜 교장 선생님과 면담을 진행한다.
도덕	[4도04-01] 생명의 소중함을 이해하고 인간 생명과 환경 문제에 관심을 가지며 인간 생명과 자연을 보호하려는 태도를 가진다.	• 생명에 대한 소중한 마음을 바탕으로 참새를 보호하기 위한 실천계획을 세워 실천한다.
미술	[4미01-04] 미술을 자신의 생활과 연결지을 수 있다.	• 자신이 표현하고 싶은 주제에 적절한 표현방법과 재료를 사용하여 게시물과 포스터를 만든다.
창의적 체험활동		• 일주일 동안 등교 시간과 쉬는 시간에 참새 문제를 알리기 위한 캠페인 활동을 한다.

표 6-12 '참새의 죽음을 밝혀라' 교육과정

관련 교과	국어, 도덕, 미술, 창의적 체험활동		총 시수	9차시
교육과정 주제	인간과 자연(생명)이 함께 살아가기			
교육과정 목표	• 인간과 자연이 공존하는 방법을 탐색하고, 이를 실천한다. 1) 우리(인간)가 살아가면서 자연(참새)에 주는 영향을 알 수 있다. 2) 학교 주변에 살아가는 새들이 안전하게 살 수 있는 방법을 탐색하고, 이해할 수 있다. 3) 자신이 선정한 인간과 자연이 공존하는 방법을 실천할 수 있다.			

활동주제	주요 내용	관련 교과	차시
참새 살인 사건의 범인은? (참새 죽은 원인 탐색)	• 학교에서 일어나는 조류 사건 돌아보기 • 참새가 죽은 원인 추론하기 • 조류 충돌 원인 탐색하기 • 참새가 죽은 원인에 대한 잠정적 결론 논의하기	창의적 체험활동, 도덕	1~2/9
새들과 함께 사는 ○○초등학교 (1. 함께 살아가기 위한 방법 탐색하기 2. 방법 실천하기)	• 조류 충돌을 막기 위한 방법 탐색하기 • 우리가 실천할 수 있는 방법 정하기 • 팀별로 실천하기 위한 방법 준비하기	도덕 미술	3~4/9
	• 조류 문제를 알리는 캠페인하기[2]	창의적 체험활동, 도덕	-
	• 조류 충돌 방지를 위한 제안하는 글 쓰기 • 제안하는 글 고쳐 쓰기	국어	5~6/9
	• 교장 선생님과 면담하기	국어	7/9
	• 조류 충돌 방지 스티커 붙이기 • 마무리하는 글쓰기	창의적 체험활동, 국어	8~9/9

2) '참새의 죽음을 밝혀라!' 수업 실행하기

(1) 1~2차시: 참새 살인 사건의 범인은?

● **도입:** 사건 일지 (10분)

● **전개 1:** 용의자는 누굴까? 1ー친구들과 토의(20분)

● **전개 2:** 용의자는 누굴까? 2ー매체 활용하기(40분)

---

2) 이 활동은 교과 수업 시간이 아닌 등교시간, 쉬는 시간에 이루어졌다. 따라서 시간표나 교육과정 결과에는 포함되지 않지만, '참새의 죽음을 밝혀라!' 수업에서 핵심적인 활동이 되는 부분이기에 반영하였다.

● **정리**: 찾았다! 참새 사건 범인(10분)

1~2차시 수업의 시작은 지난번 산책 이야기에서 시작했다. 그날 찍었던 여러 장의 사진을 찬찬히 살펴보며 학생들과 당시의 상황 속으로 들어갔다.

탐정이나 경찰이 사건의 범인을 찾기 위해 작성하는 사건일지를 간단하게 설명하고, '참새 살인 사건'에 대한 사건일지를 써 보자고 제안했다. 학생들은 탐정 소설에 나오는 주인공이 된 것처럼 진지하게 사건일지를 쓰기 시작했다.

학생들은 참새 사진을 보면서 사건 접수일, 사건 내용을 쓰고, 자신이 생각하는 용의자와 그 이유를 적었다. 학생들은 자신이 생각하는 유력한 용의자를 발표하면서 여러 용의자 후보를 정리했다. 학생들은 참새보다 더 큰 조류의 공격, 코로나 같은 바이러스, 학교 주변의 고양이, 자살, 창문에 부딪힌 충격이 어린 참새를 죽게 했다고 추리했다.

이 과정에서 용민이가 이번 사건처럼 2학년 때 학교에서 죽어 있는 새를 본 적이 있다고 이야기했다. 학교에서 참새가 죽은 일이 처음이 아니라는 사실에 놀란 학생들은 이번 사건의 범인을 찾을 수 있는 단서가 있진 않을까 하며 용민이의 말에 귀 기울였다.

"2학년 때였는데요. 중간 뜰 있잖아요. 근데 이번에 참새가 죽은 곳은 아니고, 2층 복도 통로 아래 쪽이었어요. 거기에 비둘기가 있었는데요. 참새처럼 상처도 없고, 그냥 바닥에 누워 있었어요."

'참새 살인 사건'이 '연쇄 살인 사건'으로 전환하는 순간이었다. 학생들에게 유사한 사건을 경험했는지 물어보자 여러 학생의 진술이 이어졌다. 한 학생은 3학년 때 급식실 앞에서 죽어 있는 새를 보았고, 한 학생은 운동장에서 죽어 있는 비둘기를 본 적이 있었다. 친구들의 증언이 이어지면서 학생들은 우리 학교에서 일어난 총 4건의 조류 연쇄 살인 사건을 사건 일지에 기록했다. 학생들은 학교에서 여러 마리의 새가 죽었다는 사실을 바탕으로 앞으로도 학교 주변에 사는 새들이 더 죽을 수도 있겠다고 예상했

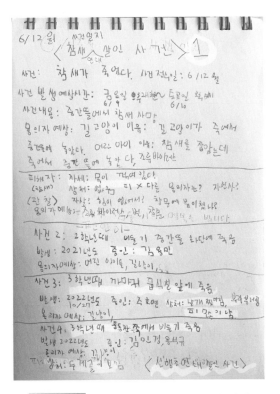

그림 6-6 학생이 기록한 참새 사건 일지

다. 이어 학생들은 새들의 죽음을 막기 위해 범인을 꼭 찾아야겠다는 의지를 다졌다.

학생들은 태블릿을 활용해 새들이 죽은 이유를 찾아 보기로 했다. 우리 학교에서 일어난 일과 비슷한 사건이 있는지 뉴스 기사를 살펴보았다. 학생들은 신문 기사를 찾아 읽었고, 여러 홈페이지에 있는 내용들을 참고하면서 모둠 별로 가장 유력한 용의자를 추정했다.

바이러스가 원인일 수도 있고, 최근 학교에 나타난 고양이가 범인일 수 있지만, 학생들이 말한 가장 유력한 용의자는 바로 '창문'이었다. 죽은 참새에 피가 나거나 부러진 상처가 없었고, 죽은 참새 위에는 투명한 창문이 있었기 때문이다. 특히 이러한 결론에 이르게 된 가장 영향력 있는 근거는 우리나라에서 한 해에 800만 마리가 유리창에 충돌하여 죽는다는 정보(환경부, 국립생태원, 2021) 때문이었다. 수업을 마무리하면서 우리 반에서는 '참새 살인 사건'의 범인을 학교에 있는 '투명 유리창'으로 지목했다. 다음 시간에는 이 문제를 해결하기 위한 방법을 찾기로 하며 수업을 마무리했다.

(2) 3~4차시: 참새의 죽음을 막기 위해

- **도입**: 참새 사건 범인은?(5분)
- **전개 1**: 참새의 죽음을 막기 위한 해결방법 찾기(5분)
- **전개 2**: 해결방법을 위한 계획 세우기(15분)
- **전개 3**: 해결방법 실천하기(50분)
- **정리**: 해결방법 정리하기(5분)

3~4차시 수업은 참새 사건을 해결하기 위한 방법을 탐색하고, 이를 실천하는 수업이었다.

참새가 창문에 부딪히는 이유는 참새가 학교 창문에 반사된 모습이 실제인 줄 알고 날아오기 때문이었다. 사실 지난 시간에 학생들은 이러한 원인을 찾으면서 동시에 해결방법까지 알게 되었다. 대부분의 조류 충돌 문제를 다룬 뉴스 기사나 보도에서 이를 해결할 수 있는 방법까지 함께 제시했기 때문이었다. 그 방법은 창문에 조류 충돌 스티커를 붙이는 방법이었다. 그러나 5층까지 있는 우리 학교에 있는 모든 창문에 스티커를 붙이기 위해서는 많은 돈이 필요하며, 스티커를 산다고 해도 학생들이 직접 창문에 스티커를 붙이기에는 너무 위험했다. 그래서 학생들은 이 문제에 대해 교장 선생님께 도움을 요청하자고 제안했다.

"선생님. 교장 선생님께 말씀드리면 안 되나요?"

"무엇을요?"

"교장 선생님께 스티커를 사 달라고요. 그리고 음…. 1층은 우리가 하고, 나머지 층은 교장 선생님께 전문가를 불러서 해 달라고 해요."

"그럼, 일단 선생님이 교장 선생님께 시간이 되는지 물어볼게요. 교장 선생님이 바쁘시니까요."

평소 교내 교육 활동에 대해 관심이 많고, 적극적으로 지원하는 교장 선생님은 흔쾌히 면담에 참여하기로 했다.

"그럼, 얘들아. 우리는 이제 무엇을 해야 할까요? 무엇을 할 수 있을까요?"

"친구들에게 알려요."

"어떻게 알릴 수 있지?"

학생들은 포스터를 만드는 방법, 캠페인을 하는 방법을 제안했다. 자신이 하고 싶은 방법에 따라 모둠을 구성하여 활동 계획을 세우고 준비했다. 캠페인 모둠과 게시물 모둠이 만들어졌다.

캠페인 모둠은 다음 주부터 일주일 동안 등교 시간과 중간 놀이 시간에 새 문제를 알리기로 했다. 학생들은 종이 박스를 재활용하여 캠페인에 필요한 홍보물을 제작했고, 홍보할 때 외칠 구호도 정했다. 학생들은 "새들을"이라고 선창하는 사람과 "살리자"라고 후창하는 사람, 만나는 시간 등을 논의했다.

그림 6-7 캠페인 홍보물을 만들고 있는 캠페인 모둠

게시물 모둠은 급식실을 비롯한 학교 곳곳에 참새가 죽은 문제를 알리고, 이에 대한 학생들의 관심을 촉구하는 홍보물을 만들기로 했다. 학생들은 사건일지를 참고하여 홍보물을 만들고, 학교 곳곳에 홍보물을 게시했다.

이후 한 주 동안 학생들은 등교 시간과 쉬는 시간마다 자발적으로 돌아다니면서 참새 문

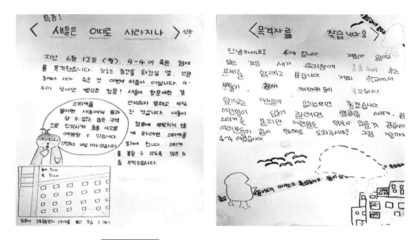

그림 6-8 학생들이 만든 게시용 홍보물

제를 알렸다. 학교 곳곳에서 '참새를 살리자' '새들과 함께 사는 ○○초'라는 구호가 맴돌았다. 그리고 여러 장소에 게시된 홍보물을 읽는 학생들이 점차 늘어났다.

(3) 5~6차시: 교장 선생님과의 면담 준비하기
- **도입**: 주장하는 글 알아보기(5분)
- **전개 1**: 필요한 정보 수집하기(20분)
- **전개 2**: 주장하는 내용을 담아 주장하는 글 쓰기(40분)
- **전개 3**: 친구들이 쓴 주장하는 글 읽어 보기(10분)
- **정리**: 자신이 쓴 글 고쳐 쓰기(5분)

학생들은 일주일 동안 캠페인을 하면서 학교 주변에 사는 새들이 얼마나 많은지, 어디에 주로 보이는지 관찰하기로 했다. 학생들은 등하교하면서 또는 쉬는 시간에 본 새들을 보면 그 위치를 쓰고, 몇 마리의 새를 봤는지 관찰일지에 기록했다.

5~6차시는 학생들이 수집한 자료를 활용하여 교장 선생님에게 주장하는 글을 쓰는 수업이었다.

"교장 선생님과 면담을 하기로 했는데, 교장 선생님이 교실에 오시면 뭐라고 말할 건가요?"

"스티커를 붙여 달라고요!"

"왜요?"

"그래야 새들을 살릴 수 있으니까요."

"그냥 떼를 쓰면서 스티커를 붙여 달라고 하면 안 되겠죠? 교장 선생님께 이 문제를 알리고, 스티커를 붙일 수 있도록 도와달라는 글을 써 봅시다."

학생들은 공책에 '학교 바깥 창문에 조류 충돌 방지 스티커를 붙여 주세요.'라는 주제로 제안하는 글을 썼다. 죽어 있던 참새, 우리 학교에 살아가는 새에 대한 정보를 포함해서 조류 충돌 문제의 원인과 심각성, 해결방법, 해결해야 하는 이유를 글로 썼다. 학생들은 자신이 쓴 글을 친구들과 바꿔 읽으며 초고를 수정하고 보완했다. 고쳐 쓰기를 모두 마친 학생들은 8절지에 제안하는 글을 옮겨 적었다.

학생들은 자신이 쓴 글을 읽고 모둠 대표를 뽑았다. 다시 모둠 대표 중에서 반 대표 학생을 선정했다. 학생들이 쓴 글은 모두 교장 선생님께 드리되 대표 학생이 자신의 글을 대표로 낭독하기로 하고 수업을 마쳤다.

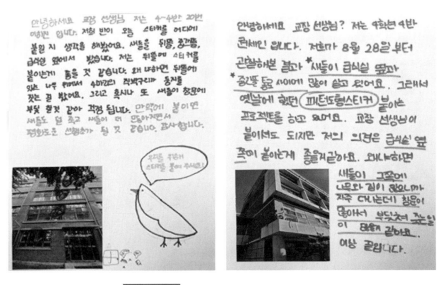

그림 6-9 학생들이 쓴 제안하는 글

(4) 7차시: 교장 선생님과의 만남
- **전개**: 교장 선생님과 면담하기(20분)[3]

---

3) 1차시의 기준은 40분이지만, 면담만 진행했기 때문에 차시 시간을 20분으로 했다.

학생들이 고대하던 교장 선생님과의 만남 시간이 되었다. 교장 선생님이 교실로 들어오자, 학생들은 환호했다.

교장 선생님께 인사를 하고, 대표 학생이 앞으로 나와 자신이 쓴 글을 읽었다. 교장 선생님은 대표 학생의 발표를 경청하며 메모했다.

"네. 잘 들었어요. 사실 교장 선생님은 여러분이 아침 시간마다 캠페인을 하는 걸 봤어요. 급식실에 붙인 게시물도 봤고요. 선생님도 새들이 죽고 있다는 걸 몰랐는데 알게 해 줘서 고마워요. 그런데 선생님이 몇 가지 궁금한 게 있어요."

교장 선생님은 스티커 붙이는 해결 방안에 대한 현실적인 우려나 궁금증을 물었다.

"아까 발표한 내용을 보니 4층 창문에 붙여 달라고 했는데, 누가 붙여요?"

한 학생이 손을 들어서 말했다.

"교장 선생님이요."

"교장 선생님도 못 붙이죠. 위험하기도 하고요. 어떻게 하면 좋을까요?"

"음……. 전문가를 불러요."

"좋죠. 그런데 전문가는 돈을 많이 줘야 할 것 같은데 그 정도 돈은 없을 것 같아요. 다른 방법은 없을까요?"

준우가 큰 소리로 말했다.

"그럼. 제가 붙일게요."

"에이. 안 되죠. 준우가 스티커를 붙이고 싶은 용기 있는 마음은 잘 알겠는데, 4학년이 붙이기에는 너무 위험해요. 그건 안 돼요."

"그러면 1층에만 붙일게요."

"1층에 붙이면 효과가 있나요?"

"사실 뒤뜰 4층이 제일 필요한데요. 거기 직박구리 부부가 둥지를 텄거든요. 그런데 어쩔 수 없잖아요. 그러면 1층 급식실에 붙일게요. 저희가 기른 쌀(벼)를 먹으려고 참새들이 엄청나게 날아 오거든요."

교장 선생님은 행정실장과 사용할 수 있는 예산을 조율해 보고, 알려 주겠다고 말했다. 교장 선생님은 참새의 죽음을 알리고 직접 실천한 모습이 대견하다고 칭찬하면서, 예산이 부족해서 스티커를 붙일 수 없더라도 속상해하지 말라고 하면서 학생들과 인사했다.

다음 날, 교장 선생님은 조류 충돌 방지 스티커를 살 수 있는 예산을 지원할 수 있다고 알렸다.

그림 6-10 교장 선생님과의 면담

(5) 8~9차시: 충돌 방지 스티커 붙이기

● **도입:** 충돌 방지 스티커 붙이는 방법 알기(5분)

● **전개 1:** 충돌 방지 스티커 붙이기(30분)

● **전개 2:** 마무리 글쓰기(40분)

● **정리:** '참새의 죽음을 밝혀라!' 정리하기(5분)

2학기에 새롭게 편성된 학교 예산으로 조류 충돌방지 스티커를 구매했다. 교장 선생님과의 면담에서 의논한 것처럼 2~4층의 창이 아니라 급식실 뒤편 1층 창문에 스티커를 붙이기로 했다.

학생들은 충돌 방지 스티커 붙이는 방법을 영상으로 확인하고, 급식실 뒤편으로 이동했다. 모둠별로 창문을 선정했다. 창문을 깨끗하게 닦고, 학생들은 힘을 합쳐 충돌 방지 스티커를 붙였다.

그림 6-11 학교 창문에 조류 충돌 방지 스티커를 붙이는 모습

　　교실로 들어 온 학생들은 이번 '참새의 죽음을 밝혀라!' 수업을 통해 배운점, 느낀 점, 달라진 점, 궁금한 점을 담아 글을 썼다. 이렇게 '참새의 죽음을 밝혀라!' 통합교육과정을 마무리하였다.

 참고문헌

양효준(2023). 생생한 학교, 숨쉬는 교육. 교육플러스(www.edpl.co.kr)
이영만, 홍영기(2006). 초등통합교육과정. 서울: 학지사.
환경부, 국립생태원(2021). 야생조류 유리창 충돌 시민 참여 조사 지침서. 연구보고서.

Drake, S. (1993). *Planning integrated curriculum: The call to adventure*. Alexandria, VA: Association for Supervision and Curriculum Development.

Fogarty, R. (1991). *The mindful school: How to integrate the curricula*. IL: Skylight Publishing, Inc.

Ingram, J. B. (1979). *Curriculum integration and life long education*. Paris: UNESCO.

Jacobs, H. H. (1989). *Interdisciplinary curriculum: Design and implementation*. Alexandria: ASCD.

Wiggins, G. P., & McTighe, J. (2005). *Understanding by design* (2nd ed.). Alexandria, VA: Association for Supervision and Curriculum Development.

제**2**부

초등통합교과

제7장

초등통합교과의 통합적 성격[1]

통합교육과정(혹은 교육과정 통합) 성격을 하나로 단정해서 규정할 수 없고, 그럴 필요도 없다.[2] 교과를 통합하는 이유가 다양하기 때문에 무엇을 어떻게 통합할 것인가 하는 방식이 다양하고, 의미도 다양하다. 통합교육과정의 목적 · 내용 · 방법(방식)도 서로 다르다. 특히 교실에서 실제로 통합교육과정을 실행하는 교사나 학생 입장에서 보면 통합이라는 이 개념은 스스로의 통합교육과정 실행 경험에 기초해서 그 의미나 성격을 규정하고 구현해 가는 용어이다(Haigh, 1975; Ward, 1960).

통합교과는 현행 국가차원 교육과정을 구성하는 국어, 수학과 같은 학교교과이며, 초등학교 1, 2학년을 대상으로 하는 바른 생활, 슬기로운 생활, 즐거운 생활 교과이다. 통합교과 혹은 통합교육과정이 지닌 성격은 초등학교 저학년(주로 1, 2학년)용 교과, 초등학교 1, 2학년 교실에서 하는 통합교과 수업을 지원하는 교과라는 관점에서 접근한다. 이에 통합교과의 성격을 그동안 통합교과가 초등학교 1, 2학년 수업과 관련해서 무엇을 해 왔고, 향후에는 무엇을 해야 하는지와 관련해서 설명하고자 한다. 이를 위해서 먼저 1983학년도 이후

---

1) 이 글은 한국통합교육과정학회 제32회 정기 학술대회에서 발표한 '초등통합교과의 미래 지향적 의미'의 일부이다.
2) 이 문제는 통합이 무엇인지 정의 내리기 어렵다는 것을 의미한다. "통합하는 방법은 무척이나 다양하기 때문에 통합을 정의 내린다는 것을 난센스"(Haigh, 1975: 5)라고 말하기도 한다. 교육학 영역에서 '통합'이라는 개념은 교육, 교육과정, 수업의 방식 등 여러 수준에서 다양한 의미로 상용해 온 용어이고, 그래서 모호한 용어이다(Ward, 1960). 누구도 통합에 대해 딱 한 마디로 말하기도 힘들고, 그래서 이 말 저 말들이 많을 수밖에 없다.

현재까지 국가차원에서 통합교과와 교과를 통합한 (국정)교과서를 연구·개발해서 학교에 보급해 온 역사를 '교과별 교과서(제4차 개정 교육과정부터 2007 개정 교육과정까지)'와 '주제별 교과서'(2009 개정 교육과정부터 현재까지)로 구분하였다.

'교과별 교과서'는 바른 생활 교과서, 슬기로운 생활 교과서, 즐거운 생활 교과서이다.

그림 7-1 교과별 교과서

바른 생활, 슬기로운 생활, 즐거운 생활은 제4차 국가교육과정(1981~1987)을 개정하면서 교과가 아니라 교과서로 도입하였다. 국가교육과정에서는 8개 교과(도덕, 국어, 산수, 사회, 자연, 음악, 미술, 체육)가 있었고, 이 중 2~3개 교과를 통합한 교과서(도덕, 국어, 사회를 통합한 '바른 생활', 산수, 자연 교과를 통합한 '슬기로운 생활', 음악, 미술, 체육을 통합한 '즐거운 생활')를 개발해서 1983학년도부터 2012학년도까지 전국의 모든 초등학교 1, 2학년 교실 수업에서 사용할 수 있도록 보급해 왔다.

이런 교과별 교과서는 한 단원 혹은 차시에 기존의 두세 개의 교과 내용을 연계 구성한 '다교과 일교과서'였다(김희정, 2015). 가령, 『슬기로운 생활 1-1』에 실려 있는 1단원 '우리 교실'을 보면, 자연과의 '물체의 성질과 분류'에 연결해서 산수과의 '기본 도형의 모양 관찰하기'을 수업할 수 있도록 하였다.

이런 구성은 바른 생활이나 즐거운 생활도 마찬가지였다. 교과별 교과서를 보급하자 초등학교 1, 2학년 교실 수업 시간표는 바른 생활, 슬기로운 생활, 즐거운 생활로 바뀌었고, 수업은 슬기로운 생활 시간에 슬기로운 생활 교과서를 가르치는 풍경으로 바뀌었다.

구분	월	화	수	목	금		월	화	수	목	금
1교시	도덕	체육	국어	자연	사회	→	바른 생활	즐거운 생활	바른 생활	슬기로운 생활	슬기로운 생활
2교시	국어	산수	자연	국어	도덕		바른 생활	슬기로운 생활	슬기로운 생활	바른 생활	바른 생활
3교시	체육	국어	산수	음악	국어		즐거운 생활	바른 생활	슬기로운 생활	즐거운 생활	바른 생활
4교시	산수	국어	산수	음악	미술		슬기로운 생활	바른 생활	슬기로운 생활	즐거운 생활	즐거운 생활
5교시		미술	사회						즐거운 생활	바른 생활	

그림 7-2 1983학년도 월곡초등학교 1학년 3반 교실 시간표 변화

이런 교과별 교과서는 8개 교과를 다루는 대신 3개의 교과만 다룬다는 점에서 교실 수업은 덜 번거로웠고 그만큼 수업에 집중할 수 있는 편의성으로 인해 현장에서는 크게 환영했다(곽병선 외, 1986; 김두정 외, 1986; 김재복, 1980; 정광순, 2010).

당시 초등학교 교실에서 교사와 학생들은 교과를 통합한 수업 경험이 거의 전무한 상황이었고, 교사와 학생들은 평소 하던 수업 그대로 국어, 수학 등의 교과 교과서 대신 바른 생활 등 통합교과의 교과서를 한 쪽씩 가르치고 배웠지만, 이전과는 달리 교과를 통합해 놓은 수업을 접할 수 있었다(박민정, 2007; 정광순, 2006). 교과별 교과서를 통해서 2개 이상의 교과 내용을 통합한 내용 간 통합뿐만 아니라, 내용과 학생들의 생활 세계 간 통합, 다양한 상황이나 학생의 요구와 통합하는 수업 등 점점 더 다양한 형태로 교과를 통합한 수업들을 경험했다. 따라서 교과별 교과서가 초등학교 교실 수업에 기여한 점이라면, 교사와 학생에게 교과를 통합한 수업을 (강제로) 경험할 수 있도록 했다는 점이다.

그리고 '주제별 교과서'는 통합교과 바른 생활, 슬기로운 생활, 즐거운 생활을 통합한 교과서이다.

그림 7-3 주제별 교과서

주제별 교과서에서는 하나의 주제를 중심으로 기존의 교과를 통합한 주제단원[혹은 유닛unit]을 개발하여, 월별로 사용할 수 있도록 분권한 교과서로, 2009 개정 교육과정부터 현재까지 사용하고 있다.

『여름2-1』 1단원 '곤충과 식물'의 경우 '여름'을 학습 주제로 바른 생활, 슬기로운 생활, 즐거운 생활 교과를 통합한 단원을 개발하였다. 이 주제 단원은 학습 주제를 만나서, 단원의 차시들을 학습하고, 총합 활동으로 마무리할 수 있도록 구성하였다. 2013학년도부터 이런 주제별 교과서를 현재까지 사용하면서,[3] 초등학교 1, 2학년 교실 수업 시간표에는 바른

---

3) 주제별 교과서는 2015 개정 교육과정(2015~2022)에 와서 교실에서 교사와 학생이 통합교육과정을 개발할 수 있는 장치로서 '구성차시(blank lesson)'를 도입하여 빈 공간 있는 교과서를 제시하면서 교실에서 통합단원을 개발을 촉진했다(교육부, 2017; 이찬희, 2020; 이한나, 정광순, 2021; 정광순, 박채형, 2017). 그리고 2022 개정 교육과정(교육부, 2022)에 따른 개발 중인 교과서에서는 배움지도를 완성해 가는 교과서 만들기 플랫폼 기능과 교

- 경험나누기   • 그림책읽기   • 차시 순서정하기   • 주제학습

그림 7-4   여름2-1 1단원 곤충과 식물(2009년 개정)

생활, 슬기로운 생활, 즐거운 생활 대신에 주제별 교과서에서 월별로 다루는 학습 주제가 수업의 풍경으로 전면 등장하기 시작했다.

	월	화	수	목	금		월	화	수	목	금
1교시	국어	즐거운 생활	수학	즐거운 생활	국어		국어	수학	국어	수학	국어
2교시	국어	슬기로운 생활	수학	바른 생활	국어		국어	국어	수학	국어	수학
3교시	즐거운 생활	수학	슬기로운 생활	국어	즐거운 생활		학교				
4교시	슬기로운 생활	바른 생활	슬기로운 생활	수학	즐거운 생활						
5교시		즐거운 생활	국어						창의적 체험활동		

그림 7-5   2013년 월곡초등학교 1학년 3반 교실 시간표 변화

이런 주제 단원으로 교실에서 교사와 학생들은 차시 중심의 교과를 통합한 수업을 넘어서 단원 단위의 통합교육과정을 경험하게 되었는데, 특히 주제 단원은 초등학교에서 동학년별로 교육과정을 공동개발하여 운영하던 교사들에게 교과통합형 유닛 형태의 동학년 교육과정 개발을 예시해 주었다(김세영, 2020; 유성열, 이찬희, 2022). 이런 주제별 교과서는 교실교육과정 개발의 마중물이 되면서, 초등학교 교육과정 실행 문화를 교과서 중심에서 (로컬) 교육과정 중심으로, 차시 만들기 중심에서 단원 개발 중심으로 전환하는 변화를 추동하는 데 기여하고 있다.

통합교과가 초등학교 교과교육의 장에서 수행해 온 이런 역할을 한 관점에서 통합교과의 성격을 전체성, 창의성, 개방성으로 드러내 볼 수 있다.

과서를 만들 때 참조할 수 있는 차시 모듈을 도입하여 같은 교과서를 사용하지만 교실마다 상이한 주제 단원을 실행할 수 있도록 지원한다고 안내하고 있다(교육부, 2024; 민보선, 2023; 유성열, 2023; 정광순 외, 2022).

I. 전체성

중세 학교가 등장한 이후, 오늘날 제도로 운영하는 학교교육에 이르는 동안에 각 분야(학문 혹은 교과)에서 축적해 온 지식으로부터 교육내용을 선정하는 전통도 함께 형성·발전해왔다. 이 과정에서 학교교육내용을 연구하는 교육과정(학)도 당연히 교과 혹은 학문과 밀접할 수밖에 없었고, 점차 학교교육을 교과교육으로 인식하게 되었다. 이에 그동안 학교에서해 온 교과교육을 두 가지, 즉 교과별로 접근하는 경로와 교과를 통합해서 접근하는 경로로대별해서 설명할 수 있다.

교과별로 접근하는 경로를 분과형이라고 한다면, 분과형에서는 교과별로 교과의 내용을교과의 방식으로 가르치고 배우는 원리를 따르면서 학교 수업을 통해서 교과를 배운다. 이런 분과형은 그동안 학교에서 하는 교과교육의 전형적인 경로였다. 분과형에 비해서 통합형은 어떤 의도나 이유로 교과들을 통합하는 경로를 취하는데, 이런 통합형은 대체로 분과형의 대안으로 등장해서 학교 수업의 공간에 정착해 왔다고 말할 수 있다.

무엇보다 분과형이 통합형에 선행하는 것이 더 보편적이고, 따라서 학교교육과정에 통합을 도입하는 시기는 분과형의 단점들이 표면화 될 즈음이고, 통합은 그동안 분과형이 다소 간과해 온 교과 간, 교과와 삶 간의 연계성, 교과교육의 맥락성, 나아가서 개인에게 유의미하거나 실용적인 유용성을 강조하면서 등장한다(Beane, 1997; Ingram, 1979).

우리나라의 경우, 제4차 교육과정을 개정하면서 통합교과로 통합교육과정 혹은 교육과정 통합이 학교에 널리 알려지기 시작했고, 당시 초등학교 1, 2학년 학생에게 통합교과가필요하다는 점을 미분화된 학생 심신의 발달, 활동 및 흥미 중심의 학습 경험 제공, 생활 속의 지식 제공, 내용과 기능을 연계한 기초 학습 지도 등을 근거로 주장했다(문교부, 1981). 하지만 제4차 국가교육과정 개정의 쟁점은 학습량이 많아 학생이 학습 부담이 가중되고 있고 이를 덜어 주자는 것이었고, 이 쟁점을 전인교육이라는 어젠다로 검토하면서 교과를 통합한 교과서를 도입하게 이끌었다(조상연, 2014, 2015). 결국, 학교의 교과교육은 교과분과형을 지속하면서 교과별로 점점 학습량을 증가시키면서 종국에는 학생의 학습량 과다 문제를 유발했고, 이 문제를 교과서 수를 줄여서 교과 수를 줄이는 실효성을 내면서 초등학교에 안착할 수 있었다고 평가했다(정광순, 2010).

통합교과를 도입하는 초기에는 통합이 교과를 배척하거나 배제한다는 비판이 있지만, 사실 통합교과의 등장은 지금까지와는 다른 관점에서 교과와 교육 간 관계를 새롭게 찾도

록 한다. 분과형이 점차 교육보다 교과를 우선하는 관점을 형성하는 데 제동을 걸면서 통합
형은 교과보다 교육에 우선해서 교육과 교과를 연계한다.

우리나라 통합교과 도입도 특히 학교의 교과교육이 드러내는 교과 분과형 교육의 편중
문제를 완화 해결하려는 방향에서, 즉 교과교육의 분과 편향성을 통합을 통해서 조절하려
는 하나의 조치라고 말할 수 있다.

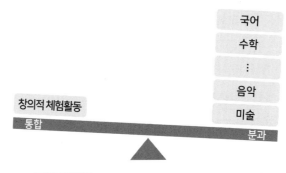

그림 7-6   학교의 교과교육의 분과 편향성

다시 말해서, 분과형이 추구하는 정합성 · 적합성 · 일반성이 고착되면서 학교의 교과교
육은 다양성 · 적절성 · 개별성을 점차 잃어 가면서 통합교육과정 정책을 도입할 수밖에 없
는 여건을 만든다.

```
[분과형] ----------------------------------- [통합형]
정합성 추구 ----------------------------- 다양성 추구
적합성 추구 ----------------------------- 적절성 추구
일반성 추구 ------------------------------- 개별성
```

학교교육과정 전체 관점에서 볼 때, 통합은 학교교육과정에서 교과 못지않게 학생의 요
청(needs or interests)이나 삶과의 관련성(relevance)에 관심을 가지고, 이들을 교과보다 우선
순위에 놓기도 한다. 이 과정에서 학교의 총체적 교육과정(total school curriculum)(Blenkin,
Kelly, 1981), 출현적 교육과정(emergent curriculum)(Blatthorn & Foshay, 1991) 등 연성(soft)
교육과정 개념들을 포섭하며 교과교육의 경로를 확장하지만, 통합을 도입하고 정착시키는
과정은 늘 기존의 교과 경계를 허무는 등 통합형 경로가 가진 특성상 교과와 대립 논쟁한다
(Blenkin & Kelly, 1981; Nesin & Lounsbury, 1999). 하지만 분과형의 약점을 통합형에서는 강

점으로 승화하고, 통합형의 약점을 분화형에서는 강점으로 승화하는 측면이 분명히 있다. 이런 점에서 분과와 통합은 상반적인(antithetical) 특성을 가지고 있다. 둘은 마치 요(凹)와 철(凸)처럼 이(異)질(質)적이다. 이런 이질성 때문에 오히려 분과형과 통합형은 교과교육 전체성에 기여한다. 즉, 그동안 분과형으로 편중되어 온 문제를 완화·해소하면서 교과교육이 좀 더 균형 있도록 조절하여 조화를 이룰 수 있는 방향을 추구한다.

2. 창조성

A와 B를 통합하는 행위, 섞어 보거나, 자연스럽게 혹은 억지로라도 연결해 보는 이유는 '창조' '새로움'을 의도하기 때문이다. 거시적인 교과교육을 한 단위의 수업처럼 미시적인 활동으로 보면, 교과 수업을 특정 교과의 내용을 전달하고 학생이 전달한 것을 정확하게 습득하는 일로 인식하기가 더 쉽다. 이는 학교교육이 처음부터 해 온 역할로 인류의 문화유산을 잘 전수해서 유지·발전하는 데 학교가 기여할 수 있는 중요한 사회적 기능 중 하나이기도 하다. 문제는 학교의 교과교육을 이렇게 전수 기능으로만 편향하다 보면, 교육활동이 마땅히 제공해야 하는 학생들의 상상이나 창조 활동에 대한 기회가 줄기 마련이다. 이런 문제 때문에 분과와 통합 모두 학교의 교과수업 공간에 필요하다.

예를 들어, '통합 가능한가?' 이 질문에 답한다고 생각해 보자. 이 질문에 대한 답은 통합할 대상을 무엇으로 보는가에 따라 다를 수 있다. 흔히 접근하듯이 통합할 대상을 학문이나 교과로 보면, 지식을 통합하는 대상으로 여기게 된다. 그래서 이 질문은 지식을 통합할 수 있는가 하는 답하기 곤란한 문제로 바뀐다. 지식을 무엇으로 보는가에 따라 통합할 수 있다 혹은 없다 등 서로 다른 답이 나오기 때문이다. 가령, Hirst(1965, 1974)가 구분하는 것처럼, 지식이 형식을 가진 지식(form of knowledge)인가, 인간이 활동하는 분야에서 축적한 지식(field of knowledge)인가에 따라 통합 가능한가 하는 질문에 대한 답은 엇갈린다는 의미이다. 형식을 가진 지식 자체를 통합할 수 있다고 답하는 학자는 거의 없다(김대현, 1993; 김승호, 1999; 박천환, 1988; 유한구, 1988). 그러나 인간이 하는 경제, 사회, 문화 등 제 분야에서 축적해 온 지식들은 대부분 자체가 통합의 산물로 볼 수 있다(강충열, 정광순, 2009; 이환기, 2018; 허경철, 2014). 새로운 지식을 창조하는 통상적인 방식 중 하나가 존재하는 지식을 엮거나 섞어야 하기 때문이다. 통합은 지식을 창조하는 인간 활동 중 하나라는 점에서, 창조를 좀 더 적극적으로 지향하는 접근이다(Passe, 1995).

교육활동이나 행위의 결과물은 창조성과 밀접하다. 분과형의 창조성이 동종 형성에 기여한다면, 통합형의 창조성은 이종 형성에 기여한다. 즉, 분과형이 교과가 터하고 있는 원천 분야의 분화 발달에 기여하면서 해당 분야를 점차 전문화시키는 방식으로 창조성을 기여한다면, 통합형은 존재하는 분야들 사이에서 새로운 분야의 탄생 가능성을 만드는 이종 형성, 새로운 종류의 탄생에 기여한다.

통합교과(바른 생활, 슬기로운 생활, 즐거운 생활)도 마찬가지다. 통합교과에서는 통합이라는 이름으로 지금까지 교과교육이 해 온 것처럼 존재하는 교과분야의 지식(혹은 학생이 학습하기를 기대하는 지식)도 습득하고, 존재하는 지식을 사용(활용)해서 존재할 만한 새로운 의도, 아이디어, 물건이나 상품을 창조해 보는 경험을 제공하고자 한다. 이는 학생이 교과의 방식으로 접근하도록 하기보다는 개인에게 의미 있는 방식으로 지식을 (재)구성하고 그래서 창조해 보는 활동으로 열어 줄 때 더 가능하다.

흔히 신지식인이라고 부르는 사람들이 창조하는 지식을 생각해 보면, 이제 분야의 전문가뿐만 아니라 분야의 실천가나 종사자들도 자신이 분야에서 자신이 사용할 지식 창조의 과업에 참여하고 있다. 학교에서 학생이 창조하는 지식은 당대에 널리 사용할 수 있는 지식이기는 쉽지 않지만, 학생이 사용하는 지식이라는 점에서 가치 있고, 학생이 성인이 될 때까지 개인 내부에서 지식의 흔적으로 존재하다가 훗날 실용성을 갖춘 지식으로 탄생할 잠재성을 갖는다는 점에서 교육적인 가치가 있다. 학생이 유년기에 창조한 지식 자체보다는 훗날 논리와 쓸모를 갖추어 사회적·경제적·문화적으로 힘을 가진 지식을 탄생시키는 씨앗 같은 역할을 한다는 것을 충분히 예견할 수 있다. 학교에서 학생이 이런 생각을 하고 아이디어나 지식을 창조해 보는 경험 자체가 가진 가치를 좀 더 높이 평가해 보아야 할 것이다.

3. 개방성

통합교과를 도입한 초기 연구들은 아동의 발달 적합성을 들어서 통합을 정당화하고, 이런 주장은 오늘날 통합교과에도 여전히 영향을 미치고 있다. 하지만 발달 적합성을 통합교과의 성격이라고 보기는 힘들다. 발달 적합성은 교육활동의 교육 가능성 혹은 학습 가능성 여부를 판단할 때 흔히들 준거로 사용하기 때문이다. 이런 점에서 Tyler(1949)의 교육과정 개발이론에서도 교육내용을 선정하는 3개의 체(즉, 교과 분야에서 가치 있는 내용인가? 사회적 유용성이 있는가? 학생이 학습 가능한가?) 중에서 특히 마지막 질문은 발달 적합성과 관련이 깊다.

그렇다면 교과를 통합하는 통합교과나 통합교육과정이 지니는 성격이라고 할 만한 것은 무엇인가? 결론부터 말하면, 분과에 비해서 통합은 교육활동의 '목적-내용-방법-평가'에 이르는 일련의 활동에 대해 상대적으로 더 개방적인 성격을 띤다고 말할 수 있다.

분과나 교과별로 접근하는 통합이 '내용으로서 교육과정'에 집중한다면, 주제별로 접근하는 통합은 '경험으로서 교육과정'에 더 집중한다. 둘 사이에는 통합교과가 추구하는 통합의 성격, 개념이나 의미, 초점, 특성, 방법 등이 다소 다르게 드러난다.

내용으로서 교육과정에서 통합은 분과와 마찬가지로 내용의 원리, 즉 내용의 논리적 혹은 독자적인 범주 원리를 충족하려고 한다. 이런 원리에 따르는 통합교과를 주로 간학문적 (교과) 통합이라고 부른다. 여기서 통합교과는 통합할 교과 지식 간 혹은 내용 간 공통점을 기반으로 접근하는 개념이다. 통합의 대상이 되는 교과들을 모두 포섭할 수 있는 포괄적인 간 교과적 개념을 중심으로 교과를 통합한다. 반면에 경험으로서 교육과정에서 통합은 교수의 원리나 학습의 원리를 충족하려고 한다. 이런 원리에 따르는 통합교과에서는 설정한 주제를 탐구하기 위해서 교과 내용을 도구로 활용한다. 주제는 학교 안팎에서 출현하는 어젠다나 문제들, 최근에 학교의 전형적인 교육내용인 교과 지식을 사용하면서 터득하는 학력, 기능, 가치 등을 의미한다. 물론 탐구하는 주제 범주는 불확실한 미래를 염두에 두고 강조하는 역량들, 개인 내-개인 간 그리고 사회 내-사회 간에서 나타나는 크고 작은 쟁점들을 포함한다. 전자가 교과 간의 내용 공통점을 기반으로 통합한다면, 후자에서는 교과를 통합하려는 의도가 먼저 등장하고, 이런 의도를 목적으로 설정함에 따라서 어떤 교과를 통합할 것인지를 정한다. 전자가 통합할 교과 내용 간의 연계성에 집중한다면, 후자는 설정한 교육의 의도나 목적에 기여하는 교과를 연결하는 연결성에 집중한다. 이에 전자보다 후자는 교육활동의 '목적-내용-방법-평가'에 좀 더 개방적이다.

통합교과는 분과형이 드러내는 분절성이나 인위성의 문제를 자연성 일상성으로 완화 해소하고자 한다. 분과형이 추구하는 내용과 방법 평가에 대한 정형화나 고정성의 문제들에 대해 통합형은 유연성, 융통성, 적절성, 임의성으로 대응하며 대안으로 기능한다. 이에 삶과의 관련성(relevance)을 추구하면서 내용 중심성을 점차 주제 중심성으로 이동시킨다. 내용 중심 통합에 비해 주제 중심 통합은 학생이 학습하도록 필요한 내용을 계속해서 연결해가는 활동을 추구하는 성격을 드러낸다.

통합수업이나 통합교육과정 모두 통합하려면 통합하는 이유, 명백한 이유를 요청해 왔다. 특히 교사가 교과를 통합하려면 교과별로 가르치는 것(분과적 접근)보다 더 나은 근거를 들어 설득해야 한다는 점을 당연시해 왔다. 그리고 그렇게 통합하는 이유는 교과들이 수용할 수 있을 정도로 논리적일수록 명분을 얻었다. 특히 통합하는 교과들 간에 내용 유사성, 내용 공통성이 있어야 통합할 수 있다고 생각해 왔다. 이런 조건을 충족시켜야 통합을 수용하거나 지지했다. 이에 통합교육과정(혹은 교육과정 통합) 분야의 연구자나 학자들은 교과를 통합하는 이유나 근거가 될 만한 근거를 탐색하여 제시하면서, 교과를 통합하는 실천가들이 통합을 합리화·정당화하도록 지원해 왔다(Apple & Beane, 2007; Beane, 2005; Ingram, 1979). 하지만 이런 이유나 명분으로 실제로 교과를 통합하는 수업이나 교육과정을 실천해 보면, 이런 이유나 근거들이 통합하는 조건(혹은 전제)으로 작용하면서, 통합 활동을 오히려 긴장시킨다. 이런저런 조건에 맞추다 보면 통합 활동은 자칫 자연스럽기보다는 인위적으로 전개하기 마련이고, 이는 '통합을 위한 통합이 아닌가' 하는 의심이나 회의에 빠지게 만든다.

교실에서 교사가 통합을 하는 경우는 대부분 '하다 보니 자연히 통합'하게 되는 경우가 더 일반적이다. 교과를 통합하는 것이 교육활동을 더 자연스럽게 하니까 학생이 계속해서 학습하도록 이끌려고 할 때 자연히 교과를 끌어들여서 교육활동을 이어 간다. 이렇게 학생의 배움 과정에서 개입할 수밖에 없는 교사로서는 자연히 이 교과 저 교과 경계에 얽매이지 않고 교과를 넘나든다. 따라서 통합은 특별한 이유가 있어야 하는 활동이라기보다 통합하는 것이 자연스러우니까 하는 활동이다. 학생이 무엇인가를 배우는 데 도움이 된다면, 이런 이유로 특정 교과의 내용과 방법과 평가 방식에 갇히지 않고 넘나든다. 학생의 배움에 교과를 계속해서 엮는다.

이런 맥락에서 Haigh(1975: 20-21)는 통합을 개방성의 의미, 즉 학생이 학습하는 형태에 따라서 교육내용뿐만 아니라, 방법이나 평가까지도 여는 것으로 본다. 따라서 통합교과에서는 통합할 대상으로서 교육내용을 조직하는 문제보다는 교수-학습 상황에 출현한 혹은 출현하는 어떤 의도에 따라 교사도 학생도 필요할 때마다 교과를 오가는, 들락날락하는, 넘나들 수 있다고 생각하도록 이끄는 개념으로서 그 성격을 드러낸다.

참고문헌

강충열, 정광순(2009). 미래형 초등통합교육과정 개정 방향. 통합교육과정연구, 3(2), 19-41.

곽병선, 허경철, 김두정, 김재복(1986). 제5차 국민학교 교육과정 각론 개정 시안 제출 연구 보고서 RR 86-44.

교육부(2022). 초·중등학교 교육과정 총론. 교육부 고시 제2022-33호 [별책 1].

교육부(2024). 초등학교 교사용 지도서. 바른생활, 슬기로운 생활, 즐거운 생활. 서울: 지학사.

김대현(1993). 통합교과의 목표와 조직 방식의 정당성 문제. 교육학연구, 31(1), 99-116.

김두정, 김재복, 박순경, 조적주, 조영태(1986). 초등학교 저학년 통합 교육 과정 구성의 기초. 한국교육개발원.

김승호(1999). 제7차 교육과정에서의 초등학교 통합교과의 성격. 초등교육연구, 13(1), 47-65.

김재복(1980). 국민 학교 저학년 교과용 도서 통합의 정당성과 통합 방안에 관한 고찰. 한국 교육, 7(1), 97-107.

문교부(1981). 국민 학교 교육 과정 별책 2(문교부 고시 제 442호). 서울: 대한교과서 주식회사.

민보선(2023). 2022 개정 통합교과 교과서에서 모듈의 의미 탐색. 통합교육과정연구, 17(3), 53-76.

박민정(2007). 통합교육과정 실행 경험에 대한 내러티브 탐구: 세 초등교사의 이야기. 교육과정연구, 25(1), 69-93.

박천환(1988). 교과통합은 가능한가. 통합교과 및 특별활동 연구, 4(1), 37-51.

유성열(2023). 2022 개정 초등통합교과 교육과정이 지닌 플랫폼으로서의 의미 탐색. 통합교육과정연구, 17(3), 75-98.

유성열, 이찬희(2022). 통합교과 교과용 도서의 교사교육 기능 탐색. 통합교육과정연구, 16(2), 191-212.

유한구(1988). 교과 통합의 이론적 쟁점. 통합교과 및 특별활동 연구, 4(1), 1-14.

이찬희(2020). 통합교과 구성차시의 교육과정적 의미 논의. 한국교원대학교 대학원 석사학위논문.

이한나, 정광순(2021). 2015 개정 초등통합교과용 도서의 의도에 대한 교사의 반응 탐색. 초등교육연구, 34(2), 29-55.

이환기, 이종원, 정광순, 박채형, 조상연(2018). 초등학교 교과로서 통합교과의 성격 탐색. 초등학교 통합교과의 성격: 앎을 넘어 삶을 위한 교육을 꿈꾸며. 서울: 학지사.

조상연(2014). 제4차 교육과정 개정 당시 초등통합교과의 발생적 의미. 통합교육과정연구, 8(1), 79-103.

조상연(2015). 국가교육과정 체제에서의 학교교과 생성에 대한 논의. 한국교원대학교 대학원 박사학위논문.

정광순(2006). 초등교사의 통합교과 실행 경험에 대한 내러티브 탐구. 교육과정여구, 24(3), 125-

146.

정광순(2010). 통합교과 출현과 유지 과정에 대한 현상 해석. 학습자중심교과교육연구, 10(1), 381–402.

정광순, 박채형(2017). 2015 개정 교육과정에 따른 초등통합교과서 개발에 대한 기술. 통합교육과정연구, 11(2), 67–92.

허경철(2014). 교육과정 통합의 꿈, 어디까지 이루어져야 하나? 통합교육과정학회 정기 학술대회 자료집. 한국통합교육과정학회.

Apple, M., & Beane, J. A. (2007). *Democratic schools: Lessons in powerful education* (2nd.). NY: Heimemann.

Beane, J. A. (1997). *Curriculum integration: Designing the core of democratic education.* Columbia: New York Teachers College.

Beane, J. A. (2005). *A reason to teach: Creating classrooms of dignity and hope.* NY: Heimemann. 정광순 역(2024). 가르치는 이유. 서울: 학지사.

Blenkin, G. M., & Kelly, A. V. (1981). *The primary curriculum.* London: Harper & Row, Publishers.

Haigh, G. (1975). *Integrate!.* London: George Allen & Wnwin Ltd.

Hirst, P. H. (1965). Liberal education and the nature of knowledge. In R. D. Archarbault (Ed.), *Philosophical analysis and education.* London: Routledge and Kegan Paul.

Hirst, P. H. (1974). *Knowledge and the curriculum: A collection of philosophical paper.* Henley: Routledge & Kegan Paul.

Ingram, J. B. (1979). *Curriculum ingetration and lifelong education.* HB: Pergamon Press.

Nesin, G., & Lounsbury, J. (1999). *Curriculum integration: Twenty question with answers.* 정광순 역(2007). 교육과정 통합: 20가지 질문과 대답. 서울: 한국학술정보(주).

Passe, J. (1995). *Elementary school curriculum.* Madison, WI: Brown and Benchmark.

Tyler, R. W. (1949). *Basic prinsiples of curriculum and instruction.* Chicago, IL: The University of Chicago Press.

Ward, J. M. (1960). *The curriculum integration concept applied in intermediate grades.* Unpublished Doctoral Dissertation. The University of Texas (Austin).

초등통합교과 교육과정과 교과서의 변천[1]

우리나라에서 초등통합교과는 제4차 국가 교육과정을 고시하면서 탄생했다. 그리고 여러 교과를 엮은 교과서로 탄생한 초등통합교과는 일곱 차례의 개정을 거치면서 오늘날 학생의 관심사나 공동체의 문제를 아우르는 주제로 학생 삶을 다루는 경험 중심 교과로 변화해 왔다(교육부, 2022). 초등통합교과가 등장한 시점부터 오늘날까지 초등통합교과는 어떤 과정을 거치면서 변화해 왔을까? 그리고 무엇이 통합교과의 변화를 이끌었을까?

교육과정을 개정하면 교과서도 함께 변화한다. 그렇기에 이 두 질문에 대한 답을 찾는 과정은 초등통합교과 교육과정과 교과서의 변천을 이해하고 이 과정에서 어떤 통찰을 발견하는 과정으로 이해할 수 있다. 또한 초등통합교과는 학생이 살아가는 이 세계에 얽혀 있는 맥락으로부터 역동적으로 변화하는 교과라는 점에서(유한구, 김승호, 1998; 이환기, 2015; 정광순, 2010), 초등통합교과 변천 과정을 이해하는 일을 통합교과가 지닌 가치와 의미를 이해하는 일이고 미래에 나아갈 수 있는 길을 조망하는 과정으로 이해할 수 있다.

이 장에서는 초등통합교과 교육과정과 교과서가 한 일을 중심으로 초등통합교과의 탄생부터 오늘날까지 이어지는 변천 과정을 다루고자 했다. 무엇보다 우리나라에서는 국가 차원에서 교과 교육과정을 개발하고, 각 교과 교육과정에 따른 교과서를 개발해서 학교로 보급하려는 특징이 있다는 점에서 교육과정과 교과서를 분리해서 생각하기 어렵기 때문이다

(이종국, 2005; 정광순, 2020). 또한 교육과정이나 교과서 모두 교사와 학생이 가르치고 배워야 할 내용과 방법, 평가 등을 지니고 있다고 보면 이것들이 밀접하게 연결되어 있기 때문이다(Eisner, 1987; Venezky, 1992). 이 장에서는 교육과정과 교과서를 하나의 연속체이자 상호작용하는 것으로 보고 서로 어떤 역할을 해 오면서 초등통합교과가 변화해 왔는지를 들여다보고자 한다.

이런 점에서 이 장에서는 시대에 따라 초등통합교과 교육과정과 교과서의 변화를 종적으로 다루기도 하면서 초등통합교과 교육과정과 교과서의 관계를 횡적으로 다룬다. 즉, 이 장에서는 초등통합교과 교육과정과 교과서를 중심으로 종적으로는 초등통합교과가 무엇을 지향하며 나아가고 있는 것인지를 이해하고, 횡적으로는 초등통합교과가 무엇을 해 왔고 학교 교육에 어떤 변화가 있었는지를 드러내고자 한다.

이를 위해 국가 교육과정 고시문과 해설서, 교육과정 개정과 교과서 연구 보고서, 교과용 도서 등을 검토한다. 검토한 내용을 바탕으로 국가 교육과정 개정을 거쳐 오면서 초등통합교과 교육과정과 교과서가 어떤 변화가 있었는지를 살펴볼 것이다. 나아가 초등통합교과가 교과로서 무엇을 지향해오고 있는지를 이해하고, 이 과정에서 초등학교 1, 2학년 교실 수업은 어떤 변화가 있었는지 그 실제도 함께 다뤄 볼 것이다.

I. 미군정 및 교수요목기~제3차 교육과정기: 분과에서 통합으로 나아가기

우리나라에서는 제4차 교육과정을 고시하면서 초등학교 1, 2학년에 초등통합교과인 바른 생활, 슬기로운 생활, 즐거운 생활을 도입했다. 그래서 흔히 생각하기에 초등통합교과는 제4차 교육과정 시기에 처음 등장했다고 이해할 수 있다. 그러나 초등통합교과로서 바른 생활, 슬기로운 생활, 즐거운 생활을 제4차 교육과정기에 도입했더라도 그 시기 이전에 통합교과가 없었다고 말하기는 어렵다. 미군정 및 교수요목기(1945~1954년)에 지리, 역사, 공민을 연결한 '사회생활'이라는 통합교과를 국가수준에서 고시했기 때문이다.

당시 미군정 및 교수요목기에 우리 교육계에서 '통합'에 대한 논의를 찾아보기는 어렵다. 심지어 통합이라는 용어 자체도 생소했다. 이런 상황에서 국가 차원의 사회생활이라는 통합교과의 도입을 어떻게 이해할 수 있을까?

하급 학년에서는 주로 일상적인 고장생활을 다루고 상급 학년에 이르러서는 역사, 지리, 공민을 종합하도록 되어 있다. 하지만 이것은 역사, 지리, 공민의 종합이 사회생활과가 되는 것으로서가 아니라, 사회생활과에 역사, 지리, 공민의 종합이 필요하기 때문이다. 따라서 이 종합은 사회생활의 고찰 및 체험을 중심으로 하여야 한다. 종래의 관념을 가지고서 사회생활과에 역사, 지리, 공민을 집어넣으려면 그 종합에 부자연성이 생기기 쉬울 것이니 특히 주의하여서 사회생활의 구명을 기본으로 하여 적절하게 지리, 역사, 공민을 다루기를 바란다. …… 5학년의 요목에 지리적 교재가 많음을 보고 지리적으로만 다룰 것이라고 속단할 것이 아니며 6학년의 요목에 역사적 교재가 많음을 보고 역사적으로만 다룰 것이라고 속단하여서는 안 된다.

문교부(1947: 35-37)

문교부에서 안내한 사회생활과의 목표는 학생이 사람과 자연, 그리고 사회 환경 간의 관계를 이해하고, 이러한 이해를 바탕으로 사회에서 유능하고 성실한 국민으로 성장하도록 돕는 것이었다. 이 목표를 실현하기 위해 학생은 일상생활을 중심으로 역사, 지리, 공민을 종합적으로 배워야 한다고 보았으며, '사회생활' 통합교과가 그러한 종합적 학습을 가능하게 하는 역할을 담당한다고 설명했다. 즉, 사회생활의 도입은 국가 차원에서 학생 생활과 활동 중심의 교육을 추구하고자 하는 의도였다(허수미, 2023). 이 시기에는 역사, 지리, 공민을 종합해서 학문의 경계를 넘나드는 내용 요소와 통합 주제 제시, 통합적 교수의 강조 등으로 '사회생활'을 구현하고자 한 것이다.

학생 삶을 중심으로 학문의 경계를 넘나들며 가르치고 배우는 교수요목기의 사회생활과가 추구한 의도는 이후의 고시한 교육과정에서도 쉽게 찾아볼 수 있다. 이러한 현상은 우리나라 교육과정이 교과 교육과정이라는 분과적 구조에서 통합적 구조를 포섭하고자 했다는 것을 의미했다.

제1차 교육과정기(1954~1963년)에서 그 모습을 보여 주는 주요한 예시는 「학교 교육과정 시간 배당 기준령」이었다. 여기서 교과별 연간 수업시수를 학년별 연간 총 수업시수에 따른 백분율로 제시하였는데, 이는 학교에서 교과를 통합적으로 운영할 수 있는 기반을 마련하고자 한 국가 교육과정 차원의 의도였다.

학교장은 1수업시간을 2개 이상으로 나누거나 또는 2개 이상의 수업시간을 합칠 수 있다.

문교부(1954: 5)

나아가 1954년 「문교부령」 제35호에 따라 공포된 기준령의 제2장 9조에 학교장이 한 수업 시간을 두 개 이상의 수업 시간으로 나누거나, 반대로 두 개 이상의 수업 시간을 하나로 합쳐서 운영할 수 있다고 명시했다. 국가 교육과정 차원에 교사가 교과를 통합하여 가르칠 수 있는 비교적 명확한 지침과 운영 방식을 마련한 것이었다. 이런 점에서 제1차 교육과정에 나타난 교과통합에 대한 실질적인 접근 방법은 교사가 교과를 통합적으로 다룰 수 있는 경로를 마련하는 것이었다.

제2차 교육과정기(1963~1973년)에서도 교수요목기와 제1차 교육과정기에 지향한 교과의 통합적 운영 방향을 쉽게 찾아볼 수 있다.

> 생활 경험을 중심으로 하는 교과 경영을 지향하여 관련성 있는 교과의 종합 지도를 강조한다. 국민학교 1, 2학년에서는 각 과의 관련성을 고려하여 종합 지도가 가능하도록 한다. 중학교의 사회과 및 과학과는 교과 안의 과목 구분을 철폐하여 종합 지도의 실효를 거두도록 한다.
>
> 문교부(1963: 10)

> (3) 교과 활동의 계획과 운영상의 유의점은 다음과 같다.
> ① 학습 경험의 선택 및 조직은 아동의 심신 발달 과정의 특징과 흥미와 관심 및 그들의 생활을 중심으로 선정한다.
> ② 1, 2 학년의 학습 지도에 있어서는, 교과 간의 관련성을 고려하여 종합적 지도에 힘쓰고, 다른 학년에서도 교과 상호 간의 관련에 유의하여 지도한다.
> ③ 교과 내용의 학습 지도를 통한 인간 교육이란 기본 태도로서, 지적 내용의 이해나 지적 능력의 훈련에만 치우치지 않도록 한다.
>
> 문교부(1963: 13)

제2차 교육과정에서는 학생 경험 중심 교육을 추구했다. 이를 위해 국가 교육과정에서는 학생의 발달 과정과 흥미와 관심, 생활을 중심으로 학습 경험을 선정하고 조직하여야 한다고 명시하였고, 특정 교과 지식을 이해하는 것을 넘어서 여러 교과 지식을 함께 다루어야 한다는 점을 강조했다. 즉, 국가 교육과정 차원에서 교과를 통합해서 운영하는 목적과 방향을 구체적으로 제시한 것이었다.

제2차 교육과정에서 '통합'을 의미하는 용어로 '종합'을 주로 활용했다면, 제3차 교육과정기(1973~1981년)부터는 본격적으로 '통합'이라는 용어를 활용했다. 또한 총론뿐만 아니라 각 교과 교육과정에서도 '통합'이라는 용어를 사용하면서 교과의 통합적 운영을 강조하였다.

> 1, 2학년의 학습활동은 가급적 관련 있는 교과를 통합하여 종합적으로 이루어지도록 한다.
>
> 문교부(1973: 7)

> 이 교육과정은 편의상 가창, 기악, 창작, 감상 등의 네 영역으로 나누어 구성하였다. 그러나 실제 학습에 있어서는 이들을 유기적으로 관련지어 하나의 통합체로서 운영되어야 한다.
>
> 문교부(1973: 137)

제3차 교육과정에서 교과의 통합적 운영은 크게 두 방향으로 나타났다. 하나는 교과 간 통합이고 다른 하나는 교과 내 통합이다(이영만, 홍영기, 2006). 전자는 학생 삶 또는 학습활동을 중심으로 관련 있는 교과를 통합해서 가르치고 배우는 것을 의미하고 후자는 한 교과 내에서 다루는 영역을 구분하기보다 이를 종합해서 하나의 학습활동을 중심으로 가르치고 배우는 것을 의미했다.

제4차 교육과정기에 도입한 초등통합교과의 기원을 미군정 및 교수요목기에 도입한 '사회생활'이라는 통합교과로 거슬러 올라갈 수 있다. 초등통합교과의 도입은 학생의 생활을 중심으로 한 교과 간 또는 교과 내의 통합을 지향하는 우리나라 교육 방향의 연속선상에 있었음을 알 수 있다. 무엇보다도 국가 교육과정 차원에서 분과 중심의 교육을 넘어서 교과통합을 포섭하고자 한 중요한 이유 중 하나는 학교 교육을 통해 학생들의 전인적 발달을 이루고자 하는 데 있었다.

2. 제4차 교육과정기:
초등통합교과 교과서 생성하기(1981~1987)

우리나라에서는 제4차 교육과정을 개정하면서 초등학교 1, 2학년에 바른 생활, 슬기로운 생활, 즐거운 생활을 도입하였다. 앞서 살펴본 것과 같이, 국가 교육과정 차원에서 학교 교육이 교과를 통합해서 운영하려는 방식을 지향하고, 이를 구현하기 위해 마련한 시간 배당, 지침, 교수 방법 등은 초등통합교과가 탄생할 수 있었던 주요 배경이 되었다.

국가 교육과정에 존재하지 않았던 교과를 생성했다는 것은 어떤 중요한 이유가 있다고 보아야 할 것이다. 즉, 바른 생활, 슬기로운 생활, 즐거운 생활을 초등학교 1, 2학년에 도입함으로써 얻게 되는 이점이 있고, 그 이점에 대해 중요한 가치를 그 시기에 두었다고 이해할 수 있다. 왜 우리나라에서는 제4차 교육과정 시기에 바른 생활, 슬기로운 생활, 즐거운 생활이라는 초등통합교과를 전면 도입했을까? 그리고 초등통합교과를 교과 교육과정 체제에 들여옴으로써 무엇을 기대했을까?

제4차 교육과정 개정 연구보고서에서 초등통합교과를 생성한 배경을 이해할 수 있다.

제4차 교육과정 개발연구를 개발원에서 위탁받아 수행하면서 대규모의 대국민 공청회 및 전문가 협의를 추진하였다. 이 과정에서 특히 인간 중심 교육과정, 전인교육과 같은 용어들이 자주 등장하였고, 이것이 교과를 기준으로 분화화하여 교육하는 학교의 교과교육 실태를 반성하는 분위기를 만들었다. 이런 일련의 반성 과정에서 교과서 수가 너무 많다는 문제로 구체화하였고, 그 조처로서 '통합'이라는 이야기가 등장하였다.

신세호, 곽병선, 김재복(1980: 13)

제4차 교육과정기에는 우리나라 교육이 교육의 이상으로 여기는 전인교육을 실현하고 있는지에 관한 성찰이 있었다. 인간 중심 교육과정이나 전인교육이라는 국가적 차원에서 제시한 어젠다로부터 우리나라에서는 분화화된 교과 체제가 지닌 실질적인 한계를 학교현장으로부터 찾기 시작했다. 그 결과, 학교현장이 지적한 분화화된 교과교육 제도가 지닌 한계 중 하나는 가르칠 내용이 지나치게 많아 학생의 전인교육을 실현하기 위한 충분한 시간이 부족하다는 것이었다(곽병선 외, 1986; 신세호 외, 1979).

학교 교육이 지금보다 더 전인교육으로 나아가야 한다는 당시 교육과정 개정을 이끈 어젠다와 가르치고 배울 내용을 적정화해서 학생의 학습 부담을 낮추고 이를 통해 좀 더 학생 중심 교육, 인간 교육으로 나아가려는 사회적 요구는 필연적으로 어떤 조치를 해야 하는 상황을 만들었다. 하지만 교과 내용을 교사와 학생이 체감할 정도로 적정화하는 것도 현실적으로 어려웠다(정광순, 2010). 이런 상황에서 제4차 교육과정 시기에는 교육과정 내용 적정화 문제를 양에서 수로 전환하였다(신세호, 곽병선, 김재복, 1980).

교육과정 내용 적정화를 양에서 수로 전환했다는 의미는 교육내용을 축소하고 압축하는 논의를 넘어서 교과서 개수 자체를 줄이는 방향으로의 전환을 의미했다. 당시 초등학교 1, 2학년에서는 8개 교과서(국어, 산수, 도덕, 사회, 자연, 음악, 미술, 체육)를 사용했는데, 각 교과를 통합해서 바른 생활, 슬기로운 생활, 즐거운 생활이라는 3개의 교과서 사용으로 전환하고자 한 것이다. 초등학교 1, 2학년 학생들이 8개의 교과서를 사용하는 것에서 3개의 교과서를 사용하는 것은 필연적으로 어느 정도 교육내용을 적정화하는 방안이면서도 동시에 교사와 학생이 실질적으로 체감할 방안이었다(정광순, 2010).

또한 당시 교사나 학부모들은 가르칠 내용이 지나치게 많아 전인교육을 위한 시간을 필요하다는 점을 강조했는데, 초등통합교과 교과서를 도입함으로써 학생의 학습 부담을 덜고 전인교육을 위한 시간을 확보하며 나아가 교과를 통합해서 가르치는 방식이 전인교육에 더 적합하다는 측면에서 바른 생활, 즐거운 생활, 슬기로운 생활의 도입을 지지했다. 제4차 이후 초등통합교과 교육과정 개정 관련 연구들은 이를 현장의 지지라고 표현하고 평가했다(김두정 외, 1986; 한국교육개발원, 1979). 이러한 현장의 지지는 초등통합교과가 생성되는 데 중요한 기반이 되었다(정광순 2010).

제4차 교육과정 개정을 통해 도입한 초등통합교과는 우리나라의 교과교육 체계와 질서를 존중하며 유지하는 방법을 선택하면서도 학교현장의 요구에 귀를 기울이는 실질적인 해결책으로 자리 잡았다. 또한 초등통합교과는 학생의 삶을 중심으로 교육내용을 구성하고자 하는 방향성을 추구함으로써, 학생들의 삶과 밀접한 교육 및 교과의 통합적 운영을 원하는 사회적 요구와도 부합했다.

> 교과 활동 시간은 교과 간의 연관성과 학생의 발달 단계를 고려하여, 1, 2학년은 교과 간의 통합을, 3학년 이상은 분과를 원칙으로 배당한다.
>
> 문교부(1982: 4)

무엇보다 제4차 교육과정 시기 1, 2학년에서는 통합수업을, 3학년 이상은 분과 수업을 원칙으로 설정함으로써 교과를 운영하는 방식으로의 통합을 넘어서 교과를 조직하는 방식으로의 통합으로 나아갔다(이영만, 홍영기, 2006: 46).

또한 국가 교육과정에 각 교과를 통합한 편제 및 시간 배당 기준과 운영지침을 제시하여 학교에서 교과를 통합적으로 운영하도록 이끌었다. 제4차 교육과정기 시간 배당 기준에서 1, 2학년 교과별 수업 시수를 통합해서 제시하였으며, 합친 교과 시수 안에서 초등통합교과 교과서 및 자료를 활용하여 교과를 통합해서 운영하여야 함을 명시했다.

그 결과, 제4차 교육과정 시간 배당 기준과 운영지침 등에 근거하여 전국의 1, 2학년 교사와 학생들은 제4차 교육과정에 의해 발행된 새로운 이름의 교과서, 즉 '바른 생활' '슬기

표 8-1 제4차 교육과정기 시간 배당 기준

구분 \ 학년		1학년	2학년
교과 활동	도덕	374 (11)	374 (11)
	국어		
	사회		
	산수	204 (6)	136 (4)
	자연		68 (2)
	체육	204 (6)	238 (7)
	음악		
	미술		
	실과		
	계	782 (23)	816 (24)
총계		782 (23)	816 (24)

① 이 표에 배당된 총시간 수는 연간 34주를 기준으로 한 최소 시간이고, (　) 안은 주당 평균 시간 수이다.

② 1, 2학년의 경우, 2~3 교과를 합쳐서 시간을 배당한 것은 통합교과용 도서 및 자료를 활용하여 해당 교과를 통합 운영하는 것을 나타낸 것이다.

로운 생활' '즐거운 생활'로 명명된 세 권의 교과서로 수업을 하게 되었다. 세 권의 초등통합교과 교과서는 '국어' '도덕' '사회' 교과가 '바른 생활'로 '산수' '자연' 교과가 '슬기로운 생활' 교과서로 '음악' '미술' '체육' 교과가 '즐거운 생활' 교과서로 교육과정[2] 없이 각 교과를 통합한 교과서로 시작되었다.

- 바른 생활: 도덕, 국어, 사회의 교육과정 내용을 통합한 교과서
- 슬기로운 생활: 산수과와 자연과를 통합한 교과서
- 즐거운 생활: 체육, 음악, 미술 내용을 한 권의 책으로 공부할 수 있도록 엮는 교과서

문교부(1982: 282, 296, 307)

그렇다면 각 교과를 어떻게 엮어 초등통합교과 교과서를 어떻게 개발하였을까?

바른 생활, 슬기로운 생활, 즐거운 생활 교과서는 원교과를 묶은 형태로 제시되었다는 점

---

2) 제4차 교육과정에서 국민학교 각 교과의 교육과정은 1, 2학년의 경우 교과(도덕, 국어, 사회 / 산수, 자연 / 체육, 음악, 미술)로 제시되어 있고, 3학년 이후는 각 교과별로 구분되어 특별 활동과 함께 제시되어 있다.

에서는 공통적인 특징을 지니고 있다고 볼 수 있지만, 세부 단원 구성 방식에서는 차이점이 있었다.

표 8-2 제4차 개정 초등통합교과 교과서 단원 구성

통합교과	구성 방식	
바른 생활	대단원	
	소단원	
	차시 활동	도덕＋국어＋사회
		공부할 문제
슬기로운 생활	대단원	
	차시 활동	자연
		자연＞산수
		자연＜산수
		산수
즐거운 생활	대단원	
	차시 활동	도입
		음악
		미술
		체육

초등통합교과 교과서 단원을 '대단원-차시 활동'으로 구성하였다. 바른 생활 교과서에서는 대단원(소단원)-차시 활동을 구성했는데, 대단원과 소단원 주제를 교육과정 밖에서 가져왔다면 차시 활동을 위한 학습 주제는 교육과정 안에서 가져왔다는 특징이 있었다.

그림 8-1 제4차 개정 바른 생활 교과서(1단원 파란 하늘)

제4차 바른 생활 교과서에서는 각 차시 활동이 도덕, 국어, 사회 중 특정 교과를 겨냥했다고 보기 어려웠다. 그래서 바른 생활 교과서는 학습 목표를 제시하지 않았고, 원교과가 차시 활동에 통합된 형태로 제시되었다는 점이 특징이었다.

제4차 슬기로운 생활 교과서에서는 단원 주제와 관련해서 차시 활동 앞부분에는 자연을, 뒷부분에는 산수를 다루도록 구성하였다.

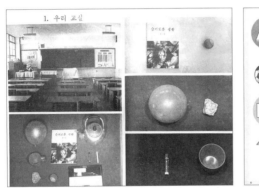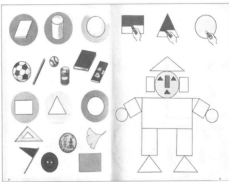

그림 8-2   제4차 개정 슬기로운 생활 교과서(1단원 우리 교실)

제4차 슬기로운 생활 교과서에서 볼 수 있듯이 차시 목표를 제시하지 않았더라도 각 차시가 어떤 교과인지 비교적 구분할 수 있었다. 이는 각 차시 활동을 원교과를 겨냥해서 개발했음을 의미했다.

제4차 즐거운 생활 교과서에서도 바른 생활과 슬기로운 생활과 같이 차시 목표를 제시하지 않았다. 그리고 각 차시 활동을 음악, 미술, 체육과 밀접한 활동을 제시했는데, 이는 슬기로운 생활 단원 구성 방식과 같이 각 차시 활동이 겨냥하고 있는 원교과를 충분히 구분할 수 있는 형태였다.

그림 8-3   제4차 개정 즐거운 생활 교과서(1단원 우리 학교)

제4차 교육과정 시기에는 바른 생활, 슬기로운 생활, 즐거운 생활 교과서를 2~3개 분과 교과를 묶어서 가르칠 수 있는 형태로 편찬했다. 무엇보다 한 주제 안에 차시 활동이 겨냥하고 있는 원교과를 분명하게 알아볼 수 있다는 점에서 이 시기 초등통합교과 교과서를 다교과 일 교과서로 초등통합교과 내용을 선정하고 조직하는 방식을 다학문적 통합 방식으로 이해할 수 있다(박채형, 2012).

　초등통합교과 교과서의 등장에 따라 우리나라 초등학교 1, 2학년 교실수업 풍경도 변화했다(유성열, 이찬희, 2022; 유한구, 2002). 무엇보다도 제4차 교육과정 시기에 도입한 초등통합교과로부터 기존 8개 교과를 8개 교과서로 가르치고 배우는 교실수업 문화가 8개 교과를 3개 교과서로 가르치고 배우는 수업 문화로 변화한 것이다. 또한 교사들은 초등통합교과 교과서를 사용함으로써 자연스럽게 실제 여러 교과를 통합해서 운영하는 경험을 해 볼 수 있었다. 즉, 주제를 중심으로 여러 원교과를 다뤄 보는 경험을 하면서 통합수업을 접할 수 있었다(이찬희 외, 2021; 정광순 외, 2019).

　초등통합교과의 등장으로부터 우리나라에서는 본격적으로 통합이란 무엇인지, 어떻게 통합하는지, 통합하면 어떤 강점이 있는지 등 통합교육과정에 관한 연구를 본격적으로 시작했다. 통합과 통합교육과정에 관한 학술적 논의에 이어 초등통합교과를 향한 현장의 지지는 제5차 교육과정기부터 바른 생활, 슬기로운 생활, 즐거운 생활의 성격을 탐구하고 초등통합교과가 국가 교육과정 체제에서 교과로서 자리 잡기 위한 독자적인 지위를 확보하는 데 중요한 역할을 했다. 그럼에도 이 시기에는 통합에 대한 학문적 근거가 충분하지 않았다는 맹점도 있다. 과중한 학습 부담을 줄이고, 과열 과외의 추방, 획일적인 교육을 지양한다는 교육 정상화 방안의 일환으로 초등학교의 교과목 수를 줄이는 조처로 초등통합교과가 탄생했지만, 바른 생활, 슬기로운 생활, 즐거운 생활 교과의 교육과정 없이 기존의 8과목을 물리적으로 묶어 교과서로 발간하여 교육과정을 편성·운영하였기 때문에 통합의 관점에서 초등통합교과의 당위성이 약한 시기였다.

3. 제5~6차 교육과정기: 초등통합교과 교육과정 생성과 조정

　제5차와 제6차 교육과정을 통해 이질적인 교과 영역에 대한 통합의 논의가 교과의 정체성을 중심으로 쟁점화되었다. 제5차 시기에는 슬기로운 생활과 자연 교과의, 제6차 시기에는 바른 생활 교과와 도덕 교과의 차별화와 교과의 정체성 확립과정을 거치게 된다.

1) 제5차 교육과정기(1987~1992)

국가적·사회적 요구와 현장의 지지에 힘입어 초등통합교과를 생성할 수 있었고, 교과서를 개발한 후 초등통합교과 교육과정을 개발하는 방식으로 기존 교과 교육체제에 초등통합교과를 자연스럽게 안착시킬 수 있었다. 제4차 교육과정 시기 초등통합교과 교과서를 개발했다면, 제5차 교육과정기는 국가 차원에서 초등통합교과 교육과정을 개발한 시기이다.

새 교육과정을 개정할 때는 현행 교육과정을 평가한다. 초등통합교과에 관한 주된 평가는 초등학교 1, 2학년 학습에는 적절하다는 것이었다(김두정 외, 1986). 한편으로는 당시 사회적으로 학생의 기초 학력을 강화해야 하는 분위기가 있었는데, 특히 1, 2학년에서는 학생이 읽고 쓰고 셈하는 기초 학력을 강화해야 한다는 평가의견이 힘을 얻었다. 결과적으로, 제5차 교육과정기에 바른 생활에서 학생이 읽고 쓰는 문해력과 밀접한 관련이 있는 국어 교과를, 슬기로운 생활에서 학생이 셈하는 수리력과 관련 있는 산수를 분리하였다. 그래서 제5차 교육과정기에서는 초등학교 1, 2학년 학습에 적합하다는 의견에 힘입어 초등통합교과를 유지하였고, 동시에 국어와 산수를 분리함으로써 기초 학력을 강화해야 한다는 목소리를 반영하였다(문교부, 1987).

표 8-3 **제5차 교육과정기 초등통합교과의 조정(제4차 → 제5차)**

교과＼시기	제4차 교육과정기	제5차 교육과정기
국어	바른 생활	국어
도덕		바른 생활
사회		
자연	슬기로운 생활	슬기로운 생활
산수		산수
음악	즐거운 생활	즐거운 생활
미술		
체육		

제5차 교육과정기에 초등통합교과 교육과정을 고시하면서 바른 생활, 슬기로운 생활, 즐거운 생활이 국가 교육과정 체제에 교과로 자리 잡았다. 이는 국가수준에서 바른 생활, 슬기로운 생활, 즐거운 생활의 목표, 내용, 방법, 평가 등을 제시하였다는 것이고, 무엇보다세 초등통합교과의 지향점을 설정했다는 것을 의미했다.

- 바른 생활: 자기가 속한 사회의 생활 모습을 이해하고, 바른 생활을 할 수 있게 한다.
- 슬기로운 생활: 우리 주위에서 일어나는 여러 가지 현상들에 관심을 가짐으로써 초보적인 탐구 능력을 기르도록 한다.
- 즐거운 생활: 즐거운 놀이 중심의 학습활동을 통하여 운동 능력을 기르고, 풍부한 정서와 창조성을 계발하여 조화로운 인격의 터전을 마련한다.

문교부(1987)

제5차 교육과정기에는 바른 생활에서 국어를 분리하고, 슬기로운 생활에서 산수를 분리했다. 이는 바른 생활에는 도덕과 사회가, 슬기로운 생활에는 자연이 원교과로 자리 잡았다는 것을 뜻했다.

바른 생활을 '바른 생활 습관의 형성'을 포함해서 더 큰 의미로 보아야 한다는 점이다. 다시 말하면, 바른 생활을 '바른 사회 생활을 영위할 수 있는 기초적 능력을 쌓아 가는 초등통합교과의 영역'이라는 점을 분명히 하여야 할 것이다. 그런 의미에서 특히 인간 관계에 대한 통찰과 인간적 감정, 주관점, 느낌의 창의적 표현, 삶의 의미 추구 등은 매우 중요한 의미를 가진다고 볼 수 있다.

문교부(1988: 83)

슬기로운 생활이라는 명칭이 암시하는 바와 같이, 주위 환경을 보다 합리적으로 이해하고 환경이 적응할 수 있는 초보적인 능력을 키우는 데 목적이 있다. 환경이라 함은 자연환경뿐만 아니라 인공 환경과 사회 환경까지 포함하는 것이 사실이지만, 인공 환경과 사회 환경에의 적응력은 국어, 산수, 바른 생활, 즐거운 생활에서 주로 다루게 된다. 따라서 슬기로운 생활에서는 주로 자연환경을 이해하고 이에 슬기롭게 대처하는 초보적은 능력을 습득하는 데 중점을 두게 된다.

문교부(1988: 102)

교육과정 내용 선정의 원천을 도덕과에서는 예절과 도덕규범으로, 사회과에서는 사회생활로 규정하였다. 이와 비교해서 바른 생활에서는 내용 선정의 원천을 아동의 생활 경험과 기본 생활 습관 및 태도로 보았다. 이는 학생이 바른 생활을 하기 위한 기초적 능력을 쌓는 바른 생활의 성격을 분명히 한 것이었다.

　　슬기로운 생활과도 자연환경을 이해하고 슬기롭게 대처하는 능력을 키우는 초등통합교과라고 성격을 규정했다. 즉, 자연과에서는 교육과정 내용 선정의 원천을 '자연 현상'으로 규정하고 자연 현상을 학습하기 위해 설명, 실험, 실습 등을 활용한 반면, 슬기로운 생활과에서는 학생의 '주변'을 내용 선정의 원천으로 규정하고 탐구 과정을 활용함으로써 초등통합교과 성격을 명확히 했다.

　　국어와 산수가 분리되고 초등통합교과의 성격을 새롭게 규정한 만큼 자연스럽게 교육과정 내용 영역도 변화했다.

표 8-4　**초등통합교과 교육과정 내용 영역의 변화(제4차 → 제5차)**

시기 / 교과	제4차 교육과정		제5차 교육과정	
	통합교과	내용 영역	통합교과	내용 영역
국어	바른 생활	• 규범적 내용 • 언어적 내용 • 사회적 내용	국어	
도덕			바른 생활	• 개인 생활　• 학교 생활 • 가정 생활　• 이웃 · 고장 생활 • 국가 생활
사회				
자연	슬기로운 생활	• 관찰 및 조작 활동 • 수리적 활동	슬기로운 생활	• 관찰　• 분류　• 시 · 공간의 관계 • 의사소통　• 측정 • 예상 및 추리
산수			산수	
음악	즐거운 생활	• 신체 표현 활동 • 음악적 지각 및 표현 활동 • 시지각 및 조형 활동	즐거운 생활	• 신체 활동 • 표현 활동 • 감상 활동
미술				
체육				

　　제5차 초등통합교과 교육과정에서는 학생 생활을 중심으로 바른 생활 교육과정 내용 영역을 재편하였다. 슬기로운 생활 교육과정에서도 학생의 주변을 탐구하는 방식으로 내용 영역을 재편하였는데, 생활과 계절을 고려하여 우리의 몸, 여러 가지 물체, 우리 학교, 봄 소풍 등 자기 몸으로부터 대자연을 확대하는 방식으로 내용을 확대했다. 그리고 이러한 내용을 관찰, 분류, 관계, 의사소통 등의 주된 탐구 과정 요소와 연결하여 제시했다. 즐거운

생활 교육과정에서도 신체, 표현, 감상 활동으로 내용 영역을 조정하였다(문교부, 1988).

　제5차 교육과정기에는 교과와 학생 생활의 통합을 강조했고 동시에 원교과와 차별화를 시도했다. 또한 함께 묶인 교과 간 공통 영역과 내용에 관심을 두고 이 영역을 중심으로 각 초등통합교과 내용 영역을 설정하고 그에 따른 내용을 선정했다. 이런 점에서 제4차 초등 통합교과 교육과정이 다학문적 통합 방식이라면 제5차 교육과정기를 간학문적 통합으로 이해할 수 있다(강충열, 2007).

　제5차 교육과정기 초등통합교과에 국어와 산수가 분리되고 내용 영역을 조정하면서 초등통합교과 교육과정을 개발했다. 이 시기에 개발한 초등통합교과 교육과정에 따라 초등 통합교과 교과서를 개발하였다. 제5차 교육과정기에는 제4차 개정 초등통합교과 교과서 구성 방식을 따라가면서 원교과 조정과 내용 영역 변경에 따른 교과서 내용을 선정하고 조직하는 데 초점화했다. 이를테면, 바른 생활 교과서를 도덕, 사회로 통합 구성했더라도 대부분 차시별로 교사와 학생이 도덕이나 사회 중 하나를 가르치고 배우도록 구성하였다.

표 8-5 제5차 개정 초등통합교과 교과서 단원 구성

통합 교과	구성	
바른 생활	대단원	
	소단원	
	차시활동	도덕
		사회
		도덕+사회
슬기로운 생활	대단원	
	소단원	
	차시활동	자연(탐구 활동)
		자연(탐구 활동)
		자연(탐구 활동)
즐거운 생활	대단원	
	차시활동	음악(감상 활동)
		미술(표현 활동)
		체육(신체 활동)

　차시 활동에서는 '~하여 봅시다' 또는 '~할까요?'와 같이 활동을 이끄는 문구를 넣음으로써 각각의 차시 구분과 차시 안내를 시작하고 있었다.

그림 8-4 제5차 개정 바른 생활 교과서(1단원 우리 학교)

단원구성의 예를 살펴보면, 제5차 개정 슬기로운 생활 교과서에서는 대단원과 2~3개의 소단원을 두었다. 슬기로운 생활에서 산수가 분리되면서 원교과인 자연이 자리 잡은 상황이었다. 또한 슬기로운 생활 교과서 주제를 교육과정 밖에서 찾기보다 교육과정에서 제시한 주제를 교과서 주제로 사용하였다. 슬기로운 생활 교과서에서는 한 소단원이 하나의 활동 단위를 의미했는데 활동 단위로 차시를 구분하기 시작했다.

제5차 개정 즐거운 생활 교과서는 제4차 개정 즐거운 생활 교과서 체제를 유지했다. 바른 생활이나 슬기로운 생활과 비교해서 원교과 조정이나 내용 영역의 변화도 크게 없었기 때문이었다. 단원 구성 방식으로 볼 때 즐거운 생활 교과서에서는 '줄서기' '손뼉 치기'와 같이 활동 제시어를 활용해서 차시를 구분했다는 특징이 있었다.

초등통합교과 변천 과정에서 제5차 교육과정기는 특별한 의미를 지닌다. 국가수준에서 바른 생활, 슬기로운 생활, 즐거운 생활 교육과정을 고시했기 때문이다. 나아가 초등통합교과 교육과정이 탄생했다는 것은 교과서 통합으로 접근하는 방식에서 교육과정 통합으로 접근하는 방식으로 나아갔다는 것을 의미했다(김경희, 2001). 이 시기 이후부터 우리나라에서는 여러 교과를 통합하는 원리나 방법에 관심이 커졌으며, 각 초등통합교과의 성격에 관한 연구를 본격적으로 시작하였다(김승호, 1999: 유한구, 1990).

2) 제6차 교육과정기(1992~1997)

제5차 교육과정기에 초등통합교과 교육과정을 개발함으로써 교과의 통합적 운영을 넘어서 교과를 통합적으로 조직하고자 했다(김민환, 2007). 이러한 의도는 국가 교육과정 체제에 들어 온 초등통합교과가 교과로서 지위를 확보하기 위함이었다(박채형, 2012).

제6차 교육과정기에는 분과 교과를 엮은 형태를 넘어 초등통합교과가 추구하고자 하는 통합으로 나아가 초등통합교과로서 그 성격을 명확히 하고자 했다. 또한 제6차 교육과정 개정 시기에는 인문학과 자연과학을 통합해야 한다는 국가적·사회적 요구도 있었다. 이런 배경으로부터 제6차 교육과정을 개정했고, 초등통합교과에서는 분과 주의 한계를 넘어서는 통합을 지향하기 위해 원교과를 조정했다. 구체적으로, 슬기로운 생활에 사회과를 통합하였고, 바른 생활을 도덕 단독 교과로 조정하였다.

표 8-6　제6차 교육과정기 초등통합교과의 조정

교과＼시기	제4차 교육과정	제5차 교육과정	제6차 교육과정
국어	바른 생활	국어	국어
도덕	바른 생활	바른 생활	바른 생활
사회	바른 생활	바른 생활	슬기로운 생활
자연	슬기로운 생활	슬기로운 생활	슬기로운 생활
수학	슬기로운 생활	산수	수학
음악	즐거운 생활	즐거운 생활	즐거운 생활
미술	즐거운 생활	즐거운 생활	즐거운 생활
체육	즐거운 생활	즐거운 생활	즐거운 생활

- 바른 생활은 저학년 학생들이 사회에서 요구하는 기본적인 예절과 도덕 규범을 습득함으로써 건전한 도덕성의 기초를 형성하도록 지도하기 위한 교과이다.

교육부(1992: 10)

- 슬기로운 생활은 주위와 현상에 대하여 관심을 가지고 자신과 사회 및 자연과의 관계를 생각해 보게 함으로써 여러 가지 상황 속에서 궁리하는 가운데 바르게 살아갈 수 있는 생활의 기초를 마련해 주는 통합교과이다.

교육부(1992: 17)

- 즐거운 생활은 여러 가지 놀이와 표현활동을 통하여 즐거운 학교생활이 되게 하고 건강하면서 명랑하며 창의적인 생활을 영위하게 하는 통합교과이다.

교육부(1992: 29)

교과를 조정하면서 바른 생활과 슬기로운 생활의 성격과 각 초등통합교과를 차지하는
내용 영역을 재편했다. 또한 제6차 교육과정기에 바른 생활이 도덕 단독 교과가 되면서 바
른 생활과 3학년 이후 도덕과 구분하면서 한편으로는 내용을 연계하는 방안을 연구했다(유
균상 외, 1993; 한명희 외, 1991). 학생들의 일상과 친숙한 내용이 저학년의 도덕적 발달 특성
과 사회적 도덕적 요구를 반영하고 습관화하는 데 중점을 둔 것은 이 시기에 도덕과와 차별
화의 중점적 내용이 된다. 통합의 관점에서는 습관화를 위한 일상의 내용이 교육과정에 반
영된 점에 의미를 둘 수 있다. 결과적으로, 바른 생활을 기본 생활 습관 형성과 생활 예절을
다루는 교과로 그 성격을 명확히 했다.

> 바른 생활은 도덕과는 전혀 다른 새로운 교과로서 도덕적인 사고나 안목을 길러 주기보다
> 는 우리 사회에서 요구되는 기본적인 예절과 도덕규범들을 전달하고 습관화하는 데 주로 초
> 점을 두어야 한다.
>
> 유균상 외(1993: 48)

도덕과가 어떤 현상에 관해 학생이 도덕적으로 사고하고 판단하며 그 결과를 실천하도
록 가르치는 교과이고, 윤리가 인간의 인생관 세계관, 윤리 사상 등을 배우고 실천하는 교
과라면, 바른 생활을 기본적인 예절, 생활 습관, 도덕 규범 등을 배우고 실천하는 교과로 설
정해서 차별화한 것이다(정광순 외, 2019).

슬기로운 생활에서도 제5차 교육과정기와 같이 내용 선정의 원천을 학생의 주변에 두고
학생이 자기 주변을 탐구하도록 하였다. 나아가 사회가 슬기로운 생활에 들어오면서 학생
이 자기 주변을 탐구하면서 사회와 자연과의 관계를 이해하는 교과로 규정했다.

이 시기에 슬기로운 생활의 통합은 사회현상과 자연현상을 대상으로 하였는데, 이를 '나'
의 경험을 중심으로 하는 주변에서 출발한다고 명시하고 있다. 4개의 영역에서도 나타나듯
이, '나'를 중심으로 하는 주변에 해당하는 영역이 '자신의 이해와 성장'이며, '사회와의 관계'
는 사회교과, '자연과의 관계'는 자연교과, '편리한 생활과 궁리'는 사회와 자연교과의 내용
이 주를 이루고 있다. 이 시기의 '슬기로운 생활'의 통합의 대상은 명시된 것처럼 교과의 내
용에 생활이 통합의 대상이었다.

즐거운 생활의 영역은 '신체 활동' '표현 활동' '감상 활동'으로 각 영역당 학년별 학습활동
이 제시된 형태이다. 즉, 통합 대상 영역이다. 제4차 시기의 원천교과를 영역으로 구분하면
서 유치원의 건강 생활 영역 및 표현 활동 영역과 연계하고자 했으며, 3학년 이후의 체육,

음악, 미술과 연계하고자 하였다. 〈표 8-7〉에서 볼 수 있듯, 즐거운 생활에서는 영역별 내용이 경험 중심의 활동으로 제시하였다. 원천교과와 차별화를 하고자 했지만 통합의 관점에서 활동들을 관통하는 통합의 개념이나 원리를 찾기는 어렵다. 원천교과에서 다루는 내용이 상이했기 때문이다. 이 시기에 즐거운 생활에서 유치원 과정과 3학년 이후의 내용과 연계하고자 했던 노력과 '감상 활동' 영역에서 통합된 활동을 제시했다는 점은 이후 주제 중심의 교육과정 구성과 교과의 기능 구성에 영향을 주었다.

표 8-7　초등통합교과 교육과정 내용 영역의 변화(제4차 → 제6차)

시기 교과	제4차 교육과정 통합교과	내용 영역	제5차 교육과정 통합교과	내용 영역	제6차 교육과정 통합교과	내용 영역
국어	바른 생활	• 규범적 내용 • 언어적 내용 • 사회적 내용	국어		국어	
도덕			바른 생활	• 개인 생활 • 학교 생활 • 가정 생활 • 이웃·고장 생활 • 국가 생활	바른 생활	• 개인 생활 • 가정·이웃 생활
사회					슬기로운 생활	• 자신의 이해와 성장 • 사회와의 관계 • 자연과의 관계 • 편리한 생활과 윤리
자연	슬기로운 생활	• 관찰 및 조작 활동 • 수리적 활동 • 관찰 및 조작활동 • 수리적 활동	슬기로운 생활	• 관찰 • 분류 • 시·공간의 관계 • 의사소통 • 측정 • 예상 및 추리		
수학			산수		수학	
음악	즐거운 생활	• 신체 표현 활동 • 음악적 지각 및 표현 활동 • 시·지각 및 조형 활동	즐거운 생활	• 신체 활동 • 표현 활동 • 감상 활동	즐거운 생활	• 신체 활동 • 표현 활동 • 감상 활동
미술						
체육						

제6차 초등통합교과 교육과정 내용 영역에서도 알 수 있듯이, 이 시기에는 바른 생활, 슬기로운 생활, 즐거운 생활 모두 학생의 일상적인 생활을 반영한다는 것을 알 수 있다. 이는 학교 교육과 학생 생활을 밀접하게 연결하여 학생들이 어렵지 않게 교과에 입문할 수 있도록 한 초등통합교과의 의도와도 맞물려 있었다. 그래서 제6차 교육과정기는 교육과정 차원에서 학생 생활에 교과를 통합한 시기이다(정광순, 2010). 즉, 통합의 대상을 교과 내용에 생

활을 통합하고자 했던 시도가 현재 탈학문적 주제 중심의 교육과정으로 발전하는 토대가
되었다는 데 의의를 찾을 수 있다.

교과 조정과 각 초등통합교과의 성격 명확화, 학생 생활을 중심으로 제6차 개정 초등통
합교과 교과서를 개발했다. 또한 이 시기에는 초등통합교과 교육과정과 교과서를 교과 간
또는 내용 간 통합에 집중하면서 개발했다는 점에서 초등통합교과 교과서를 간학문적 통
합으로 개발하고자 했다(강충열, 2007).

표 8-8   **제6차 개정 초등통합교과 교과서 단원 구성**

통합교과	구성	
바른 생활	대단원	
	차시활동	도입
		규범 인식/실천 활동
		규범 인식/실천 활동
		되돌아보기
슬기로운 생활	대단원	
	소단원(사회과/자연과)	
	차시활동	탐구 · 이해 활동
		탐구 · 이해 활동
		탐구 · 이해 활동
		탐구 · 이해 활동
즐거운 생활	대단원	
	차시활동	음악 활동
		조형 활동
		신체 활동

제6차 바른 생활 교과서에서 차시를 시작할 때 활동 제시어를 제공해 줌으로써 차시 구
분이 제5차 바른 생활 교과서보다 비교적 명확해졌다. 이때 대단원부터 차시 활동까지의
주제를 교육과정 내용에서 선정하였다. 또한 바른 생활 교과서를 어떤 사회적 규범이나 생
활 습관 등을 배우고 실천해 보며 평가하는 방식으로 구성했다.

제6차 교육과정 시기에는 슬기로운 생활 교과서를 탐구 활동을 중심으로 사회와 자연을
통합하여 개발하고자 했다.

그림 8-5　제6차 슬기로운 생활 교과서(1단원 우리 학교)

이를테면, 슬기로운 생활 1학년 1학기 1단원 우리 학교에서 교사와 학생은 학교를 둘러보고(소단원 ①) 교실을 살펴본다(소단원 ②). 그리고 학교에 있는 뜰과 꽃밭을 둘러본다(소단원 ③, ④). 하나의 대단원은 3~4개의 소단원으로 구성되어 있는데, 각 소단원은 사회 탐구와 자연 탐구로 구성했다. 또한 차시마다 활동 안내 지시어를 제시함으로써 차시 구분을 명확히 했다.

즐거운 생활 교과서는 제5차 즐거운 생활 교과서 체제를 유지한 방향으로 개발했다. 즉, 제6차 즐거운 생활 교과서에서도 각 차시 활동에 음악 활동, 조형 활동, 신체 활동을 배열한 방식을 유지하였다. 제6차 즐거운 생활 교과서에서는 학생이 할 활동 이름이 각 차시에 나열하는 기존 방식에서 나아가 각 차시에 학생이 성취해야 할 활동 목표를 제시했다는 점이 특징이다. 활동 목표는 바른 생활, 슬기로운 생활과 같이 교과서에서 차시를 구분하는 역할을 했다.

국가 교육과정 개정 연구 보고서에서 1, 2학년 초등통합교과가 학교현장의 지지를 받을 뿐만 아니라 초등학교 1, 2학년이 배우는 데 발달·심리적으로 더 적절하다고 평가한다는 것을 쉽게 찾을 수 있다(곽병선 외, 1986; 구자억 외, 1997). 제4차 교육과정기에 국가적·사회적 요구와 학교현장의 지지를 받아 초등통합교과가 탄생하고 유지되었다면, 제5차, 제6차로 넘어오면서 초등통합교과는 국가 교육과정 체제에 자리 잡은 세 개의 교과로서 1, 2학년 학생이 배우는 데 발달적으로 심리적으로 더 적합하다는 평가까지 나아간 것이다. 이를테면, 초등학교 1, 2학년은 전조작기에서 구체적 조작기로 넘어가는 단계에 있는데 학생 생활을 중심으로 무언가를 실제 경험해 보기 위해 어떤 활동을 하는 초등통합교과가 추구하는 방식이 적절하다고 판단한 것이다(신세호, 곽병선, 김재복, 1980).

제5차와 제6차 교육과정기에서는 어떤 교과와 어떤 교과를 연결할지 그 물음에 대한 답을 찾아가는 과정이었다. 이 과정에서 교과 조정도 있었고 교과 조정에 따라 내용 영역이 재편되었으며, 결과적으로 초등통합교과 교과서도 계속해서 변화해 왔다. 이런 과정은 바른 생활, 슬기로운 생활, 즐거운 생활의 성격을 기존 교과와 차별화하도록 이끌었다.

4. 제7차~2007 개정 교육과정기: 주제로 세 초등통합교과의 연결

1) 제7차 교육과정기(1997~2007)

1997년도에 고시된 제7차 교육과정은 선택 중심 교육과정 체제로 특징된다. 초등학교 1학년부터 고등학교 1학년까지 10년간의 국민교육공통기간으로 두고 고등학교 2, 3학년을 심화선택 교육과정 기간으로 구분하였다.

제7차 교육과정기 초등통합교과에서는 '어떤 기준으로 교과를 연결할 것인가?'라는 논의에 이어 '어떤 기준으로 교육내용으로 선정할 것인가?'라는 논의로 이어졌다. 이는 초등통합교과가 분과 교과의 여러 교육내용을 묶은 형태를 넘어서기 위한 통합을 모색하기 위함이었다. 그 결과 제7차 교육과정에서는 활동 중심 주제에 의한 통합을 내세웠다.

> 통합교과를 만들기 위해 개념 지식 중심의 주제를 지양하고 활동 중심의 주제를 선정하여 내용을 구성하고자 한다. …… 교육과정 수준에서 활동 중심으로 주제를 설정하여 내용을 구성함으로써 교육과정과 교과서가 유리되지 않도록 하고자 한다.
>
> 교육부(1997: 93)

초등통합교과 내용을 선정할 때 교과 간 통합이나 학생의 일상과 교과를 통합하려면 이것들을 연결할 수 있는 장치가 필요한데, 제7차 교육과정에서는 그 장치를 활동 주제로 설정했다.

여기서 주목할 점은 '주제'가 아닌 '활동 주제'를 교육과정 구성의 준거로 삼았다는 점이다. 주제는 교과와 관련지어 계열성이나 위계성이 있는 내용으로 구성되어질 수 있고, 이는 바로 학습 성취도 측면에서 서열화를 야기할 수 있다. 반면에 활동 주제는 활동을 중심으로 하는 주제로 활동 위주의 수업을 구성할 때 학급에서 서열화가 덜 진행된다는 점을 고려한 조치이다. 이 시기에 시대적으로 교육내용의 적합성을 논할 때, 초등학교 저학년을 대상으로 제기되었던 중요 논제가 여전히 교과 중심의 교육이 진행되어 '가르치고 배우는 일이 너무 어렵다.' 그리고 '일상의 삶과 동떨어져 가르치고 배우기가 힘들고 버겁다.'라는 지속적인 문제 제기가 있었던 시기였다. 교육부 문서에도 이러한 상황이 나타나 있다.

> 통합교과를 만들기 위해 개념 지식 중심의 주제를 지양하고 활동 중심의 주제를 선정하여 내용을 구성하고자 한다. …… 교육과정 수준에서 활동 중심으로 주제를 설정하여 내용을 구성함으로써 교육과정과 교과서가 유리되지 않도록 하고자 한다.
>
> 교육부(1997: 93)

이런 배경으로부터 제7차 교육과정에서는 제6차 교육과정 시기와 같이 통합한 교과를 유지하고 동시에 활동 주제를 도입하여 바른 생활, 슬기로운 생활, 즐거운 생활 교육과정 내용을 선정하고 조직하는 준거로 활용했다.

표 8-9　제7차 슬기로운 생활 교육과정 내용 체계(예시)

기초 탐구 활동	1학년			
	활동 주제	영역		
		나	사회	자연
살펴보기	• 몸 살펴보기	✓		
	• 주위의 동식물 찾아 살펴보기			✓

* 학년별 내용

이 학년별 내용에 제시된 사항은 예시적인 성격을 지니고 있으므로, 지역 및 학교의 실정, 학생의 발달 정도에 따라 목표 달성에 알맞은 활동 내용으로 학교에서 재구성하여 종합 · 운영하도록 한다.

(1) 몸 살펴보기

자기 자신의 몸을 살펴보고, 다른 사람과 비교하여 몸의 구조를 파악하고, 그중에서 감각 기관의 이름과 특징 및 하는 일을 말한다.

① 자기 자신, 친구의 몸 관찰하기

② 감각 기관의 이름, 하는 일 조사하기

③ 감각 기관의 공통점 찾아보기

이를테면, 슬기로운 생활 교육과정에서는 기초 탐구 활동인 살펴보기와 관련한 활동 주제 '몸 살펴보기'를 안내하고 있다. 그리고 활동 주제에 따른 활동 내용을 함께 제시해 주고 있다. 또한 교육과정에 학년별 내용은 예시적인 성격을 지니고 있고, 학교와 교실에서 적절한 활동 내용을 선정할 수 있다고 안내하고 있다. 이런 방식은 초등통합교과 안에서 분과교과 중심의 교육과정 내용을 선정하고 조직하는 방식을 넘어서 학생의 일상적인 생활을 초등통합교과 교육과정 내용으로 선정하려는 방식을 의미했다. 즉, 제7차 교육과정기부터는 교과와 교과를 물리적으로 연결하고 교과에서 혹은 교과 간 내용을 선정하는 방식에서 학생의 삶에서 내용을 선정하는 방식으로 나아가고자 한 것이다.

제7차 교육과정 시간 배당 기준표에서도 활동 주제를 준거로 교육 내용을 선정하고 조직하는 통합을 지향하고 있음을 알 수 있다.

표 8-10 제7차 교육과정 시간 배당 기준표

시기 / 교과	제4차 교육과정	제5차 교육과정	제6차 교육과정	제7차 교육과정	
				1학년	2학년
국어	바른 생활	국어	국어	국어	
도덕		바른 생활	바른 생활	수학	
사회			슬기로운 생활	바른 생활	
과학	슬기로운 생활	슬기로운 생활		슬기로운 생활	
수학		산수	수학	즐거운 생활	
음악	즐거운 생활	즐거운 생활	즐거운 생활	우리들은 1학년	
미술					
체육					

제7차 교육과정 시간 배당 기준표에서는 초등통합교과와 분과 교과의 연결선을 삭제했다. 이는 국가 차원에서 초등통합교과를 여러 교과처럼 하나의 독립적인 지위를 갖는 교과로 보자고 의도한 것이었다.

활동 주제 중심 통합이라는 접근방식에 따라 초등통합교과 내용 영역도 재편했다.

표 8-11 합교과 교육과정 내용 영역의 변화(제6차 → 제7차)

시기 \ 교과	제4차 교육과정	제5차 교육과정	제6차 교육과정	제7차 교육과정
바른 생활	• 규범적 내용 • 언어적 내용 • 사회적 내용	• 개인 생활 • 학교 생활 • 가정 생활 • 이웃 · 고장 생활 • 국가 생활	• 개인 생활 • 가정 · 이웃 생활 • 학교 생활 • 사회 생활 • 국가 · 민족 생활	• 내 일 스스로 하기 • 예절 지키기 • 다른 사람 생각하기 • 질서 지키기 • 나라 사랑하기
슬기로운 생활	• 관찰 및 조작활동 • 수리적 활동	• 관찰 • 분류 • 시 · 공간의 관계 • 의사소통 • 측정 • 예상 및 추리	• 자신의 이해와 성장 • 사회와의 관계 • 자연과의 관계 • 편리한 생활과 궁리	• 살펴보기 • 무리짓기 • 재어보기 • 조사 · 발표하기 • 만들기 • 놀이하기
즐거운 생활	• 신체표현활동 • 음악적 지각 및 표현활동 • 시지각 및 조형활동	• 신체 활동 • 표현 활동 • 감상 활동	• 신체 활동 • 표현 활동 • 감상 활동	• 놀이와 표현 • 감상 • 이해

초등통합교과별 내용 영역을 살펴보면, 바른생활의 경우 5개의 영역인 ('내 일 스스로 하기' '예절 지키기' '다른 사람 생각하기' '질서 지키기' '나라 사랑하기')과 영역별로 학년에 따라 2~3개의 활동 주제를 제시하였다. 또 슬기로운 생활의 경우, 기초 탐구 활동, 즉 '살펴보기' '무리짓기' '재어보기' '조사 · 발표하기' '만들기' '놀이하기'을 중심으로 활동 주제를 학년별로 제시하였다. 즐거운 생활의 내용 영역은 '놀이와 표현' '감상' '이해'로 제시되었다. 제6차 교육과정에서는 즐거운 생활 내용 영역이 신체 활동, 표현 활동, 감상 활동이었다. 각 활동은 직관적으로 체육, 미술, 음악이라는 교과와 연결할 수 있었고 교육과정 내용에 따라 교과서도 분과 교과를 충분히 구분할 수 있을 정도였다. 제7차 즐거운 생활 교육과정에서는 놀이와 표현, 감상, 이해로 내용 영역을 재편했다. 이는 즐거운 생활이 체육, 미술, 음악이 통합된 표현을 넘어서고자 한 것이며, 즐거운 생활을 하나의 독립적인 교과임을 보여 주는 표현이기도 했다(정광순 외, 2022).

제7차 초등통합교과 교육과정의 특징은 외형적으로 원천교과로부터 독립하여 주제 중심의 탈교과를 시도했다는 데 의의가 있다. 이러한 구성은 2007 개정에 이르기까지 유지되었다. 참고로, 2007 개정 교육과정[3]은 교과서 개발까지 마치고 적용을 앞두고 2009 개정이

---

3) 학교 현장에 적용되지는 않았지만 2007개정에서 교과서로 구현할 때, 세 교과의 통합단원을 구성했다는 점이

바로 이루어져 현장에 적용되지는 않았다. 내용 요소 형태로 제시된 각 교과별 활동 주제가 교과의 범주를 극복하였는가에 대한 논쟁은 있었다. 반면에 초등통합교과가 탈교과화되어야 하는지에 대한 논의도 존재했다. 일부 통합을 주장하는 연구자들이 어떤 교과를 통합했는가 또는 통합의 원리와 방법은 어떤 것이 적용되었는가에 초점을 두는 경우가 있다. 언급한 바와 같이, 통합의 대상은 교과에만 있는 것이 아니라 우리의 삶이 어떻게 반영되었는지 또는 통합을 통해 어떤 새로운 지식과 영역을 추구하고자 했는지 등 그 범위가 넓다. 이에 비추어서 이 시기의 통합은 활동 주제를 선정하여 학생들의 일상을 교육과정과 교과서에 반영하려고 했던 점에 주목할 필요가 있다.

나아가 교육과정에서 제시한 활동 주제는 초등통합교과 교과서 단원으로 구체화되었다. 즉, 교육과정 차원에서는 활동 주제를 제시하고 이를 중심으로 교과서 차시 활동을 선정하도록 안내한 것이었다.

표 8-12 **제7차 개정 초등통합교과 교과서 단원 구성**

교과	구성	
바른 생활	대단원	
	차시활동	도입 · 규범 인식
		규범 실천
		규범 인식
		규범 실천
슬기로운 생활	대단원	
	도입	
	소단원 1	사회적 탐구
	소단원 2	과학적 탐구
	소단원 3	사회적 과학적 탐구
즐거운 생활	대단원	
	차시활동	음악
		조형
		신체

특이하다. 이를 통해 주제 중심 교과 통합의 절차를 시도했다.

이를테면, 제7차 개정 바른 생활 교과서에서는 한 단원에 규범을 인식하고 실천하는 방식으로 구성했다. 교육과정 차원에서는 활동 주제를 제시하고 이를 중심으로 차시 활동을 선정하도록 안내했지만, 교과서에서는 특정 도덕적 개념을 먼저 알고 실천하는 차시 활동을 따른다는 점에서 차시 수준에서는 기존 교과의 개념, 원리, 방법 등을 강조하고 있음을 알 수 있다.

제7차 개정 슬기로운 생활 교과서는 대단원 아래 여러 소단원을 구성하는 방식으로 개발되었다. 슬기로운 생활 교과서 대단원은 교육과정 활동 주제와 관련 있다. 그리고 소단원은 교육과정에서 제시한 기초 탐구 활동과 관련 있다. 좀 더 자세히 살펴보면, '재미있는 놀이터'는 사회적 탐구 활동과 관련 있고 '꽃밭 구경'은 과학적 탐구 활동과 관련 있다. 그리고 '들놀이 산놀이' 활동은 사회와 과학적 탐구 활동을 통합한 활동으로 이해할 수 있다. 즉, 제7차 개정 슬기로운 생활 교과서는 사회과 내용과 과학과 내용을 소단원에서 차례로 다룬 후 간 교과 방식의 통합 활동으로 단원을 마무리하는 방식이다.

제7차 즐거운 생활 교육과정에서는 내용 영역을 놀이와 표현, 감상, 이해로 재편했다. 그리고 감상 영역에서 '서로의 활동과 작품을 감상하기' '좋은 점, 재미있는 점, 아름다운 점 등을 찾아보기' 등의 활동 주제를 제시했다. 이에 이전의 즐거운 생활과 비교해 원천교과의 구분이 폭넓어졌다. 예를 들어, 놀이와 표현 영역에서 '생활에서 보고 듣고 느낀 것, 상상한 것 등을 재미있고 다양하게 나타내기'와 같이 넓은 범위의 활동으로 제시된 경우가 있다. 이러한 요소는 교과서로 구현될 때, 다른 영역, 예를 들면 감상이나 이해 영역과의 통합으로 이어지는 데 수월한 측면이 있다. 그러나 교과서 차시 활동의 음악, 미술, 체육의 분과적 성향은 여전히 강하게 나타났다.

이처럼 활동 주제는 지식 중심의 주제를 넘어서고자 하는 국가적·사회적 요구와 세 초등통합교과를 주제로 연결하는 경로를 열어 초등통합교과 교육과정을 교과서 차원에서 실행할 수 있도록 한 현장의 요구를 실현하고 나아가 초등통합교과가 학생의 삶을 지향하는 교과로 나아가기 위한 역할을 했다.

① 재미있는 놀이터

② 꽃밭 구경

③ 들놀이 산놀이

그림 8-6   **제7차 슬기로운 생활 교과서(1단원 봄나들이)**

2) 2007 개정 교육과정기(2007~2009)

이 시기에는 학교 교육에서 전면적으로 주 5일제를 시행하면서 국가 교육과정을 부분 개정할 필요가 있었다. 이에 따라 2007 개정 초등통합교과 교육과정은 제7차 초등통합교과 교육과정이 지향하는 바를 유지하면서 일부 내용을 조정하는 방식으로 개발했다.

제7차 초등통합교과 교육과정에서 활동 주제를 도입하여 탈교과를 지향하였다는 점에서 2007 개정 교육과정 시기에서도 탈교과적 접근을 유지하면서 동시에 그 접근을 강조하는 방향으로 초등통합교과 교육과정을 개정하였다.

- '바른 생활'은 개인 생활과 사회생활을 하는 데 필요한 기본적인 생활 습관, 예절, 규범을 알고 익히도록 하는 체험과 실천을 중심으로 구성된 통합교과이다.
- '슬기로운 생활'은 자신과 주위의 구체적인 사회 현상 및 자연 현상을 서로 관련지어 이해하고, 일상생활에서 부딪히는 문제를 여러 가지 방법으로 해결하도록 하는 탐구 활동 중심의 통합교과이다.
- '즐거운 생활'은 건강한 몸과 마음을 기르며 창의적인 표현 능력과 감상 능력, 심미적인 태도를 함양하기 위해 다양하고 즐거운 놀이와 활동을 중심으로 구성된 통합교과이다.

교육인적자원부(2007)

2007 개정 교육과정에서는 초등통합교과 교육과정을 1, 2학년의 발달 특성을 기초로 하고 학생들의 생활 경험을 바탕으로 하며 한 주제 아래 여러 활동과 경험을 통합하여 탄력적으로 운영하는 교육과정으로 설명하고 있다(교육인적자원부, 2007). 좀 더 구체적으로, 바른 생활을 실천 중심 교과, 슬기로운 생활을 탐구 중심 교과, 즐거운 생활을 '놀이' 중심 교과라고 안내하면서 각 초등통합교과의 성격을 설명하고 있다.

2007 개정 초등통합교과 교육과정에서 가장 큰 변화는 초등통합교과의 내용 체계를 '영역-내용-제재' 체계에서 '대주제-활동 주제-제재 요소'로 변화한 것이다.

표 8-13 **2007 개정 초등통합교과 교육과정 내용 체계(예시)**

학년	대주제	활동 주제	제재 요소
1학년	가족과 친구	신체활동 하기	• 즐거운 마음으로 노래 부르기 • 음악을 들으며 여러 가지 신체표현 활동하기 • 다양한 크기의 종이를 여러 가지 모양으로 표현하기 • 친구와 놀이하기
		얼굴표정 나타내기	• 셈여림을 느낄 수 있는 노래 부르며 신체 표현하기 • 가족이나 친구의 다양한 얼굴표정 그려 보기 • 가족이나 친구를 재미있는 모습으로 나타내기 • 친구의 움직임 따라하기
		전래동요 부르기	• 가족이나 친구와 관련된 전래동요 부르기 • 전래동요 부르며 놀이하기 • 전래동요와 관련된 소품 만들어 놀이하기 • 간단한 장단에 맞추어 자유롭게 신체로 표현하기

초등통합교과 교육과정 내용 체계에 대주제를 들여왔다는 것은 주제를 중심으로 내용을 체계화했다는 것을 의미했다. 또한 교과 간의 통합적 접근을 넘어서 주제 중심의 통합적 운영을 의도한 것이었다(교육인적자원부, 2007; 박채형, 2012). 이로써 2007 개정 교육과정 시기 초등통합교과는 교사와 학생이 주제를 가르치고 배우는 교과를 의미하게 되었고 초등통합교과 교과서가 주제 중심 교과서로 나아가는 데 중요한 역할을 하였다(정광순, 2010).

각 초등통합교과의 성격, 목표, 내용, 방법 등에 초점화하는 방향으로 2007 개정 초등통합교과 교과서를 개발하였다. 또한 이 시기에는 대주제를 중심으로 초등통합교과 간 연계성을 높이고자 했다. 이를 위해 세 초등통합교과 교과서 단원 구성 방식을 통일하는 방식을 취했다. 이전까지는 바른 생활, 슬기로운 생활, 즐거운 생활 교과서별로 단원 구성 방식이 사뭇 달랐다면, 2007 개정 초등통합교과 교과서에서는 '단원 학습 시작하기-단원 학습 실행하기-단원 학습 마무리하기'로 통일했다. 그뿐만 아니라 교과서 아이콘 그림, 활용 방법, 페이지 디자인 등 교과서 외적 체제도 통일했다. 이는 주제 중심으로 초등통합교과 교과서를 재편하는 과정이기도 하면서 교실에서 교사와 학생이 세 초등통합교과를 넘나들며 통합적으로 운영하도록 돕고자 한 것이었다(정광순 외, 2022).

또한 이 시기 두드러진 변화 중 하나는 '통합단원'을 도입했다는 것이었다.

표 8-14　2007 개정 초등통합교과 교과서에 도입한 통합단원

1학년		2학년	
1학기	2학기	1학기	2학기
1. 즐거운 학교생활 2. 봄이 왔어요 3. 가족은 소중해요 6. 와! 여름이다.	1. 나의 몸 3. 함께 하는 한가위 7. 겨울 방학을 알차게	4. 사이 좋은 이웃 5. 함께 사는 우리	3. 아름다운 우리나라
4개	3개	2개	1개

통합단원은 말 그대로 같은 주제로 세 초등통합교과를 연계해서 가르치고 배우는 단원을 의미하였다. 2007 개정 초등통합교과 교과서에서는 통합단원을 1학년 1학기에 4개, 1학년 2학기에 3개, 2학년 1학기에 2개, 2학년 2학기에는 1개 도입했다. 이를테면, '1. 즐거운 학교생활'이라는 통합단원에서 바른 생활에서는 학교 규칙을 이해하고 일상에서 실천하는 활동을 다루고, 슬기로운 생활에서는 학교 주변을 탐구하는 활동을 다룬다. 그리고 즐거운 생활에서는 학교에서 친구와 할 수 있는 놀이 활동을 해 보면서 세 초등통합교과가 연계해

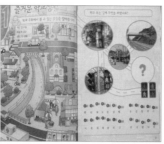

그림 8-7　2007 개정 초등통합교과 교과서 통합단원(1학기 즐거운 학교생활)

서 주제를 가르치고 배울 수 있다(교육과학기술부, 2009).

　이전 제7차 초등통합교과 교과서에서는 원교과를 개별 차시로 구현하는 방향으로 접근했다. 여기서 나아가 2007년 개정 교육과정은 세 초등통합교과 성격에 적확한 차시를 개발하는 데 주력했다. 즉, 여러 교과의 내용을 통합하는 방식에서 나아가, 바른 생활의 실천 활동, 슬기로운 생활의 탐구 활동, 즐거운 생활의 놀이 활동과 같이 각 초등통합교과가 지닌 고유한 성격을 어떻게 교과서로 구현하는 데에 초점을 맞추었다.

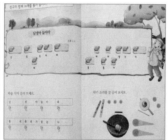

그림 8-8　2007 개정 즐거운 생활 차시의 원천교과 구분

　그렇다 하더라도, 2007년 개정 초등통합교과 교과서에서 원교과에 기반한 차시 활동이 사라졌다고 보기는 어려웠다. 특히 즐거운 생활에서는 음악, 미술, 체육이라는 원교과의 요소를 기반으로 한 활동들이 차시에서 중요한 부분을 차지하고 있음을 볼 수 있었다. 이 시기 초등통합교과 교과서는 통합교과가 원교과의 내용을 포괄하면서도 초등통합교과 성격과 목표와 내용, 방법 평가 등을 실현하려고 노력한 결과물로 이해할 수 있다.

　제7차와 2007 개정 초등통합교과 교육과정 시기는 교육과정 내용에서 주제로 나아간 시기였다. 즉, 어떤 교과 내용과 어떤 교과 내용을 통합할 것인지를 논의하는 것에서 주제를 중심으로 바른 생활에서는 실천 활동을, 슬기로운 생활에서는 탐구 활동을, 즐거운 생활에서는 놀이 활동을 위한 각 초등통합교과 내용을 선정하고 조직하는 통합의 준거를 설정하는 논의로 나아갔다. 이 시기부터 교실수업에서 교사와 학생이 주제를 가르치고 배우는 풍경이 서서히 나타나기 시작했다. 그리고 이런 노력은 이후 이어지는 주제별 교과서가 탄생하는 중요한 기반이 되었다.

5. 2009~2015 개정 교육과정기: 주제별 교과서로 세 초등통합교과 다루기

살펴본 바와 같이, 우리나라 초등학교에서 통합은 초등통합교과의 등장과 더불어 교과 내/간의 통합의 유용성에 대한 논의로부터 시작되어 학생들의 실생활을 원천으로 하는 주제 중심의 통합에 이르기까지 초등통합교과의 변천을 중심으로 논의가 이어졌다. 2007개정 교육과정[4] 이후 수시 · 구분 고시 체제로 바뀌면서 초등통합교과의 내용을 대주제와 활동 주제로 제시하여 다양한 활동과 경험이 통합될 수 있도록 하였다.

1) 2009 개정 교육과정기(2009~2015)

2009 개정 초등통합교과 교육과정에서는 세 초등통합교과 사이의 연계를 강화하여 좀 더 초등통합교과의 탈학문적 접근을 강조하고자 했다. 특히 이 시기에는 2007 개정 교육과정기 초등통합교과 교과서에서 개발한 통합단원을 교육과정과 교과서에 전면적으로 확대하는 방향으로 초등통합교과 교육과정을 개정했다.

2009 개정 교육과정에서는 초등통합교과의 성격을 다음과 같이 제시하였다.

'바른 생활'과, '슬기로운 생활'과, '즐거운 생활'과는 가정, 학교, 지역 사회에서의 생활과 직접적인 관련이 있는 교과다. 구체적으로 말하면, 이들 세 교과의 교육과정은 초등학교 1, 2학년 학생의 경험 세계의 내용을 생활의 관점에서 접근한다. …… 통합교과 교육과정은 학

---

4) 2007 개정 교육과정은 교육과정과 교과서가 개발되었지만 주 5일제 실시로 인해 2009 개정 교육과정이 후속되면서 현장에 적용되지는 않았다. 교육과정 고시에 연도를 붙인 이유는 수시 · 부분 개정이 가능한 체제로 바뀌면서 명칭을 달리했다.

생의 일상적인 생활 모습에 충실한 내용과 방식으로 학생이 교과 지식을 일상적으로 경험할 수 있는 형태로 통합·조직한다.

이에 개정 통합교과 교육과정에서는 통합교과의 이런 생활의 관점과 통합적 조직 원리에 따라 세 교과의 교육과정 대주제는 통일하고, 활동 주제는 교과의 특성이 드러나도록 차별화하였다. 즉, 대주제를 중심으로 세 통합교과를 상호 연계하며, 동일한 대주제를 상이한 관점에서 구현한 활동 주제를 중심으로 각 교과의 특성을 반영하여 구성하였다.

교육과학기술부(2011)

2009 개정 교육과정에서는 세 교과가 대주제를 공유하면서 초등통합교과 간에 통합을 제시했으며, 활동 주제를 통해 각 교과의 특성이 드러나도록 하였다. 횡적으로는 초등통합교과 간 주제를 중심으로 하는 통합을, 종적으로는 각 교과에서 다루는 고유한 내용을 배치하였다.

이 시기에는 학생의 경험 세계와 내용을 생활의 관점에서 접근하고 이를 8개의 대주제로 통합하였다. 즉, "주제를 중심으로 세 교과를 묶고 교과의 내용에 학생의 일상적인 생활 모습에 충실한 내용과 방식으로 학생이 교과 지식을 일상적으로 경험할 수 있는 형태로 통합·조직하였다."(교육과학기술부, 2011)

먼저, 2007 개정 초등통합교과 교육과정 내용 체계에서 제시한 대주제를 공간과 시간을 기준으로 구체화한 8개의 세 초등통합교과 공통 대주제로 개편했다.

- 대주제: 학교와 나, 봄, 가족, 여름, 이웃, 가을, 우리나라, 겨울

2007 개정 초등통합교과 교육과정 내용 체계에서 세 통합교과에 따라 서로 다른 대주제를 설정했다면, 2009 개정 초등통합교과 교육과정은 세 통합교과를 관통하는 주제를 대주제로 설정했다. 세 통합교과가 연계할 수 있는 중요한 변화였다.

다음으로, 대주제를 중심으로 세 통합교과에서 공통으로 다룰 수 있는 소주제를 설정하였다. 한 대주제당 소주제는 4개씩 제시하였고, 2학기를 마무리하는 겨울 주제에서는 5개의 소주제를 제시했다. 이와 같이 대주제와 소주제를 설정함으로써 세 통합교과가 연계해서 주제를 가르치고 배우는 체계를 구축할 수 있었다.

- **대주제**: 학교와 나
- **소주제**: 학교생활, 나와 친구, 몸, 나의 꿈

소주제에 따라 세 통합교과에서 각각 활동 주제를 제시하였다.

표 8-15 　2009 개정 초등통합교과 교육과정 주체 체계(예시)

대주제	소주제	활동 주제		
		바른 생활	슬기로운 생활	즐거운 생활
학교와 나	• 학교 생활 • 나와 친구 • 몸 • 나의 꿈	• 안전하게 등 · 하교하기 • 친구와 서로 도우며 공부하기 • 몸 소중히 다루기 • 나의 꿈 가꾸기	• 학교 둘러보기 • 친구에게 관심 갖기 • 몸 살펴보기 • 나의 꿈 찾아보기	• 학교 놀이하기 • 친구와 놀이하기 • 몸 표현하기 • 나의 꿈 표현하기

대주제와 소주제를 구현하는 활동 주제를 설정하기 위한 준거는 각 통합교과의 성격, 내용, 방법, 평가 등이었다.

- 바른 생활: 올바르게 생활하는 사람으로 자라도록 돕는 실천 활동 중심의 교과
- 슬기로운 생활: 주변을 이해하는 사람으로 자라도로 돕는 탐구 활동 중심의 교과
- 즐거운 생활: 창의적인 표현력을 지닌 건강한 사람으로 자라도로 돕는 표현 활동 중심의 교과

교육과학기술부(2011: 4, 18, 33)

바른 생활에서는 기본 생활 습관과 학습 습관을 실천하면서, 슬기로운 생활에서는 주변의 모습, 관계, 변화를 탐구하면서. 즐거운 생활에서는 감각, 아름다움, 즐거움을 표현하는 데 적절한 활동 주제를 선정했다.

나아가 2009 개정 초등통합교과 교육과정에서는 세 초등통합교과 교육과정을 KDB 모형에 기반해 설계하였다. 즐거운 생활의 예를 살펴보면 다음과 같다.

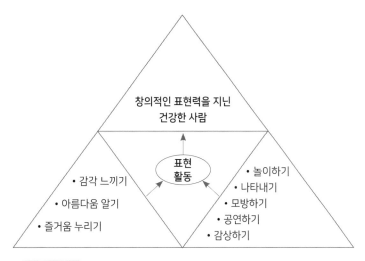

그림 8-9 그림 8-9 KDB 모형에 기반한 2009 개정 즐거운 생활 구조

'즐거운 생활'과에서 학생이 알아야 하는 것은 감각, 아름다움, 즐거움이고, 학생이 할 수 있어야 하는 것은 놀이하기, 나타내기, 모방하기, 공연하기, 감상하기이다. '즐거운 생활'과에서 알아야 하는 것과 할 수 있어야 하는 것은 구체적인 표현 활동 과정에서 동시에 다루어지며 이 과정에서 학생은 자연스럽게 창의적으로 표현하는 건강한 사람으로 자라게 된다.

교육과학기술부(2011: 31-32)

KDB 모형은 학생이 알아야 하는 것(to Know), 할 수 있어야 하는 것(to Do), 되어야 하는 것(to Be)을 의미한다(Drake, 2007). 이를 바탕으로 초등통합교과 교육과정에서는 알아야 할 것을 하면서 초등통합교과가 지향하는 사람이 되는 구조를 개발했다. 즉, '알기-하기-되기'를 구조로 초등통합교과 교육과정을 개발한 것이다.

이처럼 2009 개정 초등통합교과 교육과정에서는 세 초등통합교과를 자연스럽게 연결하고, 세 초등통합교과의 성격을 드러내는 방향으로 나아갔다. 특히 '대주제-소주제-활동 주제'로 이어지는 내용 체계는 주제별 교과서를 개발하는 결정적인 계기가 되었다.

제7차와 2007 개정 교육과정기를 지나오면서 초등통합교과 교육과정은 주제를 가르치고 배우는 탈학문적 통합으로 나아가고 있었고, 특히 활동 주제와 통합단원을 도입함으로써 주제를 중심으로 바른 생활, 슬기로운 생활, 즐거운 생활을 연계해서 다루는 방향으로 나아갔다. 이러한 과정은 이전의 교과별 교과서에서 주제별 교과서로 변화하기 위한 중요한 기반이 되었다.

이런 2009 개정 초등통합교과 교육과정에서 통합의 대상은 세 개의 통합교과이라고 말할 수 있으며, 이 시기 교육과정의 주요한 특색이다. 주제를 시간의 흐름(봄, 여름, 가을, 겨울)과 공간의 확장(학교, 가족, 이웃, 우리나라)에 따라 제시하여 학생들이 삶 속에서 교과의 내용을 다룰 수 있는 구조를 확립하였다. 통합의 방법적인 측면에서 교과의 구분이 없는 주제를 선정하여 학생들의 사회적 · 심리적 접근을 통해 탈학문적 통합(transdisciplinary approach)을 시도하여 학생들의 몰입도를 높이고자 하였다.

2009 개정 초등통합교과 교과서의 가장 큰 변화는 교과서 구현에 있어 교육과정에서의 8개의 대주제를 그대로 교과서명으로 구현하여 세 교과가 주제를 공유하는 형태로 구현하였다는 점이다. 초등통합교과 교육과정의 대주제와 소주제를 중심으로 단원을 구성하여 학교 현장에서 교육과정을 수월하게 교과서를 통해 적용할 수 있도록 하였다. 이는 2007 개정 초등통합교과 교과서에서 제시한 통합단원을 교과서 전체로 전면 확대한 것이다. 통합단원을 전체 교과서로 확대했다는 것은 통합단원 이름을 교과서 이름으로 설정하고, 주제 교과서 한 권으로 바른 생활, 슬기로운 생활, 즐거운 생활을 함께 가르칠 수 있도록 초등통합교과 교과서를 개발했다는 것을 의미했다. 이를 통해 우리나라 교실수업을 주제 중심 통합수업으로 나아가고자 했다. 이 시기의 교과서는 다음과 같은 특징을 지녔다.

첫째, 주제별 교과서이다. 세 통합교과 간의 통합적 운영을 강조하기 위해서 교육과정의 대주제와 소주제를 중심으로 세 통합교과를 통합 · 연계하여 개발하였다.

둘째, 월별 교과서이다. 주제 교과서는 한 달에 한 권씩 배우도록 개발되었는데 학교 상황에 맞게 그 지도 시기 및 기간을 조절할 수 있다.

셋째, 통합학습 교재이다. 2009 개정 통합교과 교과서는 주제를 중심으로 세 통합교과를 함께 통합하여 교재를 구성해줌으로써 교과서대로만 수업해도 통합 수업을 경험할 수 있도록 하였다.

교육과학기술부(2013: 16)

2009 개정 초등통합교과 교과서는 주제 교과서다. 이전까지 초등통합교과 교과서 이름이 바른 생활, 슬기로운 생활, 즐거운 생활이었다면, 이 시기부터는 초등통합교과 교육과정에서 제시한 대주제를 교과서 이름으로, 소주제를 단원 이름으로 개발하였다. 이는 세 초등통합교과 간의 통합적 운영을 강조하기 위함이었다.

또한 교사와 학생이 직관적으로 한 달에 한 권씩 교과서를 활용할 수 있도록 초등통합교과 교과서를 월별 교재로 개발하였다. 교사와 학생이 한 달에 한 번씩 주제를 바꿔 가며 주제 중심 통합수업을 운영하도록 의도한 것이었다.

2009 개정 교육과정기에는 국가 차원에서 초등통합교과 교과서를 개발하고 개발한 초등통합교과 교과서를 전국의 1, 2학년 교실에 보급했다. 이에 교사와 학생은 주제 교과서 책 한 권만으로도 세 초등통합교과를 연계해서 가르치는 주제 중심 통합 수업을 경험할 수 있었다. 이 시기부터 전국의 어느 초등학교 1, 2학년 교실에 들어가더라도 주제별 교과서를 통해 교실에서는 주제를 가르치고 배우는 주제 중심 통합 수업을 쉽게 볼 수 있게 되었다.

2009 개정 초등통합교과 교육과정에서 제시한 대주제를 초등통합교과 교과서 이름으로, 소주제를 단원 이름으로 설정하고 세 통합교과 활동 주제를 차시 활동으로 구현하는 방식으로 초등통합교과 교과서를 개발하였다. 단원을 구성하는 방식은 '주제 만나기-주제학습 실행하기-주제학습 마무리하기'로 2007 개정 초등통합교과 교과서 단원 구성 방식을 따랐다.

그림 읽기

이야기 읽기

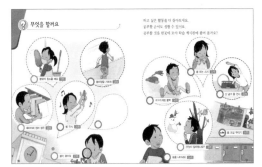

단원 읽기와 학습 게시판 만들기

그림 8-10 2009 개정 초등통합교과 교과서의 주제 만나기

주제 만나기는 교사와 학생은 주제와 관련한 개인적인 경험을 공유하고 앞으로 배우는 주제에 관심을 두는 과정이다. 2009 개정 교육과정 시기 주제를 중심으로 세 통합교과를 연계하여 교과서를 개발함에 따라 통합교과 교과서 차원에서는 교사와 학생이 주제를 만나는 활동을 강조하고자 했다. 그 결과, 주제 만나기를 그림 읽기, 이야기 읽기, 단원 읽기, 학습 게시판 만들기로 좀 더 구체화했다.

주제학습 실행하기에서는 세 통합교과 성격, 목표, 내용, 방법 등에 따라 차시 활동을 구현했다.

그림 8-11 2009 개정 초등통합교과 교과서의 주제학습 실행하기

[그림 8-11]의 교과서 예시에서도 알 수 있듯이, 주제학습 실행하기에서는 각 차시 활동을 실천활동(바른 생활), 탐구 활동(슬기로운 생활), 표현놀이 활동(즐거운 생활)으로 구현하고자 했다. 즉, 원교과를 넘어서 초등통합교과 자체의 성격에 집중해서 초등통합교과 교과서를 개발하고자 한 것이다.

그림 8-12 2009 개정 초등통합교과 교과서의 주제학습 마무리하기

주제학습 마무리하기는 주제에 관한 최고조 활동을 하며 다음 주제로 이어 가는 과정이다. 흔히 생각하기에 학생이 학습하는 '도입-전개-마무리' 과정에서 전개 단계를 최고조

활동이라고 생각한다. 초등통합교과 교과서에서는 주제학습 마무리하기를 주제학습에 관한 분위기를 최고조로 만들어 개인과 집단에서 성찰이 일어날 수 있도록 개발했다. 그래서 이 단계에서는 실천, 탐구, 표현을 종합하는 활동, 배운 것을 평가하는 활동, 다음 주제로 연계하는 활동을 해 볼 수 있다.

교사들은 주제 교과서를 사용하며 주제 중심 통합수업을 경험했다. 그리고 이런 경험은 교실이나 주제를 중심으로 수업을 만드는 계기이자 아이디어가 되었다(유성열, 이찬희, 2022). 교사들은 주제를 중심으로 국어나 수학 교과도 통합해서 운영하기도 했고, 주제를 중심으로 통합교육과정을 개발해서 실천하기도 했다. 교사가 초등통합교과 교과서를 활용하면서 주제 중심 수업을 만들고 실행하는 법을 배운 것이다(이찬희 외, 2021).

학생들은 초등통합교과 교과서를 사용하며 교사와 함께 수업에 주체적으로 참여해 보는 경험을 해 볼 수 있었다. 학생들은 교사와 주제에 관한 경험을 나눠보며 무엇을 배울지를 생각하기도 하고 수업 순서를 정해 보는 경험도 했다(이찬희, 2019, 2024a). 초등통합교과 교과서를 통해 학생은 만나는 주제를 의미 있게 생각하고 주제와 관련해서 실천, 탐구, 표현하면서 주제를 교육적으로 의미 있게 다뤄 볼 수 있었다.

미군정 및 교수요목기부터 국가 교육과정 차원에서 지향하는 통합은 제4차 교육과정기 바른 생활, 슬기로운 생활, 즐거운 생활이라는 통합교과 탄생으로 이어졌다. 제7차와 2007 개정 교육과정 시기까지 지나오면서 통합교과는 교과통합에서 주제 통합으로 변화해 왔다. 이는 교육과정 차원에서 바른 생활, 슬기로운 생활, 즐거운 생활이 교과로서 자리매김한 것을 의미했다. 그리고 2009 개정 교육과정 시기에 이르러 주제 중심 통합교육과정과 주제별 교과서는 교실수업의 풍경을 교과에서 주제로의 변화를 이끌었는데, 이는 교사와 학생도 주제를 가르치고 배우는 낯선 경험이 친숙한 경험이 되어가고 있음을 의미했다. 즉, 통합을 지향하는 국가 사회적 요구와 현장의 지지와 교실수업의 변화로부터 통합교과가 통합의 기반이자 지향점인 학생 삶에 더 가깝게 다가가기 쉬운 방식으로 변화해 왔음을 알 수 있다.

2) 2015 개정 교육과정기(2015~2022)

2015 개정 교육과정기에서는 역량 중심 교육과정을 도입했다. 이는 국가 차원에서 학교교육의 지향점을 '역량'으로 설정했다는 의미이다. 이를 위해 국가 교육과정 총론에서 학교교육을 통해 학생이 길러야 할 핵심역량(자기관리 역량, 지식정보처리 역량, 창의적 사고 역량,

심미적 감성 역량, 의사소통 역량, 공동체 역량)을 제시하였고, 이를 바탕으로 각 교과 교육과정에서는 핵심역량에 기반한 교과역량을 설정하고, 교과역량을 함양하기 위해 무엇을 어떻게 배워야 하는지의 관점에서 교과 성격, 목표, 내용 체계 등을 개발하도록 안내했다. 이에 따라 2015 개정 초등통합교과 교육과정에서는 국가 교육과정 핵심역량을 바른 생활, 슬기로운 생활, 즐거운 생활의 성격과 목표, 내용 등에 따라 그 의미를 구체화하는 방식으로 초등통합교과 역량을 개발했다.

통합교육과정이자 주제 중심 교육과정인 2009 개정 초등통합교과 교육과정 대주제에 대한 학교현장 교사의 만족도는 매우 높았다. 또한 교사들은 세 통합교과 내용 수준이 적절하다고 생각했다(이미숙, 2015). 이는 대주제에서 제시한 봄, 여름, 가을, 겨울이라는 계절 주

표 8-16 2015 개정 초등통합교과에서 설정한 역량과 의미

통합교과	통합교과 역량	의미
바른 생활	공동체 역량	가족, 학교, 지역사회, 국가의 구성원으로서 요구되는 가치와 태도를 받아들이고 공동체의 일원으로 주변 사람들과 원만한 관계를 형성·유지하고, 상호작용할 수 있는 능력
	자기관리 역량	일상생활을 하는 데 필요한 기본적 생활 습관 및 기본 학습 습관을 형성함으로써 변화하는 사회에 유연하게 적응하며 살아갈 수 있는 능력
	의사소통 역량	가족, 학교, 지역사회 구성원들의 의사를 이해하고 소통하며, 자신의 생각을 알고 상황에 맞게 효과적으로 표현할 수 있는 능력
슬기로운 생활	창의적 사고 역량	주변에 관심을 갖고 다양한 현상과 관련지어 창의적으로 생각할 수 있는 능력
	지식정보처리 역량	주변에 관심을 갖고 여러 가지 자료를 수집, 분류, 이해할 수 있는 능력
	의사소통 역량	주변을 탐구하는 과정에서 다른 사람들과 의견을 나누고, 그 결과를 공유할 수 있는 능력
즐거운 생활	심미적 감성 역량	일상생활에서 아름다움과 즐거움을 느끼고, 여러 가지 자료와 매체, 도구 등을 사용하여 소리와 이미지, 움직임 등에 대해 다양한 감각을 발달시키는 능력
	창의적 사고 역량	주변의 대상과 현상 및 문화 등에 창의적으로 생각하고 소리, 이미지, 움직임 등에 대한 자신의 생각과 느낌을 새롭고 융합적으로 표현할 수 있는 능력
	의사소통 역량	소리, 이미지, 움직임 등을 활용하여 자신의 생각과 느낌을 표현하고, 타인의 표현을 이해하며, 서로 소통할 수 있는 능력

제를 통해 교사와 학생이 자연스럽게 통합교과를 일상생활에서 가르치고 배우는 내용과 방식을 긍정적으로 평가한 것을 의미했다.

이런 배경에서 2009 개정 초등통합교과 교육과정을 부분적으로 수정·보완하는 방향으로 2015 개정 초등통합교과 교육과정을 개발했다. 즉, 2009 개정 초등통합교과 교육과정의 전반적인 틀을 유지하면서 세 통합교과 성격, 목표, 내용 체계, 성취기준을 수정·보완하면서 2015 개정 초등통합교과 교육과정을 개발했다.

먼저, 2015 개정 초등통합교과 교육과정에서는 세 통합교과 내용 체계를 명료화했다. 특히 2015 개정 교육과정 시기에는 각 교과 내용 체계를 '영역-핵심 개념-일반화된 지식-내용 요소-기능' 순으로 구성하도록 안내하였는데, 이를 바탕으로 초등통합교과 교육과정에서는 주제를 가르치고 배우는 세 통합교과의 성격과 특징을 명료화하고자 '영역(대주제)-핵심 개념(소주제)'으로 구체화해서 표기했다.

표 8-17　2015 개정 초등통합교과 교육과정 내용 체계(예시)

영역 (대주제)	핵심 개념 (소주제)	일반화된 지식	내용 요소			기능
			바른 생활	슬기로운 생활	즐거운 생활	
1. 학교	1.1 학교와 친구	학교는 여러 친구와 함께 생활하는 곳이다.	• 학교 생활과 규칙	• 학교 둘러보기 • 친구 관계	• 친구와의 놀이 • 교실 꾸미기	[바른 생활] 되돌아보기 스스로 하기 내면화하기 관계 맺기 습관화하기 [슬기로운 생활] 관찰하기 무리짓기 조사하기 예상하기 관계망 그리기 [즐거운 생활] 놀이하기 표현하기 감상하기
	1.2 나	나는 몸과 마음으로 이루어져 있다.	• 몸과 마음의 건강	• 몸의 각 부분 알기 • 나의 재능, 흥미 탐색	• 나의 몸, 감각, 느낌 표현 • 나에 대한 공연·전시	
2. 봄	2.1 봄맞이	사람들은 봄의 자연 환경에 어울리는 생활을 한다.	• 건강 수칙과 위생	• 봄 날씨와 생활 이해 • 봄철 생활 도구	• 봄 느낌 표현 • 집 꾸미기	
	2.2 봄 동산	봄에 볼 수 있는 동식물은 다양하며 봄에 할 수 있는 활동과 놀이가 있다.	• 생명 존중	• 봄 동산 • 식물의 자람	• 동식물 표현 • 봄나들이	

2015 개정 초등통합교과 교육과정 내용 체계는 2009 개정 초등통합교과 교육과정에서 제시한 대주제를 영역으로, 소주제를 핵심 개념으로 구성하였다. 그리고 학생이 해당 영역 (대주제)에서 다루는 핵심 개념(소주제)을 다루면서 세 통합교과가 다루는 공통적인 지식을 일반화된 지식으로 제시하였다. 즉, 국가 교육과정 차원에서 제시한 내용 체계 구성 방식을 바탕으로 초등통합교과가 지닌 고유의 성격과 특징 등을 드러내는 방식으로 2015 개정 초등통합교과 내용 체계를 구성하였다. 또한 초등통합교과 교육과정 내용 체계에 학생이 배울 기능을 명시하여 학생이 세 교과의 성격에 따른 수업에서 무엇을 어떻게 배울지를 세 통합교과를 조망할 수 있도록 안내하였다.

2009 개정 교육과정 시기 초등통합교과 주당 수업 시수가 바른 생활 2시간, 슬기로운 생활 3시간, 즐거운 생활 6시간이지만 성취기준 수가 같기에 상대적으로 바른 생활에 대한 학습 부담이 있었다. 2015 개정 교육과정기에서는 학생의 학습량 감축을 강조했는데, 이에 따라 시간 배당 기준을 고려하여 바른 생활 성취기준 수를 33개에서 17개로, 슬기로운 생활, 즐거운 생활은 33개에서 32개로 조정하였다.

특히 즐거운 생활은 내용에 있어 변화가 있었다. 이전의 교과의 성격에 있어 '신체적·음악적·조형적 표현 활동'을 중심으로 하는 표현 놀이 교과에서 '감각(오감 깨우기, 신체적 감각, 대비적 감각, 유사한 감각, 패턴)'을 중심으로 하는 '표현 놀이' 교과로 성격을 정선했다. 표현 놀이를 위한 기능 세 개(놀이하기, 표현하기, 감상하기)를 배치하고, 세 개의 교과 역량(창의적 사고 역량, 심미적 감성 역량, 의사소통 역량)을 포함하였다. 바른생활과 슬기로운 생활과 8개의 영역(대주제)와 16개의 핵심개념(소주제)을 공유하여 교과 간 횡적 통합을 하였다.

교과서의 특징을 중심으로 살펴보면, 첫째, 2015 개정 교육과정기에는 주제별 교과서 체제를 유지하였다. 2009 개정 초등통합교과 교육과정에 따른 주제별 교과서는 학교현장에서 긍정적인 평가를 받았다(강충열 외, 2014: 서지영 외, 2014: 조상연, 2015). 이는 학교현장에서 주제별 교과서에 관한 만족도가 높다는 것은 물론이며 주제별 교과서를 활용한 주제가 있는 초등학교 1, 2학년 수업이 학생의 발달 단계적 특성과 배우는 방식에 적합하다는 것을 의미했다. 주제별 교과서에 관한 학교현장의 긍정적인 평가로부터 2015 개정 시기에서는 주제 중심 통합수업을 확대하는 방향으로 초등통합교과 교과서를 개발했다.

- 주제별 교과서: 주제를 중심으로 세 교과의 성취기준을 통합해서 수업할 수 있다.
- 구성 차시 도입: 교사가 학생의 요구를 중심으로 성취기준을 이수하는 수업을 할 수 있다.
- 교과역량 함양: 국가수준에서 주도하는 핵심역량을 교과서 단원별로 하나씩 다룰 수 있다.

교육부(2017: 10)

2015 개정 초등통합교과 교육과정에서는 총 8개의 대주제를 제시하였다. 이에 따라 1, 2학년에 각각 8개의 같은 대주제를 배정하였고, 주제를 반복·심화하여 가르치고 배우도록 초등통합교과 주제별 교과서를 개발했다. 또한 주제별 교과서를 학기별로 두 권씩 분책하였다. 그리고 한 책에 두 개의 주제를 배정했다.

표 8-18 교육과정 대주제별 교과서 이름

교육과정 대주제	2009 개정 통합교과 교과서		2015 개정 통합교과 교과서	
	1학년	2학년	1학년	2학년
학교	학교 1-1	나 2-1	봄 1-1	봄 2-1
봄	봄 1-1	봄 2-1		
가족	가족 1-1	가족 2-1	여름 1-1	여름 2-1
여름	여름 1-1	여름 2-1		
마을	이웃 2-1	이웃 2-2	가을 1-2	가을 2-2
가을	가을 2-1	가을 2-2		
나라	우리나라 2-1	우리나라 2-2	겨울 1-2	겨울 2-2
겨울	겨울 2-1	겨울 2-2		
8개	8권	8권	4권	4권

 둘째, 2015 개정 초등통합교과 교과서에서 두드러진 변화는 구성 차시(blank lesson)의 도입이다. 2015 개정 초등통합교과 교과서에서는 교사가 학생의 요구를 중심으로 성취기준을 이수하는 수업을 할 수 있도록 하였다. 교사는 구성 차시를 활용해 교사와 학생이 처한 상황이나 학생의 요구 등을 성취기준과 연계해서 수업을 만들 수 있다.

그림 8-13 2015 개정 초등통합교과 교과서에 도입한 구성 차시

초등통합교과 교과서에서 제시한 구성 차시에는 차시명과 차시 내용이 없다. 대신에 '수업 만들기'라고 표시해 두고 '하고 싶은 활동을 정하고 해 봅시다.'라고 수업을 만드는 활동을 안내했다. 또한 교사와 학생이 수업을 만들 때 활용할 수 있는 동화나 그림을 제시했고, 교사용 지도서에는 구체적으로 교사가 수업을 어떻게 만들 수 있는지 안내하였다.

이런 구성 차시는 학생들이 알고 싶은 내용을 구성하여 수업으로 통합한다는 의미에서 구성 차시의 도입은 학생들의 흥미, 관심, 삶과의 통합성을 강화하는 조치로 볼 수 있다. 구성 차시 도입을 통해 교사와 학생이 교과서가 하나의 자료임을 실제로 체험할 수 있도록 하고자 했고, 교사가 교과서에 의존하는 우리나라의 교육과정 실행 문화를 점진적으로 해소하고자 했다(이찬희, 정광순, 2019). 또한 학교 수업에서 학생을 수동적인 위치에서 능동적인 위치로 전환하여 학생의 참여 정도와 참여 방식의 전환을 도모하고자 했다(교육부, 2017).

셋째, 교과 역량 함양을 강조하였다. 2015 개정 교육과정에서는 학교 교육을 통해 학생이 함양해야 할 핵심 역량으로 자기관리 역량, 지식정보처리 역량, 창의적 사고 역량, 심미적 감성 역량, 의사소통 역량, 공동체 역량을 제시했다. 이를 바탕으로 초등통합교과 교육과정에서는 바른 생활, 슬기로운 생활, 즐거운 생활의 성격과 특성을 고려하여 각 통합교과에 적합한 세 개의 교과 역량을 선정하고 반영했다.

- 바른 생활: 공동체 역량, 자기관리 역량, 의사소통 역량
- 슬기로운 생활: 창의적 사고 역량, 지식정보처리 역량, 의사소통 역량
- 즐거운 생활: 심미적 감성 역량, 창의적 사고 역량, 의사소통 역량

교육부(2017)

초등통합교과 교과서에서는 각 단원에서 다루는 초등통합교과 성취기준과 핵심 역량과의 관련성을 분석한 결과에 따라 한 단원에서 하나의 역량을 집중적으로 다룰 수 있도록 교과서 단원을 개발했다.

교사가 각 단원에서 집중적으로 다루는 교과 역량을 중심으로 바른 생활, 슬기로운 생활, 즐거운 생활을 연계해서 가르칠 수 있다. 특히 초등통합교과 교과서는 월별 교재라는 점에서 교사는 한 달 동안 한 개에서 두 개 교과 역량을 집중적으로 다룰 수 있다. 또한 단원을 마무리하는 단계에서 학생이 교과 역량을 함양했는지를 평가할 수 있도록 개발했다. 이를 통해, 교사는 마무리 차시 수업하면서 학생이 교과 역량을 함양했는지 확인할 수 있고 이와 관련해서 학생에게 피드백을 줄 수 있으며 앞으로 해 나갈 수업을 계획하는 데 도움을 받을 수 있다.

표 8-19　초등통합교과 교과서 단원별 교과 역량

책명	단원명	교과 역량	책명	단원명	교과 역량
봄 1-1	학교에 가면	의사소통	봄 2-1	알쏭달쏭 나	자기관리
	도란도란 봄 동산	지식정보처리		봄이 오면	창의적 사고
여름 1-1	우리는 가족입니다	창의적 사고	여름 2-1	이런 집 저런 집	공동체
	여름 나라	심미적 감성		초록이의 여름 여행	심미적 감성
가을 1-2	내 이웃 이야기	의사소통	가을 2-1	동네 한 바퀴	지식정보처리
	현규의 추석	지식정보처리		가을아 어디 있니	심미적 감성
겨울 1-2	여기는 우리나라	의사소통	겨울 2-1	두근두근 세계 여행	의사소통
	겨울이 시작되는 곳	창의적 사고		겨울탐정대의 친구 찾기	창의적 사고

　2015 개정 초등통합교과서에서는 주제학습 모형(주제 만나기-주제 학습하기-주제 학습 마무리하기)에 기반해 단원을 구성하였다.

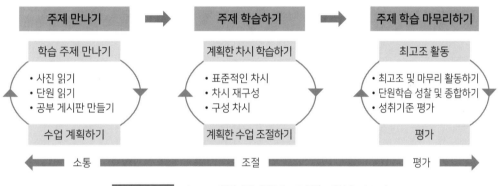

그림 8-14　2015 개정 '주제학습 모형'(교육부, 2017)

　주제 만나기에서 교사는 사진 읽기를 통해 공부할 주제에 관해 학생과 경험을 나눈다. 단원 내에 있는 여러 수업을 살펴보면서 무엇을 어떻게 배울지를 생각해 보면서 단원에 대한 조망도를 가질 수 있다. 또한 교사와 학생은 수업 순서를 정하기도 하고 더 해 보고 싶은 활동을 추가해 보며 공부 게시판을 만든다.

　주제 학습하기 단계에서 교사와 학생은 교과서에서 제시한 수업을 할 수도 있고 교과서 수업을 재구성해서 할 수도 있다. 또한 구성 차시를 활용해 교사와 학생이 수업을 만들어서 할 수도 있다. 이 과정에서 공부 게시판을 활용해 수업 순서나 수업 시수도 조정할 수 있다.

　주제 마무리하기 단계에서는 그동안 공부한 결과물이나 스스로 할 줄 알게된 것 등을 활용해 전시회, 발표회 등의 최고조 및 마무리 활동을 할 수 있다. 또한 총합 활동을 하면서 단원 학습을 정리하고 학생이 성취기준을 잘 배웠는지 평가할 수 있다.

통합은 본래 학생이 더 나은 삶을 추구하고자 한 교사가 가르치는 자연스러운 방식이라는 점에서(Beane, 2005), 2015 개정 교육과정기부터 학생을 교육의 대상을 넘어 주체로 참여시키는 초등통합교과 방식은 통합이 지향하는 방식과 잘 어울렸다.

6. 2022 개정 교육과정기: 지향점으로 세 초등통합교과 연결하기

2022 개정 교육과정에서는 학생이 불확실한 미래 사회에서 필요한 역량을 갖추고, 주도적이며 포용적이고 창의적인 사람이 될 수 있도록 지원하고자 했다(교육부, 2022; 황규호 외, 2021). 이런 흐름에 따라 2022 개정 초등통합교과 교육과정에서는 '지금-여기-우리 삶'을 역량이자 지향점으로 설정하였다.

> 통합교과는 '지금-여기-우리 삶'을 도모하는 배움을 지향한다. '지금-여기-우리 삶'은 '학생이 지금-여기에서 개인이나 사회 구성원으로서 삶을 살아가는 역량'이기도 하다. 또 총론의 여섯 가지 핵심역량을 종합한 자질이며, 동시에 지금-여기의 삶을 충실하게 살아가는 가운데 불확실한 변화에 대처할 수 있는 미래 역량에 해당한다.
>
> 교육부(2022)

지금-여기-우리 삶이라는 초등통합교과의 역량이자 지향점을 중심으로 세 초등통합교과의 공통 영역 네 개와 여덟 개의 핵심 아이디어를 개발해서 제시했다.[5] 통합의 대상과 방법에 있어서 초등통합교과에서는 제5차와 6차에서는 학생의 일상과 교과를, 제7차에서는 활동 주제, 2009 개정이나 2015 개정에서 주제를 공유함으로써 세 교과를 통합하였다. 나아가 2022개정에서는 통합의 출발은 학생들이 수업에서 '지금-여기 우리 삶'을 경험하면서 자신의 삶을 이야기할 수 있도록 개정하였다.

이러한 변화를 각 통합교과 성격에서도 이해할 수 있다.

특히 2022 개정 초등통합교과 교육과정에서는 즐거운 생활이 놀이 경험 중심 교과로 변

5) 2022 개정 초등통합교과 교육과정의 내용에 관해 더 알고 싶다면, 이 책의 제9장 참조

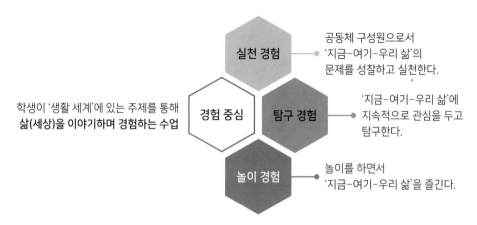

그림 8-15　　2022 개정 초등통합교과 교육과정의 성격

화하였다는 점이 특징이다. 학생이 자발적으로 참여하고 몰입함으로써 자유로움과 즐거움을 느낄 수 있는 모든 활동을 의미하는 놀이 활동을 통해 학생이 신체, 문화예술 활동을 경험하며 건강하고 안전하게 생활하도록 돕고자 한 것이었다. 이는 초등통합교과에서 신체 활동 강화 요구에 관한 반영 결과이기도 했다(교육부, 2024).

　무엇보다 학생이 '지금-여기-우리 삶'을 살아가는 힘을 갖도록 돕기 위해 초등통합교과 교육과정에서는 교사와 학생이 함께 적절한 주제를 개발하고, 개발한 주제와 관련한 내용을 선정하고 조직하는 만들어 가는 교육과정을 구현하고자 했고, 이를 위해 주제를 개발하는 권한을 로컬로 이양했다(교육부, 2022; 정광순 외, 2022).

> 　통합교과 교육과정은 그동안 주제를 중심으로 전개하는 교과통합형 수업을 초등학교에 도입하고 정착시켜 왔다. 그리고 앞으로는 주제를 개발하는 권한을 교육과정을 실행하는 무대인 지역, 학교, 교실로 이양하고자 한다. …… 이는 정보 통신 기술, 변화하는 기후 환경뿐만 아니라 학생의 요구, 생활 세계의 쟁점 등 다양한 내용을 선정하며 조직하는 이른바 '만들어 가는 교육과정'을 구현하기 위한 실질적인 조치이다.
>
> 　　　　　　　　　　　　　　　　　　　　　　　　　　　　　　　교육부(2022)

　주제 개발권을 국가에서 로컬로 이양한 것은 교육과정 차원에서 교사와 학생에게 주제를 안내하지 않고 교실에서 주제를 개발할 수 있도록 한 변화를 의미한다. 이러한 접근은 이전의 초등통합교과 교육과정에서 제시하는 대주제를 중심으로 수업을 구성했던 방식에서 한 단계 진보한 것이다. 2022 개정 초등통합교과 교육과정에서는 교사와 학생들이 '지금-여기-우리의 삶'에 대해 함께 대화하며 주제를 개발하고 이러한 주제들을 중심으로 수업을 만들어서 실천하는 것을 지향한 것이었다.

이러한 변화를 이끈 주요 원동력 중 하나는 현장 교사의 요구였다. 현장 교사들은 좀 더 학생이 배우길 원하는 주제, 학생이 다루고 싶어 하는 주제 등을 교실에서 개발하기를 원하였고, 이러한 요구가 초등통합교과 교육과정 개정에 반영된 것이다(유성열, 정광순, 2022). 또한 주제 개발권의 이양은 2022 개정 교육과정에서 강조하는 학생 자신의 삶과 학습을 스스로 이끌어 가는 주체성을 발휘하고 함양하도록 돕고자 한 교육과정 차원의 조처였다(교육부, 2024; 정광순 외, 2022).

교과서 차원에서는 '배움 지도', 비선형적인 목차 구조, 구성 차시를 발전시킨 '함께 만들어요' 수업 묶음의 도입 등으로 초등통합교과 교육과정의 지향을 공유하였다.[6]

첫 번째 변화로서 배움 지도는 교사와 학생이 함께 수업을 계획하고 진행하도록 돕는 플랫폼으로서, 이 플랫폼을 통해 교사와 학생은 이미 진행한 수업을 성찰하고, 앞으로 어떤 수업을 진행할지, 또 어떤 새로운 수업을 만들지 이야기할 수 있다. 두 번째 변화는 전통적인 선형적인 목차 구조를 넘어서 비선형적 목차 구조를 채택했다는 것이다. 이 구조 덕분에 '함께 골라요' 수업 묶음에서 교사와 학생이 주제에 따라 유연하게 수업을 선택하고 조정할 수 있다. 세 번째 변화는 '함께 만들어요' 수업 묶음의 도입이다. 이 수업 묶음을 통해 교사와 학생이 주제를 개발하고 필요할 때마다 새로운 수업을 만들어서 해 볼 수 있다.

이 밖에 신체 활동 강화와 안전한 생활 시수 통합에 대한 사회적 요청을 교과서 차원에서 놀이 수업 묶음과 안전 수업 묶음으로 응답하였고, 교실에서 교사와 학생이 놀이 수업과 안전 수업을 필수적으로 할 수 있도록 안내하였다.

초등통합교과 변천 과정에서 알 수 있듯이 국가적·사회적 차원에서 통합을 지향하는 이유 중 하나는 전인교육이었다. 전인교육을 위해 학교현장에서는 학생 삶을 다루는 교육이 필요했고, 이 과정에서 초등통합교과가 탄생했다. 통합이 학생의 더 나은 삶을 지향한다는 점에서, 초등통합교과는 교과로서 학생이 더 나은 삶을 살아가도록 돕는 역할을 했다. 2022 개정 교육과정 시기에 이르러 초등통합교과의 역할이 초등통합교과의 역량이자 지향점인 '지금-여기-우리 삶을 살아가는 힘'으로 나타났다. 그리고 교실수업에서 학생 삶을 다루도록 돕기 위해 주제 개발권을 현장으로 이양했으며, 교사와 학생이 함께 수업을 만들어서 해 나가는 모습을 교과서 차원에 구체화해서 안내했다. 초등통합교과를 더 통합교과

---

6) 2022 개정 초등통합교과 교과서의 내용에 관해 더 알고 싶다면, 이 책의 제10장 참조

답게 가르치고 배우려는 요구들이 이러한 변화를 이끌어 온 것이었다.

제4차 교육과정기부터 2022 개정 교육과정기까지의 초등통합교과 교육과정과 교과서 변천을 종합하면 다음과 같다.

표 8-20 **초등통합교과 교육과정과 교과서 변천 과정 종합**

시기	변천 양상	통합교과 교육과정이 한 일	통합교과 교과서가 한 일
제4차	통합교과 교과서 생성하기	(통합교과 교육과정 생성 이전)	• 8개 교과를 교과서 3개로 엮기 • 주제 중심으로 원교과 내용 엮기
제5차	통합교과 교육과정 생성하기	• 기초 학력 부진 극복에 따른 국어, 산수 분과화 하기 • 각 교과의 공통점을 중심으로 통합교육과정 개발하기	• 주제 중심으로 교과 내용 다루기
제6차		• 통합교과 조정하기 • 통합교과 성격 규명하기 • 통합교과의 교육내용 원천으로 학생의 일상생활 표명하기 • 교과와 일상생활 연계 지향하기	• 생활 중심으로 교과 내용 다루기
제7차	주제 체계로 세 통합교과 연결하기	• 학생의 활동 주제 생성 및 활동 주제로 통합의 기준 설정하기	• 활동 주제 중심으로 세 통합교과 연계하기
2007 개정		• 주제 중심으로 통합의 기준 설정하기 • 주제 체계 생성하기	• 통합단원으로 세 통합교과 연계하기
2009 개정	주제별 교과서로 세 통합교과 다루기	• 주제 체계로 주제 중심 교육과정 되기 • 교육과정 차원에서 통합단원 확대하기	• 주제별 교과서 도입 • 공부 게시판 도입
2015 개정		• 통합교과별 역량 설정하기 • 대주제-소주제-내용 요소-기능으로 주제(내용) 체계 구축하기	• 주제별 교과서 확대 • 구성 차시 도입
2022 개정	지향점으로 세 통합교과 연결하기	• '지금-여기-우리 삶' 세 통합교과 공통 역량 및 지향점 설정 • 공통 영역, 핵심 아이디어 개발 • 주제 개발권 현장 이양 • 즐거운 생활을 놀이 경험 중심 교과로 성격 규명	• '배움 지도' 도입 • '함께 만들어요' 수업 묶음 도입 • '놀이, 안전 수업' 묶음 도입 • 비선형적 목차 구성을 통해 교사와 학생이 수업을 고르거나 만들 수 있도록 안내

제4차 교육과정 시기 바른 생활, 슬기로운 생활, 즐거운 생활이 교과서 형태로 탄생했다. 즉, 이 시기에는 초등통합교과 교육과정을 개발하지 않고 사회, 국어를 묶어 바른 생활로, 산수 자연을 묶어 슬기로운 생활로, 음악, 미술, 체육을 묶어 즐거운 생활로 통합교과 교과서를 개발했다. 세 통합교과 교과서를 통해 교과의 통합적 운영을 도모하고자 한 것이다. 또한 여기에는 학교 교육의 이상으로서 전인교육을 구현하기 위해 가르칠 내용을 통합교과 교과서로 적정화하고자 한 현실적인 이유도 있었다.

　　제5차 교육과정에서는 원교과 간 공통점을 중심으로 세 초등통합교과 교육과정을 개발했다. 이 시기에는 바른 생활, 슬기로운 생활, 즐거운 생활의 교과로서의 성격을 규명하고자 했으며, 공식적으로 국가 교육과정 차원에서 바른 생활, 슬기로운 생활, 즐거운 생활이 교과로서 지위를 얻었다. 한편, 초등학교 1, 2학년 학생에게 읽고, 쓰고, 셈하는 기초 학력을 강화하기 위해 바른 생활에서 국어를, 슬기로운 생활에서 산수를 분리했다.

　　제5차와 제6차 교육과정기로 이어지면서 세 통합교과를 교과와 교과가 통합한 결과물을 넘어서 하나의 교과로서 그 성격을 규명하고자 했다. 이를 위해 초등통합교과는 학생의 '생활'에 교과를 연계하는 방향으로 나아갔다. 제4차 교육과정기 초기 논의는 어떤 교과와 어떤 교과를 통합해야 할지에 대한 논의가 중심이었다. 이런 논의에 따라 통합교과 원교과를 조정해 왔고 그에 따라 교육과정 내용도 재편했다. 제5, 6차 교육과정기는 통합교과 교과 성격을 규명하는 시기였고, 세 통합교과가 학생의 일상생활에 교과를 통합하는 지향점을 세우게 되었다. 이는 제7차 교육과정에서 통합의 기준을 설정하고자 시도로 이어졌다.

　　제7차 교육과정기에는 학생의 활동 주제를 통합의 기준으로 설정하는 시기이다. 세 통합교과에서 활동 주제를 통합의 기준으로 설정했다는 것은 세 통합교과에서 교육 내용을 선정할 때 교과에서 혹은 교과 간에서 내용을 선정하는 방식을 넘어서 학생의 일상적인 생활을 초등통합교과 교육과정 내용으로 선정했다는 것을 의미한다. 활동 주제의 도입을 통해 초등통합교과 교육과정에서는 교사와 학생이 통합교과를 가르치고 배우는 방식을 주제를 가르치고 배우는 모습을 드러내고자 했다.

　　2007 개정 교육과정에서 초등통합교과 교육과정 내용 체계에 '대주제'를 들여 왔다. 교육과정 차원에서 활동 주제 도입과 대주제 설정으로 주제 중심의 교육과정 개발과 주제 중심 수업 운영을 의도한 것이다. 주제 중심 교육과정에 이어 2007 개정 초등통합교과 교과서에서는 통합단원을 도입했다. 통합단원으로 세 초등통합교과를 연계했고, 초등학교 1, 2학년 교실 수업이 주제가 흐르는 수업으로 나아가고자 했다. 그리고 이러한 주제 중심 교육과정은 초등통합교과 교과서가 주제별 교과서로 변화하는 데 중요한 역할을 했다.

2009 개정 교육과정기에는 교과서 차원에서 도입했던 통합단원을 교육과정 차원으로 전면 확대했다. 이를 위해 세 초등통합교과 교육과정 내용 체계를 대주제-소주제-활동 주제로 재편했다. 이러한 주제 체계는 주제를 중심으로 세 초등통합교과를 연계하는 것은 물론 대주제를 책명으로 하는 주제별 교과서가 탄생하는 결정적인 계기가 되었다. 또한 주제별 교과서에 학습 게시판을 도입하면서 교사와 학생이 차시를 추가하고 조정하는 등 교과서 내용을 선정하고 조직할 수 있는 가능성을 열어 두었다.

2015 개정 교육과정기에서는 바른 생활, 슬기로운 생활, 즐거운 생활 역량을 설정했다. 그리고 내용 체계를 대주제-소주제-내용 요소-기능으로 구축하면서 주제 중심 교육과정을 구체화하고 확대했다. 또한 교과서 차원에 구성 차시를 도입하면서 교사와 학생은 함께 수업을 만들어서 해 보는 경험을 해 볼 수 있었고, 교사는 성취기준에 기반해 차시나 단원 단위 수업을 만드는 경험을 축적할 수 있었다.

2022 개정 교육과정기에서는 지금-여기-우리 삶이라는 초등통합교과 역량을 설정하였고, 이를 중심으로 공통 영역과 핵심 아이디어를 생성했다. 또한 가르치고 배울 내용을 선정하고 조직하기 위해 주제 개발권을 현장으로 이양하였다. 교과서 차원에서도 배움 지도, 수업 묶음 등을 통해 교육과정이 지향하는 바를 실현하도록 돕고자 했다.

어느 초등학교 1, 2학년 교실 수업을 보더라도 교사와 학생이 주제를 가르치는 모습을 쉽게 찾아볼 수 있다. 매월 주제가 바뀌는 모습도 목격할 수 있다. 교사가 새로운 주제를 개발하는 모습도 볼 수 있으며, 나아가 교사와 학생이 함께 주제를 개발하고, 개발한 주제를 가르치고 배우는 모습도 등장하고 있다. 이처럼 초등통합교과는 교실 수업에 주제가 흐르는 풍경을 만들었다.

교사와 학생은 교과를 구분하고 각 교과 지식을 가르치고 배우기도 하고 주제를 중심으로 교과를 넘나들며 지식을 통해서 가르치고 배우기도 한다. 전자가 교과 분과식으로 학교 교육에 접근한 방식이라면, 후자는 통합 교과식으로 학교 교육에 접근한 방식이다. 우리나라에서는 학교교육이 대부분 분과 교과로 가르치는 방식인데 이런 상황에서 초등통합교과는 교과를 넘나들며 가르치는 통합적 방식을 생성했다는 점에서 의의가 있다.

또한 초등통합교과는 초등학교 1, 2학년이 초등학교 3학년부터 본격적으로 시작되는 교과 분과 수업을 시작하기 위한 마중물 역할을 해 왔다. 경험 중심의 유아 교육을 마친 1학년 학생이 초등학교에 들어와 초등통합교과를 배우면서 자연스럽게 분과 교과 세계에 입문하도록 돕는 역할을 해 온 것이다.

무엇보다도 초등통합교과는 학생이 배우는 방식에 적절했다. 초등학교 1, 2학년 학생은 주관적인 것에서 객관적인 것으로, 심리적인 것에서 논리적인 것으로 앎을 형성한다는 점과 학생의 발달적 특성을 고려할 때 주제 중심 학습은 적절한 방식이었다(김재복, 1980: 99). 이런 점에서 초등통합교과는 학생이 실제로 배우는 방식에 기반했다는 점에서 의의가 있다.

제4차부터 2022 개정 교육과정기까지 초등통합교과는 주제를 가르치고 배우는 방식으로 변화해 왔다. 특히 교육내용 선정의 원천이 학생 삶인 초등통합교과에서 주제는 학생이 배우는 여러 내용을 삶과 연결하도록 돕는 장치이면서 학생의 삶을 주제로 나타내고 소통하는 역할을 해 왔다. 초등통합교과는 학생이 삶을 살아가는 힘을 키우는 교과라는 점에서 그 힘을 키우기 위해 가르치고 배울 내용을 교실에서 선정하고 조직하고자 교사와 학생이 만들어 가는 교육과정을 실행하는 것으로 이어 가고 있다. 종합하면, 초등통합교과 교육과정과 교과서의 변천 과정으로부터 초등통합교과는 학생이 삶을 살아가는 힘을 키우는 교과가 되는 것을 지향하고 있음을 알 수 있다.

현대 사회에서 인간이 살아가는 모습은 매우 빠르게 변화하고 있다. 학생이 지금 배운 지식이 미래에 쓸모없을 수도 있다. 그렇다면 학교 교육에서는 학생은 무엇을 어떻게 배워야 하는가? 첫 번째는 인간이 축적해 온 지식을 그 지식이 탄생한 방법으로 배우는 것이다. 인간이 축적해 온 지식의 묶음이 교과라는 점에서 무엇보다도 학교에서 학생은 교과를 교과를 교과답게 배워야 할 것이다.

한편으로, 이 말은 학교 교육에서 학생이 오직 교과 지식을 특정한 방법으로 배워야 한다는 의미는 아닐 것이다. 즉, 두 번째는 학생이 지식을 창조해 볼 수 있는 경험을 해 볼 수 있어야 할 것이다. 지식을 창조하기 위해서는 교과 지식을 아는 것도 중요하다. 그뿐만 아니라 학생이 자기 삶을 더 나은 삶을 살아가도록 여러 지식을 사용하고, 사용하는 과정에서 지식과 지식이 연결되면서 생성되는 그 지식도 중요할 것이다. 그리고 그때 학생이 생성한 그 지식을 학생 개인에게 유의미한 지식으로 여겨야 하고 미래 사회에 누구나 인정할 만한 지식이 될 수 있다는 가능성을 내포한 지식으로도 볼 수 있어야 할 것이다. 과거에도 그랬듯이 지금 우리는 초등통합교과가 앞으로 어떤 지향점을 가져야 할지, 그 지향점을 위해 초등통합교과 교육과정을 개발해야 할지 고민하여야 할 것이다.

참고문헌

강충열(2007). 초등학교 통합교육과정의 성격과 2007년 개정 교과용 도서 개발 방향. 통합교육과정연구, 1(1), 118-151.

강충열, 조상연, 김세영(2014). 현행 초등 통합교과서 현장 적합성 검증 및 차기 교과서 개발 방안 연구. 연구자료 CR 2014-10. 서울: 두산동아.

곽병선, 허경철, 김두정, 김재복(1986). 제5차 국민학교 교육과정 각론 개정 시안 제출. 연구보고 RR 86-44.

교육과학기술부(2009). 초등학교 바른생활 1-1. 서울: 두산동아(주).

교육과학기술부(2011). 바른 생활, 슬기로운 생활, 즐거운 생활 교육과정(교육과학기술부 고시 제2011-361). 서울: 교육과학기술부.

교육과학기술부(2013). 초등학교 통합교과 교사용 지도서 1-1. 서울: 지학사.

교육부(1997). 초등학교 교육과정 해설(I)(교육부 고시 1997-15호). 서울: 대한교과서 주식회사.

교육부(2017). 초등학교 교사용 지도서 1-1 통합교과. 서울: 교학사.

교육부(2022). 2022 개정 초등학교 교육과정. 세종: 교육부.

교육부(2024). 초등학교 교사용 지도서 바른생활·슬기로운 생활·즐거운 생활 1-1. 서울: 지학사.

교육인적자원부(2007). 초등학교 교육과정 해설(I)(교육인적자원부 고시 제2007-79호). 서울: 대한교과서주식회사.

구자억, 유균상, 윤현진, 이경환, 최석진, 이범홍, 김만곤, 장기범, 박소영, 조미혜, 조덕주, 양순열, 임명자, 남미숙, 구원희(1997). 제7차 초등학교 통합교과 교육과정 개발 연구. 서울: 한국교육개발원.

김경애(2004). 교육과정 개정에 따른 초등 통합교과 통합유형의 변화 분석. 경인교육대학교 교육대학원 석사학위논문.

김경희(2001). 초등학교 통합교육과정 확대 운영 방안에 관한 연구. 인천교육대학교 교육대학원 석사학위논문.

김기석 외(1996). 초·중등 학교 교육 과정 개정 요구 조사. 교육과정 개정 위원회.

김두정, 김재복, 박순경, 조덕주, 조영태(1986). 국민학교 저학년 통합 교육 과정 구성의 기초. 한국교육개발원.

김민환(2007). 초등학교 교과 교육과정의 통합 방식 연구: 총론 개발을 위한 시사점 탐색. 학습자중심교과교육연구, 7(1), 63-88.

김세영(2016). 탈교과서중심주의적 접근으로 본 2015 개정 통합교과용 도서의 특성. 통합교육과정연구, 10(3), 91-117.

김승호(1999). 제7차 교육과정에서의 초등학교 통합교과의 성격. 초등교육연구, 13(1), 47-65.

문교부(1947). 초등학교 사회생활과, 초·중등학교 각과 교수요목집 4권. 서울: 조선교학도서주식회사.

문교부(1954). 국민학교, 중학교, 고등학교, 사범학교 교육과정 시간배당 기준령(문교부령 제35호: 관보 제 1095호). 서울: 국가기록원.

문교부(1963). 국민학교 교육과정(문교부령 제119호). 서울: 삼화출판사.

문교부(1973). 국민학교 교육과정(문교부령 제310호). 서울: 교육과학사.

문교부(1982). 국민학교 교육과정(문교부 고시 제442호). 서울: 대한교과서주식회사.

문교부(1987). 국민학교 교육과정 별책 2(문교부 고시 제 87-9호) 서울: 대한교과서 주식회사.

문교부(1988). 국민학교 교육과정 해설. 서울: 서울시인쇄공업협동조합.

박채형(2012). 초등학교 통합교과 교육과정의 변천. 통합교육과정연구, 6(1), 195-213.

서지영, 김혜숙, 백경선, 가은아, 이현(2014). 국정과제 이행을 위한 초등 1-2학년군 교과용 도서 개 선 방안 연구. 연구보고 CRT 2014-1. 서울: 한국교육과정평가원.

신세호, 곽병선, 김재복(1980). 교육과정 개정안(총론)의 연구 개발. 한국교육개발원.

신세호, 김충회, 이혜선, 박경숙, 장석민, 이준옥, 배호순, 김지순, 조경원(1979). 새 교육제제 개발을 위한 제4차 종합시범 연구보고서. 한국교육개발원 연구보고 제82집.

유균상, 조난심, 손영애, 최석진, 곽병선, 윤현진(1993). 제6차 교육과정 개정에 따른 교과용 도서의 개발 연구(Ⅰ). 한국교육개발원 연구보고 RR 93-28.

유성열, 이찬희(2022). 통합교과 교과용 도서의 교사교육 기능 탐색. 통합교육과정연구, 16(2), 191-212.

유성열, 정광순(2022). 현장 기반 통합교과 성취기준 갱신 연구. 초등교육연구, 35(2), 1-32.

유한구(1990). 교과통합의 인식론적 고찰. 통합교과 및 특별활동연구, 6(1), 39-54

유한구(2002). 통합교과의 개념과 초등학교 저학년 통합교과의 수업. 한국초등교육, 13(2), 385-396.

유한구, 김승호(1998). 초등학교 통합교과 교육론. 경기: 교육과학사.

이규은(2006). 초등학교 통합교과 바른생활과의 변천에 관한 연구. 학습자중심교과교육연구, 6(1), 273-295.

이미숙(2015). 2015 개정 교과 교육과정 시안 개발 연구 Ⅰ:초등 통합교과 교육과정. 한국교육과정평가원 연구보고 CRC 2015-16.

이영만, 홍영기(2006). 초등통합교육과정. 서울: 학지사.

이정아(2007). 초등학교 통합교육과정의 도입과 변천에 관한 연구. 서울대학교 대학원 석사학위논문.

이종국(2005). 한국의 교과서상. 서울: 일진사.

이찬희(2024a). '학생과 수업을 만든다는 것'의 의미 연구: 초등 통합교과 교육과정을 중심으로. 초등 교육연구, 37(1), 25-54.

이찬희(2024b). 초등 통합교과 단원 개발 모형으로서 KWL 모형 구안. 교육과정연구, 42(1), 33-109.

이찬희(2024c). 통합교육과정 실행 중 학생이 배운 내용 분석. 한국교원대학교 대학원 박사학위논문.

이찬희, 김수진, 김보은, 남승종(2021). 2015 개정 초등 통합교과용 도서 사용에 따른 교사의 교육과 정 실행 변화 탐색. 통합교육과정연구, 15(4), 47-76.

이찬희, 정광순(2019). 찬희 샘, 구성 차시를 만나다: 교사가 학생과 만드는 수업. 서울: 학지사.

이환기(2015). 초등학교 교과로서 통합교과의 성격 탐색. 통합교육과정연구, 9(3), 1-31.

이희정(2015). 통합교과 교과서 외적 요소의 변천. 통합교육과정연구, 9(1), 19-42.

정정순 외(2022). 2022 개정 초등 통합교과 교육과정 시안 개발 연구. 세종: 교육부.

정광순(2010). 통합교과 출현과 유지 과정에 대한 현상 해석. 학습자중심교과교육연구, 10(1), 381-402.

정광순(2020). 새교육, 열린교육, 혁신학교 운동으로 본 초등학교 수업의 변화. 초등교육연구, 33(4), 353-378.

정광순, 이찬희, 김수진, 민보선(2022). 2022 통합교과서 단원 개발 모형 개선 방안 연구. 서울: 교과서연구재단.

정광순, 홍영기, 강충열, 조상연, 김세영, 이주영, 이한나, 이윤미, 최보인, 김경하, 박희원(2019). 2015 개정 교육과정에 따른 초등학교 통합교과 교육론. 서울: 학지사.

조상연(2015). 2015 개정 교육과정에 의한 초등학교 통합교과 교과서의 개발 방향. 통합교육과정연구, 9(4), 135-159.

한국교육개발원(1981). 통합교육과정 개정안(총론)의 연구 개발 답신보고서.

한명희, 곽병선, 김신복, 김재복, 허경철(1991). 제6차 교육과정 개정을 위한 초·중등학교 교육과정의 체제 및 구조 개선 연구. 서울: 교육과정개정연구위원회.

허수미(2023). 교수요목기 사회생활과에 반영된 통합의 의미 재검토: 교수요목과 '인생과 사회' 교과서 분석을 중심으로. 사회과교육연구, 30(3), 13-35.

황규호 외(2021). 2022 개정 교육과정 총론 주요 사항 설정 연구. 세종: 교육부.

Beane, J. A. (2005). *A reason to teach: Creating classrooms of dignity and hope: The power of the democratic way.* Heinemann Educational Books. 정광순 역(2024). 가르치는 이유. 서울: 학지사.

Drake, S. M. (2007). *Creating standards-based integrated curriculum: Aligning curriculum, context, assessment, and instruction*(2nd Ed.). Ontario: Corwin Press.

Eisner, W. E. (1987). Why the textbook influences curriculum. *Curriculum Review, 26*(3), 11-13.

OECD(2018). *Student agency for 2030.* Paris: OECD.

Van Manen, M. (2016). *The tact of teaching: The meaning of pedagogical thoughtfulness.* Routledge.

Venezky, R. L. (1992). Textbooks in school and society. In P. W. Jackson (Ed.), *Handbook of research on curriculum* (pp. 436-464). New York: Macmillan.

2022 개정 초등통합교과 교육과정

언제나 그렇듯 국가교육과정, 특히 교과 교육과정 개정에서의 고민은 늘 '무엇을, 왜, 어떻게 가르칠 것인가?'의 문제로 귀결된다. 모든 교과 교육과정 개정은 이 문제에 대한 고민과 관련한 연구와 논의를 통해 나름의 답을 도출하는 과정이며 결과라고 할 수 있을 것이다.

초등학교 1, 2학년 교과로 편제되어 있는 바른 생활, 슬기로운 생활, 즐거운 생활을 통칭하는 초등통합교과를 개정하는 과정 역시 우리나라 초등학생이 '초등통합교과를 경험해야 하는 이유는 무엇일까?' '초등통합교과에서 어떤 경험을 해야 할까?' '초등통합교과를 어떻게 경험하는 것이 바람직할까?'라는 질문에 대한 답을 찾기 위한 과정이었다고 할 수 있다. 이 과정은 동시에 '이번에는 무엇을 유지하고 무엇을 바꾸어야 하는가?'라는 질문과 이어진다. 2022 개정 초등통합교과는 이 질문에 대해 개정 당시 가장 유효한 나름의 답을 찾았고, 이를 2022 개정 바른 생활, 슬기로운 생활, 즐거운 생활의 성격과 목표, 내용 체계와 성취기준, 교수학습 방법과 평가에 각각 담았다고 할 수 있다.

이 장에서는 2022 개정 초등통합교과 교육과정이 개정 이슈와 관련한 답을 찾아가는 과정과 결과를 개정 배경, 개정 방향, 주요 개정 특징, 개정 의미 등 네 가지 범주로 나누어 기술한다.

I. 개정 배경

초등통합교과는 1981년 제4차 교육과정기에 당시 초등학교 1, 2학년의 여덟 개 교과(도덕, 국어, 산수, 사회, 자연, 음악, 미술, 체육)를 주제를 중심으로 통합한 수업의 예시를 바른 생활, 슬기로운 생활, 즐거운 생활 세 권의 교과서에 담아 학교 현장에 제공하였다. 당시 대부분 교과 분과 수업 방식으로 이루어지던 초등학교 현장은 교과서를 통해 교과 통합수업이라는 새로운 문화를 만날 수 있었다. 이후 제5차, 제6차 교육과정기에는 국가교육과정 차원에서 바른 생활, 슬기로운 생활, 즐거운 생활 교과를 도입함으로써 여러 교과 내용을 학생 생활 중심으로 통합하여 제시하고자 하였다. 제7차 교육과정기에는 학생의 관심을 반영한 주제를 중심으로 한 수업을 위해 국가교육과정 내용 체계를 주제 중심으로 재구조화하기 시작하였고, 2007 개정 교육과정기에는 통합교과 교육과정 내용 체계의 기본 구조를 주제 중심으로 정리하였다. 그리고 2009 개정 시기부터 2015 개정 시기까지는 동일한 주제를 중심으로 세 통합교과를 통합할 수 있도록 국가교육과정 주제를 통일하여 제시했다. 이러한 일련의 과정은 처음 도입된 이후 지금까지 초등학교 통합교과는 지속적으로 수업 문화의 변화를 통해 기존 교육의 한계를 넘어서려는 다양한 시도를 해 왔다는 것을 보여 준다(조상연, 2018).

2022 개정 초등통합교과 교육과정 개발은 2022 교육과정 개정의 총론과 각론의 방향과 중점을 공유 · 반영하는 동시에 2015 개정 초등통합교과 교육과정을 개선하는 일이라고 할 수 있다. 이에 2022 개정 초등통합교과는 현재 학교교육의 문제를 개선하고 학생들의 미래 역량을 함양하는 교육과정 개발이라는 2022 개정 교육과정 개정의 큰 방향을 공유하면서 2015 개정 초등통합교과 교육과정을 개선하기 위한 과제를 다음과 같이 도출하였다(정광순 외, 2022a).

첫째, 2022 개정 교육과정(총론과 각론)의 비전과 요구를 반영한다.

둘째, 2015 개정 초등학교 통합교과 교육과정을 보완 및 개선한다.

셋째, 2022 개정 초등학교 통합교과 교육과정 구성에서 참조할 만한 교육과정 체제를 분석하여 반영한다.

1) 2022 개정 교육과정의 비전과 요구 반영

교육부(2021a)는 2022 교육과정 개정 비전을 포용성과 창의성을 갖춘 주도적인 사람으로 설정하고 개정의 중점 사항과 추진 과제를 [그림 9-1]과 같이 제시하였다(교육부, 2021a: 9).

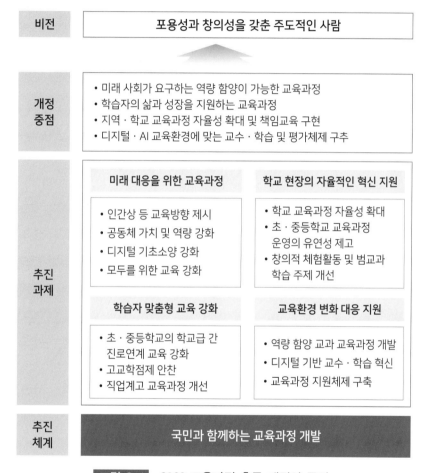

그림 9-1　2022 교육과정 총론 개정의 중점

출처: 교육부(2021a).

또한 교육부(2021a)에서는 2022 개정 교육과정 개정의 중점 사항과 추진과제에 기반해서 교과 교육과정 개발의 지향점을 미래 역량 함양을 위한 '깊이 있는 학습'으로 설정하고 이를 교과 간 연계와 통합, 삶과 연계한 학습, 학습 과정에 대한 성찰을 통해서 접근하도록 하였다(교육부, 2021b: 33).

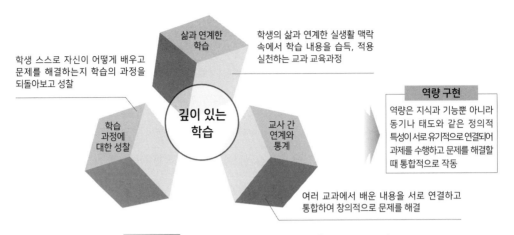

삶과 연계한 학습
학생의 삶과 연계한 실생활 맥락 속에서 학습 내용을 습득, 적용 실천하는 교과 교육과정

학생 스스로 자신이 어떻게 배우고 문제를 해결하는지 학습의 과정을 되돌아보고 성찰

깊이 있는 학습

역량 구현
역량은 지식과 기능뿐 아니라 동기나 태도와 같은 정의적 특성이 서로 유기적으로 연결되어 과제를 수행하고 문제를 해결할 때 통합적으로 작동

학습 과정에 대한 성찰

교사 간 연계와 통계

여러 교과에서 배운 내용을 서로 연결하고 통합하여 창의적으로 문제를 해결

그림 9-2 **2022 교과 교육과정(각론) 개정의 중점**

출처: 교육부(2021a).

종합하면, 2022 개정 교육과정 개발은 학생 개개인의 특성과 진로에 따라 다양화 및 개별화된 맞춤형 교육과정 구현 및 미래지향적 수업과 평가 등 미래형 교육체제로 전환하고 교육과정 개발 과정에서 교육 관련 주체 및 모든 국민의 다양한 관점과 의견 및 교육과정 자율화에 대한 요구를 반영하고자 했다. 또한 사회의 다양성이 확대되는 상황에서 학교 교육을 통해 자신의 삶을 책임 있게 이끌어 갈 수 있는 주도성 함양과 서로 존중하고 협력하는 공동체 의식을 함양할 수 있는 교육을 구현하고 디지털 대전환과 기후환경 변화, 인구구조 변화 등 불확실성이 증가하고 있는 미래 사회 변화에 대응할 수 있는 역량을 함양하는 교육과정을 개발하고자 했다(교육부, 2021b).

초등통합교과에서는 교육부(2021a)의 2022 개정 교육과정 총론과 각론의 개정 중점과 주요 내용을 반영하여 구체적으로 구현하거나 적용해야 하는 사항을 〈표 9-1〉과 같이 정리하였다(정광순 외, 2022a).

표 9-1 **2022 개정 초등통합교과 교육과정 중점 반영 사항**

• 역량 중심 교육과정 개발
• 미래 사회 · 환경 변화 대응 교육 내용 반영
• 학생과 교사의 주체성에 기반한 교육과정 자율화 강화

첫째, 미래 사회가 요구하는 역량 함양이 가능한 초등통합교과 교육과정을 개발한다.
2022 개정 교육과정 각론조정위원회는 역량 교육을 "교과를 삶과 연계하여 가르침으로

써 학생들이 교과의 지식, 기능, 가치, 태도가 통합된 교과 역량을 습득하여 그것이 교과 맥락을 떠나 실생활의 다양한 맥락에서도 발휘될 수 있도록 하는 교육"(교육부, 2022b: 22)이라고 정의한다. 교육부에서 말하는 미래 역량이란 교육 내용 수준이 아닌 교육 방향 및 목적의 수준의 지향을 의미하는 것으로 삶과 연계한 실생활의 다양한 맥락에서 발휘할 수 있는 지식, 기능, 태도가 통합된 살아 있는 포괄적인 지식이라고 할 수 있다. 그리고 이 미래 역량이야말로 학생이 앞으로 살아갈 미래 사회에서 꼭 필요로 하는 역량으로 학교교육을 통해 반드시 길러 주어야 하는 역량이라고 할 수 있다.

이에 2022 개정 초등통합교과 교육을 통해 길러 주어야 하는 역량을 개발하기 위해서 '초등통합교과가 왜 필요한가'라는 본질적인 질문부터 고민하였다.

둘째, 초등통합교과 교육과정에 미래 사회 및 환경 변화에 대응한 교육 내용을 반영한다.

교육부(2021a)는 2022 개정 교과 교육과정 개발에 있어 미래 사회 및 환경 변화에 따르는 내용 반영을 강조했다. 우선 모든 교과 교육과정에는 공통적으로 AI 및 디지털 소양을 함양할 수 있는 내용과 공동체 가치 및 역량을 강화할 수 있는 민주시민, 생태, 환경, 기후, 지속가능 발전 교육 등의 내용 반영을 요청했다. 그리고 특히 초등통합교과 교육과정에서 입학 초기 적응 활동 개선, 이전과 이후 교육과정 간 연계 강화, 안전교육 개선, 저학년 신체활동 강화 등의 내용을 중점적으로 반영할 것을 요청했다.

이에 2022 개정 초등통합교과 교육과정에서는 모든 교과에 공통으로 반영해야 하는 미래 사회 및 환경 변화에 대응한 내용과 초등통합교과에서 중점적으로 반영해야 하는 내용을 확인하고 그 구현 방안을 마련하기로 하였다.

셋째, 학생과 교사의 주체성에 기반한 학교 현장의 교육과정 자율화를 강화한다.

2022 개정 교육과정에서는 학습자에게 의미 있는 학습 경험을 가능하게 하도록 학습 경험의 질 개선을 강조한다(교육부, 2022b). 또한 학습자 개별 맞춤형 교육을 지향한다는 점에서 분권화를 바탕으로 한 학교 교육과정 자율성을 더욱 확대하고자 하고 있다(교육부, 2021a; 2021b). 이런 취지를 고려할 때, 결국은 학생의 개별성과 다양성을 기반으로 하는 학습자 맞춤형 교육과정 체제를 구축한다는 총론의 방향은 무엇보다 학생 주체성이 교육과정과 수업에서 살아나야 하며 교사 주체성이 이런 학생 주체성을 보장하는 방향을 강조한다는 점을 의미한다. 이에 2022 개정 초등통합교과 교육과정에서는 학생과 교사가 교육과정 주체성을 의미 있게 발휘할 수 있도록 하는 구체적인 지원 방안을 모색하였다.

2) 2015 개정 초등통합교과 교육과정의 개선점

새로운 교육과정을 개발하는 일은 이전 교육과정의 성찰에서 시작한다. 그 성찰은 이전 교육과정에서 유지해야 할 것과 버려야 할 것, 그리고 수정·보완해야 할 것과 새롭게 개발해야 할 것 등을 분석하고 정리하는 과정이라고 할 수 있다. 이를 위해 2022 개정 초등통합교과 교육과정 개발 연구진에서는 2015 개정 초등통합교과 교육과정과 관련하여 선행 연구 분석, 현장 만족도 조사, 교사 요구 분석 등 세 가지 기초연구를 진행했다(정광순 외, 2022a).

첫째, 2015 초등통합교과 교육과정에 관한 선행 연구를 분석하여 개선해야 할 점을 도출하였다. 이를 위해 2015 초등통합교과 교육과정과 직접적인 관련이 있는 연구물 20편(학술지 논문 13편, 학위 논문 7편)을 대상으로 문헌 분석을 진행했다. 분석 결과, 교육과정 문서 개선(50%), 교육과정 개발 절차 개선(15.4%), 초등통합교과(교육과정)에 대한 인식 개선(15.4%), 초등통합교과 교육과정 관련 후속 및 관련 연구 수행(11.5%), 초등통합교과 교육과정 실행 여건 조성(7.7%) 등의 개선 사항을 도출할 수 있었다.

둘째, 2015 초등통합교과 교육과정에 관한 현장 교사들의 만족도 조사를 통해 개선해야 할 점과 현장의 요구사항을 도출하였다. 초등학교 1, 2학년 담임 경력이 있는 교사를 대상으로 온라인 설문을 진행하였고, 총 247명의 교사가 응답했다. 이 조사 결과를 토대로 세 통합교과 공통 역량 개발, 국가에서 공통적으로 제시하는 주제의 개선(다양한 주제 구성, 주제 선정권의 현장 이양 등), 성취기준 수 축소, 초등통합교과 정체성을 기반으로 교과 교육과정 연계 방안 마련 등의 개선 사항을 도출했다.

셋째, 2015 초등통합교과 교육과정 성취기준에 대한 수정·보완 워크숍을 통해 교사들의 요구를 분석했다. 초등학교 1, 2학년 담임 경력이 3년 이상이며 초등통합교과 성취기준을 사용해서 교육과정과 수업을 개발해본 경험이 있는 교사 10명을 대상으로 2015 초등통합교과 교육과정 성취기준을 갱신하는 워크숍을 총 세 차례 진행했다. 그 결과 초등통합교과의 주제 체제를 유지하되 유연성을 확보할 수 있는 방안을 마련할 것, 세 초등통합교과의 성취기준을 개선할 것(성취기준 수를 줄여 적정화, 성취기준 진술 수준의 포괄성 확보, 세 초등통합교과 성취기준 진술의 일관성과 통일성 확보 등) 등의 개선 사항을 도출했다.

3) 2022 개정 초등통합교과 관련 해외 사례 분석

2022 개정 교육과정의 총론과 각론의 방향과 2015 개정 초등통합교과 교육과정의 개선점을 분석하면서 동시에 초등통합교과 교육과정에서 참조할 만한 해외 교육과정을 탐색하였다. 먼저, 모든 교과 교육과정에 공통되는 구성 체제와 관련하여 2022 개정 교과 교육과정에서 채택하고 있는 역량과 핵심 아이디어 중심의 내용 체계를 설정한 사례로 캐나다의 브리티시 콜롬비아 주 교육과정과 호주의 국가교육과정을 찾을 수 있었다. 다음으로, 2022 개정 초등통합교과 교육과정의 내용체제와 관련하여 공식적인 초등학교 교육과정에서 주제를 중심으로 통합교육과정을 설정하는 구성 체제로 스위스 레어플란 21과 IB PYP의 POI 교육과정 체제를 참조할 수 있었다. 그리고 2022 개정 초등통합교과 교육과정의 교수·학습 안내 진술과 관련해서는 2014 핀란드 교육과정, 2014 독일 바이에른 레어플란, 2017 스위스 취리히 레어플란 등을 참조할 수 있었다(정광순 외, 2022a, 2022b).

첫째, IB(International Baccalaureate) PYP(Primary Years Programme)의 POI(Program of Inquiry)와 UOI(Unit of Inquiry) 체계는 '탈학문적 주제-중심 아이디어-핵심 개념-관련 개념-탐구 절차'의 구조로 핵심 아이디어를 중심으로 한 2022 개정 교과 교육과정의 내용체계와 유사한 구조를 갖고 있다. PYP는 언어, 과학, 예술, 수학, 사회, 체육 등 6개의 교과군으로 이루어져 있는데, 이들 교과지식을 통합하여 탐구할 수 있는 6개의 탈학문적 주제가 〈표 9-2〉와 같이 설정되어 있다.

표 9-2 IB PYP의 6개 탈학문적 주제

- 우리는 누구인가(Who we are)
- 우리가 속한 시간과 공간(Where we are in place and time)
- 우리는 자신을 어떻게 표현하는가(How we express ourselves)
- 세상은 어떻게 움직이는가(How the world works)
- 우리는 어떻게 자신을 구성하는가(How we organize ourselves)
- 우리 모두의 지구(Sharing the planet)

IB에서는 개별 교과를 기반으로 교육과정의 필수 요소(지식, 개념, 기능, 태도, 행동)를 나누고 각 필수 요소별 세부 항목을 매우 체계적으로 정리해서 제시해 주고 있다. IB의 이러한 구성 체제는 여섯 가지 탈학문적 주제를 중심으로 교육과정 내용을 어떻게 연계하고 통합하여 POI 및 UOI로 구현할 수 있는지를 보여 주는 유용한 참조 체제가 될 수 있을 것이다. 그러나 초등학교 수준에서 다루기에는 필수요소별 세부 항목이 다소 많은데다 그 항목들이 모두 지나치게 추상적이어서 이들을 학교 현장에서 사용 가능한 POI와 UOI로 구현하기에 다소 복잡하고 어렵다는 단점도 눈에 띈다.

둘째, 2014 핀란드 국가교육과정 문서는 지적 기능, 교수학적 기능, 행정적 기능을 수행한다(Vitikka, Krokfors, & Hurmerinta, 2012). 지적 기능과 관련해서는 이 시대에 요구되는 지식을 탐구하여 제시하는 역할을 하며, 교수학적 기능과 관련해서는 교수·학습 안내와 교수 도구 지원에 대한 사항을 진술한다. 마지막으로, 행정적 기능과 관련해서는 교육과정 개념이 행정과 일치하여 실행으로 연결될 수 있도록 이와 관련한 행정적 조치를 제시한다. 2014 핀란드 국가교육과정(FNBE, 2014)에서는 교수·학습을 진술할 때 교과(목)를 최대한 드러내고, 교과(목) 안에서 교수·학습 내용을 진술함에 있어서 학생 개인을 존중하며 이를 통해 학생 중심의 의미 있는 배움을 촉진하고 있음을 알 수 있었다. 이러한 진술 방식은 2022 개정 초등통합교과 교육과정의 교수·학습 진술과 관련하여 중요한 시사점을 제공한다.

표 9-3 **2014 핀란드 환경교과 목차**

1. 교과 과제(1, 2학년군)
2. 1-2학년군 환경 교과 수업의 목표
3. 1-2학년군 환경 교과 목표와 관련한 핵심 내용 영역
4. 1-2학년군 환경 교과 학습 환경 및 방법과 관련한 목표
5. 1-2학년군 환경 교과의 안내, 차별화, 지원
6. 1-2학년군 환경 교과의 학생 학습 평가

셋째, 독일과 스위스 취리히의 레어플란(Lehrplan) 교육과정 문서는 교육과정 내용뿐만 아니라 교수학적 기능과 관련한 진술을 함께 진술하고 있다. 레어플란은 독일의 Didaktik 전통을 따라서 교육과정 연구와 교수학을 종합적으로 인식하여 교육과정 내용과 방법을 함께 고려하는 교육과정 문서를 지칭하는 용어이다(신태중, 2021).

독일 바이에른 주의 레어플란에서는 교과 교육과정 내용과 함께 '교육과정 운영 및 교수 도구' 항목을 마련하여 교사가 교실에서 교육과정 내용을 실제로 어떻게 구현할 수 있는지, 어떻게 설계할 수 있는지 등에 대해 구체적으로 안내하고 있다. 또한 스위스 취리히 레어플란 역시 교과 교육과정 내용과 함께 '교수학적 권고' 항목에서 수업 설계에 관한 사항과 영역별 권고 사항을 구체적으로 안내한다. 특히 수업 설계에서 학습 환경에 관한 부분과 통합

수업, 학교 외 학습 경험과의 연결, 교수·학습 도구 등 수업과 관련된 사항들을 구체적으로 다룸으로써 교수학적 기능을 충족하고 있다(BKZ, 2017). 독일과 스위스의 레어플란 문서는 교사가 교실에서 수업을 구상하는 것과 관련하여 교사에게 실제적으로 필요한 정보를 구체적으로 담고 있다. 2022 개정 초등통합교과 교육과정의 교수·학습에서는 이를 참고하여 교사에게 더 친화적이고 교실 수업에 실제적으로 도움이 되는 유용한 방식으로 교수·학습을 진술할 수 있다.

스위스 취리히
Lehrplan

2017 교육과정

1. 개관
2. 기초
- - - - - - - - - - - - - - -
3. 언어
4. 수학
5. 자연, 사람, 사회 ──────→
6. 디자인
7. 음악
8. 움직임과 스포츠
- - - - - - - - - - - - - - -
9. 미디어와 컴퓨터
10. 학업과 진로

교수학적 권고

1) 수업 설계

- 학습 출발점
- 개념 정의 및 심화
- 언어 능력과 개념 형성
- 학습 환경
- 과업
- 학습 과정
- 판단
- 간학문적 기술
- 학습 1주기의 주의사항
- 성교육 주의사항
- 간학문적 수업
- 학교 외 학습 경험
- 시설, 장비, 도구
- 미디어

2) 영역별 권고

- 자연과 기술
- 경제, 노동, 가사
- 공간, 시간, 사회
- 종교, 문화, 윤리

그림 9-3   **2017 스위스 취리히 레어플란 자연, 사람, 사회 교과 목차**

출처: BKZ (2017).

특히 스위스 Lehrplan 21의 각 교과 교육과정 체계는 '역량 영역(Kompetenzbereiche)-활동/주제(Handlungs-/Themenaspekte)-세부 역량(Kompetenz)'으로 영역별 역량 구조를 취하고 있다. 자연, 사람, 사회 교과는 12개의 역량 영역 아래 3~6개의 활동/주제와 역량이 각각 포함되어 총 56개의 활동/주제와 세부 역량을 포함하고 있어 역량을 중심으로 한 내용 체계의 구성에 대한 참조를 제공한다.

2. 개정 방향

2022 개정 초등통합교과 교육과정 시안 연구(정광순 외, 2022a; 정광순 외, 2022b)의 내용을 토대로 개발 방향을 간단히 정리하면 다음과 같다.

첫째, 교과 통합에 대한 탈학문적 접근의 유지
둘째, 학교 교육의 미래 지향성을 지금-여기 학생의 삶에 포섭
셋째, 학교 교육과정에 대한 존재론적 관심의 환기

이들 중, 첫째, 탈학문적 접근은 초등통합교과의 과거 중 유지할 가치가 있어 지속되어야 할 것이고, 둘째, 지금-여기의 학생 삶, 셋째, 존재론적 관심의 환기는 초등통합교과의 중요한 방향성으로서 새롭게 강조하는 미래에 해당한다고 할 수 있다.

1) 탈학문적 접근

초등통합교과는 처음 도입된 제4차 교육과정기부터 지금까지 1, 2학년 학생의 학습 내용을 일상생활 또는 삶과 관련시키고 학생이 친숙한 생활 주제를 통해 교과 세계에 입문하도록 도왔다. 특히 제4차부터 제7차 교육과정기에는 교과서의 단원명으로 사용된 주제를 중심으로 여러 교과를 통합한 학습 경험을 제공하고자 하였고, 탈학문적 접근은 2007 개정 교육과정기부터 강조하기 시작해서(교육과학기술부, 2009: 14) 2009 개정 시기부터는 초등통합교과의 주요 특징으로 자리 잡았다(교육부, 2013: 9; 교육부, 2017: 11).

교과 통합은 다양한 학자에 따라 다양한 방식으로 구분하는데, 우리나라에서 가장 널리 알려진 구분 방식은 Drake(1993, 1998)가 제시하는 다학문적 접근, 간학문적 접근, 탈학문적 접근의 세 가지 방식이다. 이들 세 가지 유형은 다음과 같은 특징을 갖는다. 첫째, 이들 세 유형은 동일한 연속선상의 스펙트럼으로 위치한다. 둘째, 세 유형 각각은 절대적인 기준이 아닌 상대적으로 비교하여 구분한다. 셋째, 세 유형은 우열을 가릴 수 없으며 상황에 따른 적절성 여부를 가릴 수 있을 뿐이다.

다학문적 접근에서 교과를 함께 다루는 이유는 문제(과제, 미션 등)를 해결하기 위해서이다. 즉, 통합된 교과들은 공통점이나 유사점이 있는 것이 아니라 학생이 당면한 문제를 해

결하는 데 필요한 지식으로 교과의 특성이나 경계는 그대로 유지된 채 문제나 과제 해결에 동원된다는 특징이 있다. 간학문적 접근에서 교과를 통합하는 이유는 여러 교과를 가로지르는 공통되는 개념이나 원리를 보다 깊이 있고 다양한 관점으로 이해하기 위해서이다. 따라서 간학문적 접근에서는 교과의 공통되는 내용이나 개념 및 원리, 방법 등을 중심으로 교과를 동원한다. 탈학문적 접근에서 교과는 학생의 관심, 흥미, 요구를 중심으로 통합된다. 학생들이 관심을 가질 만한 주제를 교사가 미리 설정하여 안내할 수도 있고 학생의 즉각적인 관심과 흥미를 반영한 발현적 교육과정(emergent curriculum)의 형태로도 많이 나타난다.

이들 통합의 유형 중에서 초등통합교과가 탈학문적 접근을 강조하는 이유는 학생의 관심사나 문제를 반영한 주제를 교과 영역을 가로지르는 지식이나 기능을 통합적으로 활용한 다양한 경험을 추구할 수 있기 때문이다. 즉, 탈학문적 접근은 학생이 의미있는 주제에 대해 질문하고 깊이 있게 사고할 수 있는 학생 능력에 대한 신뢰를 바탕으로 학생이 일상생활에서 만나는 관심사, 문제, 교육적 요구 등과 관련된 주제를 설정하고 이 주제를 중심으로 교과 지식을 맥락적으로 자연스럽게 연결하여 배울 수 있게 돕는다.

특히 초등학교 학생이 교과 지식을 배우는 방식은 친숙한 생활 주제에서 출발하여 이 주제와 밀접하게 관련된 경험을 통해서 낯선 교과 지식에 익숙해지는 방식(Dewey, 1902; Langeveld, 1984: 215; Spranger, 1955/2004: 43)이다. 따라서 초등학교 학생은 익숙한 일상생활 주제를 중심으로 낯선 교과 지식을 연계하는, 익숙한 아동의 경험 세계에서 낯선 교과의 경험 세계로 입문하도록 돕는 탈학문적 접근이 적절하다고 할 수 있다. 이러한 맥락에서 2015 개정 교육과정기까지 초등통합교과 교육과정은 학생의 삶과 관심사를 해결하기 위해 교과 지식을 활용하는 경험을 수업의 중심으로 도입하게 함으로써 학교교육에 학생 중심, 배움 중심의 교육이라는 중요한 변화를 가져왔다.

그러나 초등통합교과는 교수·학습 주제를 교과 지식(주요 개념이나 원리 등)이 아닌 학생의 관심과 흥미에서 가져오기 때문에 자칫 학생의 즉흥적인 흥미만을 추구하는 교과로 오해를 받거나 학교에서 기본적으로 가르치고 배워야 하는 중요한 핵심 지식을 누락시킬 수 있다는 비판 또한 지속적으로 제기되어 왔다. 따라서 2022 개정 초등통합교과 교육과정에서는 그동안 탈학문적 접근 방식이 학교교육에서 어떻게 적용되어 왔는지 살펴보고 유지해야 할 것과 바꾸어야 할 것을 면밀히 분석하여 보다 발전된 방식으로 구현하고자 하였다(조상연, 2023).

탈학문적 접근과 관련하여 초등통합교과 교육과정에서는 2009 개정 시기부터 2015 개정 시기까지 약 10여 년간 초등학교 1, 2학년 학생의 보편적이고 일반적인 관심을 반영하여 세 통합교과에 공통되는 탈학문적 표준주제를 국가가 제시해 왔다. 이에 교사와 학생은 국가가 제시한 주제를 중심으로 바른 생활, 슬기로운 생활, 즐거운 생활을 연계하고 통합하는 경험을 할 수 있었다. 이제 새로운 교육과정 개발의 주요 과제는 교사와 학생이 탈학문적 접근의 본래 의도에 더 가까이 접근할 수 있도록 국가 차원의 표준 주제를 수동적으로 수용하기보다 개별 학생의 관심사나 학생이 살아가는 시간적 공간적 환경과 상황을 구체적으로 반영한 주제를 능동적으로 설정하여 주체적으로 수업할 수 있도록 지원할 수 있는 방안을 고민하는 것일 것이다.

2) 지금-여기에 기반을 둔 미래 지향

2022 개정 교육과정의 가장 중요한 방향 중의 하나는 '미래 불확실성에 대비하고 지속가능한 미래를 위한 대응 역량을 기를 수 있는 교육'(교육부, 2021)이고 이를 반영하여 2022 개정 교육과정을 '미래역량 교육과정'이라고 부르기도 한다. 2022 개정 교육과정의 주요 슬로건인 미래역량은 Dewey가 비판했던 학교교육의 미래 편향성을 떠올리게 한다.

Dewey(1916/1996: 55)는 교육이 언제나 미래를 응시해야 하지만 무조건적으로 미래에 치우치는 것은 위험하다는 것을 네 가지 측면으로 비판한 바 있다. 첫째, 미래란 시의성과 구체성이 빠져 있어 교육의 동기나 추진력을 잃어버리게 한다. 둘째, 학생이 준비해야 할 미래가 당면한 현재가 되기까지는 아직 많은 시간이 필요하기 때문에 학생의 관심은 미래 준비보다 현재의 관심으로 기울 수밖에 없다. 셋째, 지금 학생이 가지고 있는 분명한 강점보다 미래 언젠가 평균적으로 갖추어야 하는 불분명한 표준 능력을 대상으로 하는 교육은 그 손실이 클 수밖에 없다. 넷째, 미래 준비를 위한 교육은 학습 의욕을 자극하기가 어려워 외적 동기에 전적으로 의존하게 되지만 현재 삶의 과정에서 만나는 문제나 관심사 등은 외적 동기가 필요 없다.

여기서 Dewey가 문제 삼은 것은 학교교육이 미래를 준비해 주어야 하는가에 대한 의문이 아니다. 오히려 현재 학교교육을 통해 학생이 미래의 문제를 해결할 수 있는 능력을 기를 수 있어야 한다는 것은 당연하다. 다만 미래는 실체가 있는 것이 아니라 현재로 끌어와 의식할 수 있을 뿐이다. 따라서 학생의 과거와 미래는 어떤 방식으로든 또 어떤 형태로든 '지금-여기서의 의미를 형성할 때'라야만 체감할 수 있고, 과거에 대한 성찰이나 미래에 대한 준비 모두 '지금, 여기'를 반영하지 않고서는 의미 있는 경험으로 연결하기 어렵다.

이에 2022 개정 초등통합교과 교육과정은 오늘날 학교교육의 미래 편향성 문제에 주목하고 학교 교육이 추구하는 미래를 학생의 현재로 불러들이고 포섭하는 방식으로 접근하고자 하였다. 구체적으로, 초등통합교과 수업을 통해서 학생이 '지금-여기 우리 삶'에 관한 이야기를 만들어 가는 과정에서 자연스럽게 미래를 도모할 수 있게 돕고자 하였다(정광순 외, 2022a: 61).

요컨대, 초등통합교과에서는 궁극적으로 학생들의 미래 삶을 지향해야 하지만 그것이 현재 학교교육에서 아직 오지 않은 막연한 미래를 기다리고 준비하는 방식이 아니라 현재 삶을 충실하게 살아감으로써 충만한 미래 삶으로 나아가는 방식이 되어야 한다고 보고 학교 교육의 미래 지향성을 지금-여기의 학생 삶에 포섭할 수 있는 교육과정을 개발하고자 하였다.

3) 교육과정에 대한 존재론적 관심의 환기

그동안 학교 교육은 학생들이 자신을 둘러싼 세계를 객관화하고 대상화하도록 함으로써 과학적이고 실증적인 지식을 추구하는 객관적 인식론의 입장을 취해 왔다. 이에 학생들은 자신을 둘러싼 세계를 대상화하여 이해하고 자신의 미래 삶에 필요한 유용한(혹은 유용할 것이라고 짐작되는) 지식이나 기능을 습득하는 방식으로 학교교육을 수동적으로 수용해 왔다. 이러한 방식의 학교교육 때문에 "학생들이 게으르고 무관심하며 피상적인 학습 습관을 갖게 되었다."(Aikin, 1942/2002: 36)는 비판에서 자유롭지 못했다. 교육부(2021)는 이러한 문제의식을 공유하고 2022 개정 교과 교육과정의 주요 방향을 학생의 역량을 함양하는 '깊이 있는 학습'으로 잡고 구체적인 강조점으로 '교과 간 연계와 통합' '삶과 연계한 학습' '학습과정에 대한 성찰' 등 세 가지를 설정하여 제시하였다.

이런 맥락에서 초등통합교과는 분과 교육의 한계를 넘어서기 위해 도입된 교과로 "인식론적 관점의 앎을 위한 교육을 넘어 존재론적 관점의 삶을 위한 교육"(Ingram, 1979: 65)을 지향한다. 즉, 초등통합교과는 그동안 학교교육의 한계로 지적되어 온 분과 편향성, 교육 경험의 탈맥락성과 피상성, 수동적인 지식 습득 방식의 관행 등에 대해 분과와 통합의 균형, 삶과 연계된 교육, 학습자 중심의 주체적인 배움 등을 통해 넘어설 것을 설득해 왔다(김세영, 2021; 김현규, 2020; 조상연, 2018). 최근에는 불확실성이 항존하는 세상을 살아가는 구체적인 삶 속에서 지식이란 고정된 실체가 아니라 맥락적으로 구성된다는 것에 주목하여 삶에서 만나는 문제 중심의 존재론적 교육에 대해 관심을 갖기 시작했다(이종원, 2015; 이종원, 이경진, 2017; 정광순, 2019).

초등통합교과의 존재론적 관심은 학교교육의 인식론적인 경향성에 대한 우려와 관련된 것이다. 학교교육의 인식론적인 경향성(이종원, 2015)은 변화하는 현상 속에도 변하지 않는 실체가 있음을 전제하고 유용성을 위해 지식의 맥락을 모두 제거하고 완결된 탈맥락적 지식에 대한 깊이 있는 이해를 강조하는 흐름을 의미한다. 이는 학생들이 그 자체로 이미 완성된 지식을 수용하고 습득하고 이해하는 데만 집중하기 때문에 학교교육 본연의 목적과 연결된 배운 지식을 활용하여 삶의 문제를 해결하는 데는 무력할 수밖에 없다는 문제의식과 연결된다.

이에 초등통합교과에서는 불확실하고 복잡한 삶 속에서 만나는 문제에 대해 각자의 경험과 지식을 토대로 한 주체적인 의사결정 과정을 통해 삶을 의미를 구성해가는 '현존재'(Heidegger, 1927/2016)로서의 교사와 학생에 주목하였다. 따라서 초등통합교과 수업을 통해 스스로 생각하여 적극적으로 질문하고 주도적으로 해결하면서 자신의 정체성을 주체적으로 형성해나갈 수 있게 돕고자 하였다.

3. 특징

2022 개정 초등통합교과 교육과정은 탈학문적 접근, 지금-여기에 기반을 둔 미래 지향, 학교 교육에 대한 존재론적 관심의 환기라는 방향성 아래 초등통합교과 교육과정 개발 과제를 해결하는 방식으로 개발하였고(정광순 외, 2021a), 이는 다음과 같은 특징을 갖는다.

◈ 초등통합교과의 역량을 통일하거나 연계성을 강화하여 개발한다.
→ 첫째, 초등통합교과의 궁극적인 지향으로서 '지금-여기-우리 삶'을 공통 역량으로 설정하였다.

◈ 학생의 삶을 반영한 맞춤형 교육과정 개발을 위해 주제 체제의 유연성을 확보한다.
→ 둘째, 국가교육과정 주제 대신 탈학문적 질문을 반영하여 영역과 핵심 아이디어를 설정하였다.

◈ 학생·교사 주체성에 기반한 지역·학교 교육과정의 자율성을 확대할 수 있는 방안을 마련한다.
→ 셋째, 초등통합교과의 궁극적 지향에 따라 성격, 목표, 성취기준을 조정하였다.

◈ 미래 사회·환경 변화에 따른 공동체의 요구를 반영한 교육과정 내용을 개발한다.
→ 넷째, 국가적·사회적 요구로서 교육과정 자율화를 적극 수용하였다.

1) 궁극적 지향이자 역량

2022 개정 초등통합교과 교육과정은 세 통합교과 교육이 공통으로 추구하는 궁극적인 지향이자 통합교과 역량의 근거로서 [지금-여기-우리 삶]을 설정하였다. 그리고 이 지향을 위해 학생들이 갖추어야 할 포괄적 역량으로 '[지금-여기-우리 삶]을 살아가는 힘'으로 설정하였다. 이를 기반으로 다시 교과별로 바른 생활에서는 [지금-여기-우리 삶]을 성찰하며 실천하는 힘을 기르고, 슬기로운 생활에서는 [지금-여기-우리 삶]을 이해하며 탐구하는 힘을 기르며, 즐거운 생활에서는 [지금-여기-우리 삶]을 즐기며 놀이하는 힘을 기르는 것으로 구체화할 수 있다.

초등통합교과에서는 학생의 지금-여기를 기반으로 미래를 지향한다는 개발 방향에 따라 미래 준비를 위한 연습의 시간과 공간으로 지금, 여기를 견디는 배움을 거부하며 충만한 삶을 살아가는 시간과 공간으로 지금, 여기를 온전히 느끼고 즐기고 성찰하며 살아가는 삶 그 자체로서의 배움을 지향한다. 따라서 [지금-여기-우리 삶]의 '삶'은 초등통합교과에서 추구하는 앎이자 배움을 의미하며, '우리'는 지금 여기서 내가 속한 여러 공동체에서 함께 어울려 주체적으로 그리고 정체성을 형성하는 살아가는 개인을 포함한 우리다. 또한 '지금'은 우리가 매 순간 살아있음을 인식하는 시간이고, '여기'는 우리가 살아가는 삶의 터전으로서의 공간이다. 초등통합교과에서 추구하는 배움은 삶의 맥락과 단절된 불확실한 미래를 준비하기 위한 배움이 아니라 [지금-여기-우리 삶]의 문제와 관심사에 관심을 갖고 탐구하고(슬기로운 생활) 음미하고 즐기며(즐거운 생활) 성찰하면서 실천하는(바른 생활) 경험이다.

초등통합교과에서 추구하는 앎으로서의 삶은 과거-현재-미래로 연속된 인과적 관계 속에 있는 것이 아니라 무수한 현재의 연속이다. 즉, 과거는 이전에 무수한 현재의 연속으로 만들어진 것이며, 미래는 무수한 현재의 연속을 통해 앞으로 만들어 나가는 것이다. 이러한 초등통합교과의 경험은 학생이 지금-여기에서 자신의 이야기를 만들고 만든 이야기를 함께 공유하는 일이며, 따라서 초등통합교과의 배움은 학생이 자신의 삶을 구성하고 표상하며 완성하며 살아가는 과정이라고 할 수 있다.

즉 초등통합교과의 배움은 학생이 공동체와 더불어 자신의 이야기를 주체적으로 만드는 과정이며, 여기서의 이야기는 그저 살아가는 과정을 이야기하는 것에서 그치는 것이 아니다. 초등통합교과에서의 배움은 삶 그 자체로서 현재를 '살고-성찰하고-이야기하고' '다시 살고-다시 성찰하고-다시 이야기하는' 순환적인 과정을 통해 현재 삶을 충만하게 살아가면서 완전성을 더해 가는 과정이다. 결국 초등통합교과가 지향하는 [지금-여기-우리 삶]을 위한 배움은 나와 우리의 삶에 관한 내러티브를 만들어 가는 과정이다. 즉, 초등통합교과 교육과정은 학생이 지나온 과거에 어디선가 살았던 이야기와 다가올 미래에 어디선가 살아갈 이야기를 지금, 여기로 불러들여 [지금-여기-우리 삶]의 이야기를 만들 수 있도록 돕고자 하였다.

2) 영역과 핵심 아이디어

2020 개정 초등통합교과는 초등학교 1, 2학년 학생이 살아가는 동안 지속적으로 탐구할 가치가 있는 정체성, 공간성, 시간성, 주체성과 관련한 '우리는 누구로 살아갈까' '우리는 어디서 살아갈까' '우리는 지금 어떻게 살아갈까' '우리는 무엇을 하며 살아갈까'라는 네 개의 탈학문적 질문의 형식으로 다음과 같이 제시하였다.

표 9-4 2022 개정 초등통합교과 영역과 핵심 아이디어

2015 개정		2022 개정 영역	
영역(대주제)	핵심개념 (소주제)	영역 (탈학문적 질문)	핵심 아이디어
학교	학교와 친구	우리는 누구로 살아갈까	• 우리는 내가 누구인지 생각하며 생활한다. • 우리는 서로 관계를 맺으며 생활한다.
학교	나	우리는 누구로 살아갈까	• 우리는 내가 누구인지 생각하며 생활한다. • 우리는 서로 관계를 맺으며 생활한다.
봄	봄맞이	우리는 누구로 살아갈까	• 우리는 내가 누구인지 생각하며 생활한다. • 우리는 서로 관계를 맺으며 생활한다.
봄	봄동산	우리는 누구로 살아갈까	• 우리는 내가 누구인지 생각하며 생활한다. • 우리는 서로 관계를 맺으며 생활한다.
가족	가족과 친척	우리는 어디서 살아갈까	• 우리는 여러 공동체 속에서 생활한다. • 우리는 삶의 공간을 넓히며 생활한다.
가족	다양한 가족	우리는 어디서 살아갈까	• 우리는 여러 공동체 속에서 생활한다. • 우리는 삶의 공간을 넓히며 생활한다.
여름	여름맞이	우리는 어디서 살아갈까	• 우리는 여러 공동체 속에서 생활한다. • 우리는 삶의 공간을 넓히며 생활한다.
여름	여름생활	우리는 어디서 살아갈까	• 우리는 여러 공동체 속에서 생활한다. • 우리는 삶의 공간을 넓히며 생활한다.
마을	우리 이웃	우리는 지금 어떻게 살아갈까	• 우리는 여러 유형의 주기로 생활한다. • 우리는 과거, 현재, 미래를 생각하며 생활한다.
마을	우리 동네	우리는 지금 어떻게 살아갈까	• 우리는 여러 유형의 주기로 생활한다. • 우리는 과거, 현재, 미래를 생각하며 생활한다.
가을	가을맞이	우리는 지금 어떻게 살아갈까	• 우리는 여러 유형의 주기로 생활한다. • 우리는 과거, 현재, 미래를 생각하며 생활한다.
가을	가을 모습	우리는 지금 어떻게 살아갈까	• 우리는 여러 유형의 주기로 생활한다. • 우리는 과거, 현재, 미래를 생각하며 생활한다.
나라	우리나라	우리는 무엇을 하며 살아갈까	• 우리는 경험하고 상상하고 만들며 생활한다. • 우리는 느끼고 생각하고 표현하며 생활한다.
나라	다른 나라	우리는 무엇을 하며 살아갈까	• 우리는 경험하고 상상하고 만들며 생활한다. • 우리는 느끼고 생각하고 표현하며 생활한다.
겨울	겨울맞이	우리는 무엇을 하며 살아갈까	• 우리는 경험하고 상상하고 만들며 생활한다. • 우리는 느끼고 생각하고 표현하며 생활한다.
겨울	겨울나기	우리는 무엇을 하며 살아갈까	• 우리는 경험하고 상상하고 만들며 생활한다. • 우리는 느끼고 생각하고 표현하며 생활한다.

바른 생활, 슬기로운 생활, 즐거운 생활 세 초등통합교과 교육과정 주제가 통일된 2009 개정 이후 학교 현장에서는 국가에서 제시한 보편적이고 표준적인 주제를 중심으로 학생들의 배움을 통합하는 경험을 축적할 수 있게 하고자 하였다. 이를 위해 2015 개정 교육과정기까지는 학생이 경험하는 시간과 공간을 축으로 한 8개의 대주제를 설정하고 이를 영역으로 제시하였다. 즉, 국가 차원에서 대주제를 설정해 주고 이를 토대로 교과용 도서를 개발하여 제공함으로써 지금, 여기의 수업 상황을 반영하기보다는 국가에서 제시한 표준적인 대주제를 수업에서 적용하도록 하는 관점이 강했다.

2022 개정 시기에는 이러한 경험을 기반으로 교사와 학생이 국가 차원의 대주제 체제에서 벗어나 자신들의 상황에 적절한 주제를 설정할 수 있도록 주제 선정 권한을 지역, 학교, 교실에 이양하고자 하였다. 이를 위해 그동안 세 통합교과의 영역으로 포섭해 온 국가 차원의 대주제 대신 지금-여기-우리를 반영하여 선정할 수 있는 다양한 주제를 모두 포괄할 수 있도록 네 개의 탈학문적 질문의 형태로 영역을 설정하였다. 질문 형태의 네 가지 영역은 국내외의 여러 사례(배희철, 2019; 신태중, 2021; BKZ, 2017; BSMECSA, 2014; FNB, 2014; IBO, 2009)에 대한 기초 연구를 수행한 결과에 기반하여 초등학교 1, 2학년 학생들이 살아가는 동안 지금-여기의 당면한 삶 속에서 세 통합교과와 관련하여 지속적으로 탐구할 가치가 있는 정체성, 시간성, 공간성, 주체성을 기준으로 설정하였다.

바른 생활, 슬기로운 생활, 즐거운 생활에 공통된 핵심 아이디어는 초등통합교과 영역의 네 가지 질문에 대해 각 지역, 학교, 교실에서 찾은 구체적이고 개별적인 답을 모두 포괄하는 국가 차원의 답으로 통합교과 각 영역에서 추구해야 하는 기본적인 생각이나 사고방식을 보편적이고 일반적인 형태로 진술한 것이다. 초등통합교과의 핵심 아이디어는 통합교과의 성취기준 개발 방향을 안내하는 역할을 하는 동시에 성취기준을 기반으로 이루어지는 교실 수업의 방향을 안내하는 역할을 한다.

2022 개정 초등통합교과 교육과정에서는 학생이 [지금-여기-우리 삶]을 당면하여 정체성, 시간성, 공간성, 주체성을 체감하며 살아가는 과정에서 지속적으로 탐구해야 하는 삶의 맥락과 존재에 대한 관심을 반영한 네 가지 탈학문적 질문을 영역으로 설정하였다. 그리고 핵심아이디어는 영역의 질문에 대해 각 교실에서 찾아낼 다양한 답을 포괄할 수 있도록 국가 차원에서 제시하는 표준적이고 일반적인 답이라고 할 수 있다. 네 가지 영역이 성취기준이나 내용 요소를 다룰 때 범주나 경계를 판단하는 기준이라면 여덟 가지 핵심아이디어는 성취기준이나 내용 요소를 해석하는 초점이나 방향 역할을 하는 동시에 해당 성취기준이나 내용을 통합적으로 이수한 학생이 갖추게 될 보편적인 생각이나 사고방식을 의미한다.

3) 성격과 목표, 성취기준과 내용 요소

(1) 성격과 목표

초등통합교과는 공통적으로 지금-여기-우리 삶을 살아가는 힘을 기르는 데 중점을 두었다. 이 공통 역량을 바탕으로 바른 생활의 역량은 지금-여기-우리 삶을 지속적으로 성찰하는 힘으로, 슬기로운 생활의 역량은 지금-여기-우리 삶을 탐구하는 힘으로, 즐거운 생활의 역량은 지금-여기 우리 삶을 놀이하며 즐기는 힘으로 성격과 목표에 각각 진술하였다. 이 역량은 각 통합교과의 성격과 목표뿐만 아니라 내용 체계와 성취기준에 두루 반영하는 방식으로 적용하였다.

초등통합교과의 성격은 크게 세 통합교과에 공통되는 영역과 각 통합교과별 영역으로 나누어 진술하였다. 공통 영역에서는 세 통합교과의 공통 지향과 역량을 진술하고 탈학문적 주제를 맥락적으로 경험하도록 돕는 경험 중심 교과라는 것을 진술하였다. 그리고 바른 생활, 슬기로운 생활, 즐거운 생활 각 교과별 영역에서는 실천 경험 중심, 탐구 경험 중심, 놀이 경험 중심으로 각각 차별화하여 진술하였다.

특히 이번에 세 통합교과의 성격에는 크게 두 가지 변화가 있었다. 하나는 세 통합교과의 성격을 모두 활동 중심 교과에서 경험 중심 교과로 바꾼 것이고 다른 하나는 즐거운 생활의 성격을 표현놀이 중심 교과에서 놀이 중심 교과로 수정한 것이다.

표 9-5 **초등통합교과 성격 변화**

교과	2015 개정	2022 개정
바른 생활	실천 활동 중심 교과	실천 경험 중심 교과
슬기로운 생활	탐구 활동 중심 교과	탐구 경험 중심 교과
즐거운 생활	표현놀이 중심 교과	놀이 경험 중심 교과

초등통합교과는 공통적으로 지금-여기-우리 삶에 통합적으로 접근하는 경험 중심 교과이며 바른 생활은 실천 경험을, 슬기로운 생활은 탐구 경험을, 즐거운 생활은 놀이 경험을 중심으로 하는 교과이다. 기존의 '활동'을 '경험'이라는 용어로 바꾸면서 학생이 참여하는 수업의 모든 과정에서 학생이 주관적으로 느끼며 인지하는 모든 활동과 상호작용을 포함하는 포괄적이고 복합적인 의미를 담고자 하였다. 또한 즐거운 생활은 그 성격을 놀이 중심 교과로 완전히 개편하여 학교 교육에 있어 놀이의 위상을 재조명하고 다양한 놀이에 몰입

하여 즐거움을 만끽하고 행복감을 누리며 그 과정에서 자신의 감정이나 감각을 자연스럽게 표현하는 놀이 경험 중심 교과로서 성격을 명확히 하였다.

초등통합교과의 목표는 바른 생활, 슬기로운 생활, 즐거운 생활 교과의 지향과 의도가 명료하게 드러나게 진술하였다. 그리고 총괄 목표는 각 통합교과의 역량을 반영하여 진술하였고 세 개의 하위 목표도 시간성, 공간성, 공동체성과 관련한 각 통합교과의 목표를 각각 진술하는 방식으로 통일하였다.

(2) 내용 요소와 성취기준

2022 개정 초등통합교과의 내용 요소와 성취기준은 다음과 같은 원칙에 따라 개발하였다(정광순 외 2022a; 정광순 외, 2022b).

첫째, 성취기준은 교육과정 자율성 확보와 학생의 학습 부담 경감 차원에서 그 수를 81개에서 48개로 대폭 축소하는 방향으로 개발하였다. 또한 바른 생활, 슬기로운 생활, 즐거운 생활 세 교과별로 달랐던 성취기준의 수를 동일하게 맞춤으로써 각각 하나씩 세 개의 성취기준을 통합적으로 연계하여 단원 및 차시를 개발할 수 있도록 하였다.

둘째, 성취기준은 반복 사용하기보다 일회성으로 사용하여 교과서를 개발할 것을 염두에 두고 개발하였다. 이에 8개 핵심아이디어별로 바른 생활, 슬기로운 생활, 즐거운 생활 성취기준을 각각 1개씩 묶은 성취기준 세트를 2세트씩 개발하고 1세트는 1학년 단원으로, 1세트는 2학년 단원으로 각각 개발할 수 있게 하였다.

셋째, 초등학교 1, 2학년 교사 의견을 원천으로 개발하였다. 성취기준 개발 전에 초등학교 1, 2학년 담임교사를 대상으로 워크숍을 진행하여 필요한 성취기준을 추천받아 이를 기반으로 개발하였다. 또한 성취기준 초안은 초등학교 1, 2학년 담임교사 대상의 IPA(중요성-실행 가능성) 분석을 통해 수정·보완 과정을 거쳤다.

넷째, 각 교실에서 개발한 주제와 쉽게 연계할 수 있도록 모든 주제에 열려 있도록 개발하였다. 2022 개정 초등통합교과는 주제 개발권을 현장으로 이양하였다. 이에 각 교실의 지금-여기에 맞는 주제를 개발할 것을 전제로 어떤 주제를 설정해도 무리 없이 연계될 수 있도록 포괄적이고 보편적인 성취기준을 개발하고자 하였다.

다섯째, 성취기준을 도달점(outcome)보다는 기대하는 방향(expectation)으로 보고 포괄적으로 진술하였다. 초등통합교과는 학생이 도달해야 할 목표를 정해두고 이를 습득하는 방식이 아니라 교사와 학생이 함께 주제를 선정하고 살아가는 삶의 맥락 속에서 나름의 앎을 구성해 나가는 배움을 추구한다.

여섯째, 성취기준과 내용 요소의 정합성을 염두에 두고 개발하였다. 일반적으로 내용 요소를 먼저 개발하고 이를 조합하여 성취기준을 진술하는데, 이 방식은 각 내용 요소가 유기적으로 연결하기 어렵거나 기계적으로 조합할 가능성을 배제하기 어렵다. 이에 핵심아이디어를 기반으로 기존보다 포괄적이고 통합적인 차원에서 진술한 성취기준에서 내용 요소를 추출하였다.

또한 2022 개정 초등통합교과의 내용 요소는 성취기준을 해석하거나 관련된 유사 요소를 진술하는 등 성취기준에 직접 진술하지 않은 요소를 함께 추출하지 않고 정확하게 진술되어 있는 단어나 구로 한정하여 추출한다는 원칙에 따라 개발하였다. 왜냐하면 성취기준과 유사하지만 변형된 내용 요소가 교사의 성취기준 해석에 도움을 줄 수도 있지만, 자율적인 해석을 제한하거나 해석 범위를 지나치게 확장할 가능성도 있기 때문이다. 성취기준과 내용 요소가 정확히 일치하면 내용 체계에 제시된 내용 요소만 보고도 성취기준으로 재조합하여 사용할 수 있고 성취기준만 보고도 정확한 내용 요소를 추출할 수 있게 된다.

4) 국가적 · 사회적 요구의 수용

2022 개정 교육과정 총론의 주요 사항에서 교과 교육과정에 반영이 필요한 국가적 · 사회적 요구는 크게 미래 사회 변화에 대응하기 위한 내용 반영, 교육과정 자율화 강화로 정리할 수 있다. 이들 국가적 · 사회적 요구 사항 중 초등통합교과 교육과정과 직접 관련된 쟁점에 따라 다음과 같이 정리하였다(정광순 외, 2022a: 73).

첫째, 미래 사회 · 환경 변화 대응 관련 교육 내용인 AI · 디지털 소양 및 공동체 가치 관련 내용을 내용 체계와 성취기준에 반영하였다.

둘째, 학생과 교사 주체성에 기반한 학교의 교육과정 편성 · 운영의 자율권을 확대한다.

셋째, 학교 교육과정 운영의 유연성을 제고하고 연계를 강화한다.

(1) 미래 사회·환경 변화 대응 AI·디지털 소양 및 공동체 가치 관련 내용 반영

표 9-6　2022 개정 초등통합교과 내용 체계표

영역	핵심 아이디어	범주	내용 요소		
			바른 생활	슬기로운 생활	즐거운 생활
우리는 누구로 살아 갈까	• 우리는 내가 누구인지 생각하며 생활한다. • 우리는 서로 관계를 맺으며 생활한다.	지식·이해	• 학교 생활 습관과 학습 습관 • 자기 이해 • 생태환경	• 학교 안팎의 모습과 생활 • 자아인식 • 가족과 주변 사람 • 사람·자연·동식물	• 건강과 안전 • 신체 인식과 감각 • 자연의 아름다운 장면
		과정·기능	• 습관 형성하기 • 관계 맺기	• 탐색하기 • 설명하기 • 탐구하기	• 놀이하기 • 소통하기 • 감상하기
		가치·태도	• 안전하고 건강한 생활 • 자기 존중 • 배려 • 더불어 사는 삶	• 안전한 학교생활	• 어울림 • 건강한 생활 • 안전한 생활
우리는 어디서 살아 갈까	• 우리는 여러 공동체 속에서 생활한다. • 우리는 삶의 공간을 넓히며 생활한다.	지식·이해	• 공동체 생활 모습 • 우리나라의 소중함	• 마을의 모습과 생활 • 우리나라의 모습과 문화 • 다른 나라의 모습과 문화 • 궁금한 세계	• 우리나라의 문화 예술 • 다른 나라의 문화 예술
		과정·기능	• 실천하기 • 호기심 갖기	• 살펴보기 • 조사하기 • 탐구하기 • 매체 활용하기 • 탐색하기	• 문화 예술 활동하기 • 표현하기 • 상상하기
		가치·태도	• 나라 사랑 • 다양성 존중 • 적극성과 도전의식	• 관심 • 호기심	• 문화 예술 향유
우리는 지금 어떻게 살아 갈까	• 우리는 여러 유형의 주기로 생활한다. • 우리는 과거, 현재, 미래를 생각하며 생활한다.	지식·이해	• 인물의 삶 • 지속가능한 삶의 방식	• 하루의 변화와 생활 • 계절과 생활 • 과거-현재-미래	• 자연의 변화 • 전통문화 • 아동권리
		과정·기능	• 하루 생활 관리하기 • 변화에 대응하기 • 실천하기	• 탐색하기 • 탐구하기 • 살펴보기	• 자연에서 놀이하기 • 창의적으로 표현하기 • 권리 누리기
		가치·태도	• 시간의 가치 • 적절성 • 공동체성 • 지속가능성	• 상상력	• 활기찬 생활 • 전통의 소중함 • 안전과 안녕
우리는 무엇을 하며 살아 갈까	• 우리는 경험하고 상상하고 만들며 생활한다. • 우리는 느끼고 생각하고 표현하며 생활한다.	지식·이해	• 모두를 위한 생활 환경 • 학습 습관 • 생활 습관	• 생활 도구의 모양과 기능 • 다양한 매체와 재료 • 관심 주제 • 배운 것과 배울 것	• 생각과 느낌
		과정·기능	• 참여하기 • 생각이나 의견 나누기 • 협력하기 • 되돌아보기	• 바꾸기 • 매체 활용하기 • 상상하여 구현하기 • 조사하기 • 연결하기 • 탐색하기	• 고치기와 만들기 • 놀이하기 • 전시하기 • 공연하기 • 경험 떠올리기
		가치·태도	• 모두를 위한 마음 • 개방성 • 자발성	• 창의성	• 자유로운 상상 • 의미 부여

AI 관련 교육 내용이나 디지털 소양 등은 성격이나 목표 수준에 반영하기에는 다소 세부적이고 구체적인 내용이어서 초등통합교과에서는 이를 일부 내용 요소와 성취기준에 반영하였다. 초등학교 1, 2학년 학생 수준에서 적용할 수 있는 내용 요소로서 매체 활용 관련 내용을 반영하였고, 성취기준과 적용 시 고려 사항에 보다 구체적인 내용을 진술하였다.

표 9-7　2022 개정 슬기로운 생활과 매체 관련 내용(부분 예시)

[2슬02-04] 궁금한 세계를 다양한 매체로 탐색한다.

(나) 성취기준 적용 시 고려 사항

[2슬02-04] 궁금한 세계를 탐색할 때는 영상물, 사진, 책, 누리집 등 다양한 매체를 활용할 수 있어 디지털 소양 교육을 겸할 수 있다.

(2) 교수 · 학습 방법

• 디지털 도구를 활용한 대면 학습과 비대면 학습 또는 둘을 연계한 학습을 활용할 수 있다. 이 과정에서 가상 현실, 증강 현실 등 학생의 탐구 대상을 확장할 수 있는 다양한 도구를 활용할 수 있다.

공동체 가치 및 역량과 관련해서는 구체적으로 민주시민 교육, 생태 교육, 기후 및 환경 변화에 따른 지속가능발전 교육 등이 해당된다. 이들 역시 성격이나 목표 수준보다 내용 요소와 성취기준 수준에서 반영하고 교수 · 학습 방향 등에서 관련 내용을 진술하였다.

표 9-8　2022 개정 공동체 가치와 역량 관련 내용(부분 예시)

[2바01-04] 생태환경에서 더불어 살기 위해 노력한다.

[2바02-03] 차이나 다양성을 서로 존중하면서 생활한다.

[2슬03-04] 우리의 생활과 관련된 지속가능성의 다양한 사례를 찾고 탐색한다.

(나) 성취기준 적용 시 고려 사항

[2슬03-01] 다른 사람의 하루가 나의 하루와 다를 수 있음을 이해하고, 우리가 사는 하루를 위해 애쓰는 사람들이 있음을 경험하며 민주시민 교육과 연계할 수 있다.

[2바03-04] 범지구적인 문제들(기후변화, 먹을거리, 소비, 에너지, 자원순환, 생물 다양성, 지진, 태풍, 가뭄, 홍수, 감염병, 미세먼지, 전쟁)이 현재와 미래 우리 삶에 미치는 영향을 생각해 보는 기회로 삼을 수 있다.

(1) 교수 · 학습의 방향

• 바른 생활과에서는 학습 문제를 공동으로 정하고 해결하는 과정을 통해 더불어 살아가는 민주시민 태도를 기를 수 있다.

(2) 학생과 교사 주체성에 기반한 교육과정 자율화

2022 개정 초등통합교과 교육과정에서 학생과 교사의 주체성에 기반한 교육과정 자율화(분권화, 지역화, 다양화 등)는 다음과 같이 반영하였다.

첫째, 바른 생활, 슬기로운 생활, 즐거운 생활 등 세 통합교과의 공통 역량을 지금-여기-우리 삶을 살아가는 역량으로 개편하고 각 통합교과의 성격 및 목표에 두루 반영하여 진술하였다. 세 통합교과를 관통하는 핵심적인 역량을 통일하여 공통 역량으로 제시함으로써 교육과정 사용자들이 초등통합교과의 역량을 보다 직관적으로 이해하고 통합적으로 적용할 수 있게 하고자 하였다. 또한 교육과정 문서에 바른 생활, 슬기로운 생활, 즐거운 생활의 교과별 역량은 구체적으로 진술하지 않았지만 성격이나 목표의 진술에서 각 통합교과별 역량을 손쉽게 추출하여 수업에서 활용할 수 있도록 진술하였음을 알 수 있다.

표 9-9 **초등통합교과 역량의 변화**

교과	2015 개정	2022 개정	
		교과 공통 역량	성격 및 목표의 역량 추출
바른 생활	• 자기관리 역량 • 공동체 역량 • 의사소통 역량	지금-여기-우리 삶을 살아가는 역량	지금-여기-우리 삶을 성찰하며 살아가는 힘
슬기로운 생활	• 지식정보처리 역량 • 창의적 사고 역량 • 의사소통 역량		지금-여기-우리 삶을 탐구하며 살아가는 힘
즐거운 생활	• 창의적 사고 역량 • 심미적 감성 역량 • 의사소통 역량		지금-여기-우리 삶을 즐기며 살아가는 힘

둘째, 성취기준의 수를 81개(바른 생활 17개, 슬기로운 생활 32개, 즐거운 생활 32개)에서 48개(바른 생활 16개, 슬기로운 생활 16개, 즐거운 생활 16개)로 대폭 축소하고 그 진술 수준을 포괄화 대강화하였다. 이는 국가교육과정에서 최소한의 기준만을 마련해 주고 나머지는 지역·학교·교실 차원의 자율성을 충분히 발휘할 수 있게 하고자 한 것이었다.

표 9-10 **초등통합교과 교육과정 성취기준 진술 비교**

2015 개정 교육과정	2022 개정 교육과정
[2바05-02] 동네를 위해 할 수 있는 일을 찾아 실천하면서 일의 소중함을 안다.	[2바02-01] 공동체에서 내가 할 수 있는 일을 찾아보고 실천한다.

[2슬05-03] 동네의 모습을 관찰하고, 그림으로 그려 설명한다.	[2슬02-01] 우리가 살고 있는 마을과 사람들이 생활하는 모습을 살펴본다.
[2슬05-04] 동네 사람들이 하는 일, 직업 등을 조사하여 발표한다.	
[2즐05-03] 동네 모습을 다양하게 표현한다.	[2즐02-01] 내가 참여할 수 있는 문화 예술을 향유한다.
[2즐05-04] 동네에서 볼 수 있는 직업과 관련하여 놀이한다.	

(3) 교육과정 운영의 유연성 제고와 연계성 강화

2022 개정 교육과정 총론 주요 사항에서는 교육과정 운영의 유연성 제고와 연계성 강화를 위해 1, 2학년 초등통합교과 교육과정과 관련하여 입학 초기 적응 활동 개선, 안전교육 강화, 실외 놀이 및 신체활동 강화, 학교급 전환 시기의 진로연계 교육 강화 등을 반영할 것을 명시했다(교육부, 2021: 21-23). 이와 관련하여 2022 개정 교육과정 편제표에는 2015 개정 시기의 안전한 생활 64시간을 바른 생활 16시간, 슬기로운 생활 32시간, 즐거운 생활 16시간으로 각각 나누어 배정하였다. 이를 초등통합교과 교육과정에서는 다음과 같이 반영하였다.

첫째, 초등통합교과 교육과정 내용 요소 및 성취기준에 관련 내용을 반영하였다.

표 9-11 2022 개정 초등통합교과 내용 체계표

영역	핵심 아이디어	범주	내용 요소		
			바른 생활	슬기로운 생활	즐거운 생활
우리는 누구로 살아 갈까	• 우리는 내가 누구인지 생각하며 생활한다. • 우리는 서로 관계를 맺으며 생활한다.	지식 · 이해	• 학교 생활 습관과 학습 습관 • 자기 이해 • 생태환경	• 학교 안팎의 모습과 생활 • 자아인식 • 가족과 주변 사람 • 사람 · 자연 · 동식물	• 건강과 안전 • 신체 인식과 감각 • 자연의 아름다운 장면
		과정 · 기능	• 습관 형성하기 • 관계 맺기	• 탐색하기 • 설명하기 • 탐구하기	• 놀이하기 • 소통하기 • 감상하기
		가치 · 태도	• 안전하고 건강한 생활 • 자기 존중 • 배려 • 더불어 사는 삶	• 안전한 학교생활	• 어울림 • 건강한 생활 • 안전한 생활

우리는 어디서 살아 갈까	• 우리는 여러 공동체 속에서 생활한다. • 우리는 삶의 공간을 넓히며 생활한다.	지식 · 이해	• 공동체 생활 모습 • 우리나라의 소중함	• 마을의 모습과 생활 • 우리나라의 모습과 문화 • 다른 나라의 모습과 문화 • 궁금한 세계	• 우리나라의 문화 예술 • 다른 나라의 문화 예술
		과정 · 기능	• 실천하기 • 호기심 갖기	• 살펴보기 • 조사하기 • 탐구하기 • 매체 활용하기 • 탐색하기	• 문화 예술 활동하기 • 표현하기 • 상상하기
		가치 · 태도	• 나라 사랑 • 다양성 존중 • 적극성과 도전의식	• 관심 • 호기심	• 문화 예술 향유
우리는 지금 어떻게 살아 갈까	• 우리는 여러 유형의 주기로 생활한다. • 우리는 과거, 현재, 미래를 생각하며 생활한다.	지식 · 이해	• 인물의 삶 • 지속가능한 삶의 방식	• 하루의 변화와 생활 • 계절과 생활 • 과거-현재-미래	• 자연의 변화 • 전통문화 • 아동권리
		과정 · 기능	• 하루 생활 관리하기 • 변화에 대응하기 • 실천하기	• 탐색하기 • 탐구하기 • 살펴보기	• 자연에서 놀이하기 • 창의적으로 표현하기 • 권리 누리기
		가치 · 태도	• 시간의 가치 • 적절성 • 공동체성 • 지속가능성	• 상상력	• 활기찬 생활 • 전통의 소중함 • 안전과 안녕
우리는 무엇을 하며 살아 갈까	• 우리는 경험하고 상상하고 만들며 생활 한다. • 우리는 느끼고 생각하고 표현하며 생활한다.	지식 · 이해	• 모두를 위한 생활 환경 • 학습 습관 • 생활 습관	• 생활 도구의 모양과 기능 • 다양한 매체와 재료 • 관심 주제 • 배운 것과 배울 것	• 생각과 느낌
		과정 · 기능	• 참여하기 • 생각이나 의견 나누기 • 협력하기 • 되돌아보기	• 바꾸기 • 매체 활용하기 • 상상하여 구현하기 • 조사하기 • 연결하기 • 탐색하기	• 고치기와 만들기 • 놀이하기 • 전시하기 • 공연하기 • 경험 떠올리기
		가치 · 태도	• 모두를 위한 마음 • 개방성 • 자발성	• 창의성	• 자유로운 상상 • 의미 부여

우선 입학 초기 적응 활동 관련 내용은 내용 체계의 맨 첫 번째 내용 요소와 [2바슬즐01-01] 성취기준 세트에 반영하였다.

◈ 입학 초기 적응 활동 관련 성취기준 ◈

[2바01-01] 학교 생활 습관과 학습 습관을 형성하여 안전하고 건강하게 생활한다.

[2슬01-01] 학교 안팎의 모습과 생활을 탐색하며 안전한 학교생활을 한다.

[2즐01-01] 즐겁게 놀이하며, 건강하고 안전하게 생활한다.

그리고 신체활동 관련 내용은 즐거운 생활의 내용 요소와 성취기준 전반에 반영하였고, 즐거운 생활의 성격을 표현놀이 중심 교과에서 놀이 경험 중심 교과로 개편한 것도 의미 있는 변화를 가져올 것이라고 본다.

둘째, 안전교육 관련 내용 역시 내용 체계의 맨 첫 번째 내용 요소와 [2바슬즐01-01] 성취기준 세트에 반영하였고, [2바슬즐03-04] 아동권리 관련 성취기준에도 반영하였다. [2바슬즐01-01] 성취기준 세트는 초등 1, 2학년 시기 전반에 반복적으로 사용할 것을 염두에 두었고, [2바슬즐03-04] 성취기준 세트는 어느 한 시기에 집중적으로 다룰 것을 염두에 두었다. 또한 안전교육 관련 내용은 세 통합교과의 모든 영역마다 성취기준 적용 시 고려 사항의 제일 첫 번째로 진술함으로써 매 성취기준을 다룰 때마다 중요하게 고려하도록 하였다.

◈ 안전 관련 성취기준 ◈

[2바01-01] 학교 생활 습관과 학습 습관을 형성하여 안전하고 건강하게 생활한다.

[2슬01-01] 학교 안팎의 모습과 생활을 탐색하며 안전한 학교생활을 한다.

[2즐01-01] 즐겁게 놀이하며, 건강하고 안전하게 생활한다.

[2바03-04] 공동체 속에서 지속가능성을 위한 삶의 방식을 찾아 실천한다.

[2슬03-04] 우리의 생활과 관련된 지속가능성의 다양한 사례를 찾고 탐색한다.

[2즐03-04] 안전과 안녕을 위한 아동의 권리가 있음을 알고 누린다.

셋째, 초등학교 1, 2학년의 진로 연계는 유치원과 1학년의 연계에 관심이 집중되지만 2학년을 마치고 본격적인 교과교육으로 입문하는 3학년과의 연계도 중요하게 관심을 기울일 필요가 있다. 따라서 입학 초기 적응 활동과 관련된 [2바슬즐01-01] 성취기준 세트와 함께 내용 체계의 맨 마지막 내용 요소와 [2바슬즐04-04] 성취기준 세트에도 반영하였다.

◈ 진로 연계 관련 성취기준 ◈

[2바01-01] 학교 생활 습관과 학습 습관을 형성하여 안전하고 건강하게 생활한다.

[2슬01-01] 학교 안팎의 모습과 생활을 탐색하며 안전한 학교생활을 한다.

[2즐01-01] 즐겁게 놀이하며, 건강하고 안전하게 생활한다.

[2바04-04] 지금까지의 생활 습관과 학습 습관을 되돌아본다.

[2슬04-04] 배운 것과 배울 것을 연결하며 앞으로의 배움을 상상한다.

[2즐04-04] 기억에 남는 경험을 떠올리며 의미를 부여한다.

4. 개정의 의미

이 절에서는 2022 개정 초등통합교과 교육과정의 변화를 포괄할 수 있는 '현재에 기반한 미래 지향'과 '주제 개발권의 현장 이양' '즐거운 생활 교과 성격으로서 놀이'라는 세 가지 키워드를 중심으로 초등통합교과 교육과정의 교육과정적 의미 또는 한계와 가능성에 대해 논의하고자 한다.

1) 현재에 기반한 존재론적 미래 지향

미래를 살아갈 학생에게 길러주어야 할 역량이 무엇인가에 대해 2022 개정 초등통합교과에서는 지금-여기-우리 삶을 살아가는 힘이라고 대답하였다. 즉, 초등통합교과에서 미래를 대비할 수 있는 역량을 기르는 방법은 아직 오지 않은 막연한 미래를 기다리고 준비하는 방식이 아니라 현재 삶을 충실하게 살아감으로써 충만한 미래 삶으로 나아가는 방식이 되어야 한다고 보았다.

이러한 초등통합교과의 궁극적 지향에 기반해서 지금 여기서 우리가 함께 지속적으로 답을 찾아야 하는 네 개의 탈학문적 질문을 영역으로 설정했다. 2015 개정 시기까지는 학생이 경험하는 세계를 대표하는 두 축으로서 시간성과 공간성을 대표하는 여덟 개의 주제를 개발하여 영역으로 제시했었다. 이 주제는 초등학교 1, 2학년 학생의 보편적인 관심과 흥미를 반영한 주제로서 학교 현장에서 여러 교과 지식을 활용하여 주제를 탐구하는 주제 중심 통합수업의 경험을 할 수 있게 하는 역할을 했다. 그러나 국가교육과정 대주제가 유지되는 한 학교 현장에서 학생의 지금-여기를 반영하는 주제를 유연하고 자율적으로 개발하기란 쉬운 일이 아니었다. 또한 학생의 관심과 흥미를 반영한 여덟 개의 주제라고는 하나 지금까지 초등통합교과에서 시간과 공간 주제를 다루는 방식은 살아가는 학생이라는 존재가 살아가는 삶의 바탕으로서가 아니라 학생이 탐구해야 하는 이해의 대상으로 다루어진 측면이 다분하다(이종원, 2015). 이에 2022 개정 시기에는 정해진 객관적 지식을 수용하고 이해하는 교육의 한계를 넘어 학생이 살아가는 과정에서 필연적으로 발생하게 되는 삶의 문제를 스스로 해결하도록 하는 교육의 존재론적 관심을 환기하고자 한 것이다. 이러한 존재론적 관심을 반영하기 위해 2022 개정 초등통합교과 교육과정에서는 2015 개정 시기의 시간성과 공간성 기준에 정체성과 주체성 기준을 추가하였다.

이러한 영역 설정에 대해 일각에서는 초등학교 1, 2학년 학생이 다루기에는 지나치게 관념적이고 철학적인 영역으로 보기도 한다. 이와 관련한 가장 우려 섞인 목소리는 '1, 2학년 학생에게 적합한가'였다.

> (지금-여기-우리 삶이) 우리 교육이 나아갈 방향이라 공감하면서, 한편으로는 이것이 초
> 1, 2학년에게 적합할까 하는 의문도 생깁니다. …… 아직은 '나 중심적'이며, 한 교실 안에서
> 도 큰 발달 차이를 보이는 초등학교 1, 2학년 아이들의 개별 맞춤 교육을 설계하기 위해 교
> 사의 많은 고민과 노력이 필요하겠다는 생각이 듭니다(2022 개정 초등통합교과 공청회 자
> 료집, p. 64, Y수석교사).

사람은 자신이 선택했건 선택하지 않았건 자신이 처한 주변 환경이나 상황과 함께 부단히 관계를 맺으며 살아간다. 그러한 맥락 속에서 필연적으로 답해야 하는 질문이 바로 지금, 여기를 살아가는 자신이 누구이며 무엇을 하며 어떻게 살아가는가 하는 존재론적인 질문이다. 또한 정체성, 공간성, 시간성, 주체성과 관련한 네 가지 질문은 나이를 불문하고 어느 시기의 삶이나 나름의 수준에서 필연적으로 당면할 수밖에 없는 문제이며, 어떤 식으로든 그 해결 방법을 탐구하며 살아가야 하는 삶의 맥락과 존재에 대한 관심을 반영한 근본적인 물음이다. 또한 이 질문은 어른에게만 해당되는 것이 아니다. 삶의 어떤 시기건 그 시기에 알맞은 방식으로 묻고 답할 뿐이지 존재의 의미를 묻는 그 질문의 본질은 바뀌지 않는다.

초등통합교과에서는 학생을 스스로 사고하고 느끼고 배우는 온전한 한 인간으로서 존엄성을 가진 존재로 본다. 학생을 바라보는 초등통합교과의 이러한 관점은 학생을 성인에 비해 미완성인 상태이고 불완전해서 학교에서 제공하는 세상에 대한 유용한 가르침을 통해

서 점차 완성되어 가는 존재로 간주해 온 일반적인 관점과 가장 크게 차이 나는 점이다.

초등통합교과의 지향이 1, 2학년 학생에게 적합한가라는 질문에 대해 초등통합교과는 1, 2학년 학생이기 때문에 더욱 '지금-여기-우리 삶을 살아가는 역량'을 추구해야 한다고 답할 수 있다. 예컨대, 올해 초등학교에 입학한 민준이는 교실 안과 밖에서 지속적으로 자신이 초등학교 1학년 학생인 것을 인식하고 살아간다. 초등학교 1학년 학생으로서 자신이 속한 공동체와 공간 안에서 함께 더불어 서로 소통하면서 무엇을 어떻게 해야 하는지를 스스로 생각하며 결정하는 경험을 제공하는 것이 민준이가 현재 삶을 통해 미래 삶을 가장 확실하게 준비하게 하는 방법일 것이다. 지금 여기서 당면한 문제를 해결하고 성찰하는 경험, 지금 여기서 내가 관심을 갖고 있는 것을 탐구하고 알아내는 경험, 지금 여기서 놀이에 몰입하며 즐기는 경험을 통합함으로써 지금-여기-우리 삶을 살아가는 힘을 기르도록 하는 것이 초등통합교과의 궁극적 지향이며 초등통합교과가 학교교육에 기여하는 방식이다.

따라서 초등통합교과가 전국의 초등학교 1, 2학년 학생과 교사에게 던지는 네 가지 탈학문적 질문인 '우리는 누구로 살아갈까' '우리는 어디서 살아갈까', '우리는 지금 어떻게 살아갈까' '우리는 무엇을 하며 살아갈까'라는 네 가지 질문에 대해 보다 전향적으로 접근할 필요가 있어 보인다.

네 가지 질문을 어떻게 인식하고 어떻게 다루느냐에 따라 학생의 관심과 흥미를 반영한 닫혀 있는 대주제 대신에, 세 통합교과를 관통하는 열려있는 탈학문적 질문으로 설정한 2022 개정 초등통합교과의 새로운 영역이 초등통합교과 교육과정의 한계가 되느냐, 아니면 무한한 가능성이 되느냐의 기로에 서 있다 하겠다.

2) 주제 개발권의 현장 이양

교육과정 자율화를 위한 주제 개발권의 현장 이양과 관련하여 2022 개정 초등통합교과에서는 크게 두 가지 조치를 취했다. 첫째, 교육과정 대주제 대신 지금-여기-우리 삶에 대한 탈학문적 질문을 영역으로 설정하고 이 질문에 대한 국가차원의 포괄적인 답을 핵심아이디어로 개발했다. 둘째, 성취기준을 도달점보다는 기대하는 방향으로 보고 그 수를 축소하여 진술 수준을 포괄화 · 대강화하였다.

이에 대한 한계는, 첫째, 교육과정의 자율성을 확대했을 때 국가교육과정이 추구하는 최소한의 공통성을 어떻게 확보할 수 있는가, 둘째, 교사별 역량 차이로 인한 교육 질적 수준의 격차는 어떻게 해결할 수 있는가 등 크게 두 가지로 정리할 수 있다.

교사마다 서로 다른 주제의 개발권이 주어진다고 할 때, 순수하게 교사의 창의적이고 능동적인 주제 개발 역량에 의존하는 것만으로 교육과정이 전달하고자 하는 본래의 목적을 충분히 구현할 수 있는가에 관한 의문이 남을 수 있다는 점이다. …… 교육과정에 대한 충분한 숙고와 해석이 따르지 못할 경우, 자칫 교육과정에 대한 충분한 참여가 제한되거나 교육과정의 편식이 나타날 수 있고, 경우에 따라서는 교사의 자율적 주제 개발과 활용에서 벗어나 오로지 교과용 도서에만 의존하는 수업으로 흘러갈 수도 있기 때문이다(2022 개정 초등통합교과 공청회 자료집, p. 70, J교수).

주제 개발권과 최소한의 성취기준을 바탕으로 교사는 교육과정 전문성을 발휘하여 학생의 요구와 교실 수업이 일어나는 상황에 유연하게 대처하며 초등통합교과의 지향인 지금-여기를 맥락적으로 반영한 자율적이고 창의적인 수업을 할 수 있게 된다. 반면, 전문성이나 실천력이 담보되지 않은 교사에게 주제 개발권과 성취기준 해석의 자율성 확대는 오히려 큰 부담이 될 수 있으며, 더 나아가 부실한 교육으로 이어질 우려도 다분하다. 교사의 질에 따라 교육의 질이 천차만별일 것이라는 의견도 부정하기 어렵다.

국가에서 주제를 개발해 주면 전국 대부분의 학교에서는 학생들의 지금 여기를 반영하기보다는 국가에서 제공하는 표준화된 주제인 봄, 여름, 가을, 겨울을 다룰 것이다. 그리고 성취기준 수를 늘리고 구체적으로 진술하면 교사의 자율적인 해석의 여지는 좁아지고 대부분의 교실에서 엇비슷한 수업이 이루어질 가능성이 높다. 즉, 자율성을 지나치게 축소하면 공통성은 확보되겠지만 교육과정은 획일화되고 교육의 질은 평준화된다. 그렇다고 반대로 자율성을 지나치게 확대하면 다양성은 확대되겠지만 최소한의 공통성 확보가 어려워지고 교육의 질은 양극화될 것이다.

그동안 우리나라는 공통성을 추구하면서 교육의 질을 유지해 왔고 성공적이었다. 그 성공 이면의 획일화라는 문제는 우리나라 교육의 해묵은 과제였고, 오랫동안 국가차원의 공통성 안에서도 자율성을 발휘하려는 다양한 노력이 이어졌다. 국가 차원에서 오랫동안 지역화, 자율화, 다양성을 강조해 왔고, 우리나라 교사들의 전문성은 크게 상향하였다. 그럼에도 교육과정과 수업 운영에 충분한 정도의 자율성을 발휘하지는 못하고 있다는 것 역시 주지의 사실이다. 교사가 아직 충분한 정도의 자율성을 발휘하지 못하는 원인은 여러 가지일 것이다. 초등통합교과에서는 그 원인 중 하나를 교사교육과정 개발 경험 부족으로 보았다. 즉, 지금까지 국가교육과정에서 내용요소와 성취기준 뿐만 아니라 그러한 내용요소와 성취기준을 연결하고 통합하는 주제까지 제공해줌으로써 수동적이고 피동적인 교육과정 운영이 이루어져 온 측면이 있다고 판단하였다.

특히 초등통합교과의 주제는 밖에서 누군가 개발해 주는 것이 아니라 지금-여기의 학생과 교사가 주체적으로 선정하고 개발해야 한다. 이에 초등통합교과에서는 주제를 개발하는 권한을 원래 주인인 교사와 학생에게 돌려주고자 한 것이다. 교사와 학생이 함께 의논하여 주제를 정하고 이 주제를 탐구하는 과정에서 여러 교과 지식과 기능을 활용하면서 삶 속에서 만난 문제와 관심사를 다루면서 함께 성장할 수 있는 것이다.

국가교육과정이 그동안 공통성을 통해서 질적 수준을 성공적으로 관리해 왔다면 이제는 충분히 확보된 교사의 전문성을 바탕으로 다양성을 통한 교육의 질을 도모해 볼 시기이다. 이런 관점에서 초등통합교과의 시도는 총론 차원의 '교육과정 자율화'라는 수사학(rhetoric)을 '주제 개발권의 현장 이양'과 '교육과정 성취기준 수 축소와 대강화'라는 실제로 구현한 교과 교육과정 차원의 차별화된 실질적인 노력으로 보아도 좋을 것이다.

3) 놀이 경험 중심 교과, 즐거운 생활

제4차 교육과정기에 초등통합교과가 처음 도입된 이후 지금까지 즐거운 생활은 놀이와 밀접한 관련을 맺어 왔으며, 즐거운 생활에서 놀이는 교과 교육과정의 목표 수준에서부터 내용과 방법으로 언급되어 왔다(조상연, 2017). 특히 처음 도입되었을 당시에는 체육, 음악, 미술 교과가 표현을 중심으로 하는 교과라는 공통점으로 통합되었지만 이후 즐거운 생활은 놀이면서 표현이고 표현이면서 놀이인 표현놀이 중심 교과라는 교과 성격을 제시해 왔다.

◈ 제4차 즐거운 생활 교사용 지도서 ◈

체육, 음악, 미술 교과는 각 교과의 지식, 기능, 가치 체계가 서로 다른 성질을 가지고 있다. …… 특히 초등학교의 지도 현장을 살펴보면, 세 교과가 모두 표현을 중심으로 교수, 학습활동이 전개된다는 면에서 공통점을 가지고 있다(문교부, 1982: 4).

◈ 2015 개정 초등통합교과 교사용 지도서 ◈

즐거운 생활 교과는 '표현놀이' 중심 교과이다(교육부, 2017: 35).

표현놀이 중심 교과로서 역대 즐거운 생활 교육과정 문서의 목표 진술에서 놀이는 총괄목표나 하위목표에 빠지지 않고 언급되고 있다.

◈ **제5차** ◈ 즐거운 놀이 중심의 학습활동을 통하여 운동 능력을 기르고…

◈ **제6차** ◈ 즐겁고 활기찬 여러 가지 놀이와 표현을 통하여 건강하고 명랑한 생활을…

◈ **제7차** ◈ 놀이와 표현 활동을 통하여 건강한 심신을 기르며…

◈ **2007 개정** ◈ 다양하고 즐거운 놀이와 활동을 통하여 몸과 마음을 건강하게…

◈ **2009 개정** ◈ 여러 가지 놀이와 표현 활동을 통해서 감각을 느끼고…

◈ **2015 개정** ◈ 여러 가지 놀이와 표현 활동을 통해 감각을 발달시키고…

그러나 이러한 진술을 보면 알 수 있듯이, 즐거운 생활에서 놀이는 운동능력을 기르거나 생각과 느낌을 나타내거나 감각을 발달시키기 위한 수단으로 언급되고 있음을 부정하기 어렵다. 즉, 목표 진술만 놓고 보았을 때 즐거운 생활에서는 놀이 자체가 목적이 아니라 놀이 활동을 통해 무엇인가 다른 목적을 도모해 왔다고 할 수 있다.

사실 초등학교 교육에서 놀이는 모든 교과의 내용과 기능을 위한 수단으로 다루어져 온 측면이 크다고 할 수 있다. 예를 들면, 국어의 말놀이나 수학의 숫자놀이, 또는 바른 생활의 협동놀이나 슬기로운 생활의 나뭇잎 모으기 놀이 등은 모두 놀이 그 자체가 목적이라기보다는 해당 놀이를 통해서 기르고자 하는 다른 교육적 목적이 있는 경우가 대부분이다.

그러나 놀이의 본질은 놀이를 즐기는 그 자체가 목적인 활동이며(Huizinga, 1955: 7), 다른 목적을 위한 수단이 아니라 놀이로서 온전히 경험되어야 한다(Bobbitt, 1918: 8). 사람은 살아가면서 책임감 있는 객관적인 삶과 관련된 일도 해야 하지만 풍요로운 주관적인 삶과 관련된 놀이도 즐겨야 한다. 놀이와 일은 전혀 다른 영역 같지만 매우 밀접하고 연쇄적인 관련을 맺는다. 무엇보다 중요한 것은 삶 속에서 일은 일답게 책임을 다하고 놀이는 놀이답게 만끽하는 것이 바람직하다(조상연, 2018).

앞서 언급한 바와 같이, 학교에서 다루는 대부분의 교과에서는 놀이 그 자체가 목적이라기보다는 놀이를 수단으로 하여 모종의 다른 목적을 도모하고 있다고 할 수 있다. 그러나 적어도 표현놀이 중심 교과로서 즐거운 생활만큼은 놀이에 몰입해서 시간 가는 줄 모르고 즐기는 하나의 경험을 제공해 줄 수 있어야 할 것이다.

이러한 맥락에서 2022 개정 즐거운 생활 교육과정에서는 교과 성격을 '놀이 경험 중심 교과'로 재편하고, 교과 목표를 다음과 같이 진술하였다.

◈ **2022 개정 즐거운 생활 목표** ◈
놀이를 하면서 '지금-여기-우리 삶'을 즐긴다.

첫째, 문화 예술 활동과 신체 활동을 통해 지금을 즐긴다.

둘째, 자신이 속한 장소에서 놀이를 즐기며 감정과 정서를 표현한다.

셋째, 공동체와 더불어 생각이나 느낌을 나누며 창작하고 표현하는 활동에 참여한다.

그리고 성격 부분에 "즐거운 생활과의 놀이는 학생이 자발적으로 참여하고 몰입함으로써 자유로움과 즐거움을 느낄 수 있는 모든 활동을 의미한다."라고 진술하여 즐거운 생활에서 다루는 놀이의 성격을 명시하였다.

즐거운 생활이 놀이 경험 중심 교과로 재편한 것은 학교교육에 다음과 같은 가능성을 확장한다고 할 수 있다. 첫째, 학교교육에서 놀이다운 놀이 경험의 중요성에 대한 관심을 환기할 수 있을 것이다. 둘째, 유아 중심 놀이 중심을 표방한 2019 개정 누리과정과 보다 밀접한 연계를 도모할 수 있을 것이다. 셋째, 학생들이 놀이를 기반으로 신체활동과 예술활동을 통합함으로써 신체움직임 욕구와 예술을 즐기는 경험을 충족할 수 있을 것이다.

지금까지 2022 개정 초등통합교과 교육과정이 개정의 의미에 대해 진술하였다. 모든 교과가 교육과정 개정 시기마다 어느 정도 변화하기는 하지만 2022 개정 초등통합교과는 변화의 폭이 상대적으로 크고, 고정된 기존 분과교육과정의 문법과 격식을 깨려는 시도라는 점에서 변화를 넘은 파격에 가깝다. 그러나 초등통합교과의 변화나 파격은 특별한 것이 아니라 그 자체가 초등통합교과의 속성이자 정체성(조상연, 2018: 64)이라고 할 수 있다.

초등통합교과의 변화하는 속성은 처음 도입될 때부터 지금까지 지속적으로 학교 교육의 한계를 넘고자 했고 수업 문화에 변화를 가져오고자 했으며 교사의 교육과정 개발 및 실행 역량을 선도하고자 해 왔던 것에 기인한다. 제4차 교육과정 당시의 사회적 분위기나 학교 교육 환경에서 여덟 개의 교과를 세 권의 교과서로 묶는 발상을 실제로 구현한 것이 초등통합교과의 시작이었던 점은 이러한 파격과 변화의 속성을 이미 배태하고 있었다고 할 수 있을 것이다. 그뿐만이 아니라 제5차 시기에는 제4차 시기의 교과서 구조 그대로 바른 생활, 슬기로운 생활, 즐거운 생활 세 통합교과를 한꺼번에 교육과정 편제로 도입하는 변화가 이루어졌다. 그리고 제7차 교육과정기에는 교육과정 내용 체계를 학생들의 관심과 흥미를 반영한 활동 주제를 중심으로 개편하면서 다시 변화를 시도하였다. 또한 2009 개정 시기에는 또다시 세 통합교과의 주제를 통일함으로써 주제별 교과서가 탄생하게 되는 중요한 변화를 시도했다. 이제 2022 개정 시기는 주제 개발권을 현장에 이양함으로써 또다시 초등통합교과 변화의 새로운 분기점이라고 할 만한 변화를 시도하고 있다.

참고문헌

교육부(2009). (2007 개정 교육과정) 초등학교 교사용 지도서-바른 생활. 서울: 두산동아.

교육부(2013). (2009 개정) 초등학교 교사용 지도서-통합교과. 서울: 지학사.

교육부(2017). (2015 개정) 초등학교 교사용 지도서-통합교과. 서울: 교학사.

교육부(2021a). 2022 개정 총론 주요사항(시안). 교육부 교육과정정책과(2021. 11. 24.)

교육부(2021b). 2022 개정 총론 주요사항 마련을 위한 연구 공청회 자료집. 세종: 교육부.

교육부(2022a). 2022 개정 교과 교육과정 전문가 워크숍(2022. 6. 24~25.) 자료집.

교육부(2022b). 2022 개정 교과 교육과정 정책 연구진 4차 합동 워크숍(2022. 4. 15.) 자료집.

교육부(2022c). 2022 개정 초등학교 교육과정. 교육부 고시 제2022-33호 [별책 2].

교육부(2022d). 2022 개정 초등학교 통합교과 교육과정 시안 검토 공청회(2022. 10. 7.) 자료집.

김세영(2021). 교육과정 외적 변화를 통해 본 통합교과 교육과정 구조의 변화 가능성 탐구. 통합교육
　　　과정연구, 15(1), 49-78.

문교부(1982). 초등학교 교사용 지도서. 즐거운 생활 1-1. 서울: 대한교과서주식회사.

민보선, 정광순(2023). 2022 개정 초등 통합교과 역량 개발 과정 연구. 통합교육과정연구, 17(1),
　　　1-22.

신태중(2021). 독일 Didaktik 전통 이해하기. 2021 통합교육과정학회 월례회 원고.

유성열(2023). 2022 개정 초등통합교과 교육과정 개발 과정에서 수렴한 의견에 담긴 의미 분석. 통합
　　　교육과정연구, 17(2), 105-127.

유성열, 정광순(2021). 2015 개정 통합교과 교육과정 연구 동향 분석. 통합교육과정연구, 15(4), 23-
　　　45.

유성열, 정광순(2022). 현장 기반 통합교과 성취기준 갱신 연구. 초등교육연구, 35(2), 1-32.

이경진(2019). 키워드 네트워크 분석을 활용한 초등통합교과관련 연구 동향 분석. 통합교육과정연구,
　　　13(3), 101-126.

이종원, 이경진(2017). 초등통합교과의 통합에 관한 시론적 논의. 통합교육과정연구, 11(2), 27-46.

정광순, 이종원, 박채형, 홍영기, 조상연, 강충열, 김세영, 김현규, 나승빈, 노철현, 맹희주, 박휴용,
　　　서보윤, 신태중, 오준영, 유성열, 이경진, 이윤미, 이한나, 장혜진, 전리나, 전은정(2022). 2022
　　　개정 초등 통합교과 교육과정 시안 개발 연구(1차). 정책연구(교육부-용역-23).

정광순, 김세영, 김수진, 김현규, 민보선, 박채형, 신태중, 유성열, 이경진, 이윤미, 이종원, 이찬희,
　　　이한나, 조상연, 홍영기(2022b). 2022 개정 초등 통합교과 교육과정 시안(최종안) 개발 연구. 정책
　　　연구(교육부-용역-2022-14).

정광순(2019). 삶으로서 통합교과 교육과정 개발에 대한 논의. 통합교육과정연구, 13(1), 1-27.

정광순(2023). 2022 개정 초등통합교과 교육과정 해설: 개발자의 관점과 사용자의 관점을 중심으로.

통합교육과정연구, 17(2), 129-152.

조상연(2017). 놀이-기반 교과로서 즐거운 생활에 대한 논의-Bobbitt을 중심으로. 통합교육과정연구, 11(4), 101-120.

조상연(2018). 우리나라 통합교과 교육과정에 대한 세 가지 이야기. 통합교육과정연구, 12(4), 45-75.

조상연, 박채형(2022). 초등학교 통합교과 교육과정 내용체계 구성 방향 논의. 통합교육과정연구, 16(1), 1-31.

Aikin, W. M. (1942). *The story of the eight-year study: With conclusions and recommendations.* 김재춘, 박소영 공역(2002). 8년 연구 이야기. 서울: 교육과학사.

Bavarian State Ministry for Education and Culture, Science and Art. (2014). *Lehrplan PLUS grundschule: Lehrplan für die bayerische Grundschule.*

Beane, J. A. (1997). *Curriculum Integration, Designing the Core of Democratic Education.* 노경주 역(2019). 민주적인 교육의 핵심을 지향하는 설계 교육과정 통합. 춘천교육대학교 출판부.

Bildungsdirektion des Kantons Zürich (2017). *Lehrplan für die Volksschule des Kantons Zürich auf der Grundlage des Lehrplans 21.*

Black, P., & Wiliam, D. (2010). Inside the black box: Raising standards through classroom assessment. *Phi delta kappan, 92*(1), 81-90.

Dewey, J. (1902). *The child and the curriculum.* Chicago: University of Chicago Press.

Dewey, J. (1916). *Democracy and Education.* 이홍우 역(1996). 민주주의와 교육. 서울: 교육과학사.

Drake, S. M. (1998). *Creating Integrated curriculum: Proven ways to increase student learning.* Thousand Oaks, CA: Corwin Press, Inc.

Earl, L. (2003). *Assessment as Learning: Using classroom assessment to maximise student learning.* Thousand Oaks, CA: Corwin Press.

Horlacher, R. (2018). The same but different: the German Lehrplan and curriculum. *Journal of Curriculum Studies, 50*(1), 1-16.

Huizinga, J. (1955). *Homo Ludens: A study of the Play-Element on Culture.* Boston, MA: The Beacon Press.

International Baccalaureate Organization(2009). *Making the PYP happen: A curriculum framework for international primary education.* Cardiff, Wales: Anthony Rowe.

Langeveld, M. (1984). How does the child experience the world of things. *Phenomenology+Pedagogy, 2*(3), 215-223.

Lawshe, C. H. (1975). A quantitative approach to content validity. *Personal Psychology, 28,* 563-575.

Lin, X. (2003). Text-Mining Based Journal Splitting. *Studies, 5*(6), 1-5.

Martilla, J. A., & James, J. C. (1977). Importance-performance analysis. *Journal of marketing, 41*(1), 77-79.

Spranger, E. (2004). Der *Eigengeist der Volksschule*. 이상오 역(2004). 슈프랑어의 초등교사론: 초등
학교의 고유정신. 서울: 문음사.

The Finnish National Board of Education (2014). *National core curriculum for basic education
2014*.

Vitikka, E., Krokfors, L., & Hurmerinta, E. (2012). The finnish national core curriculum: structure
and development. In Toom & Kallionuemi (Eds.), *Miracle of Education*. University of
Helsinki.

제10장

2022 개정 초등통합교과 교과용 도서

교과서는 국가교육과정의 진술을 구현한 수업을 담은 교수 · 학습 자료집이자 표준적인 교수 · 학습 방법을 제시하여 교실 수업을 안내하는 안내서이기도 하다. 그동안 초등통합교과 교과서는 처음 개발되었던 제4차 교육과정기부터 지금까지 국가교육과정의 방향 아래 초등통합교과의 교육적 지향과 의도를 충실히 구현한 표준 수업을 제공함으로써 교과통합 수업의 자료집이자 안내서로서의 역할을 해 왔다.

제4차 교육과정기에는 초등학교 교육과정에 편제된 여덟 개의 교과를 통합한 수업을 바른 생활, 슬기로운 생활, 즐거운 생활 세 권의 교과서에 나누어 담아 제공하여 교과통합 수업을 선도했다. 그리고 제5차 교육과정기부터 2007 개정 교육과정기까지는 초등학교 교과로 편제된 바른 생활, 슬기로운 생활, 즐거운 생활 교과 교육과정의 내용을 구현한 수업을 담은 교과별 교과서의 형태로 교실의 통합교과 수업을 지원했다. 그리고 2009 개정 시기부터는 주제별 교과서로 개발하기 시작하면서 지금까지 주제를 중심으로 바른 생활, 슬기로운 생활, 즐거운 생활 교과를 통합한 교과통합 수업을 안내하고 있다.

이 장에서는 2009 개정과 2015 개정 교육과정기에 이어 주제별 교과서 형태를 유지한 2022 개정 초등통합교과 교과서의 주요 특징과 활용에 대해서 살펴본다.

그림 10-1 | 2022 개정 초등통합교과 교과서와 지도서

I. 개발 방향: 교사와 학생이 함께 만들어 가는 수업

2022 개정 교육과정 총론 포용성을 갖춘 주도적인 사람
미래 사회가 요구하는 역량 함양이 가능한 교육과정 학습자의 삶과 성장을 지원하는 교육과정 지역·학교 교육과정의 자율성 확대 및 책임교육 구현 디지털·AI 교육 환경에 맞는 교실수업 및 평가체제 구축

교과 교육과정 깊이 있는 학습	초등통합교과 교육과정 지금-여기-우리 삶	초등통합교과 교과서 함께 만들어 가는 수업
삶과 연계한 학습 교과 간의 연계와 통합 학습 과정에 대한 성찰	지금-여기 기반 미래 역량 탈학문적 접근 존재론적 관심	주제별 교과서 플랫폼형 교과서 모듈형 교과서

그림 10-2 | 2022 개정 통합교과 교육과정 및 교과서의 주요 방향

2022 개정 교육과정 총론에서는 교육과정 개정 비전을 '포용성을 갖춘 주도적인 사람'으로 설정하였다. 이를 위한 교육과정 개정의 주요 방향은, 첫째, 미래 사회에서 필요로 하는 역량을 기를 수 있는 교육과정, 둘째, 학생의 삶과 성장을 지원함으로써 학생들이 자기주도적으로 학습하고 성장할 수 있도록 지원하는 교육과정, 셋째, 지역과 학교가 자율적으로 교육과정을 운영할 수 있는 범위를 넓히고 이에 따른 책임교육 구현, 넷째, 디지털 기술과 인공지능을 활용한 교실 수업과 평가 체제를 마련하는 교육과정 등 네 가지로 설정하여 제시

하였다(교육부, 2021).

이러한 총론의 개정 비전과 주요 방향을 반영하여 교과 교육과정에서는 '깊이 있는 학습을 통한 역량 구현'을 중점 사항으로 설정하였다. 이를 위한 교과 교육과정의 강조점으로는 첫째, 학생의 삶과 연계한 실생활 맥락 속에서 학습 내용을 습득·적용·실천하는 경험을 제공하는 학습을 통한 실제적 이해를 제시하였다. 둘째, 여러 교과에서 배운 내용을 서로 연결하고 통합하여 창의적으로 문제를 해결할 수 있도록 교과 간의 연계와 통합을 강조하였다. 셋째, 학생 스스로 자신이 어떻게 배우고 문제를 해결하는지 학습의 과정을 되돌아보고 성찰하는 학습 과정에 대한 성찰을 강조하였다.

2022 개정 교육과정 총론과 각론(교과 교육과정)의 이러한 방향과 중점을 반영하여 초등통합교과 교육과정은 '지금-여기-우리 삶'을 세 통합교과의 공통 지향으로 설정하였다. 이를 기반으로 초등통합교과 교육과정의 개발 방향을 다음과 같이 제시하였다(정광순 외, 2022a; 정광순 외, 2022b; 조상연, 2023).

첫째, 지금-여기-우리 삶을 살아가는 힘으로서 미래 역량을 기르는 교과 교육과정을 개발한다. 초등통합교과에서 추구하는 미래역량은 불확실한 미래를 막연히 기다리고 준비하는 방식이 아니라 현재 삶을 충실하게 살아감으로써 충만한 충만한 미래 삶으로 나아가는 방식이 되어야 한다고 보고 학교 교육의 미래 지향성을 지금-여기의 학생 삶에 포섭하고자 하였다.

둘째, 학생의 삶을 반영한 주제를 중심으로 교과지식을 통합적으로 활용하는 경험을 제공하는 교육과정에 대한 탈학문적 접근을 유지한다. 초등통합교과에서 오랫동안 강조해 온 탈학문적 접근은 자신과 공동체에 의미있는 주제에 대해 질문하고 깊이 있게 사고할 수 있는 학생 능력에 대한 신뢰를 바탕으로 학생 삶을 반영한 주제를 중심으로 교과지식을 통합적으로 활용하는 경험을 제공하고자 한 것이다.

셋째, 교실에서 함께 살아가는 교사와 학생이 주체적인 의사결정을 통해 스스로 삶의 의미를 구성해 가는 과정에 주목하는 학교교육에 대한 존재론적 관심을 환기하는 교육과정을 개발한다. 그동안 학교 교육은 학생들이 자신을 둘러싼 세계를 객관화하고 대상화하도록 함으로써 과학적이고 실증적인 지식을 추구하는 객관적 인식론의 입장에 경도되어 온 경향이 강했다. 이에 2022 개정 초등통합교과에서는 불확실하고 복잡한 삶 속에서 만나는 문제에 대해 각자의 경험과 지식을 토대로 자신이 처한 환경이나 상황의 변화에 적절하게 대응하며 주체적인 의사결정 과정을 통해 삶의 의미를 구성해가는 존재로서 교사와 학생을 존중하고 이러한 존중을 바탕으로 교사와 학생이 함께 만들어 가는 교육과정 자율성을 강조한다.

2022 개정 초등통합교과 교과서에서는 세 통합교과의 지금-여기-우리 삶이라는 공통 지향을 교실 수업으로 구현하기 위해 '교실에서 교사와 학생이 함께 만들어 가는 수업'을 추구하였다. 구체적으로, 2022 개정 초등통합교과 교과서를 활용하여 학생들의 지금-여기 의 흥미와 관심을 반영한 주제를 교사와 학생이 함께 정하고, 이렇게 정한 주제와 교육과정 성취기준을 연결한 수업을 함께 만들어 가면서 지금-여기-우리로서 교사와 학생이 함께 살아가는 삶을 이야기하고 구성할 수 있는 교육과정 경험을 할 수 있게 하고자 하였다.

2. 교과서와 지도서의 특징

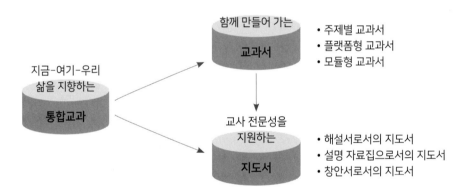

그림 10-3 **2022 개정 초등통합교과 교과서와 지도서의 특징**

출처: 교육부(2024a).

1) 교과서의 특징

2022 개정 초등통합교과 교과서는 '교실에서 교사와 학생이 함께 협업해서 수업을 만들 어 가는 교과서'로서 다음과 같은 특징을 갖는다. 첫째, 주제별 교과서를 통해 학생의 지 금-여기를 반영한 주제를 중심으로 단원을 개발할 수 있도록 하였다. 둘째, 교과서라는 플 랫폼을 통해 교사와 학생이 함께 협의하여 수업을 만들고 실행할 수 있도록 하였다. 셋째, 교사와 학생이 함께 수업을 선택하여 재구성하거나 새롭게 만드는 과정을 효과적으로 지 원할 수 있도록 교과서를 모듈형 구조로 개발하였다.

2022 개정 초등통합교과 교과서는 교실에서 교사와 학생이 함께 만들어 가는 수업을 지

원하는 교수·학습 자료로서 첫째, 주제별 교과서, 둘째, 플랫폼형 교과서, 셋째, 모듈형 교과서를 특징으로 한다.

(1) 주제별 교과서

2022 개정 초등통합교과 교과서는 월별로 사용할 수 있는 주제별 교과서로 이를 활용해서 한 달에 한 주제를 중심으로 바른 생활, 슬기로운 생활, 즐거운 생활 교과를 통합해서 수업할 수 있다.

초등통합교과 교과서는 지금까지 학생의 삶을 반영한 주제를 중심으로 교과 내용을 통합한 수업을 할 수 있게 안내해 왔다. 특히 2009 개정 주제별 교과서부터는 교육과정의 대주제를 중심으로 바른 생활, 슬기로운 생활, 즐거운 생활 세 통합교과의 성취기준을 연계·통합한 수업을 제시함으로써 현장에서는 하나의 주제를 중심으로 교과를 통합한 통합교육과정을 실행하는 경험적 기반을 다져 왔다.

이러한 경험적 기반을 기초로 2022 개정 초등통합교과에서는 국가에서 제공하는 대주제를 중심으로 만들어진 교과통합단원 수업을 실행하는 것에서 한 발 더 나아가 이제는 각 교실에서 주제를 직접 개발하고 이를 중심으로 수업을 만들어 실행할 수 있게 돕고자 하였다. 이를 위해 2022 개정 초등통합교과 교육과정에서는 기존 국가차원의 8개 대주제(학교, 봄, 가족, 여름, 마을, 가을, 나라, 겨울)를 제시하지 않기로 하였다.

그리고 초등통합교과 교과서에서는 현장 교사들이 각 교실에서 학생의 삶을 반영한 주제를 개발할 수 있도록 기존의 국가 차원의 주제를 대신할 수 있는 교과서 차원의 주제를 예시로서 개발하여 제시하였다. 이번에 초등통합교과 교과서에서는 1학년 8개, 2학년 8개 총 16개 주제를 개발하였고, 이 주제를 중심으로 바른 생활, 슬기로운 생활, 즐거운 생활 성취기준 연계·통합한 단원 수업을 제시하였다. 2022 개정 초등통합교과 교과서의 주제는 국가에서 제시하는 주제가 아니라 교과서 개발자가 일반적인 초등학교 1, 2학년 교실을 고려해서 개발한 주제이다. 따라서 교실에서는 교과서의 주제를 각 교실 여건과 조건에 맞추어 구체화해서 사용할 수도 있고, 새로 개발할 수도 있다.

2022 개정 초등통합교과 주제별 교과서는 다음과 같은 의의를 갖는다. 첫째, 주제 개발의 의미가 있다. 학교 현장에서는 교과서에서 제시한 주제와 단원 수업을 참고로 주제를 그대로 활용하거나 재구성할 수 있으며, 더 나아가 학생의 지금-여기에 더 적절한 주제를 새로 개발할 수 있다. 둘째, 자율성 확대의 의미가 있다. 학생의 지금-여기를 반영하여 직접 개발한 주제를 중심으로 교사와 학생은 지금-여기-우리 삶을 함께 성찰하며 실천하고 탐

구하며 이해하고 놀이하며 즐기는 경험을 통합한 수업을 만들고 실행할 수 있다. 이는 지역과 학교의 교육과정 자율성을 확대함으로써 학생에게 더 적절한 교육과정 경험을 제공해 줄 수 있다는 의미를 갖는다.

(2) 플랫폼형 교과서

2022 개정 초등통합교과 교과서는 교실에서 교사와 학생이 교실교육과정과 수업을 개발하는 플랫폼으로서 기능한다. 플랫폼은 개발자와 사용자가 만나서 함께 소통하며 다양한 제품이나 서비스를 만들고 사용하는 생산과 소비 활동이 함께 이루어지는 공간을 의미한다. 플랫폼으로서 초등통합교과 교과서는 교실에서 교사와 학생이 함께 수업을 만들 수 있는 공간을 교과서에 마련해서 교사와 학생이 함께 협력하여 지금-여기-우리 삶을 위한 수업을 만들고 실행함으로써 새로운 교육과정 문화를 창출할 수 있다.

2022 개정 초등통합교과 교과서에서는 수업을 개발할 수 있는 가시적인 플랫폼으로서 '배움 지도'로 제시하였다. 교사와 학생은 함께 협의하여 교과서에 제시된 표준 수업을 함께 살펴보고, 이 중 적절한 수업을 골라 재구성하거나 새로운 수업을 개발하여 순서를 정하고, 이를 배움 지도에 표시해 가며 수업을 해 나갈 수 있다. 배움 지도는 교사와 학생이 모두 교육과정 개발자이자 사용자로서 함께 협력하여 수업을 선정하고 조직하며 단원을 개발하여 실행하는 교육과정 주체라는 것을 드러내는 장치라고 할 수 있다.

2022 개정 초등통합교과 플랫폼형 교과서는 다음과 같은 의미를 갖는다. 첫째, 주체성의 의미가 있다. 수업 개발자이자 사용자로서 주체성을 교사뿐만 아니라 학생도 인식할 수 있도록 하였다. 둘째, 직접 참여의 의미가 있다. 지금까지 교사와 학생은 교과서에 이미 만들어진 수업을 사용하거나 재구성하는 데 머물러 있었다면 이제는 교과서를 사용해서 교사와 학생이 직접 참여하고 함께 협력해서 만들어 가는 수업의 의미를 이해할 수 있다. 셋째, 현재성의 의미가 있다. 지금까지 교과서 수업에 반영하는 삶이 주로 과거나 미래 중심이었다면 현재 삶, 즉 지금-여기-우리 삶을 반영한 수업을 만들 수 있다.

(3) 모듈형 교과서

2022 개정 초등통합교과 교과서는 만들어 가는 교과서를 지원하기 위해 모듈형 구조를 도입하였다. 모듈은 동일한 형태의 자료를 사용해도 사용자에 따라 저마다 다른 결과물을 만들어 낼 수 있는 구조를 의미한다. 모듈형 교과서로서 2022 개정 초등통합교과 교과서는 만들어 가는 교과서로서 같은 교과서를 사용해도 사용하는 교사와 학생에 따라 서로 다른

수업을 만들어 낼 수 있도록 안내한다. 만들어 가는 교과서란 교사와 학생이 수업을 골라서 재구성할 수 있으며, 필요에 따라 수업을 직접 만들어서 조직할 수 있는 교과서를 말한다. 이를 위해 2022 개정 초등통합교과 교과서에서는 처음부터 완성된 단원 구조가 아닌 탈맥락화된 네 가지 수업 묶음(주제 수업, 안전 수업, 놀이 수업, 수업 만들기)으로 이루어진 미완성된 모듈형 구조를 도입하였다. 교사와 학생은 수업 묶음을 단원 수업을 완성하는 데 필요한 재료나 데이터베이스로 활용하여 교실마다 독자적인 하나의 주제 단원을 완성할 수 있다. 즉, 교사와 학생은 각자가 살아가는 지금-여기를 반영한 삶의 맥락에 따라 단원의 '도입-전개-정리'에 적절한 수업을 각 수업 묶음에서 골라 재구성하거나 새로 만들어서 수업을 진행하며 단원을 완성해갈 수 있다.

　모듈형 교과서는 다음과 같은 의의를 갖는다. 첫째, 창조성의 의미가 있다. 모듈형 구조를 통해 현장에서는 교실마다 다르게 존재하는 교사의 필요나 학생의 요구를 직접 반영한 맞춤형 단원 수업을 보다 쉽게 개발할 수 있다. 또한 단원 수업을 완성해 가는 과정에서도 지속적으로 수정 및 변형이 가능하여 지금-여기-우리의 요구나 필요를 유연하게 반영할 수 있다. 둘째, 개방성의 의미가 있다. 묶음 구성은 열린 교과서 구성으로 교실에서 완성을 기다리는 미완의 단원으로, 교과서를 사용해서 더욱 쉽게 단원을 만들 수 있고, 단원 학습 과정에서 지속적으로 지금-여기-우리의 요구나 필요를 유연하게 반영할 수 있다. 셋째, 통합성의 의미가 있다. 교과서에서 제시하는 묶음 외에도 묶음을 추가 구성할 수 있다. 또한 통합교과와 동시에 실행하는 국어나 수학 단원이나, 필요하다면 범교과 주제 학습, 역량 함양, 계기 교육, 학교나 같은 학년이 공동 기획한 교육활동 등 국가적·사회적·문화적으로 요청하는 교육활동을 새로운 묶음으로 구성하여 주제 학습으로 포섭할 수 있다. 초등통합교과 교과서는 융통성 있는 모듈 구조를 통해 국가 교육과정뿐만 아니라 후속하는 여러 차원의 교육과정들과 연결하여 구성할 수 있을 뿐만 아니라 교실 수업 안에 학교 교육과정을 비롯해서 국가적·사회적·문화적으로 필요한 교육에 대한 요청과 관련된 여러 교육과정을 연결하거나 접속하게 돕는 허브 기능도 담당할 수 있다.

2) 지도서의 특징

　2022 개정 초등통합교과 교사용 지도서는 교사의 교육과정 전문성 향상에 기여하려는 의도에 중점을 두고, 해설서로서, 설명 자료집으로서, 그리고 창안서로서의 역할을 지향했다.

(1) 해설서로서 지도서

학생이 국가에서 요구하는 표준기대 수준에 도달하도록 하려면 교사는 국가교육과정의 의도를 바르게 이해하고 해석할 수 있도록 돕는 '해설서로서 교사용 지도서'가 필요하다. 수업을 하는 교사는 여러 가지 방식으로 지도서를 사용한다. 어떤 교사는 제공되는 교과서를 충실하게 사용하면서 표준적인 수업 양식을 체화한다. 또 어떤 교사는 교과서를 변환·조정하면서 자신만의 수업 양식을 재구성하고 개발한다. 교과서를 충실하게 사용하든 변환하여 사용하든 교사가 교과서를 활용하기 위해서는 교과서 개발의 근거가 되는 국가교육과정의 의도를 바르게 이해해야 하고 이를 위해서 먼저 알아야 하는 정보들을 제공해 주는 '해설서로서 교사용 지도서'가 필요하다.

이를 위해 2022 개정 초등통합교과 교사용 지도서에서는 먼저 2022 개정 초등통합교과 교육과정 의도를 해설하고, 그 의도를 교과서에서 어떻게 구현하여 개발하였는지에 대해 해설하고자 하였다.

(2) 설명서로서 지도서

교과서는 국가교육과정의 성취기준을 예시적인 수업 형태로 개발하여 제공함으로써 교사가 교실에서 바로 활용할 수 있는 교수·학습 자료이다. 설명서로서 교사용 지도서는 교과서에 제시한 수업의 의도나 절차 및 방법 등을 안내하는 자료를 의미한다.

2022 개정 초등통합교과 교사용 지도서에서는 우선 기본적으로 교과서에서 제시하는 수업을 설명하는 단원과 수업 설명 자료, 교사가 가르치는 데 필요한 가르침 자료, 학생이 배우는 데 필요한 배움 자료를 담았을 뿐만 아니라 재구성할 때 활용할 수 있는 자료들도 담았다. 무엇보다도 교사가 교수·학습에 사용할 수 있는 지식, 새로운 아이디어를 더할 수 있도록 돕는 자료와 교과서의 수업을 실제로 운영해 본 동료 교사의 수업 사례를 간단한 내러티브로 진술한 수업 이야기도 함께 제시하였다. 특히 '수업 이야기'는 2022 개정 초등통합교과 교과서에서 새롭게 시도한 것으로 동료 교사의 수업 사례를 통해 교사가 교과서의 수업을 직관적으로 이해할 수 있도록 돕고 이를 통해 수업을 변용·재구성할 수 있도록 지원하는 동시에 교실교육과정이나 수업에 대해 교사가 내러티브 지식을 형성하도록 돕고자 하였다.

교과서 사용자로서 교사는 교과서를 그대로 사용하기도 하지만 자신의 교수학적 경험과 지식을 바탕으로 자신의 수업을 재구성하거나 변환하는 경우가 더 일반적이다. 이러한 교사를 위해서는 교과서에 제시된 수업을 어떻게 활용할 수 있는지에 대한 설명서 혹은 정보·자료집으로서 지도서가 필요하다.

(3) 창안서로서 지도서

교실에서는 보통 발달 수준이 비슷한 학생을 대상으로 동일한 교과나 성취기준을 공통적으로 다루지만, 저마다의 교실은 모두 독창성을 가지고 있다는 점에서 국가교육과정의 공통성을 구현하는 동시에 각 교실 나름의 다양한 교실교육과정을 개발한다. 창안서로서 교사용 지도서는 이렇게 교실을 기반으로 교사와 학생이 저마다의 단원을 개발할 수 있도록 돕는 데 목적을 두었다. 국가교육과정이 학문자료를 기반으로 개발된다면 교실교육과정은 국가교육과정을 기반으로 개발된다. 이런 점에서 국가 차원의 교육과정뿐만 아니라 교실 차원의 수업도 교육과정을 개발하는 활동을 의미한다고 할 수 있다. 그리고 교사는 국가교육과정 사용자인 동시에 교실교육과정 개발자이다. 교사는 국가교육과정, 교실, 학생, 환경뿐만 아니라 교사로서 자신의 교육철학이나 경험을 고려하여 교실교육과정을 개발한다. 교사가 개발한 교육과정은 교과서처럼 책의 형태뿐만 아니라, 자료나 프로그램이나 프로젝트, 단원이나 수업 형태로도 드러난다. 따라서 교실교육과정 개발자로서 교사에게는 '창안서로서의 교사용 지도서'가 필요하다.

3. 개발의 실제

2022 개정 초등통합교과 교과서는 교과별로 진술되어 있는 교육과정 성취기준을 영역과 핵심 아이디어에 따라 바른 생활, 슬기로운 생활, 즐거운 생활 세 통합교과의 성취기준을 16세트로 묶어 배열하였다. 그리고 바른 생활, 슬기로운 생활, 즐거운 생활 성취기준 한 세트를 한 단원 성취기준으로 배정하고 단원에 배정된 16세트의 성취기준을 기반으로 총 16개의 주제를 개발하였다. 이렇게 해서 총 16개의 주제 단원이 16책으로 만들어지게 되었다. 각 단원과 차시의 수업은 이야기 모형 절차에 따라 개발되었고, 이야기 모형에 따른 교수·학습이 잘 이루어질 수 있도록 다음과 같이 교과서 단원을 구성하였다(교육부, 2024a).

1) 교과서 분책

2022 개정 초등통합교과 교과서는 1학년 8개 단원 8책, 2학년 8개 단원 8책으로 총 16개

단원 16개 책으로 〈표 10-1〉과 같이 개발되었다.

표 10-1 2022 개정 초등통합교과 교과서의 단원

학년	교과서		지도서	전자 저작물
	단월	운영 시기		
1학년	학교	3월 고정	1-1	1-1
	사람들	4월 권장		
	우리나라	5월 권장		
	탐험	6월 권장		
	하루	9월 권장	1-2	1-2
	약속	10월 권장		
	상상	11월 권장		
	이야기	12월 권장		
2학년	나	3월 권장	2-1	2-1
	자연	4월 권장		
	마을	5월 권장		
	세계	6월 권장		
	계절	9월 권장	2-2	2-2
	인물	10월 권장		
	물건	11월 권장		
	기억	12월 고정		

　1학년 1학기는 학교, 사람들, 우리나라, 탐험을, 1학년 2학기는 하루, 약속, 상상, 이야기를, 2학년 1학기는 나, 자연, 마을, 세계를, 2학년 2학기는 계절, 인물, 물건, 기억을 주제로 개발하였다. 이들 16개 주제는 2022 개정 초등통합교과 교육과정에서 이전 교육과정의 대주제 대신 제시한 정체성, 공간성, 시간성, 주체성을 기준으로 한 네 가지 탈학문적 질문과 핵심 아이디어 및 성취기준을 기반으로 선정하고 〈표 10-2〉와 〈표 10-3〉과 같이 배치하였다.

| 표 10-2 | 2022 개정 초등통합교과 1학기 교과서 단원별 '영역-핵심 아이디어-성취기준' |

2022 개정 교육과정			교과서 단원
영역	핵심 아이디어	성취기준	
01. 우리는 누구로 살아 갈까	01-01. 우리는 내가 누구인지 생각하며 생활한다.	[2바01-01] 학교생활 습관과 학습 습관을 형성하여 안전하고 건강하게 생활한다.	학교 1-1
		[2슬01-02] 학교 안팎의 모습과 생활을 탐색하며 안전한 학교생활을 한다.	
		[2즐01-01] 즐겁게 놀이하며, 건강하고 안전하게 생활한다.	
		[2바01-02] 나를 이해하고 존중하며 생활한다.	나 2-1
		[2슬01-02] 나를 탐색하여 나에 대해 설명한다.	
		[2즐01-02] 놀이하며 내 몸의 움직임이나 감각을 느낀다.	
	01-02. 우리는 서로 관계를 맺으며 생활한다.	[2바01-03] 가족이나 주변 사람을 배려하며 관계를 맺는다.	사람들 1-1
		[2슬01-03] 가족이나 주변 사람에게 관심을 갖고 함께 살아가는 모습을 탐구한다.	
		[2즐01-03] 가족이나 주변 사람과 소통하며 어울린다.	
		[2바01-04] 생태 환경에서 더불어 살기 위해 노력한다.	자연 2-1
		[2슬01-04] 사람과 자연, 동식물이 어우러져 사는 생태를 탐구한다.	
		[2즐01-04] 우리를 둘러싼 자연의 아름다움을 감상한다.	
02. 우리는 어디서 살아갈까	02-03. 우리는 여러 공동체 속에서 생활한다.	[2바02-01] 공동체에서 내가 할 수 있는 일을 찾아보고 실천한다.	마을 2-1
		[2슬02-01] 우리가 살고 있는 마을과 사람들이 생활하는 모습을 살펴본다.	
		[2즐02-01] 내가 참여할 수 있는 문화 예술을 향유한다.	
		[2바02-02] 우리나라의 소중함을 알고 사랑하는 마음을 기른다.	우리나라 1-1
		[2슬02-02] 우리나라의 모습이나 문화를 조사한다.	
		[2즐02-02] 우리나라의 문화 예술을 즐긴다.	
	02-04. 우리는 삶의 공간을 넓히며 생활한다.	[2바02-03] 차이나 다양성을 서로 존중하면서 생활한다.	세계 2-1
		[2슬02-03] 알고 싶은 나라를 탐구하며 다른 나라에 관심을 갖는다.	
		[2즐02-03] 다른 나라의 문화 예술을 체험한다.	
		[2바02-04] 새로운 활동에 호기심을 갖고 도전한다.	탐험 1-1
		[2슬02-04] 궁금한 세계를 다양한 매체로 탐색한다.	
		[2즐02-04] 다양한 세상을 상상하고 표현한다.	

표 10-3 2022 개정 초등통합교과 2학기 교과서 단원별 '영역-핵심 아이디어-성취기준'

영역	핵심 아이디어	성취기준	교과서 단원
03. 우리는 지금 어떻게 살아갈까	03-05. 우리는 여러 유형의 주기로 생활한다.	[2바03-01] 하루의 가치를 느끼며 지금을 소중히 여긴다.	하루 1-2
		[2슬03-01] 하루의 변화와 사람들이 하루를 살아가는 모습을 탐색한다.	
		[2즐03-01] 하루를 건강하고 활기차게 지낸다.	
		[2바03-02] 계절의 변화에 대응하며 생활한다.	계절 2-2
		[2슬03-02] 계절과 생활의 관계를 탐구한다.	
		[2즐03-02] 자연의 변화를 느끼며 놀이한다.	
	03-06. 우리는 과거, 현재, 미래를 생각하며 생활한다.	[2바03-03] 여러 인물의 삶을 통해 공동체성을 기른다.	인물 2-2
		[2슬03-03] 관심 있는 대상의 과거와 현재를 살펴보고 미래를 상상한다.	
		[2즐03-03] 전통문화를 새롭게 표현한다.	
		[2바03-04] 공동체 속에서 지속 가능성을 위한 삶의 방식을 찾아 실천한다.	약속 1-2
		[2슬03-04] 우리의 생활과 관련된 지속 가능성의 다양한 사례를 찾고 탐색한다.	
		[2즐03-04] 안전과 안녕을 위한 아동의 권리가 있음을 알고 누린다.	
04. 우리는 무엇을 하며 살아갈 까?	04-07. 우리는 경험하고 생상하고 만들며 생활한다.	[2바04-01] 모두를 위한 생활환경을 만드는 데 참여한다.	물건 2-2
		[2슬04-01] 생활도구의 모양이나 기능을 탐색하고 바꾸엉 본다.	
		[2즐04-01] 주변의 물건을 활용하여 놀잇감을 만든다.	
		[2바04-02] 다양한 생각이나 의견에 대해 개방적인 태도를 형성한다.	상상 1-2
		[2슬04-02] 상상한 것을 다양한 매체와 재료로 구현한다.	
		[2즐04-02] 자유롭게 상상하며 놀이한다.	
	04-08. 우리는 느끼고 생각하고 표현하며 생활한다.	[2바04-03] 여럿이 하는 활동에 관심을 갖고 자발적으로 협력한다.	이야기 1-2
		[2슬04-03] 경험한 것 중에서 관심 있는 주제를 정하고 조사한다.	
		[2즐04-03] 생각이나 느낌을 살려 전시나 공연 활동을 한다.	
		[2바04-04] 지금까지의 생활 습관과 삭습 습관을 되돌아본다.	기억 2-2
		[2슬04-04] 배운 것과 배울 것을 연결하며 앞으로의 배움을 상상한다.	
		[2즐04-04] 기억에 남는 경험을 떠올리며 의미를 부여한다.	

2022 개정 초등통합교과 4개의 영역 중 01영역과 02영역은 1학기에, 03영역과 04영역은 2학기에 편성하였다. 그리고 영역마다 2개씩 배치되어 있는 핵심 아이디어는 1학년과 2학년에 동시 편성하였고, 핵심 아이디어마다 2세트씩 배치되어 있는 바른 생활, 슬기로운 생활, 즐거운 생활 성취기준은 한 세트로 묶어서 한 단원으로 개발하였다.

2) 이야기 모형

지금까지 초등통합교과에서는 주제별 교과서를 통해 학교 현장에 주제중심 통합수업을 안내하고 지원해 왔다. 주제중심 통합수업은 일반적으로 학생의 흥미와 요구를 반영한 주제를 중심으로 교사와 학생이 함께 협의하여 계획-실행-평가하는 과정으로 진행된다. 2009 개정과 2015 개정 시기의 초등통합교과 교과서에서는 단원 학습 모형으로 주제학습 모형(주제 만나기-주제학습 하기-주제학습 마무리하기)을 제시해 왔다.

2022 개정 초등통합교과 교과서에서는 지금까지 적용해 온 주제학습 모형과 교육과정에 제시된 통합교과의 다양한 수업 절차를 포괄하는 동시에 교사와 학생이 함께 지금-여기-

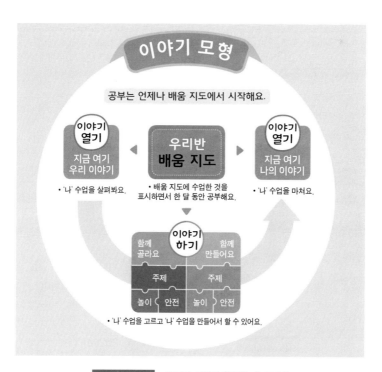

그림 10-4 2022 개정 '이야기 모형'

출처: 교육부(2024a).

우리에게 의미있는 내러티브적 지식을 만들어 갈 수 있게 하고자 수업 전반에 이야기가 흐르는 이야기 모형을 개발하였다.

이야기 모형은 학교 수업에서 교사와 학생이 우리 자신의 삶을 이야기하도록 의도되었다. 이야기 모형의 절차에 따라 교사와 학생은 함께 '지금-여기-우리 삶'을 반영한 주제를 개발하고 이 주제를 중심으로 자신과 공동체에게 의미있는 지식을 만들어 갈 수 있다. 이야기 모형은 모든 교실의 다양한 수업을 포괄할 수 있도록 유연하고 열린 구조로 개발하였으며 단원 학습과 차시 학습에 모두 적용할 수 있는 수업 모형으로 [이야기 열기]-[이야기하기]-[이야기 맺기]의 기본적인 절차로 진행된다. 이 절차는 공동체의 관점에서 주제와 관련한 우리의 이야기를 공유하고 확장하고 종합한 후 그러한 배움의 과정이 나에게 주는 의미를 음미하고 성찰할 수 있도록 하는 것이 초점이다.

2022 개정 초등통합교과 교과서의 이야기 모형은 단원 및 차시를 개발하거나 학습할 때 전반적으로 두루 적용되는 교수·학습 모형이다.

(1) 단원 모형

2022 개정 초등통합교과 교과서의 단원은 바른 생활, 슬기로운 생활, 즐거운 생활 교과의 성취기준을 구현한 차시 수업으로 구성되어 있으며, 이들은 이야기 모형의 각 단계에 적용할 수 있다. 이야기 모형은 단원을 개발하는 모형으로도, 단원을 학습하는 모형으로도 사용할 수 있다.

이야기 모형이 단원 차원에서 적용될 때는 [이야기 열기]-[이야기하기]-[이야기 맺기]의 세 가지 단계로 진행되며, 각 단계는 다음과 같은 활동이 이루어진다.

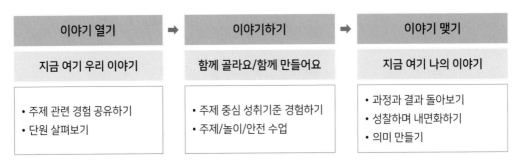

그림 10-5　이야기 모형(교육부, 2024a)

[이야기 열기]는 〈지금 여기 우리 이야기〉 수업으로 시작할 수 있다.

주제 관련 활동을 통해 단원 전체를 개관하는 단계이다. 주제를 함께 공유하고 주제에 대한 이야기를 나누는 과정에서 학생들의 다양한 경험의 격차를 줄이고 집단 학습이 가능한 수준으로 단원 학습 내용을 표준화하는 데 중점을 둘 수 있다.

[이야기하기]는 〈함께 만들어요〉와 〈함께 골라요〉 수업 묶음을 활용할 수 있다.

배움 지도를 중심으로 교사와 학생이 〈함께 만들어요〉와 〈함께 골라요〉 수업 묶음을 활용하여 수업을 골라서 재구성하거나 새롭게 만들어 계획한 수업을 하나씩 해 나가는 단계이다. 이 단계에서 교사는 바른 생활, 슬기로운 생활, 즐거운 생활 각 교과의 성취기준을 구현한 수업을 유기적으로 연결하여 학생들이 주제 속에서 개별 수업을 통합적으로 경험하도록 돕는 데 중점을 둘 수 있다. 또한 교사와 학생이 함께 우리 반 주제를 정하고 주제 수업을 전개하고 주제를 종합하는 일련의 과정 속에서 우리 반 주제 수업 내러티브를 완성할 수 있게 안내하는 데 집중할 수 있다.

[이야기 맺기]는 〈지금-여기-나의 이야기〉 수업으로 마무리할 수 있다.

한 달 동안 함께 완성한 단원의 수업 이야기를 성찰하며 내면화하는 단계이다. 단원 수업 이야기를 함께 완성하는 과정을 돌아보고 음미하면서 나의 성장이나 변화를 생각해 볼 수 있게 돕는 데 중점을 둘 수 있다. 나아가 주제와 연결되는 나의 삶의 이야기를 구성해 볼 수 있다.

(2) 차시 모형

단원을 구성하는 차시 수업은 단원 주제를 세분화 및 구체화한 하위 주제를 중심으로 바른 생활의 실천 경험, 슬기로운 생활의 탐구 경험, 즐거운 생활의 놀이 경험을 위한 활동으로 구성되어 있다. 이야기 모형은 차시를 개발하는 모형으로도 차시를 학습하는 모형으로도 사용할 수 있다.

이야기 모형이 차시 차원에서 적용될 때는 [이야기 열기]-[이야기하기]-[이야기 맺기]의 세 가지 단계로 진행되며, 각 단계는 다음과 같은 활동이 이루어진다.

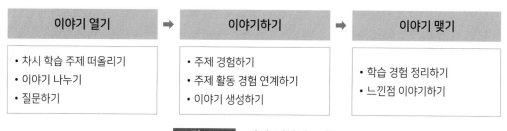

그림 10-6 차시 이야기 모형

출처: 교육부(2024a).

[이야기 열기]는 차시 학습 주제를 공유하며 이야기를 나누는 단계이다. 교사와 학생은 차시 학습 주제와 관련한 공동체의 경험(이전의 차시 활동 등)이나 개인적 경험에 대한 이야기 나누기와 차시 주제 관련 질문하기 등의 활동을 할 수 있다. 이 단계에서 교사는 학생들이 차시 주제를 만나고 관련 활동을 둘러보며 관심을 갖도록 안내하는 데 집중한다.

[이야기하기]는 교사와 학생이 차시 학습 주제를 본격적으로 경험하는 단계이다. 교사와 학생은 차시 주제를 중심으로 바른 생활의 실천 경험, 슬기로운 생활의 탐구 경험, 즐거운 생활의 놀이 경험을 위한 구체적인 활동을 전개할 수 있다. 이 단계에서 교사는 학생들이 차시 주제를 중심으로 다양한 활동을 연계 및 통합하며 주제 관련 에피소드를 만들어갈 수 있게 안내하는 데 중점을 둘 수 있다.

[이야기 맺기]는 차시 활동 경험을 요약/정리하고 느낀 점을 함께 나누는 단계이다. 교사와 학생은 수업 과정에서 느낀 점에 대해 이야기를 나누며 차시 수업의 에피소드를 완성할 수 있다. 이 단계에서 교사는 수업 중에 학생이 느낀 점을 충분히 이야기할 수 있도록 하면서 학생이 실제로 성취한 것을 찾아서 평가하고 점검하는 데 초점을 둘 수 있다.

3) 교과서의 구성과 활용

2022 개정 초등통합교과 교과서는 한 단원 한 책으로 개발되어 있고 각 단원은 〈함께 골라요〉(주제 수업 묶음, 놀이 수업 묶음, 안전 수업 묶음)와 〈함께 만들어요〉 수업 묶음으로 크게 두 가지 범주의 네 종류의 수업 묶음으로 구성되어 있다. 교사와 학생은 배움 지도에 단원 학습 과정 전반을 표시해가면서 [이야기 열기]-[이야기하기]-[이야기 맺기]의 이야기 모형 절차에 따른 수업을 진행할 수 있다.

(1) 〈배움 지도〉

〈배움 지도〉는 별도의 차시가 배정되어 있지는 않지만 단원의 모든 수업은 배움 지도에 표시하면서 진행된다. 교사와 학생은 한 달 동안 〈함께 골라요〉에서 선택한 수업을 하거나 〈함께 만들어요〉에서 수업을 만들면서 주제 학습을 진행하게 된다. 단원 수업은 진행하면서 선택하거나 만든 수업을 붙임딱지나 색칠 등으로 표시하면서 〈배움 지도〉를 완성해 가는 과정이라고 할 수 있다.

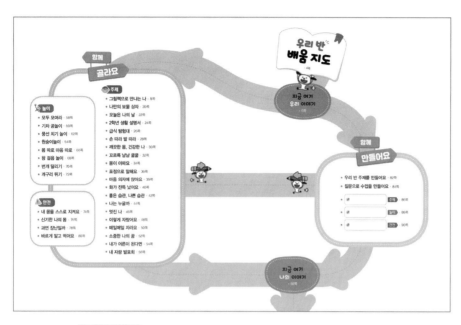

그림 10-7　2022 개정 초등통합교과 교과서 목차(나 2-1)

그림 10-8　2022 개정 초등통합교과 교과서 배움 지도(나 2-1)

(2) 〈지금 여기 우리 이야기〉

그림 10-9 2022 개정 초등통합교과 교과서 지금 여기 우리 이야기(나 2-1)

〈지금 여기 우리 이야기〉 차시는 단원 모형으로서 이야기 모형의 첫 단계인 [이야기 열기] 단계에서 활용할 수 있도록 개발한 차시로 학생들이 놀이나 게임 및 퀴즈 등을 통해 친구들과 함께 즐겁게 단원 수업을 전체적으로 살펴볼 수 있는 활동을 제시하고 있다. 이 활동을 통해 교사와 학생은 주제 관련 경험에 대해 이야기를 나누며 교과서에 제시된 단원 수업들을 전반적으로 살펴볼 수 있다. 그 과정에서 짝, 소집단(모둠), 대집단(전체)으로 나눠서 주제와 관련해서 개인적으로 해 본 활동이나 경험을 이야기할 수 있다. 또한 어떤 수업을 선택할 수 있는지, 어떤 수업을 만들고 싶은지 생각해 볼 수 있다.

교사와 학생은 〈지금 여기 우리 이야기〉 차시를 활용해서 주제에 대한 이야기를 나누고 개인적인 경험을 공유하는 과정에서 학생들의 경험의 격차를 줄이고 집단 학습이 가능하도록 표준화할 수 있다.

(3) 〈함께 골라요〉

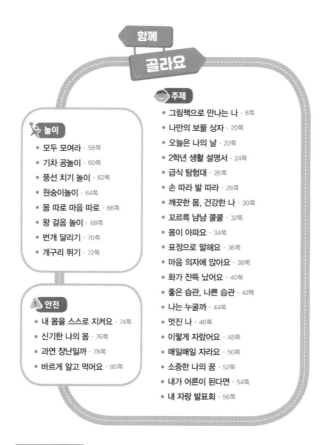

그림 10-10 2022 개정 초등통합교과 '함께 골라요' 목차

출처: 교육부(2024b).

〈함께 골라요〉 수업 묶음은 주제나 성취기준 관련 차시 수업을 선택하여 실행하고자 할 때 활용할 수 있는데, 〈주제〉 수업, 〈놀이〉 수업, 〈안전〉 수업 등 세 가지 종류의 수업 묶음으로 구성되어 있다.

첫째, 〈주제〉 수업 묶음은 학생이 단원 주제와 성취기준과 관련된 활동을 통합적으로 경험할 수 있는 20개의 수업으로 구성되어 있다. 주제와 친숙해지거나 주제 수업을 시작할 수 있는 수업, 주제와 관련하여 성취기준을 직접 다룰 수 있는 수업, 주제를 마무리하고 종합할 수 있는 수업 등을 개발하여 제시하였다. 단원 주제를 중심으로 제시된 20개의 〈주제〉 수업에서 일부를 선택하여 활용할 수 있다. 또한 〈함께 만들어요〉 수업 묶음에서 〈주제〉 수업을 만들어서 추가할 수도 있다.

둘째, 〈놀이〉 수업 묶음은 세 통합교과 중 특히 즐거운 생활과 신체활동 관련 성취기준을 기반으로 한 놀이 형태의 신체 움직임과 관련한 수업 묶음이다. 학생들이 재미있게 즐기며 기본 신체 움직임 요소를 균형 있게 경험하면서 신체활동을 강화할 수 있는 활동으로 구성하였다. 주제 수업을 진행하다가 중간중간 필요한 신체활동을 할 수 있게 돕기 위해 단원별 8개 수업을 개발하여 제시하였으며, 한 단원별로 최소한 8시간은 운영하도록 하고 있다. 또한 〈함께 만들어요〉 수업 묶음에서 〈놀이〉 수업을 만들어서 추가할 수도 있다.

〈놀이〉 수업은 초등학교 1, 2학년 학생에게 필수인 기본 신체 움직임 요소 여덟 가지를 선정하여 단원별로 〈표 10-4〉와 같이 배치 · 구성하였다.

표 10-4 2022 개정 초등통합교과 교과서 일부 단원 '기본 움직임' 요소

교과서 단원	기본 움직임 요소							
	기본 동작/ 모이기	몸풀기	도구 활용	밀기/당기기/ 균형 잡기	매달리기	걷기/ 달리기	높이뛰기/ 멀리뛰기	던지기/ 차기/치기
학교 1-1	나란히 놀이	따라 하기 놀이	훌라후프 놀이	짝 체조 놀이 균형 잡기 놀이		한 발 술래잡기 얼음땡 놀이	열반뛰기놀이	
사람들 1-1	잡기 놀이 가위바위보 뛰기 놀이		풍선 놀이	징검다리 놀이 줄 놀이		그물놀이 팔자 놀이	뜀뛰기 놀이	
우리나라 1-1	보물 친구 찾기	거울놀이	딱지치기 판 뒤집기	씨름 비사치기		수건돌리기 꼬리따기		
탐험 1-1			장애물 통과하기	콩 주머니 던지기		여러 가지 방법으로 걷기 콩 주머니 모으기 길따라 달리기	다리 만들기	공 던지고 받기 원반 던지기

〈하 략〉

출처: 교육부(2024a).

셋째, 〈안전〉 수업 묶음에서는 학생이 일상에서 안전하게 생활할 수 있게 도울 수 있는 수업을 제공한다. 안전 수업은 학생들에게 꼭 필요한 안전교육 요소를 주제와 관련지어 수업할 수 있는 활동으로 구성하였다. 주제 수업을 진행하다가 그때그때 필요한 안전 수업을 할 수 있게 돕기 위해 단원별 4개 수업을 개발하여 담은 것으로 한 단원별로 최소한 4시간은 운영하도록 하고 있다. 또한 〈함께 만들어요〉 수업 묶음에서 〈안전〉 수업을 만들어서 추가할 수도 있다.

〈안전〉 수업은 7대 안전교육 표준안 영역 중 직업 안전을 제외한 여섯 가지 영역을 기준으로 안전교육 요소를 개발하여 단원별로 〈표 10-5〉와 같이 배치 · 구성하였다.

표 10-5　2022 개정 초등통합교과 교과서 안전 요소

교과서 단원	안전 요소					
	생활 안전	교통안전	신변 안전	재난 안전	약물 또는 가상 과의존 안전	응급처치 안전
학교 1-1	안전하게 사용해요 안전하게 놀아요	안전을 확인해요 안전하게 건너요				
사람들 1-1	기침을 할 때는 함께 이용할 때는		이런 사람을 만났다면	불이 났을 때는		
우리나라 1-1	물놀이를 할 때 체험학습을 갈 때 음식을 먹을 때	기차를 탈 때				
탐험 1-1	앗! 조심해요				올바르게 사용해요 고마운 약, 바르게 먹어요	위급해요

〈하 략〉

출처: 교육부(2024a).

(4) 〈함께 만들어요〉

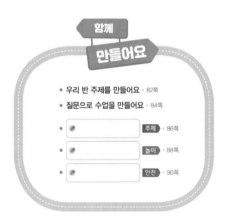

그림 10-11　2022 개정 초등통합교과 교과서 '함께 만들어요'

출처: 교육부(2024b).

　〈함께 만들어요〉 수업 묶음은 교실에서 주제나 차시 수업을 만들어서 실행하고자 할 때 활용할 수 있는데, 〈우리 반 주제를 만들어요〉〈질문으로 수업을 만들어요〉〈주제 수업 만들기〉〈놀이 수업 만들기〉〈안전 수업 만들기〉 등 다섯 가지 유형으로 제시되어 있다.

　첫째, 〈우리 반 주제를 만들어요〉차시에서는 단원명으로 제시된 주제 대신에 우리 반의 지금-여기를 반영한 주제를 만들 수 있다. 우리 반 주제를 만들 때 단원명으로 제시된 주제를 지금-여기를 반영하여 구체화하거나 재구성거나 또는 관련된 다른 주제를 만들거나 다양한 방법을 활용할 수 있다.

우리반 주제를 만들어요

질문으로 수업을 만들어요

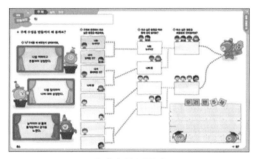

주제 수업 만들기

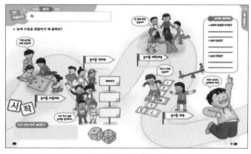

놀이 수업 만들기

안전 수업 만들기

그림 10-12 2022 개정 초등통합교과 교과서 '함께 만들어요' 수업

출처: 교육부(2024b).

　둘째, 〈질문으로 수업을 만들어요〉 차시에서는 주제와 관련한 자유로운 질문을 기반으로 수업을 만드는 활동을 할 수 있다. 주제와 관련된 다양한 질문을 목록화하고 여기서 단원 활동으로 다루고 싶은 질문을 선정하여 이 질문으로 수업을 만들 수 있다.

　셋째, 〈주제 수업 만들기〉〈놀이 수업 만들기〉〈안전 수업 만들기〉 등의 차시에서는 단원 수업을 진행하다가 적절한 시기에 학생이 원하거나 교사가 필요하다고 생각하는 주제, 놀이, 안전 관련 수업 만들기를 안내하고 지원하기 위해 제시한 차시이다. 〈주제 수업 만들기〉는 주제와 성취기준을 고려한 수업을 만들 수 있도록 구성한 차시이다. 〈놀이 수업 만들기〉는 학생들의 신체활동과 관련한 놀이 수업을 만들 수 있도록 구성한 차시로 이전에 했던 놀이 수업을 한 번 더 하기, 놀이 방법 바꾸어서 하기, 놀이 만들거나 배워서 하기 등 다양하게 활용할 수 있다. 〈안전 수업 만들기〉는 학교나 교실 주변에 실제로 안전 지도가 필요한 곳을 찾아서 만들 수 있도록 구성한 차시이다. 단원 학습 진행 중 안전이 필요하면, 언제든 수업을 만들어서 할 수 있다.

넷째, 교과서에 제시된 모든 수업은 제시된 순서대로 운영하는 것이 아니라 교사와 학생이 함께 협의하여 어떤 수업을 할지 〈함께 골라요〉 수업 묶음에서 고르거나 〈함께 만들어요〉 수업 묶음을 활용해서 수업을 만들어서 적절한 순서를 정해서 배움 지도에 표시를 해 가며 진행해야 한다.

그림 10-13 2022 개정 초등통합교과 교과서 수업 묶음의 유형
출처: 교육부(2024b).

(5) 지금 여기 나의 이야기

그림 10-14 2022 개정 초등통합교과 교과서 '지금 여기 나의 이야기'
출처: 교육부(2024b).

〈지금 여기 나의 이야기〉 차시는 단원 모형으로서 이야기 모형의 마지막 단계인 [이야기 맺기] 단계에서 활용할 수 있도록 개발한 차시로 한 달 동안 진행한 주제 학습을 마무리하고 자신의 성장과 배움을 성찰할 수 있는 활동을 제시하고 있다. 이 활동을 통해 학생은 주제 단원 학습을 바탕으로 나의 삶의 이야기를 구성해 볼 기회를 제공하면서 개인적인 의미를 만드는 경험을 할 수 있다.

4) 지도서의 구성과 활용

2022 개정 초등통합교과 교사용 지도서는 [제1부 교과서를 이해하려면] [제2부 교과서를 활용하려면] [제3부 단원을 개발하려면] 등 총 3부로 구성되어 있다.

(1) 제1부 교과서를 이해하려면

[제1부 교과서를 이해하려면]은 교사가 새 교육과정과 교과서를 이해할 수 있게 안내하는 것을 주목적으로 삼았고, 2022 개정 초등통합교과 교육과정의 대표적인 슬로건인 '지금-여기-우리의 삶'을 통해 새 교육과정을 설명하고, 이에 따라 개발된 교과서를 설명하였다.

(2) 제2부 교과서를 사용하려면

[제2부 교과서를 사용하려면]은 교사가 새 교과서를 자율적으로 사용할 수 있게 돕는 데 목적을 두었고, 제2부 지도서는 설명서와 자료집으로서의 역할을 한다고 할 수 있다. 먼저, 설명서로서 각 수업을 안내하고 설명하였고, 개발자의 의도와 함께 사용자 입장에서 바라본 수업 이야기 등의 정보를 담았다. 다음으로, 교사가 수업에서 유용하게 활용할 수 있는 가르침 자료와 배움 자료들도 담았다. [제2부, 교과서를 사용하려면]에서는 〈함께 골라요〉 수업과 〈함께 만들어요〉 수업을 각각의 특징에 맞게 수업을 안내하고 설명하였다.

첫째, 〈함께 골라요〉 수업 안내는 〈주제〉 수업, 〈놀이〉 수업, 〈안전〉 수업 등의 수업 과정 전반에 대한 교수·학습 안내가 중심이다. 교수·학습 안내의 전체적인 흐름은 [이야기 열기]-[이야기하기]-[이야기 맺기]의 이야기 모형에 따라 기술하였다. 이와 함께 〈주제〉 수업, 〈놀이〉 수업, 〈안전〉 수업은 모두 공통적으로 개발 안내, 성취기준 정보, 발문 예시, 준비물, 지도상의 유의점과 그 외 필요한 학습 자료를 함께 제시하였다. 특별히 〈놀이〉 수업의 경우 안전을 위한 고려 사항을 별도로 제시하였고, 〈안전〉 수업의 경우 수업 내용과 관런하여 지켜야 하는 안전 수칙이나 지침을 제시하였다.

그림 10-15   2022 개정 초등통합교과 교사용 지도서 '주제' 수업 안내

출처: 교육부(2024a).

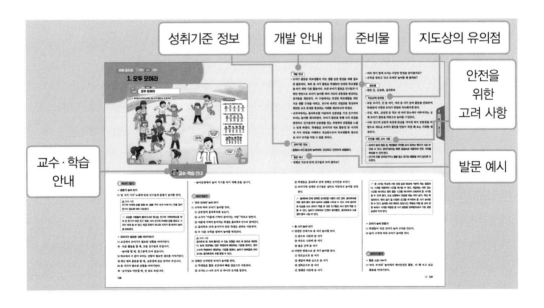

그림 10-16   2022 개정 초등통합교과 교사용 지도서 '놀이' 수업 안내

출처: 교육부(2024a).

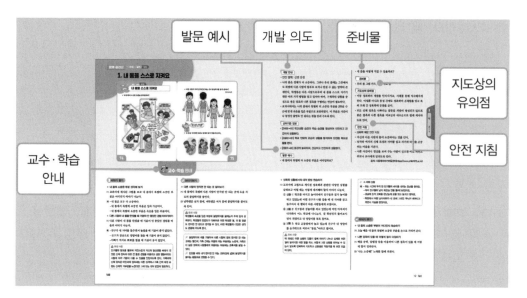

그림 10-17   2022 개정 초등통합교과 교사용 지도서 '안전' 수업 안내

출처: 교육부(2024a).

둘째, 지도서의 〈함께 만들어요〉 수업 안내에서는 교사가 수업의 다양한 맥락과 상황을 생생하게 알 수 있도록 수업 이야기를 제시한 점이 특징이다. 수업 이야기와 함께 개발 의도, 주요 발문, 준비물, 지도상의 유의점, 주요 활동과 그 외 필요한 학습 자료도 함께 제시하였다.

그림 10-18   2022 개정 초등통합교과 교사용 지도서 〈수업 만들기〉 안내

출처: 교육부(2024a).

첫째, 개발 의도에서는 수업을 만든 의도와 교과서 장면을 설명했고, 둘째, 주요 발문에서는 수업을 이루는 주요 활동을 질문 형태로 기술했다. 셋째, 준비물에서는 수업과 관련한 교사와 학생의 준비물을 제시했으며, 넷째, 지도상의 유의점에서는 수업할 때 유의할 점, 참고할 점을 기술했다. 다섯째, 주요 활동에서는 수업의 주요 활동을 간단히 기술했고, 여섯째, 수업 이야기에서는 교사가 실제 수업을 어떻게 하는지 구체적인 상황과 맥락이 나타나게 기술했다.

(3) 제3부 단원을 개발하려면

'제3부 단원을 개발하려면'은 교사와 학생이 교실교육과정을 개발할 수 있도록 돕는 데 목적을 두었다. 무엇보다 교사와 학생을 교육과정 개발자로 인식하고 두 주체의 교육과정 주체성을 이해하도록 의도하면서 동시에 주제 개발로부터 시작해서 단원을 개발할 수 있도록 〈단원 개발하기〉와 〈단원 개발 도구〉를 제공하였다.

그림 10-19 2022 개정 초등통합교과 교사용 지도서 목차 예시

출처: 교육부(2024a).

참고문헌

교육부(2017). (2015 개정) 초등학교 교사용 지도서-통합교과. 서울: 교학사.

교육부(2021). 2022 개정 총론 주요사항(시안). 교육부교육과정정책과(2021. 11. 24.).

교육부(2022). 초등학교 교육과정. 교육부 고시 제2022-33호 [별책 2].

교육부(2024a). 초등학교 교사용 지도서 [바슬즐 2-1]. 서울: 지학사.

교육부(2024b). 초등학교 1, 2학년군 나 2-1. 서울: 지학사.

정광순, 이종원, 박채형, 홍영기, 조상연, 강충열, 김세영, 김현규, 나승빈, 노철현, 맹희주, 박휴용, 서보윤, 신태중, 오준영, 유성열, 이경진, 이윤미, 이한나, 장혜진, 전리나, 전은정(2022). 2022 개정 초등 통합교과 교육과정 시안 개발 연구(1차). 정책연구(교육부-용역-23).

정광순, 김세영, 김수진, 김현규, 민보선, 박채형, 신태중, 유성열, 이경진, 이윤미, 이종원, 이찬희, 이한나, 조상연, 홍영기(2022b). 2022 개정 초등 통합교과 교육과정 시안(최종안) 개발 연구. 정책연구(교육부-용역-2022-14).

조상연(2023). 지금-여기-우리 삶을 위한 2022 개정 초등통합교과 교육과정. 통합교육과정연구 17(4), 135-166.

초등통합교과 교과서 활용하기

2022 개정 초등통합교과 교과서는 교실에서 교사와 학생이 만들어 가는 수업을 하는 데 활용할 수 있는 교과서로 개발하였다(교육부, 2024: 15). 다시 말해, 2022 개정 초등통합교과 교과서는 교실에서 교사와 학생이 차시 수업이나 단원 수업을 만들어서 할 수 있도록 지원 하는 역할을 하도록 개발한 것으로, 이 교과서를 활용하는 수업은 교과서를 충실하게 따라 가르치고 배우는 수업이기보다는 각 교실마다 서로 다른 모습으로 이루어지는 수업이다. 이 장에서는 이런 교과서를 활용하여 만들어 가는 수업의 모습을 그려 보고자 한다.

Ⅰ. 단원 학습 주제 개발하기: 우리 반 주제 만들기

교과서를 활용하여 수업을 할 때에는 먼저 교과서에서 성취기준을 수업으로 구현하기 위해 설정한 주제(학교, 나, 사람들, 자연, 마을, 우리나라, 세계, 탐험, 하루, 계절, 인물, 약속, 물 건, 상상, 이야기, 기억)를 기반으로 단원 학습의 주제를 개발할 수 있다. 교과서에서는 이를 '우리 반 주제'라는 말로 표현하고 있다. 단원 학습 주제를 개발할 때 활용할 수 있는 교과서 내 수업은 모든 단원(학교 단원 제외)에서 공통으로 제시하고 있는 '우리 반 주제를 만들어 요' 수업이다. 이 수업을 활용하여 교과서에서 제시하고 있는 예시 중 하나를 선택하여 우 리 반 주제로 정하거나 학급에서 교사와 학생이 우리 반만의 새로운 주제를 만들 수 있다.

'자연 2-1' 단원을 예로 들면 다음과 같다.

▶ **영역:** 우리는 누구로 살아갈까

▶ **핵심 아이디어:** 우리는 서로 관계를 맺으며 살아간다.

▶ **성취기준**

[2바01-04] 생태 환경에서 더불어 살기 위해 노력한다.

[2슬01-04] 사람과 자연, 동식물이 어우러져 사는 생태를 탐구
한다.

[2즐01-04] 우리를 둘러싼 자연의 아름다움을 감상한다.

그림 11-1 자연 2-1의 '우리 반 주제를 만들어요'

▶ 교과서에서 예시하는 주제를 살펴보고 학생들이 가장 흥미를 느끼거나 선호하는 주제, 혹
은 이 단원에서 학습해야 하는 내용을 다루기에 가장 적합한 주제를 고른다: '우리는 자연 탐
구가'

▶ 교과서를 참고하여 교사와 학생이 우리 반만의 새로운 주제를 만든다: '우리가 만드는 자연
도감'

2. 단원 학습 구상하기: 단원의 흐름 만들기

단원 학습 주제를 선정한 이후에는 단원 학습을 이루는 차시 수업 활동을 구상하며 단원 학습의 흐름을 만들 수 있다. 또한 학급에서 단원 학습의 주제를 별도로 정하지 않은 경우에도 단원 학습의 흐름을 만들어서 수업을 해 나갈 수 있다. 수업이 이루어지는 장면을 들여다보면 차시 수업 활동을 구상하거나 구체적인 차시 수업을 만드는 일은 단원 학습의 흐름을 만드는 일과 순환적으로 혹은 동시에 이루어지는 경향이 있다. 다시 말해, 단원 학습을 구상하며 흐름을 만든 후 차시 수업을 구체화해 갈 수도 있고, 차시 수업을 하나씩 만들어서 해 가며 단원 학습의 흐름을 만들어 갈 수도 있다.

단원 학습의 흐름을 만드는 방식 역시 정형화된 절차에 따르기보다는 상황에 따라 다양한 방식을 활용할 수 있는데, 여기서는 교실에서 시도해 보기 좋은 두 가지 방식으로 단원 학습을 구상하며 단원 학습의 흐름을 만드는 장면을 그려 보고자 한다.

1) 소단원으로 묶는 방식

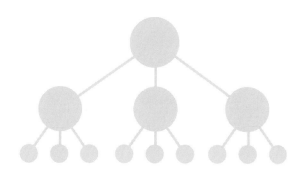

그림 11-2 소단원으로 묶는 단원 학습 구상 방식

단원 학습을 구상하며 단원의 흐름을 만드는 방식 중 하나는 소주제를 선정하여 소단원으로 묶는 방식이다. 이는 2022 개정 통합교과 교과서가 적용되기 이전의 교과서(2015 개정)에서 단원을 구성한 방식으로 그 시기 통합교과 수업을 했던 교사에게 익숙한 방식이다.

앞에서 선정한 주제 중 '우리는 자연 탐구가'를 예시로 소단원으로 묶는 단원 학습 구상 방식을 그려 보자.

(1) 소주제 정하기

먼저 우리 반 주제에 어울리는 소주제(하위 주제)를 정한다. 우리 반 주제를 따로 정하지 않고 단원 주제에 알맞은 소주제를 정하여 단원 학습을 구상하는 것 역시 가능하다. 소주제는 단원에 따라 2~4개 정도를 선정하여 각 소단원을 구성할 수 있다. 여기서 예시로 들고 있는 '자연 탐구가'라는 주제는 자연을 탐구하는 활동을 다룰 수 있다는 점에서 소주제를 '탐구할 대상'으로 삼을 수 있을 것이다. 탐구 대상인 자연을 생명의 유무로 구분 지어 '동식물' '자연물'로 나누어 소주제를 정할 수도 있고, 공간을 구분 지어 '숲속' '물가' '집 주변' '집 안' 등으로 나누어 소주제를 정할 수도 있을 것이다. 다음은 교사와 학생이 직접 이야기 나누며 선정한 소주제 예시이다.

▶ **우리 반 주제:** 우리는 자연 탐구가
▶ **소주제(소단원명):** 동식물 탐구, 자연물 탐구, 집안 속 자연 탐구

(2) 소단원 활동 구상하기

단원의 소주제를 선정한 다음에는 소주제를 다루기에 적절한 차시 수업 활동을 구상한다. 이때 교과서의 '함께 골라요'와 '함께 만들어요' 수업 묶음을 다음과 같이 활용할 수 있다.

- '함께 골라요'에 있는 다양한 수업(주제 수업, 놀이 수업, 안전 수업) 중 소주제를 다루기에 적절한 수업을 골라 소단원에 배치한다.
- '함께 만들어요' 수업을 활용하여 소주제에 꼭 맞는 수업을 구상한다.

이런 방법으로 '자연' 단원에서 제시하고 있는 수업들을 활용하여 소단원으로 묶는 단원 학습 구상 방식을 예시하면 다음과 같다.

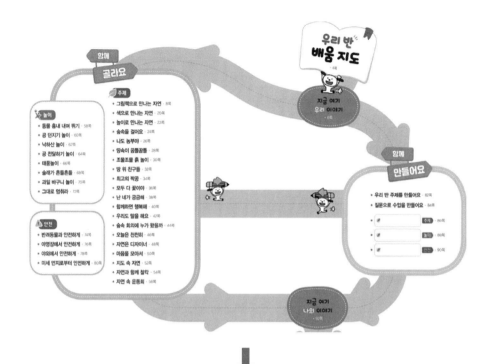

우리는 자연 탐구가		
동식물 탐구	자연물 탐구	집안 속 자연 탐구
• 땅속이 꿈틀꿈틀 • 땅 위 친구들 • 동물 흉내내며 뛰기(놀이) • 최고의 짝꿍 • 난 네가 궁금해 • 야외에서 안전하게(안전) • 모두 다 꽃이야 • 숲속 회의에 누가 왔을까 • 술래가 흔들흔들(놀이) ⋮	• 숲속을 걸어요 • 안전 수업 만들기: 자연물과 안전하게 • 조물조물 흙 놀이/자연속 운동회 • 놀이 수업 만들기: 돌바람 놀이 • 오늘은 천천히 • 태풍 놀이(놀이) • 자연은 디자이너 • 자연과 함께 찰칵 ⋮	• 주제 수업 만들기: 우리집에서 자연 찾기 • 나도 농부야: 반려식물 만들기 • 우리도 말을 해요 • 함께 하면 행복해: 반려동물 만들기 • 반려동물과 안전하게(안전) ⋮

(표 왼쪽: 지금 여기 우리 이야기 / 표 오른쪽: 지금 여기 나의 이야기)

그림 11-3   소단원으로 묶는 단원의 흐름 예

▶**동식물 탐구 소단원 구성**

● '함께 골라요' 활용 수업

 – 땅속이 꿈틀꿈틀: 땅속에 사는 동식물 탐구하기

 – 땅 위 친구들: 땅 위에 사는 동식물 탐구하고 작품 만들기

 – 동물 흉내내며 뛰기: 동물을 흉내내며 신체 놀이하기

 – 최고의 짝꿍: 서로 돕고 사는 동식물 탐구하기

 – 난 네가 궁금해: 궁금한 동식물 조사하기

 – 야외에서 안전하게: 야외에서 조심해야 할 동식물 알아보고 야외행동 수칙 익히기

 – 모두 다 꽃이야: 노래 부르며 꽃 작품 만들기

 – 숲속 회의에 누가 왔을까: 자연 속 생명을 존중하는 방법 탐구하기

 – 술래가 흔들흔들: 콩 주머니(작은 생명)를 손에 올리고 술래잡기하기

▶**자연물 탐구 소단원 구성**

● '함께 골라요' 활용 수업

 – 숲속을 걸어요: 자연물 속에서 보물찾기

 – 조물조물 흙 놀이/자연 속 운동회: 흙, 돌, 나뭇가지 등으로 생태놀이하기

 – 오늘은 천천히: 자연의 아름다움 감상하기

 – 태풍 놀이: 바람을 흉내내며 신체 놀이하기

 – 자연은 디자이너: 자연 속에서 발견한 무늬로 작품 만들기

 – 자연과 함께 찰칵: 자연물과 함께 찍은 사진 전시하기

● '함께 만들어요' 활용 수업

 – 자연물과 안전하게: 자연물을 이용하여 놀 때의 안전한 행동 약속하기

 – 돌바람 놀이: 얼음땡 변형 신체 놀이하기

▶**집안 속 자연 탐구 소단원 구성**

● '함께 골라요' 활용 수업

 – 나도 농부야: 반려 식물 만들기(화분에 씨앗이나 식물 심어 가꾸기)

 – 우리도 말을 해요: 동식물과 소통할 수 있는 방법 알아보고 동식물을 존중하는
   마음과 태도 기르기

– 함께 하면 행복해: 반려동물 만들어 입양하기

　　– 반려동물과 안전하게: 반려동물과 생활할 때의 안전 수칙 익히기

　● '함께 만들어요' 활용 수업

　　– 우리 집에서 자연 찾기: 우리 집에 있는 동식물, 자연물 조사하기

2) 최종 활동을 향해 달려가는 방식

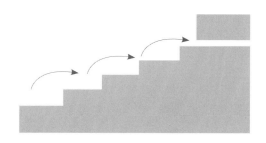

그림 11-4　**최종 활동을 향해 달려가는 단원 학습 구상 방식**

　　단원 학습을 구상하며 단원의 흐름을 만드는 또 다른 방식은 단원에서의 최종 활동을 정하고 그 최종 활동을 향해 수업이 진행되도록 구성하는 방식이다. 좀 더 구체적으로 말하자면, 마지막 최고조 활동이 될 만한 활동을 정하고, 이를 목적으로 하는 수업들을 메워 가는 형태로 단원을 개발하는 방식이다. 최종 활동을 목적으로 하는 수업은 최종 활동을 하기 위해 알아야 할 것, 준비해야 할 것, 해 봐야 할 것을 다루는 활동으로 구상할 수 있다.

　　앞에서 선정한 주제 중 '우리가 만드는 자연 도감'을 예시로 최종 활동을 향해 달려가는 단원 학습 구상 방식을 그려 보자.

(1) 최종 활동 정하기

　　먼저, 단원 학습의 최종 활동을 정한다. 최종 활동은 단원 학습의 마지막에서 최고조 활동이 될 만한 수업 혹은 단원 학습의 목표가 될 만한 수업을 의미하는 것으로 단원의 학습을 종합할 수 있는 활동으로 정한다. 앞서 선정한 주제인 '우리가 만드는 자연 도감'은 그 자체로 최종 활동을 내포하고 있는데, 이처럼 최종 활동을 향해 달려가는 방식으로 단원을 구상할 때는 단원 학습의 주제를 최종 활동으로, 혹은 최종 활동과 관련지어 정할 수 있다. 물

론 우리 반 주제를 따로 정하지 않고도 최종 활동을 정하여 단원 학습을 구상하며 흐름을 만들 수 있다. 최종 활동을 예시하면 다음과 같다.

> ▶ **우리 반 주제**: 우리가 만드는 자연 도감
> ▶ **최종 활동**: 자연 도감 출판 기념회

'우리가 만드는 자연 도감'이라는 우리 반 주제에 적합하게 최종 활동은 '우리 반 자연 도감 만들기'나 완성한 도감을 전시하며 구경하고 축하하는 '자연 도감 전시회' 혹은 '자연 도감 출판 기념회'로 정할 수 있다. 여기서는 '자연 도감 출판 기념회'를 최종 활동으로 선정하고 단원을 구상하는 예시를 제시하였다.

(2) 활동 구상하며 흐름 만들기

최종 활동을 정하였으면 이제 최종 활동을 목표로 하는 수업 활동들을 구상하며 단원 학습의 과정을 메워 간다. 이때 교과서의 '질문으로 수업을 만들어요' 수업을 활용할 수 있다.

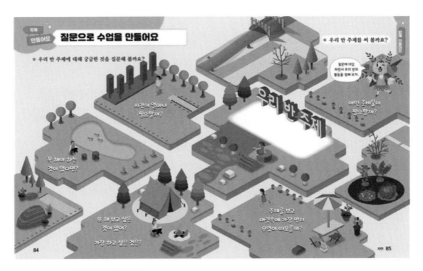

그림 11-5   자연 2-1의 '질문으로 수업을 만들어요'

최종 활동을 하기 위해 교사와 학생은 다음과 같은 질문을 하며 필요한 수업을 구상할 수 있다.

- 최종 활동을 위해 꼭 해야 하는 것은 무엇일까?
- 최종 활동을 위해 무엇을 알아봐야 할까?
- 최종 활동을 위해 무엇을 준비해야 할까?

'자연 도감 출판 기념회'라는 최종 활동을 위해 질문하는 과정을 통해 〈표 11-1〉과 같은 수업 활동을 구상할 수 있다.

표 11-1 최종 활동과 관련한 질문과 수업 활동 구상

질문	수업 활동 구상
자연 도감을 만들기 위해 무엇을 알아봐야 할까?	• 도감에는 무엇을 담아야 하는지 알아보기 • 지연에 사는 동식물 알아보기(조사하기) • 조사하는 방법 알아보기
자연 도감 출판 기념회를 위해 꼭 해야 하는 것은 무엇일까?	• 자연 도감 만들기: 표지 만들기, 목차 만들기, 도감 소개 글쓰기 • 자연 도감 출판 기념회 알리기
자연 도감 출판 기념회를 위해 무엇을 준비해야 할까?	• 출판 기념회 식순 정하기

또한 질문으로 수업 만들기와 연관 지어 수업을 구상할 때와 질문으로 수업 만들기를 활용하지 않고 수업을 구상할 때 모두 '함께 골라요'와 '함께 만들어요' 수업 묶음을 다음과 같이 활용할 수 있다.

- '함께 골라요'에 있는 다양한 수업(주제 수업, 놀이 수업, 안전 수업) 중 최종 활동을 향한 과정에서 다룰 수 있는 수업을 고른다.
- '함께 만들어요' 수업을 활용하여 최종 활동을 위해 꼭 필요한 활동을 하는 수업을 구상한다.
- 또한 최종 활동을 하는 과정에서 함께 다룰 수 있는 다른 교과를 연결하여 수업 활동을 구상할 수도 있다.

이런 방법으로 '자연' 단원에서 제시하고 있는 교과서 수업들을 활용하여 최종 활동을 향해 달려가는 방식으로 [그림 11-6]과 같이 단원 학습을 구상할 수 있다.

지금 여기 우리 이야기	
〈자연 관찰하기〉 • 숲속을 걸어요 + 자연과 함께 찰칵 • 자연 속 운동회 • 땅속이 꿈틀꿈틀 • 조물조물 흙 놀이 + 자연과 함께 찰칵	안전 수업 놀이 수업
〈동식물 조사하기 + 도감 만들기〉 • 땅 위 친구들 • 최고의 짝꿍 • 야외에서 안전하게(안전) • 우리도 말을 해요 • 난 네가 궁금해	
〈도감 완성하기〉 • 색으로 만나는 자연: 표지 그리기 • 주제 수업 만들기: 도감 목차 만들기, 도감 소개 글쓰기	
〈출판 기념회 준비하기〉 • 주제 수업 만들기: 출판 기념회 식순 정하기, 출판 기념회 알리기	
자연 도감 출판 기념회	
지금 여기 나의 이야기	

그림 11-6 **최종 활동을 향해 달려가는 단원의 흐름 예**

자연 도감 출판 기념회를 최종 활동으로 하는 과정에서의 수업 활동은 크게 〈자연 관찰하기〉〈동식물 조사하기〉〈도감 만들기〉〈도감 완성하기〉〈출판 기념회 준비하기〉로 구상하였다.

▶ **자연 관찰하기**
- 숲속을 걸어요 + 자연과 함께 찰칵: 학교 근처에서 자연을 관찰할 수 있는 곳에 나가 여러 가지 동식물을 관찰하고 사진 찍기
- 자연 속 운동회: 자연물을 관찰하고 자연물로 여러 가지 놀이하기
- 땅속이 꿈틀꿈틀: 교과서에 있는 땅속에 있는 동식물 관찰하기
- 조물조물 흙 놀이 + 자연과 함께 찰칵: 흙으로 생태 놀이하며 발견한 것 사진 찍기

▶ **동식물 조사하기 + 도감 만들기**

- 땅 위 친구들: 교과서에서 동식물 살펴보고 잘 모르는 동식물 조사하기
- 최고의 짝꿍: 서로 돕고 사는 동식물에 대해 조사하기
- 야외에서 안전하게: 야외에서 조심해야 할 동식물 알아보고 더 조심해야 할 동식물 이 있을지 조사하기
- 우리도 말을 해요: 동식물의 의사소통에 대해 조사하며 생명존중의 마음 기르기
- 난 네가 궁금해: 내가 궁금한 동식물에 대해 더 조사하여 기록하고 조사한 동식물 세밀화로 그리기

▶ **도감 완성하기**

- 색으로 만나는 자연: 다양한 색을 사용하여 자연 도감 표지 그리기
- 수업 만들기(도감 목차 만들기): 수학과의 '분류하기'와 연계하여 조사한 동식물을 분류하여 목차 만들기
- 수업 만들기(도감 소개 글쓰기): 국어과 '소개하는 글쓰기'와 연계하여 도감을 소개하는 글(머릿말) 쓰기

▶ **출판 기념회 준비하기**

- 수업 만들기(출판 기념회 식순 정하기): 수학과의 '시각과 시간'과 연계하여 식순을 정하고 출판 기념회 시간표 만들기
- 수업 만들기(출판 기념회 알리기): 출판 기념회 홍보물 만들기

▶ **자연 도감 출판 기념회**

- 축하 공연하기: 단원에서 배운 노래를 부르거나 악기로 연주하기
- 도감 전시 및 관람하기: 방명록에 소감 남기기
- 자연 도감 읽고 문제 맞히기

3) 그 외의 방식

앞서 설명한 두 가지 단원 구상 방식은 단원 학습 주제나 단원 학습의 특성에 따라 선택적으로 활용할 수 있고, 또 이 둘을 혼합하여 활용할 수도 있다. 즉, 두 가지 방식을 혼용하

여 소단원 중 하나를 최종 활동을 향해 달려가는 방식으로 구상하거나 최종 활동을 향해 달려가는 과정에서 소단원을 두는 방식 모두 가능하다.

한편, 앞서 설명한 두 가지 방식은 차시 수업 활동을 구체화하고 수업을 만들어서 해 가며 흐름을 조정하고 확정해 갈 수 있지만, 본격적인 차시 수업을 시작하기 전 어느 정도는 단원 학습에 대한 구상이 선행되어야 한다. 이러한 방식이 조금 어렵게 느껴지거나 단원 학습을 구상할 여유가 없는 경우 단원 학습의 내용과 흐름을 차시 수업을 해 가면서 만들어 가는 방식을 활용할 수도 있다. 이는 '꼬리에 꼬리를 무는 방식'으로 이전 수업과 이후 수업을 연계 혹은 연결하며 그때그때 차시 수업 활동을 하나씩 정해 가며 단원 학습의 흐름을 만든다. 이런 방식을 활용할 경우 단원 학습 구상과 차시 수업 만들기가 동시에 이루어지며, 단원의 흐름은 단원의 수업이 모두 끝난 후에 확정된다.

그림 11-7 꼬리에 꼬리를 무는 단원 학습 구상 방식

3. 차시 수업 만들기: 차시 활동 만들기

단원 학습을 구상하며 단원 학습의 흐름을 만든 이후에는 혹은 단원 학습을 구상하는 동시에 구체적인 차시 수업을 만들 수 있다. 차시 수업 만들기는 구체적인 차시 활동을 개발하는 것을 의미한다. 차시 수업 활동을 만들 때는 교과서의 '함께 골라요'를 활용하여 교과서의 수업 활동을 재구성하거나, '함께 만들어요'를 활용하여 우리 반 주제나 학생의 흥미와 관심에 꼭 맞는 수업 활동을 만들 수 있다.

1) '함께 골라요' 활용 수업 재구성하기

'함께 골라요'의 수업 묶음을 활용하여 차시 수업 활동을 만들 때는 교과서 차시 수업 활동에 우리 반 주제를 연계하거나, 교과서에서 제시하는 수업 활동의 일부를 바꾸거나, 두 가지 이상의 수업 활동을 적절히 통합하는 등 재구성의 정도를 달리하며 교과서 수업을 재구성할 수 있다. 여기서는 앞서 구상한 단원 학습 중 일부 수업을 예시로 교과서의 '함께 골라요'를 활용한 수업 활동 재구성 장면을 그려 보고자 한다.

(1) 차시 수업 활동에 우리 반 주제 연계하기

먼저, 교과서에서 제시하고 있는 차시 수업 활동을 그대로 활용하되 우리 반 수업의 맥락과 연계시키는 정도의 재구성이 가능하다. 앞서 '우리는 자연 탐구가'라는 주제로 구상한 단원에서 '집안 속 자연 탐구' 소단원에 배정한 '나도 농부야' 수업의 예를 보자. 교과서에서 제시하고 있는 '나도 농부야' 수업은 직접 식물을 가꾸는 활동으로 구성되어 있다. 이런 '식물 가꾸기' 활동을 그대로 유지하되 소단원의 주제인 '집안 속 자연'을 연계하여 집안에서 기를 수 있는 화분을 심고 가꾸며 자람을 관찰하는 '반려 식물 만들기' 수업으로 재구성할 수 있다.

수업의 맥락

▶ **우리 반 주제:** 우리는 자연 탐구가

▶ **소주제:** 집안 속 자연 탐구

▶ **차시 수업:** 반려 식물 만들기(돌보기)

활용한 교과서 수업

▶ **수업명: 나도 농부야**

▶ **교과서 예시 활동:** 씨앗 탐색하기 → 작물 재배 계획하기 → 텃밭 고르고 심고 돌보기 → 자람 관찰하기 → 수확하여 음식 만들어 먹기 → 느낀점 이야기 나누기

주제 연계 재구성

▶ **수업명:** 반려 식물 만들기

▶ '집안 속 자연'이라는 주제와 '식물 가꾸기' 활동을 연계하여 집에서 직접 기르며 가꿀 수 있는 화분을 심고 지속적으로 돌보며 관찰하는 수업으로 재구성

이런 방식의 재구성은 교과서 단원의 주제와 연결하지 않고 개발한 '놀이 수업'이나 '안전 수업'을 단원의 주제와 맥락적으로 연결하여 수업할 때 활용하기 좋다. '우리는 자연 탐구가' 중 '동식물 탐구' 소단원에 배정한 놀이 수업 '술래가 흔들흔들'을 예로 들자면, '술래가 흔들흔들' 수업은 '자연'이라는 단원의 주제와 관련이 없이 개발되어 있다. 손등에 콩주머니를 올리고 콩주머니를 떨어뜨리지 않게 조심히 움직이며 술래잡기하는 이 수업의 활동을 그대로 유지하되 소단원 주제인 '동식물'을 연계하여 콩주머니에 소중히 여겨야 하는 생명 이름표를 붙여 놀이하는 '생명을 지켜라' 수업으로 재구성할 수 있다.

수업의 맥락

▶ **우리 반 주제:** 우리는 자연 탐구가

▶ **소주제:** 동식물 탐구

▶ **차시 수업:** 생명 존중과 관련하여 신체 놀이하기

활용한 교과서 수업

▶ **수업명:** 술래가 흔들흔들

▶ **교과서 예시 활동:** 준비 운동하기 → 콩 주머니를 손등에 올리고 걷기 → 놀이 방법과 주의 사항 알아보기 → 놀이하기 → 정리 운동하기 → 소감 나누기

주제 연계 재구성

▶ **수업명:** 생명을 지켜라

▶ '동식물'이라는 주제와 '콩주머니를 떨어뜨리지 않고 술래잡기 놀이하기' 활동을 연계하여 콩주머니에 소중히 여겨야 하는 생명 이름표를 붙여 놀이하는 수업으로 재구성

(2) 차시 수업 활동 바꾸기

교과서를 재구성하여 수업을 만들 때 교과서에서 적절한 수업을 골라 수업 활동의 일부를 우리 반 수업 맥락에 맞게 바꿀 수 있다. 앞서 '자연 도감 출판 기념회'라는 최종 활동을 향해 달려가도록 구상한 '우리가 만드는 자연 도감' 단원의 '자연 도감 표지 만들기' 수업을 예로 들면, 교과서에 제시된 여러 수업 중 표지를 만드는 데 활용할 수 있는 적절한 수업 ('색으로 만나는 자연')을 고른다. 고른 교과서 수업 활동을 살펴보고 '도감 표지 만들기'라는 수업 맥락에 적절하도록 교과서에서 제시하는 수업 활동을 다음과 같이 바꾸어 수업할 수 있다.

수업의 맥락

▶ **우리 반 주제:** 우리가 만드는 자연 도감

▶ **최종 활동:** 자연 도감 출판 기념회

▶ **차시 수업:** 자연 도감 표지 만들기

활용한 교과서 수업

▶ **수업명:** 색으로 만나는 자연

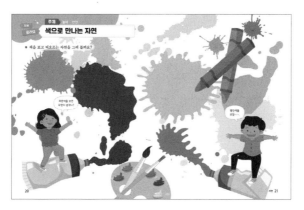

▶ **교과서 예시 활동:** 색과 관련된 책 읽기 → 색으로 이미지 떠올리기 → 색으로 자연 나타내기 → 작품 발표하기

▶ 자연을 관찰하고 조사하며 인상에 남는 색 떠올리기

▶ 색과 관련된 동식물 떠올리며 이야기하기

▶ 다양한 색을 이용하여 도감 표지로 활용할 자연 작품 나타내기

▶ 작품 발표하기

(3) 여러 수업 활동을 합치기

교과서에 있는 수업을 재구성하여 차시 수업 활동을 만들 때 둘 이상의 수업을 함께 활용하는 것도 가능하다. 둘 이상의 수업에서 우리 반 수업의 맥락에 부합하는 활동을 뽑아와서 하나의 수업으로 구성하는 방식이다. 앞에서 구상한 '우리가 만드는 자연 도감' 단원의 '자연 속에서 동식물 관찰하기' 수업을 예로 들면, 교과서 '함께 골라요' 수업 중 두 개의 수업 ('숲속을 걸어요' '자연과 함께 찰칵')의 활동에서 각각 '자연 속에서 자연물과 동식물 관찰하기'와 '자연 사진 찍기' '자연을 배경으로 하는 사진 감상하기' 활동을 가지고 와서 다음과 같이 하나의 수업으로 재구성할 수 있다.

수업의 맥락

▶ **우리 반 주제:** 우리가 만드는 자연 도감

▶ **최종 활동:** 자연 도감 출판 기념회

▶ **차시 수업:** 자연 속에서 동식물 관찰하기

활용한 교과서 수업 1

▶ **수업명:** 숲속을 걸어요

▶ **교과서 예시 활동:** 자연과 함께 했던 경험 나누기 → 「숲으로 가자」 노래 부르기 → 숲 체험 하며 숲속 보물(동식물, 자연물 등)찾기 → 관찰한 것들과 활동 후 느낀 점 이야기 나누기

활용한 교과서 수업 2

▶ **수업명:** 자연과 함께 찰칵

▶ **교과서 예시 활동:** 자연이 배경인 사진과 그렇지 않은 사진 비교하기 → 준비해 온 자연과 함께한 사진 소개하기 → 종이 액자 만들기 → 친구들의 사진 살펴보기 → 느낌 나누기 → 사진 전시하기

활동 재구성

▶ 자연에서 활동했던 사진을 가지고 와 내 사진을 소개하며 이야기 나누기
▶ '숲으로 가자' 노래 배워 부르며 자연에서 관찰하고 싶은 것(내가 찾을 보물) 정하기
▶ 인근 자연에 나가 자연물과 동식물을 관찰하고 내가 관찰하거나 찾은 보물 사진 찍기(찍은 사진은 추후 도감 만들기에 활용)
▶ 교실에 돌아와 찍은 사진을 보며 내가 관찰한 것 이야기 나누며 관찰 결과 정리하기

2) '함께 만들어요' 활용 수업 만들기

'함께 만들어요'를 활용하여 차시 수업 활동을 만들 때는 '주제 수업 만들기' '놀이 수업 만들기' '안전 수업 만들기' 교과서 페이지별로 안내하는 수업 만들기의 과정에 따라 수업을

만들 수 있다. 각 단원마다 교과서에서 제시하는 수업 만들기의 과정은 상이한데, 해당 단원에 제시된 과정을 따르지 않고 교사가 적절한 방식을 택하여 활용하는 것도 얼마든지 가능하다. 뿐만 아니라 교과서에 제시된 수업 만들기의 과정과 별개로 우리 반 주제나 학급 학생들의 흥미와 관심에 꼭 맞는 수업 활동을 개발할 수도 있다. 여기서도 역시 앞서 구상한 단원 학습 중 일부 수업을 예시로 '함께 만들어요'를 활용한 수업 만들기 장면을 다양하게 그려 보고자 한다.

(1) 주제 수업 만들기

먼저, '함께 만들어요'를 활용하여 단원의 주제를 기반으로 단원에 배정된 성취기준을 다루는 주제 수업을 만들 수 있다.

'자연' 단원의 주제 수업 만들기를 보자.

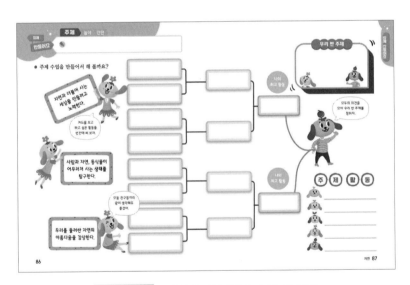

그림 11-8 자연 2-1의 '주제 수업 만들기'

'주제 수업 만들기'(함께 만들어요-주제)에서는 이 단원에 배정된 바른 생활, 슬기로운 생활, 즐거운 생활 성취기준을 보며 하고 싶은 활동을 다양하게 떠올려 본 후 그 중 가장 하고 싶은 활동을 골라 주제 수업 활동을 정하는 과정을 안내하고 있다. 이런 과정을 충실히 따라가며 주제 수업을 만들어 할 수 있다.

그런데 이미 우리 반 주제가 정해져 있고 우리 반만의 단원 학습이 구상되어 있다면 교과서의 안내를 그대로 따르기보다는 융통성 있는 방식으로 필요에 맞게 주제 수업을 만들 수 있다. '우리는 자연 탐구가' 중 '집안 속 자연 탐구'라는 소주제를 다루는 수업 중 우리 집에 있는 동식물을 찾아보는 활동이 필요하다면 이런 활동을 하는 시간으로 주제 수업 만들기를 활용할 수 있다. 이 경우 수업 만들기는 단원 학습 구상 과정에서 자연히 생성된다고도 볼 수 있다. 단원 학습을 구상할 때 필요에 따라 수업 활동이 먼저 만들어진 경우 교사는 해당 수업에 어떤 성취기준을 연결할지를 결정하여 시수를 배정하는 것으로 주제 수업 만들기를 마무리 지을 수 있다.

수업의 맥락

▶ **우리 반 주제:** 우리는 자연 탐구가
▶ **소주제:** 집안 속 자연 탐구
▶ **차시 수업:** 우리 집에 있는 동식물 찾기

만든 수업

▶ **수업명:** 우리 집에서 찾은 자연
▶ **수업 활동:** 우리 집에 있는 동물과 식물을 조사하여 소개하기
▶ **배정 성취기준:** [2슬01-04] 사람과 자연, 동식물이 어우러져 사는 생태를 탐구한다.

주제 수업을 만들 때 필요하다면 다른 교과와 통합한 활동을 구상할 수도 있다. 앞서 구상한 '우리가 만드는 자연 도감' 단원에서 자연 도감을 완성하기 위해 자연 도감의 목차를 만들 때 수학과의 '분류하기'를 함께 다룰 수 있다. 이에 다음과 같이 통합교과와 수학과를 통합한 주제 수업을 만드는 것도 가능하다.

수업의 맥락

▶ **우리 반 주제:** 우리가 만드는 자연 도감
▶ **최종 활동:** 자연 도감 출판 기념회
▶ **차시 수업:** 자연 도감 목차 만들기

만든 수업

▶ **수업명**: 자연 도감 목차 만들기
▶ **수업 활동**: 조사한 동식물의 특징을 살펴 기준을 정해 동식물을 분류하고 분류한 결과에 따라 도감의 목차 만들기
▶ **배정 성취기준**

[2슬01-04] 사람과 자연, 동식물이 어우러져 사는 생태를 탐구한다.
[2수04-01] 여러 가지 사물을 정해진 기준 또는 자신이 정한 기준으로 분류하여 개수를 세어 보고, 기준에 따른 결과를 말할 수 있다.

(2) 놀이 수업 만들기

'함께 만들어요'를 활용하여 신체를 움직이는 놀이를 할 수 있는 놀이 수업을 만들 수 있다. 각 단원의 '놀이 수업 만들기'(함께 만들어요-놀이) 교과서 페이지에서는 놀이 수업을 만드는 과정을 안내하고 있다. 재미있었던 놀이를 골라 규칙을 바꾸거나 도구를 바꾸는 등 놀이의 일부를 바꾸어 하기, 신체 움직임을 골라 그 움직임을 다루는 놀이 수업 만들기 등 단원별로 놀이 수업을 만들어서 할 수 있는 여러 방식을 안내하고 있다.

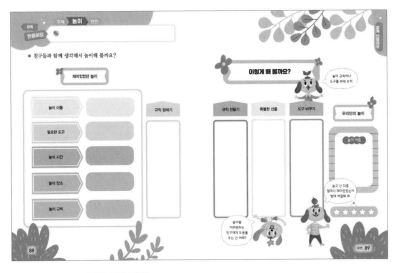

그림 11-9　자연 2-1의 '놀이 수업 만들기'

주제 수업과 마찬가지로 놀이 수업도 교과서에서 안내하는 과정을 따라 수업을 만들 수도 있고, 우리 반 주제와 관련하여 할 수 있는 놀이 활동을 구상하여 놀이 수업을 만들 수 있다. 예를 들어, '우리는 자연 탐구가' 중 '자연물 탐구' 소주제를 다룰 때 자연물을 소재로 하는 신체 놀이 수업을 다음과 같이 만들 수 있다.

수업의 맥락

▶ **우리 반 주제:** 우리는 자연 탐구가
▶ **소주제:** 자연물 탐구
▶ **차시 수업:** 자연물을 소재로 한 신체 놀이

만든 수업

▶ **수업명:** 돌 바람 놀이
▶ 얼음 땡 놀이를 변형하여 자연물인 돌과 바람을 소재로 술래를 피해 바람 친구들이 도망을 다니다가 얼음 대신 '돌'을 외치며 멈추면 바람인 친구가 와서 다시 움직일 수 있도록 하는 규칙을 적용한 신체 놀이하기

교사와 학생이 놀이의 방법과 규칙을 정해 완전히 새로운 놀이를 하는 것도 가능하지만 보다 접근하기 쉬운 방식으로 위의 예처럼 기존에 학생들이 알고 있는 놀이나 즐겨 하는 놀이를 단원 학습 주제와 연결하여 변형시키는 것도 가능하다.

(3) 안전 수업 만들기

'함께 만들어요'를 활용하여 안전 수업을 만들어 수업하는 것도 가능하다. 각 단원의 '안전 수업 만들기'(함께 만들어요-안전) 교과서 페이지에서는 안전 수업을 만드는 과정을 안내하고 있다.

그림 11-10　자연 2-1의 '안전 수업 만들기'

　　교과서에서 안내하는 수업 만들기의 과정을 따라 혹은 안내를 참고하여 단원에서 학습하는 주제와 관련하여 다룰 수 있는 안전 수업을 만들 수 있다. 예를 들어, '우리는 자연 탐구가' 중 '자연물 탐구' 소주제를 다룰 때 자연물을 탐구하러 나가기 전 자연물과 관련하여 겪을 수 있는 안전 문제를 다루는 안전 수업을 다음과 같이 만들 수 있다.

수업의 맥락

▶ **우리 반 주제:** 우리는 자연 탐구가
▶ **소주제:** 자연물 탐구
▶ **차시 수업:** 자연물과 관련한 안전한 행동 익히기

만든 수업

▶ **수업명:** 자연물과 안전하게
▶ 자연물(돌멩이, 흙, 나뭇가지 등)로 발생할 수 있는 사고나 위험한 일을 생각해 보기 → 그 일을 예방하기 위해 할 일 알아보기 → 그 일이 일어났을 때의 대처 방법 알아보기 → 자연물 탐구 안전 약속하기 → 자연물을 탐구하며 안전 약속 실천하기 → 소감 나누고 다짐하기

참고문헌

교육부(2024). 초등학교 교사용 지도서 바른 생활 슬기로운 생활 즐거운 생활 2-1. 서울: 지학사.

제**12**장

초등통합교과 교과서 개발하기

I. 교과서 전달자, 사용자, 개발자로서 교사[1]

수업을 하는 교사는 어떠한 방식이든 교과서와 상관한다. 교과서를 있는 그대로 구현하든, 교과서에서 벗어나 자신만의 교육과정 자료를 만들든, 교과서는 오래전부터 수업을 이끌어가는 매개체였기에 교실에서 필수요소로 작동한다. 이에 교사가 교과서와 어떻게 관계 맺는가에 따라 교사의 특성을 규정해 볼 수 있는데, 교사가 외부에서 개발한 교과서를 사용하는가 혹은 교사 스스로 교과서를 개발하는가에 따라 교과서 사용자로서의 교사와 교과서 개발자로서의 교사로 나눌 수 있으며(김현규, 정광순, 2018; Ben-Peretz, 1990), 교육과정 전달자, 교육과정 사용자, 교육과정 개선자, 교육과정 개발자 등으로 교사와 교육과정과의 관계를 설명할 수도 있다(김세영, 2017b). 또한 Snyder, Bolin과 Zumwalt(1992)처럼 '충실도 관점'과 '생성 관점'을 양극단으로 하고, 이 사이를 '상호 조정'하면서 학교의 변화를 설명함으로써 이것으로부터 교사의 교육과정 자료에 관한 '충실 → 상호 조정 → 생성' 관점을 이끌어 낼 수도 있다.

어떠한 방식이든 연구자들은 교사와 교육과정 관계에 대해 혹은 교과서와의 관계에서 나타나는 교사의 특성에 대해 규정하고 있으며, 이것을 정리해 보면 [그림 12-1]과 같이 나타낼 수 있다.

---

1) 이 절의 내용은 김세영(2018)의 일부를 요약·정리한 것이다.

교과서 전달자로서의 교사	교과서 사용자로서의 교사	교과서 개발자로서의 교사
• 표준 수업 절차 습득 • 차시 목표 파악 • 수업다운 수업하기	• 교과서 차시 생략·축소·확대 • 교과서 차시 및 활동 변경 • 수업 변환·재구성하기	• 교육과정 자료 생성 • 교육목표 생성 • 수업 만들기

그림 12-1 교과서와의 관계로 본 교사의 특성

먼저, 교과서 자료 전달자로서의 교사는 교과서에 있는 내용을 그대로 전달하는 것, 전달하는 법을 배우는 것에 중점을 둔다. 이 교사의 관심은 수업의 전형을 습득하는 것, 목표를 파악하여 '목표-활동-평가'의 일관성을 유지하는 것에 있으며, 무엇보다도 교사로서 수업다운 수업을 하는 것에 목적을 둔다. 반면, 교과서 사용자로서의 교사는 교과서를 능숙하게 사용하기 때문에 교과서를 그대로 사용하기보다도 내용 및 활동을 변경하고, 교과서의 차시를 축소하거나 확대하는 등 자유자재로 사용하는 것에 중점을 둔다. 이 교사는 표준적인 수업의 절차를 이미 습득했기 때문에 이를 토대로 수업을 변환하거나 재구성하는 데 관심을 둔다. 마지막으로, 교과서 개발자로서의 교사는 외부에서 만들어진 교과서를 사용하기보다도 본인 스스로 교과서를 개발하는 것에 중점을 둔다. 그는 교실의 학생, 자신의 철학 및 견해, 환경적 요건 등을 반영하여 교육목표 및 그에 따른 기간, 형태 등을 자유롭게 결정한다. 여기에서 교사는 다양한 규모와 형태의 수업을 만들고, 그에 걸맞은 교과서를 개발하는 데 관심을 둔다.

이 세 단계는 교과서 사용에 대한 교사의 전문성과 관련 깊지만, 품계처럼 현 품계를 넘어서면 다음 품계로 가게 된다는 것을 의미하지는 않는다. 교사의 교과서에 관한 범위를 점차 넓혀가는 것으로, 교사는 교과서에 관한 공간성을 더 확보함으로써 자신의 여건에 따라 교과서와의 관계를 자유자재로 넘나든다(이윤미, 정광순, 2015). 그러나 이 세 단계는 교사의 전문성에 따라 질적인 차이를 보이기 때문에 교사의 전문성 단계와 상통하기도 한다.

1단계: 입문자로서의 교사	2단계: 숙련가로서의 교사	3단계: 전문가로서의 교사
• (표준) 교사 만들기 • 습득, 훈련, 모방	• 스스로 자신을 분석·개선 • 레퍼토리 보강·갱신	• 자신이 곧 하나의 표준 • 전문 모델의 역할 수행

그림 12-2 교사의 전문성 단계

입문자로서의 교사 단계는 교사가 되는 것에 목적이 있다. 여기에서는 표준 혹은 평균에 도달하기 위해 애쓰며, 모방하고 훈련받음으로써 표준화된 교사에 이르게 된다. 다음으로, 교사가 되면 그는 숙련가로서의 교사의 길을 걷게 된다. 그는 표준화된 수업 방식을 충분히 체화하고 있으며, 스스로 잘한 것과 못한 것을 대상으로 자신을 개선해 나간다. 그의 관심은 표준에서의 일탈, 자신의 레퍼토리를 보강하거나 갱신하는 것에 있다. 마지막으로, 전문가로서의 교사 단계로 접어들게 되면, 교사는 자신이 곧 표준 혹은 전문 모델로서의 역할을 수행하게 된다. 여기에서 교사는 자신이 스스로 표준을 만들게 된다.

2. 교과서 개발 매뉴얼

1) 교과서 개발의 기준, '교육과정' 알기

교과서에 나와 있는 활동들보다 더 나은 활동이 생각났을 때, 혹은 다른 교사들이 수업한 자료 중 교과서보다 더 나은 자료가 있을 때, 교사는 망설이지 않고 교과서의 활동을 바꾼다. 그리고 이때 교사가 교과서 활동을 바꿀 수 있는 것의 기준이 되는 것은 '학습목표'이다. 보통 모든 교과서는 차시별로 목표가 있기 때문에 한 차시 수업에서 교사는 이 목표를 기준 삼아 활동을 계획하고 평가한다. 즉, 학습목표는 교사가 교과서를 전달하거나 사용할 때 필수적이다.

> "당연히 학습목표가 중요하지. 학습목표를 세우고, 그것에 따라 학습활동과 평가를 정해야 하지. 수업을 잘했냐, 그렇지 못했냐의 여부는 학습목표를 활동으로 잘 구현하고, 이를 잘 평가했는가와 연결되는 것 아닌가? 그리고 학습목표를 버리면 도대체 무얼 가지고 가르칠 것을 정할 수 있을까? 교사? 학생의 요구? 이런 것들이 현실성이 있나? 없지. 만약 교사나 학생이 기준이 된다면 전국의 초등학교 교육이 과연 유지가 될까? 교육에도 지켜야 할 마지노선이라는 것이 있는 것이고, 이것이 학습목표인 거지."(초등학교 교사, K)

그러나 만약에 학습목표 말고, 그것보다 더 위의 차원에서 교사에게 '이 학년에서 이것을 꼭 가르쳐라.'라고 이야기하는 교육의 기준이 있다면? 그렇다면 교사는 이것을 기준 삼아 교과서의 학습목표를 버릴 수 있게 되지 않을까? 그리고 더 상위의 것을 기준 삼아 교사는 자신만의 교과서를 만들 수 있지 않을까? 그렇다면 그 기준은 무엇일까?

그 기준이 되는 것이 곧 '교육과정'이며, 교사는 '교육과정'을 통해 자신만의 교과서를 만들 수 있다.

이것에 대해 어떤 교사는 다음과 같은 질문을 할 수도 있을 것이다.

> 교육과정? 학교 교육과정? 학년 교육과정? 학급 교육과정? 그 교육과정을 말하는 건가요? 그건 교과별 진도뿐만 아니라 학교 특색을 반영한 학교만의 프로그램, 혹은 교사가 이번 학년에는 꼭 하고 싶은 활동들, 더 구체적으로는 언제 운동회를 할 것인지, 언제 현장학습을 갈 것인지 등 학교 철학이나 교사 철학, 그리고 구체적인 1년의 계획을 속속들이 써 내려간 것들인데, 그걸 기준으로 삼으라는 건가요? 교과서 말고 이걸 기준으로? 이해가 되지 않네요. 그건 지금도 하고 있는 사항이에요. 교육과정을 운영하지 않는 학교가 전국에 있나요? 모두가 학기 초면 교육과정을 짜고, 학기 말에는 그 교육과정이 잘 이루어졌는지 혹은 개선해야할 부분은 없는지 반성을 하지요. 그런데 이 교육과정과 교과서가 무슨 상관이 있나요? 그것은 1년의 계획이고, 교과서를 가르치는 것은 그 1년의 계획 중 일부인 거지, 교육과정이 교과서의 학습목표를 판단하는 기준이 되지는 않죠.

우리는 교육과정이라는 말을 학교 현장에서 너무나도 흔하게 사용하기 때문에 교육과정이라는 말에 익숙하다. 그러나 교육과정은 그것이 가진 다의적인 의미 때문에 그 단어를 쓰는 주체에 따라 서로 다른 의미를 내보이기도 한다.

교육과정이 가지고 있는 다양한 의미 중에서 학교에 직접적으로 영향이 미치는 구체적인 의미 두 가지만 생각해 보기로 하자.

① 2009 개정, 2015 개정, 2022 개정 교육과정과 같이 시대 흐름이나 교과 요구 등을 반영하여 일정 기간 동안 운영되는 국가차원의 교육과정. 모든 학교에서 편성·운영해야 할 학교 교육과정의 공통적, 일반적인 기준을 제시한 것
② 학기 초에 한 해를 운영하기 위해 교육 철학, 연간 시수표, 각 교과 진도표, 교과 내용, 평가 사항 등을 적어 넣은 것으로 학교 교육과정 → 학년 교육과정 → 학급 교육과정으로 구체화되며, 모든 교사가 만드는 교육과정

②에 해당하는 교육과정은 교사라면 누구든지 인지할 수 있는 교육과정이다. 그리고

①의 교육과정 역시 교사들은 알고 있다. 가령, 어떤 이가 "2022 개정 교육과정의 특징은 무엇인가요?"라고 물어본다면, 교사는 "역량 함양 교육과정? 학생 주체성? 깊이 있는 학습? 뭐 이런 것 아닐까요?"라고 대답할 수 있을 것이다. 그런데 생각해 보면, 교사들 대부분은 2015 개정 혹은 2022 개정과 같은 교육과정을 '학교에서 교육과정을 어떻게 편성할 것인가?'와 관련해서만 생각하는 경향이 있다. 즉, '올해 창의적 체험활동 시수를 얼마만큼 부과할 것인가?' '국어 시수를 얼마로 할 것인가?' 등과 관련지어서만 생각하는 것이다. 그러나 사실 2022 개정 교육과정과 같은 ①에 해당하는 교육과정은 학교 교육과정 운영 사항뿐만 아니라 교과서를 만드는 원자료가 됨으로써 교과 수업에 대한 일반적·공통적 기준이 되기도 한다.

여기에서 말하는 교사가 교과서 개발 시 참고해야 할 '교육과정'이란 ①의 교육과정을 의미하는 것이다. 즉, 교사가 교과서 진도를 적어 내려가거나 한 해 시수표를 작성하면서 만든 교육과정이 아니라 2022 개정 교육과정과 같은 국가차원의 교육과정이다. 그렇다면, 이 교육과정이 교과서와 어떻게 연관되는가? 이것은 교육과정을 살펴보면 알 수 있다.

모든 교사에게 교과서가 주어지고, 이 교과서는 누구든지 눈으로 확인할 수 있는 실체를 가지고 있듯이, 교육과정 역시 교사에게 주어지고, 이 교육과정 역시 실체가 있다.

교육과정

교과서

그림 12-3 교육과정과 교과서

모든 교사가 교과서를 구할 수 있듯이, 교육과정 역시 국가교육과정 정보센터(www.ncic.go.kr)를 통해 언제든지 구할 수 있다.

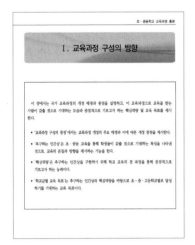

교육과정의 '총론'

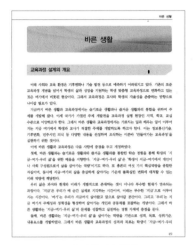

교육과정의 '각론'

그림 12-4 교육과정의 총론과 각론

교육과정을 손에 넣은 교사가 교육과정을 살펴보면, 그것은 크게 '총론'과 '각론'으로 되어 있음을 알 수 있다. '총론'은 학교 교육과정으로 따지면 교육 철학이나 각 교과 시수 운영 사항과 비슷한 것으로, 2022 개정 교육과정이 추구하는 방향이나 철학 그리고 어떤 교과를 얼마만큼 이수해야 하는지 등을 설명하고 있다. 또한 '각론'은 각 교과에서 무엇을 가르쳐야 하는지를 진술한 것으로, '바른 생활, 슬기로운 생활, 즐거운 생활, 국어, 사회, 도덕, 수학, 과학, 실과, 체육, 음악, 미술, 영어, 창의적 체험활동'에서 무엇을 가르치고 어떻게 가르쳐야 할지에 대해 진술하고 있다.

여기에서 교사는 각론의 교육과정 성취기준을 기준 삼아 교과서를 개발할 수 있다. 보통, 교과서의 주 사용자는 교사이며, 교육과정의 주 사용자는 교과서 집필자이다. 즉, 교과서 집필자는 자신이 다룰 교과서의 내용을 자신 스스로 생각해 내는 것이 아니라 교육과정 각론에 나와 있는 교과별 내용에 준하여 교과서를 만든다. 그리고 그 교과서를 교사가 보는 것이다.

따라서 교사는 이제까지 교과서를 보며 수업했던 습속에서 벗어나 '교육과정'을 중심으로 교과서를 만들며 교과서 개발자로서 입문할 수 있다. 이에 교과서를 개발한다는 것은, 한편으로는, 교과서 집필자에게 빼앗겼던 교사의 원래 기능, 즉 가르칠 것을 중심으로 자신만의 수업을 만들 수 있는 능력을 다시 되찾는 것이며, 다른 한편으로는, 교사만이 알고 있는 학생의 특성이나 교실만의 분위기, 학교의 여건 등을 반영하여 그 교실에 최적화된 교과서를 만듦과 더불어 교육과정에 제시된 기준은 준수함으로서 공통성을 동시에 살리는, 즉 '교사와 학생만의 다름'과 '국가가 요구하는 같음'을 함께 충족하는 것이다.

2) 교과서 개발 전 준비사항

	교육과정 내려받기
1	• 국가 교육과정 정보센터 접속 (http://www.ncic.go.kr/) • 2022 개정 교육과정 내려받기 (교육과정 자료실 → 2022 개정)

	교육과정 읽기
2	• 교육과정 총론 읽기 (2022 개정 중점, 운영 방법 파악) • 교육과정 각론 읽기 (바른 생활, 슬기로운 생활, 즐거운 생활 교육과정 읽기)

〈각론 읽기〉

교육과정 설계의 개요	■ 교과(목) 교육과정의 설계 방향에 대한 개괄적인 소개 ■ 교과(목)와 총론의 연계성, 교육과정 구성 요소(영역, 핵심 아이디어, 내용 요소 등) 간의 관계, 교과 역량 등 설명
1. 성격 및 목표	**성 격** 교과(목) 교육의 필요성 및 역할 설명 **목 표** 교과(목) 학습을 통해 기르고자 하는 능력과 학습의 도달점을 총괄 목표와 세부 목표로 구분하여 제시
2. 내용 체계 및 성취기준	**내용 체계** 학습 내용의 범위와 수준을 나타냄 ■ **영역**: 교과(목)의 성격에 따라 기반 학문의 하위 영역이나 학습 내용을 구성하는 일차 조직자 ■ **핵심 아이디어**: 영역을 아우르면서 해당 영역의 학습을 통해 일반화할 수 있는 내용을 핵심적으로 진술한 것. 이는 해당 영역 학습의 초점을 부여하여 깊이 있는 학습을 가능하게 하는 토대가 됨 ■ **내용 요소**: 교과(목)에서 배워야 할 필수 학습 내용 • **지식·이해**: 교과(목) 및 학년(군)별로 해당 영역에서 알고 이해해야 할 내용

・ **과정・기능**: 교과 고유의 사고 및 탐구 과정 또는 기능
・ **가치・태도**: 교과 활동을 통해 기를 수 있는 고유한 가치와 태도

> **성취기준** 영역별 내용 요소(지식・이해, 과정・기능, 가치・태도)를 학습한 결과
> 학생이 궁극적으로 할 수 있거나 할 수 있기를 기대하는 도달점

- **성취기준 해설**: 해당 성취기준의 설정 취지 및 의미, 학습 의도 등 설명
- **성취기준 적용 시 고려 사항**: 영역 고유의 성격을 고려하여 특별히 강조
  하거나 중요하게 다루어야 할 교수·학습 및 평가의 주안점,
  총론의 주요 사항과 해당 영역의 학습과의 연계 등 설명

3. 교수 · 학습 및 평가

> **교수·학습**
- **교수 · 학습의 방향**: 교과(목)의 목표를 달성하기 위한 교수·
  학습의 원칙과 중점 제시
- **교수 · 학습 방법**: 교수 · 학습의 방향에 따라 교과(목) 수업에서
  활용할 수 있는 교수·학습 방법이나 유의
  사항 제시

> **평 가**
- **평가의 방향**: 교과(목)의 목표를 달성하고 학습을 지원하기
  위한 평가의 원칙과 중점 제시
- **평가 방법**: 평가의 방향에 따라 교과(목)의 평가에서 활용
  할 수 있는 평가 방법이나 유의 사항 제시

	교육과정 코드표 만들기
3	• '3. 내용 체계 및 성취기준'에서 성취기준 확인하기 • 교사가 파악하기 쉬운 방법으로 다양하게 교육과정 코드표 만들기 (성취기준 중심 교육과정 코드표, 핵심 역량과 기능을 포함한 교육과정 코드표)

〈교육과정 코드표 예시〉

교육과정(교육부 고시 제2022-33호)		
영역	**핵심 아이디어**	**성취기준**
01. 우리는 누구로 살아 갈까	01-01. 우리는 내가 누구인지 생각하며 생활한다.	[2바01-01] 학교 생활 습관과 학습 습관을 형성하여 안전하고 건강하게 생활한다.
		[2슬01-01] 학교 안팎의 모습과 생활을 탐색하며 안전한 학교생활을 한다.
		[2즐01-01] 즐겁게 놀이하며, 건강하고 안전하게 생활한다.
		[2바01-02] 나를 이해하고 존중하며 산다.
		[2슬01-02] 나를 탐색하여 나에 대해 설명한다.
		[2즐01-02] 놀이하며 내 몸의 움직임이나 감각을 느낀다.
	01-02. 우리는 서로 관계를 맺으며 살아간다.	[2바01-03] 가족이나 주변 사람을 배려하며 관계를 맺는다.
		[2슬01-03] 가족이나 주변 사람에게 관심을 갖고 함께 살아가는 모습을 탐구한다.
		[2즐01-03] 가족이나 주변 사람과 소통하며 어울린다.
		[2바01-04] 생태환경과 더불어 살기 위해 노력한다.
		[2슬01-04] 사람과 자연, 동식물이 어우러져 사는 생태를 탐구한다.
		[2즐01-04] 우리를 둘러싼 자연의 아름다움을 감상한다.

교육과정과 교과서 매칭하기	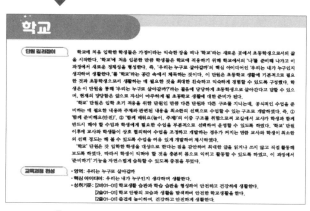
• 성취기준이 교과서에 어떻게 구현되어 있는지 찾기 (지도서의 단원 개관 참고) **4** • 교육과정과 교과서 매칭표 만들기	

〈교육과정과 교과서 연결표 예시〉

영역	핵심 아이디어	성취기준	교과서명
01. 우리는 누구로 살아갈까	01-01. 우리는 각자 정체성을 형성하며 살아간다.	[2바01-01] 학교 생활 습관과 학습 습관을 형성하여 안전하고 건강하게 생활한다.	학교1-1
		[2슬01-01] 학교 안팎의 모습과 생활을 탐색하며 안전한 학교 생활을 한다.	
		[2즐01-01] 즐겁게 놀이하며, 건강하고 안전하게 생활한다.	
		[2바01-02] 나를 이해하고 존중하며 생활한다.	나2-1
		[2슬01-02] 나를 탐색하여 나에 대해 설명한다.	
		[2즐01-02] 놀이하며 내 몸의 움직임이나 감각을 느낀다.	
	01-02. 우리는 서로 관계를 맺으며 살아간다.	[2바01-03] 가족이나 주변 사람을 배려하며 관계를 맺는다.	우리1-1
		[2슬01-03] 가족이나 주변 사람에게 관심을 갖고 함께 살아가는 모습을 탐구한다.	
		[2즐01-03] 가족이나 주변 사람과 소통하며 어울린다.	
		[2바01-04] 생태 환경에서 더불어 살기 위해 노력한다.	자연2-1
		[2슬01-04] 사람과 자연, 동식물이 어우러져 사는 생태를 탐구한다.	
		[2즐01-04] 우리를 둘러싼 자연의 아름다움을 감상한다.	

● 교육과정 성취기준과 교과서를 연결하면 교과서에 배정된 시수를 통해 교육과정 성취기준 당 교사가 사용할 수 있는 시수를 가늠해 볼 수 있다.

● 교사는 성취기준을 때로는 교과서로 구현하고, 때로는 본인이 개발한 교과서로 개발하는 등 성취기준 구현의 폭을 넓힐 수 있다.

3. 교과서를 개발한 교사의 이야기 읽기

1) 사례 1. 기능 중심 교과서 만들기

교사는 학생이 습득해야 할 기능을 중심으로 교과서를 만들 수 있다. 특히 2022 개정 교육과정은 알아야 할 것과 함께 할 수 있어야 할 것인 기능을 제공하고 있기에, 교사는 기능을 반복하여 제시함으로써 학생들이 기능을 충분히 습득할 수 있도록 교과서를 만들 수 있다.

(1) 기능 정하기

초등학교 저학년은 학교에 첫 입문하는 시기인 만큼 학습을 스스로 하기 위해 배워야 할 것들이 있다. 예를 들어, 기본 생활 습관과 관련하여 '도움 요청하기' '경청하기' '할 일 스스로하기'는 초등학교 1학년 학생들이 교실 생활을 하는 데 필수적이다. 또한 타인과의 건강한 관계를 위해서는 '자기 감정 알기' '타인 감정 인식하기' '분노 다스리기'가 필요하다. 이러한 맥락에서 기본 학습 습관과 관련하여 학습과 관련된 기능 중 하나를 꾸준히 해 보면 어떨까 생각이 들었다. 초등학교 저학년 학생들이 꾸준히 기능을 습득하는 것도 중요해 보였고, 무엇보다 학생이 감지하는 앎인 국어, 수학, 주제 수업에서 벗어나 기능을 써 보는 수업이 어떻게 진행될 수 있을까 궁금하기도 했기 때문이다.

이렇게 방향이 정해지고 나서 학생들과 어떤 기능을 익힐까 고민했다. 학생들과 함께 정하는 것이 좋을까? 아니면 2022 개정 통합교과 교육과정을 참고할까?

2022 개정 통합교과 교육과정은 8개의 기능을 제시하고 있다.

> (라) 슬기로운 생활과의 교수·학습 과정에서 내용 체계표에 제시하는 준비하기(준비물 챙기기 등), 질문하기(문제 만들기, 예상하기 등), 계획하기(절차 만들기, 내용 및 방법 정하기 등), 조사하기(정보 수집하기 등), 관련짓기(무리짓기, 관계망 그리기 등), 의논하기(협의하기, 의사결정하기 등), 나타내기(설명하기, 발표하기 등), 평가하기(확인하기, 진단하기 등) 등 과정·기능들을 다룰 수 있다.

교육과정에 제시된 기능을 보니 '조사하기'가 눈에 들어왔다. 이전 교과서에서 '나'에 대해 배우며 나에 대해 조사하는 활동을 했는데, 일부 아이들은 좋아했고 다른 일부 아이들은 어려워하는 모습이 생각나기도 했고, 그 다음 교과서가 마을인데 마을을 조사하는 활동을 하기 전에 조사하기를 다루면 좋겠다는 생각이 들기도 했기 때문이다.

'조사하기'로 기능이 정해지고 나서, 조사할 주제는 학생이 정하면 어떨까하는 생각이 들었다. 조사하기가 처음인 만큼, 조사 주제는 학생에게 친숙한 것이 더 나을 것이라는 판단 때문이었다.

기능 수업 첫 번째 시간, 이날은 주제를 정함과 동시에 학생들이 주제와 관련하여 조사하고 싶은 것을 질문화하는 날이었다. 이 질문들이 곧 교과서 목록이 되어 질문에 대한 답을 하나씩 하며 학생들이 교과서를 만들어 나가는 것이 이번 '조사하기' 교과서의 콘셉트였다.

먼저, 주제를 정하기 위해 학생들과 함께 이야기를 했다. 학생들은 '동물'이라는 주제를 다루길 원했으며, 동물을 다루되 각기 다루고 싶은 동물들을 조사하거나 혹은 같은 동물을 고를 경우 함께하길 원했다. 그래서 학생이 조사하고자 하는 주제를 정하면서 자연스럽게 교과서 개발이 시작되었다. 즉, 교과서는 교사가 만드는 것이 아니라 학생과 교사가 함께 만드는 것이었다.

(2) 교육과정 연결하기

학생들과 함께 '동물'이라는 주제를 정하고 나서 동물과 연결될 수 있는 성취기준을 찾아보았다. 핵심 아이디어 '01-02. 우리는 서로 관계를 맺으며 살아간다.'의 성취기준을 사용하면 될 것 같다는 생각이 들었다.

[2바01-04] 생태 환경에서 더불어 살기 위해 노력한다.
[2슬01-04] 사람과 자연, 동식물이 어우러져 사는 생태를 탐구한다.
[2즐01-04] 우리를 둘러싼 자연의 아름다움을 감상한다.

이전에는 성취기준을 먼저 정하고 나서 학생들과 함께 수업을 만들었다면, 이제는 이것과 더불어 학생이 먼저 정하고 이것과 연결되는 성취기준을 찾는 것까지 함께 고려하고 있다. 이런 방식으로 수업이나 교과서를 만들다 보면 학생과 교사도 교육과정에 더 많은 자율성을 발휘할 수 있으며, 무엇보다 학생 주체적인 수업을 할 수 있었다.

(3) 동물에 대한 궁금증으로 교과서 목차 만들기

학생이 각자 조사하고자 하는 동물을 정하고서 궁금한 질문을 적어 가는 것으로 수업을 시작했다.

---

1. 너는 무엇을 먹고 사니?

2. 너는 어디서 자니? 잘 때 어떤 모습으로 자니?

3. 너는 가족들과 함께 사니?

4. 너는 어떤 종류가 있니?

5. 너의 적은 누구니?

⋮

그림 12-5 **학생들이 떠올린 질문 목록**

질문을 목록화하는 것을 어려워하는 학생도 있고, 쉽게 질문을 정하는 학생도 있었는데 학생이 자유롭게 교실을 돌아다니며 어떤 학생이 어떤 질문을 정했는지 살펴보도록 했더니 자연스럽게 질문이 공유됐다. 학생의 질문 목록화 작업이 끝나고 나서 각자의 질문을 살펴보는 활동을 했다. 학생들은 친구의 질문을 보며 자신의 질문 목록에 추가하기도 하는 등 목록화한 것을 수정하기도 했고, 친구나 교사에게 더 나은 질문을 묻기도 했다.

그리고 나서 학생들에게 우리 모두 함께 조사하면 좋을 질문이 무엇인지 제안했다. 그리고 성취기준과 연계하여 '어떻게 하면 나의 동물을 보호할 수 있을까?' '동물 키우는 법을 알아볼까?' '동물의 모습을 그려 볼까?' 등을 추가하였다.

그림 12-6 **학생들이 만든 '동물책' 질문**

(4) 나만의 동물책 만들기

수업은 학생이 자신이 정한 질문을 하나씩 해결하는 것으로 진행했다. 즉, 수업을 통해 학생들은 질문을 하나씩 해결하고, 해결하기 위해 한 활동의 결과로 자신만의 동물책을 만들어갔다. 다시 말해, 교과서를 만드는 주체는 곧 학생이었다! 다언이의 교과서는 '도마뱀'이었고, 가온이의 교과서는 '돌고래'였다. '나의 동물은 어떻게 생겼을까?'질문에서 학생들은 자신이 정한 동물들이 어떻게 생겼는지, 어떤 특징이 있는지 책을 통해 확인하고 그림을 그려 나갔다. 자신의 책을 '돌고래'로 정한 가온이는 엄마 돌고래와 아기 돌고래가 함께 바다 속에서 헤엄치는 그림을 그렸고, '도마뱀'을 다룬 다언이는 도마뱀의 신체적 특징을 책을 통해 확인하고 그림을 그려 나갔다.

그림 12-7　나만의 '동물책' 만들기

학생들은 '나는 나의 동물을 가장 잘 알고 있는 박사'라는 생각으로 자신의 동물과 관련한 여러 정보들을 책을 통해 찾았으며, 그 정보를 바탕으로 자신이 궁금해 했던 질문들을 해결해 나갔다. 또한 다른 친구들이 책의 구성을 바꾸는 것을 참고하여, 자신의 책을 바꾸기도 하였다. 이 과정에서 학생들은 자신만의 교과서를 점차 완성하고 있었다.

(5) 나의 동물 소개하기

마지막 활동은 자신이 만든 교과서를 소개하는 것이다. 학생들은 각각 조사하고자 하는 동물을 정해 최종적으로 자신만의 교과서를 만들었고, 마지막 날은 이 교과서를 서로 살펴보며 친구의 동물에 대해 알아가는 것으로 구성했다.

- 활동 1: 동물책 전시회
- 활동 2: 나의 동물을 소개합니다
- 활동 3: 퀴즈쇼

책상 배열을 'ㅁ'으로 구성하고, 책상 위에 자신의 동물책을 전시할 수 있도록 안내했다. 동물책 전시 방법은 학생들이 정했는데, 학생들은 귀여운 동물과 무서운 동물로 전시하자는 의견도 냈고, 색깔별로 전시하자는 의견도 냈다. 또한 날 수 있는 것, 물에 사는 것, 땅에 사는 것으로 구분하기도 하고, 집 안에서 기를 수 있는 것과 집 안에서 기를 수 없는 것으로 구분하기도 했다. 교사가 의도한 것도 있었지만, 전시 방법을 찾으면서 학생들은 자연스럽게 동물들을 분류하고 있었다. 최종적으로 '동물원' 콘셉트로 동물책 전시회가 진행되었다. 학생들은 반을 돌아다니며 친구들이 만든 동물책을 살펴보았고, 내 동물과 함께 키우면 좋은 동물을 찾기도 하였다.

그 다음 활동인 '나의 동물을 소개합니다'를 통해 학생들은 자신이 조사한 것들을 친구들에게 소개했고, 이는 다음 활동인 퀴즈쇼와 연결되었기 때문에 학생들은 퀴즈와 관련하여 발표하는 친구에게 동물에 관한 것을 먼저 묻기도 하였다.

퀴즈쇼까지 다 마친 후, 학생들은 자신이 키우는 동물을 좀 더 알기 위해 동물책을 만들기도 하였고, 키우고 싶지만 키울 수 없는 동물을 주제로 동물책을 만들기도 하였다. 이 과정에서 학생은 자신이 택한 동물 이외의 다른 동물들도 알아 갔으며, 무엇보다 내가 알고자 하는 것을 어떻게 알 수 있는지 조사하는 활동을 충분히 수행하였다.

2) 사례 2. 상황 고려하며 교과서 개발하기

수업은 단순히 교과서로만 이루어지지 않는다. 교실 안에는 교사와 학생이 있으며, 이들은 자신의 삶을 가지고 오기에 교실에서의 수업은 항상 다양하다. 여기에 교사가 교과서를 개발한다고 결정했을 때, 그 다양성은 폭이 더 넓어진다. 그리고 학생, 교사뿐만 아니라 교사가 처한 환경, 학교 상황 등 다양한 조건들이 교사에게 들어 온다. '상황 고려하며 교과서 개발하기'는 교사가 자신이 처한 다양한 상황들을 고려하며 교과서를 개발하는 것이며, 여기에서 교사가 고려하는 상황이란 교육과정의 공통 요소인 '학생, 교사, 환경, 교과'이다.

(1) 교육 상황 분석하기

학생들은 무엇을 좋아할까? 우리 학교만의 특색은 무엇일까? 내가 활용할 수 있는 장소는 어디일까? 교사로서 내가 흥미 있어 하는 주제는 무엇일까? 교사로서 나는 이 내용을 어떻게 잘 가르칠 수 있을까?

교육 상황을 분석한다는 것은 교사인 나를 비롯하여 나와 마주하는 학생, 내가 가르쳐야 하는 교과, 내가 현재 위치하고 있는 환경 등을 면밀히 분석하는 것이다. 나는 교과서를 개발하는 첫 단계로 교육 상황 분석을 실시했다. 교사는 교육 상황을 분석함으로써 교육 주체인 교사와 학생이 지니고 있는 내적 흥미가 무엇인지 파악할 수도 있고, 내가 활용할 수 있는 환경이 무엇인지 알 수도 있다. 이러한 분석을 통해 나는 교사로서 내가 처한 적확한 교육 환경을 찾고 그에 맞게 나만의 교육과정을 설계할 준비를 갖추었다.

표 12-1　**교육 상황을 분석한 결과**

교과	환경
• 바른 생활, 슬기로운 생활, 즐거운 생활은 '지금-여기-우리의 삶'을 강조한다. 성취기준을 학생이 경험하는 지금-여기로 맞춰 구현할 수 있다.	• 학교 근처에 학교천 정비화 사업으로 천을 중심으로 학생들이 풀, 나무 등을 탐구할 수 있다. • 학교에서는 5월에 전 학년이 함께하는 운동회를 계획하고 있다.
학생	**교사**
• 남학생은 활발하고 발표하는 것을 좋아하나, 여학생은 수업에 있어 적극적이지 않다. • 여학생 중 많은 아이가 그림 그리는 것을 좋아한다.	• 학생이 주인공이 되어 학생이 만드는 수업을 계획하고 싶다. • 학생과 어떻게 협상하여 배울 내용을 정할지 아직 미숙하다.

(2) 주제 유형 정하기

이번에 다룰 성취기준은 다음과 같다.

[2바01-02] 나를 이해하고 존중하며 산다.

[2슬01-02] 나를 탐색하여 나에 대해 설명한다.

[2즐01-02] 놀이하며 내 몸의 움직임이나 감각을 느낀다.

교과서는 다양한 유형으로 나타날 수 있다. 하나의 주제를 중심으로 그것의 하위 주제를 정하는 방식으로 접근할 수도 있고, 교사와 학생이 수업의 최종 활동을 정하고 그것을 하기 위해 한 걸음 한 걸음 나아가는 방식으로 진행할 수도 있다. 책을 이용하여 수업을 진행할 수도 있고, 교사와 학생이 함께 행사를 진행하는 것으로 교과서를 개발할 수도 있다.

이에 먼저 주제 중심으로 할지 프로젝트 중심으로 할지 고민하다 최종적으로 행사 중심으로 교과서를 개발하기로 했다. 우리 학교는 5월에 나에 대해 발표하는 행사가 있었고, 이 행사를 중심으로 교과서를 만들면 행사도 진행하면서 교육과정도 다룰 수 있다고 생각했기 때문이다.

표 12-2 주제 유형 예시

토픽	개념	프로젝트	소설 · 동화	행사	인물
□ 나 □ 꿈	□ 이해 □ 존중	□ '나' 사용 설명서 만들기 □ 책 '나' 집필 □ '나' 박람회	□ 나는 나의 주인 □ 난 네가 부러워 □ 치킨 마스크 □ 내가 정말? □ 줄무늬가 생겼어요	■ '나' 발표회 □ 장기자랑 □ '나' 사랑 캠페인	□ 내가 닮고 싶은 인물 □ 나와 비슷한 인물

(3) 교과서 구상하기

교과서를 어떻게 구현할지 유형을 정하고 나서, 그다음 한 것은 교과서를 어떻게 진행할 것인지 대략 윤곽을 잡는 것이었다. 이것은 마치 영화를 구상할 때 대략적인 줄거리를 떠올리는 것과 같다. 이 과정에서 교과서를 어떻게 진행할 것인지 생각하며 줄거리를 만들었다. 이것은 시작할 때는 어떻게 시작할지, 중간에 진행되는 학습은 어떻게 할지, 마지막은 어떻게 끝낼지 생각하면서 교과서의 밑그림을 그리는 것이다. 이 과정에서 교사는 다음과 같은 질문을 스스로 하였다.

- 처음에는 어떻게 시작할까?
- 마무리로 끝나는 활동은 무엇인가?
- 이 단원에서 학생이 무엇을 배웠으면 하는가?

처음 시작할 때 학생들은 자신과 가장 닮은 동물을 찾아본다. 동물의 어떤 특성이 나랑 닮았는지 자유롭게 이야기해 보고, 동물도 장기가 있듯이 '나'도 '나'의 장기를 찾아 마지막에 '나'를 가장 잘 표현할 수 있는 형태로 '나'에 대해 발표해 보며 마무리한다.

우리 반 학생에게는 자신이 소중한 존재임을 아는 것이 중요하다. 따라서 내가 왜 중요한지 알아볼 수 있는 활동을 단원 중간 중간 배치하고, 무엇보다 서로의 장점을 이해하고 함께 할 수 있도록 거의 모든 활동을 모둠별 협력활동으로 구상한다.

학생들에게 '나 발표회'를 할 것을 안내하고 교과서를 보며 필요한 차시를 함께 골라 단원을 만들어 나간다. 교과서 활동을 하고 나서 더 필요한 활동이 있으며 학생과 상의하여 추가적으로 차시를 만들어 나간다. '나 발표회'라는 마지막 활동을 위해 달려가듯이 학생과 상의하여 하나하나씩 정하고, 마지막을 '나 발표회'로 마무리한다.

(4) 교과서 조직하기

교과서의 큰 줄거리를 정하고 나서 다음에 한 것은 교과서의 세부 사항을 정하는 것이다. 이것은 큰 줄기에 세부적인 가지를 붙이는 것이다. 또한 덩어리처럼 크게 나타난 수업을 차시로 잘라 실제로 교사가 수업할 수 있게끔 만드는 것이다. 이때 다음과 같이 질문을 하였다.

- 성취기준은 무엇인가?
- 학생들의 흥미, 관심사는 무엇인가?
- 학생들이 원하는 것은 무엇인가?
- 학생의 학습 수준은 어떠한가?
- 우리 반 학생들에게 필요한 학습 경험은 무엇인가?
- 학교 행사와 병행할 수 있는가?
- 조정해야 할 것들은 무엇인가?
- 공간, 장소, 사람 등 이용할 수 있는 교수 자원들이 있는가?

물론 나는 교과서 유형을 정하고, 큰 줄거리를 정하는 과정에서 성취기준, 학생, 환경 등에 대해 지속적으로 생각했다. 그러나 실제 수업을 만들기 위해서 나는 다시 한번 학생, 성취기준, 환경에 대해 생각했다. 그리고 수업에 구체적인 이름을 부여했다. 수업명을 만들고, 그 수업에 할 수 있는 활동 한두 가지를 구체적으로 마련했을 때 하나의 수업이 만들어진다. 하나의 수업이 만들어졌다면 여기에 바른 생활, 슬기로운 생활, 즐거운 생활 중 골라 교과를 배정하고, 활동 규모를 고려하여 1차시, 2차시 혹은 하루 전체를 배정하는 시수 배정을 했다.

- 월: 나랑 닮은 동물 찾기, 나의 장기 찾기
- 화: '나' 관련 동화책 읽고 이야기 나누기, 친구로 보는 나
- 수: 건강한 나, 소중한 나(안전, 신체)
- 목: 장기자랑 준비(장기자랑 준비 계획 세우기, 장기자랑 연습하기)
- 금: 나와 비슷한 친구 찾기, 나와 다른 친구 찾기(성격, 취미 등)
- 월: 나와 비슷한 친구와 함께할 수 있는 장기자랑 준비하기
- 화: 나와 다른 친구와 함께할 수 있는 장기자랑 준비하기
- 수: 우리 모두 소중해, '나' 발표회 초대장 만들기
- 목: '나' 발표회 예행 연습, '나' 발표회장 꾸미기
- 금: '나' 발표회

(5) 모든 학생을 위한 체크리스트

나는 수업 계획을 모두 끝냈지만 다시 한번 학생에 대해 고려하고 싶었다. 결국 학습경험을 하는 것은 학생이다. 교사가 최고의 수업을 개발했다고 하더라도 학생에게 맞지 않는다면 유의미한 결과를 내기 어렵다. 따라서 수업을 확정하기 전, 나는 다시 한번 학생을 고려하며 체크리스트를 작성하고, 내가 반영해야 할 사항을 기록했다.

① 학생의 흥미/관심사/관계/특기 파악

- ☐ 나는 학생이 나에게 주로 하는 이야기가 무엇인지 알고 있는가?
- ☐ 나는 학생이 쉬는 시간에 주로 무엇을 하는지 알고 있는가?
- ☐ 나는 학생이 주로 누구와 함께 하는지 알고 있는가?
- ☐ 나는 학생이 좋아하는 것, 관심 있어 하는 것을 교육과정에 반영하였는가?
- ☐ 나는 학생의 흥미, 관심사 등을 어떻게 교육과정에 반영하였는가?

> **예**
>
> 지은이는 교실에서 수업활동을 할 때마다 자신없어 한다. 수업을 계획할 때 지은이가 자신 있어 하는 것, 좋아하는 것을 넣어서 지은이의 자신감을 북돋아 줄 필요가 있다. 지은이는 그림 그리기를 좋아하므로 '나' 수업의 첫 시간을 그림 그리는 것과 연결해야겠다.

② 학생의 학습 기회/표상 형식 파악

　□ 나는 학생이 경험한 것을 어떻게 표현하는지 알고 있는가?

　□ 나는 모든 학생이 자신에게 적합한 방식으로 표현할 수 있도록 학습 기회를 주었는가?

　□ 내가 학생의 자아효능감을 높여 주기 위해 더 신경써야 할 학생은 누구인가?

　□ 소외된 학생의 배움을 위해 내가 교육과정에 고려한 부분은 무엇인가?

> **예**
>
> 재희는 아직 글로 나타내는 것을 힘들어한다. '나'에 대해 나타낼 때 글, 그림, 몸짓 등 다양한 방식으로 나타낼 수 있다는 것을 안내하고, 학생들이 다양한 표상형식을 쓸 수 있도록 안내할 필요가 있다.

③ 학생의 지속적 참여/학습 계약/평가

　□ 나는 이 단원을 학습하기 위해 학생이 지니고 있는 학습 기초선을 파악하고 있는가?

　□ 나는 학생이 학습에 지속적으로 참여하기 위해 어떠한 교육적 장치를 마련했는가?

　□ 나는 각각 학생에게 개별화된 평가를 계획하고 있는가?

　□ 특별히 학습 계약을 할 학생이 있는가? 있다면 그 학생에게 필요한 학습 계약은 무엇인가?

> **예**
>
> '나' 수업을 계획하면서 학생이 학습 과정을 스스로 파악하고 성찰할 수 있는 기회를 줄 필요가 있다고 생각했다. 그래서 학생이 한 수업활동을 중심으로 어떤 요일에 무엇을 했고, 그 활동을 통해 무엇을 알게 되었는지 정리할 수 있는 활동지를 만들었다. 학생은 활동을 누적해나감으로써 자신의 학습 위치를 확인할 수 있다. 이때 은주는 학습을 완료하는 것을 어려워하니 활동지를 통해 무엇이 어렵고 힘든지 스스로 파악할 수 있도록 안내해야겠다.

④ 민주적 학습 공동체 구성

　□ 나는 학생들이 협력할 수 있도록 학습을 구성하였는가?

　□ 나는 모든 학생이 학습에 있어 자신의 기량을 발휘할 수 있도록 학습을 구성하였는가?

　□ 나는 학생과 함께 협력하여 우리 반의 '단원'을 만들었는가?

　□ 나는 학생이 민주시민역량, 생태역량을 함양할 수 있도록 교육과정을 설계하였는가? 어떤 부분에 어떻게 반영하였는가?

> **예**
>
> '나' 수업을 시작할 때 예전에는 성취기준을 보고 하면 좋을 활동을 생각했는데, 이번에는 일단 학생들에게 물어봐야겠다. 학생이 무엇을 원하는지 학생의 생각을 듣고, 그것으로부터 수업을 만들겠다.

'나' 발표회라는 콘셉트로 교과서를 개발했지만 이 교과서는 기존의 교과서와 다르다. 학생 자신이 한 활동을 정리하고 최종적으로 마무리하면 교과서를 마치게 되므로, 발표회 자체가 교과서일 수 있다. '나' 발표회를 수행하며 했던 다양한 활동들이 곧 교과서를 이루는 차시가 될 것이다. 그러나 가장 중요한 주인공은 학생이기에 내가 개발한 '나' 발표회는 아직 결정이 나지 않은 미결정 상태의 교과서다. 이 교과서는 학생과 수업을 시작할 때 비로소 완성되는 구조이다.

3) 사례 3. 동화책을 교과서로 삼기

교과서는 'textbook'이고, 좀 더 정확하게 말하면 '교육과정을 위한 책(book for curriculum)'이다. 그러나 교육과정을 위해 만들어진 책이 아니라 책 자체가 교육과정이 될 수는 없을까? 즉, '교육과정으로서의 책(book for curriculum)'으로 책 자체가 교육과정이 되는 것이다. 이와 관련하여 스웨덴의 라게를뢰프의 『닐스의 신기한 모험(The wonderful adventures of Nils)』(1906)은 우리에게 잘 알려져 있는 책임과 동시에 학생들을 위한 교과서이다. 1901년 스웨덴초등학교교사연합은 초등학교에서 사용하기 위한 책을 발간하기 위해 유명한 작가인 라게를뢰프에게 스웨덴과 스웨덴 사람들을 묘사한 이야기, 전설, 시 등이 담긴 텍스트 모음집과 같은 읽기 책을 개발해 달라고 요청했고, 이렇게 해서 나온 책이 『닐스의 신기한 모험』이다(Axell & Hallström, 2011). 이 『닐스의 신기한 모험』을 떠올린다면, 책을 교과서 삼아 수업할 수 있지 않을까?

(1) 성취기준과 맞는 책 고르기
『자연 2-1』에 배정된 성취기준은 다음과 같다.

[2바01-04] 생태환경과 더불어 살기 위해 노력한다.
[2슬01-04] 사람과 자연, 동식물이 어우러져 사는 생태를 탐구한다.
[2즐01-04] 우리를 둘러싼 자연의 아름다움을 감상한다.

학생들은 『자연 2-1』를 통해 '우리는 서로 관계를 맺으며 생활한다.'라는 핵심 아이디어를 다루고, 여기에서 핵심은 생태, 사람과 자연, 동식물이 어우러져 사는 생태, 자연의 아름다움이다. 이 성취기준을 보면서, 여러 동식물을 다루는 것도 좋지만, 하나에 초점을 맞추는 것도 좋겠다는 생각이 들었다. 뭔가 학생들이 동식물 중 하나를 친구 삼아 그 친구를 보호해 주며 서로 함께 살아가는 콘셉트로 가면 좋지 않을까 생각한 것이다. 동물을 의인화하는 것처럼 말이다.

　　이렇게 생각하고 나서 떠올린 것은 '북극곰'이었다. 기후변화에 의해 '북극곰'이 살아갈 곳이 점점 줄어든다는 것과 그렇지만 지구에서 우리 모두 함께 살아가야 할 생명체라는 것, 그렇다면 북극곰과 함께 살아가기 위해 나는 무엇을 해야 하는가 등에 대해 다룰 수 있다고 생각했고, 북극곰이라는 초점화된 대상이 있기 때문에 학생들이 더 생태환경에 대해 친밀하게 생각할 수 있을 것이라 여겼다.

　　'북극곰'을 떠올리고 나서 그 다음 들었던 생각은 그렇다면 교과서를 사용하기보다 책을 사용하는 것이 더 나을 수 있다는 판단이었다. 책을 통해 북극곰이 처한 상황을 알아보고 이에 대해 이야기하고 활동하고 표현하는 등 다양한 활동을 할 수 있을 것이라 생각했기 때문이다.

　　이렇게 생각을 마치고 나서 북극곰과 관련한 책 목록을 마련했다.

- 북극곰 로라와의 인터뷰, 하나북스토리(2020)
- 북극곰의 집이 녹고 있어요, 시공주니어(2010)
- 북극곰 윈스턴, 지구 온난화에 맞서다, 한울림어린이(2012)
- 북극곰에게 냉장고를 보내야겠어, 휴먼어린이(2011)
- 북극곰이 녹아요, 키즈엠(2017)
- 북극곰 코다 까만 코, 북극곰(2010)
- 북극곰 코다 호, 북극곰(2014)
- 지구가 더워지면 북극곰은 어떡해요, 비룡소(2012)
- 북극곰 밀로, 놀궁리(2020)
- 아기 북극곰의 외출, 고래뱃속(2017)
- 북극곰이 사라진다면, 나무야(2018)

북극곰이 기후변화의 상징이듯, 북극곰과 관련한 책들은 거의 기후변화를 다루고 있었고, 나는 이 중 하나를 선택하기보다 학생들이 스스로 책을 선택하고 그것으로부터 하루 수업을 진행하면 좋겠다는 생각을 했다.

(2) 책 읽으며 수업하기

책이 곧 교과서였기 때문에 수업은 책을 읽으며 시작되었다. 2주일간 학생들과 함께 읽을 책은 다음과 같았고, 교실 한 곳에 책을 쭉 전시하며, 그날 읽을 책들을 학생들에게 고르도록 했다. 물론 내가 마련한 책 이외에 학생이 관련 책을 가져오면 언제든지 함께 읽었다.

- 월: 아기 북극곰의 외출, 고래뱃속(2017)
- 화: 북극곰 로라와의 인터뷰, 하나북스토리(2020)
- 수: 북극곰의 집이 녹고 있어요, 시공주니어(2010)
- 목: 북극곰 윈스턴, 지구 온난화에 맞서다, 한울림어린이(2012)
- 금: 북극곰에게 냉장고를 보내야겠어, 휴먼어린이(2011)
- 월: 북극곰이 녹아요, 키즈엠(2017)
- 화: 북극곰 코다 까만 코, 북극곰(2010)
- 수: 지구가 더워지면 북극곰은 어떡해요, 비룡소(2012)
- 목: 북극곰이 사라진다면, 나무야(2018)
- 금: 북극곰 코다 호, 북극곰(2014)

2주일간의 수업은 어느 정도는 정해졌지만 어느 정도는 정해지지 않았다. 수업은 보통 다음과 같은 순서로 진행되었다.

- 책 읽기
- 책 읽고 이야기 나누기
- 책과 관련하여 하고 싶은 활동 정하기
- 활동하기

예를 들어, 『북극곰 로라와의 인터뷰』를 읽은 날, 학생들은 자신이 북극곰 로라가 되고 싶어 했다. 학생들은 로라가 되어 인터뷰를 하였고, 친구들과 짝을 지어 서로 물어보고, 답하는 활동을 하기도 하였다. 또한 책에 있는 로라네 마을지도를 보고 친구들과 함께 로라처럼 학교를 돌아다니며 식물 찾기 놀이를 하기도 하였다. 동화책의 내용이 다 달랐기에 학생들은 동화책을 읽으면서 동화책에 나와 있는 내용을 바탕으로 하고 싶은 활동을 말하곤 했다. 이 외에도 북극곰 종이접기, 「북극곰아」 동요 뮤직비디오 만들기(동요 가사에 맞게 영상 제작), 북극곰 되어 보기 신체활동(교사가 얼음인 곳과 물인 곳을 지정해 주고 물인 곳은 움직일 수 없다는 규칙을 적용한 신체활동), '얼음땡놀이' 등 북극곰과 관련된 다양한 활동을 전개하였다.

(3) 책 쓰며 수업 마무리하기

2주일 동안 책을 읽으며, 학생들은 자연스럽게 책과 가까워졌고, 1주가 지난 후에는 학생들이 간단하게 책을 만들기 시작했다. 한 학생이 '북극곰 로라 2탄'이라는 책을 만들었고, 다른 학생들도 이것을 보고 책을 만들기 시작했다. 책을 쓰는 것이 하나의 놀이가 되면서 마지막 활동은 자연스럽게 '책 쓰기' 활동이 되었다. 학생들은 북극곰을 주인공으로 하여 다양한 책을 쓰면서 스스로 작가가 되었고, 마지막은 학생들이 쓴 책을 전시하고 함께 감상하는 것으로 끝이 났다.

 참고문헌

김세영(2017). 교사의 교육과정 사용을 둘러싼 문제점과 그 해결책. 교육과정연구, 35(1), 65-92.

김세영(2018). 초등학교 통합교과 교사용 지도서 개선 방안 연구. 통합교육과정연구, 12(4), 1-22.

김현규, 정광순(2018). 교육과정 자료 사용자로서 교사와 교육과정 자료 개발자로서 교사 개념 탐색. 통합교육과정연구, 12(3), 49-72.

이윤미, 정광순(2015). 초등교사의 교육과정 실행 경험으로 본 교육과정 실행 관점과 의미. 교육과정연구, 33(4), 65-89.

Axell, C., & Hallström, J. (2011). Representations of technology in educational children's fiction in Sweden in the early 20th century: The example of The Wonderful Adventures of Nils. In K. Stables, C. Benson & M. J. de Vries (Eds.), *PATT 25: Cript 8: Perspectives on learning in design & technology education.* London: Goldsmiths, University of London.

Ben-Peretz, M. (1990). *The teacher curriculum encounter: Freeing teachers from the tyranny of texts*. Albany: State University of New York Press.

Snyder, J., Bolin, F., & Zumwalt, K. (1992). Curriculum implementation. In P. W. Jackson (Ed.), *Handbook of research on curriculum* (pp. 402-435). NY: MacMillan.

나의 통합교육과정 이야기[1]

　지금까지 교육과정 통합과 초등통합교과에 대한 다양한 이론과 실제를 살펴보았다. 이런 이론과 실제는 교사(혹은 예비교사)의 철학, 신념, 사고에 영향을 미치면서, 교육과정 통합이나 초등통합교과 수업 실행을 변화시키는 힘이 있다. 무엇보다 교사는 평소와는 다른 수업, 더 나은 수업, 자기 자신이나 학생의 성장에 도움이 되는 교육과정을 시도해 보려는 마음에서 이러한 이론이나 실제를 탐구하기 때문이다.

　하지만 줄곧 해 오던 수업, 교육과정 실행을 바꾸기 위해서는 이런 이론이나 실제를 접하는 것만으로는 충분하지 않다. 여러 이론이나 실제를 접하면서 자신의 실제와 끊임없이 연결하고 성찰하는 과정이 더 중요하다. 삶과 연결된 이론과 실제가 내면화되어 지속적인 힘을 발휘하기 때문이다. 이를테면, 다음과 같은 질문을 성찰해 볼 수 있다. 여러 교육과정 통합이나 초등통합교과에 관한 이론과 실제를 접함으로써 교사로서 나는 이전과 달리 무엇을 더 할 수 있게 되었는가? 내가 수업 혹은 교육과정을 바라보는 시각이나 태도는 어떻게 바뀌었는가?

　이 장에서는 초등교사인 민교사가 교실의 일상적인 사건에서 출발해서 이어간 수업을 통합교육과정으로 성찰하는 과정을 보여 준다. 민교사가 현재 교육과정 통합을 어떻게 실행하고 있는지(present story), 이런 실천이 과거와 비교하여 어떤 점에서 왜 달라졌는지(old

---

1) 이 장의 내용은 민보선, 정광순(2021)의 글을 재구성한 것이다.

story). 그리고 앞으로 민교사가 어떤 교육과정 통합 이야기를 더 전개할 것인지 그리는 내용을(new story) 소개한다. 민교사의 사례를 참고하여 이 책의 독자 또한 각자 접한 이론 및 실제와 관련하여 '나의 통합교육과정 이야기'를 구성해 볼 수 있을 것이다.

I. 내가 경험한 수업과 통합교육과정 이야기

그해 가을, 4학년 학생들은 체육 시간에 발야구를 배우고 있었다. 4학년 학생 대부분이 이 발야구를 아주 재미있어했다. 체육 시간마다 학생들은 어느 반이 가장 강팀인지 열띤 토론을 벌였다. 어쩌다 누가 홈런을 날리기라도 하면 그 학생은 온종일 전체 4학년 학생들 사이에서 스타가 되었다.

이런 모습을 지켜보던 동학년 교사 누군가가 농담 삼아 "우리 반 대항 발야구 시합을 해 볼까요?"라고 말했고, 다른 교사들도 재미있겠다며 호응했다. 이에 더해 학년 부장 교사가 "대회를 연다면 우승한 반에 아이스크림을 쏘겠다."라고 통 큰 제안을 하면서, 발야구 대회가 급작스럽게 개최되었다.

나(민교사)와 4학년 동학년 교사들은 2주 동안 체육 시간에 발야구 연습시합을 하고, 이후 모든 반이 참여하는 리그전을 계획했다. 본격적인 대회 전부터 벌써 학생들은 복도를 오가며 빈 점수판을 두고 어느 반이 우승할지 예측하는 데 열을 올렸다. 발야구 대회 열기는 4학년 온 교실과 복도에 넘실거렸다.

연습시합이 한창이던 어느 날, 체육수업이 끝난 쉬는 시간이었다. 체육수업을 마치고 돌아온 반장과 몇몇 친구들이 나에게 찾아왔다.

"선생님, 애들이랑 같이 이야기해 봤으면 좋겠어요."

어렵사리 말을 꺼낸 반장의 표정이 심각했다. 학생들이 제기한 문제는 다른 반과 서너 번의 연습시합을 거치면서 한 경기도 이기지 못했다는 것이었다. 문제는 그뿐만이 아니었다. 연패를 계속하자 아이들은 서로를 탓하기 시작했고, 반 분위기마저 험악해지고 있었다.

'올 게 왔구나.'

사실 나는 지난 몇 주간 발야구 연습시합을 지켜보면서, 어느 정도는 이런 상황을 예상했다. 우리 반 학생들은 체육수업을 좋아하는 것과는 별개로, 비교적 체육을 잘하지는 못했다. 그전에 했던 반 대항 피구시합에서도 열 번 중에 아홉 번은 졌다. 그래서 나는 동 학년 회의에서 발야구 대회를 하자는 이야기가 나왔을 때, 재밌겠다고 기대하면서도 한편으로는 반 학생들이 상처를 받는 결과로 이어질까 봐 걱정도 했다.

아니나 다를까, 나의 이런 걱정은 현실이 되었다. 연패를 거듭하다가 사이까지 나빠지고 있는 학생들을 지켜보면서, 나는 더이상 문제를 두고만 보기 어렵겠다고 생각했다.

'시합 중에 다른 친구들에게 화낸 아이를 찾아서 혼내야 하나? 서로 탓만 하다 사이가 나빠지면 어쩌지? 제대로 짚고 가지 않으면 비슷한 일이 계속 생길 텐데…….'

이런 고민을 하던 차에 반장과 친구들이 나를 찾아온 것이다.

나를 찾아온 학생들이 말을 미처 끝내기도 전에 수업 시작을 알리는 종이 울렸다. 2교시 체육에 이어 3교시는 국어 시간이었다. 나는 자리에 앉은 학생들을 둘러보았다. 눈에 띄게 의기소침해 보이는 학생들, 눈물 자국이 남아 있는 학생들, 분에 차 씩씩거리는 학생들의 모습이 눈에 들어왔다. 학생들은 체육 시간에 발야구 연습시합에서 패한 감정이 아직 해소되지 않은 상태였다.

'국어 진도를 나갈 수 있는 분위기가 아니구나.'

나는 우선 학생들의 이야기를 들어보아야겠다고 생각했다. 그래서 학생들에게 국어 교과서를 펼치라고 말하는 대신에 체육 시간에 있었던 일을 이야기해 보자고 말을 꺼냈다.

교실은 잠시 적막이 흘렀다. 학생들은 혼이 날까 봐 쉽게 이야기하지 못하고 망설이는 눈치였다.

"지난 시간은 체육 시간이었지? 지금부터는 솔직하게 어떤 일이 있었는지 이야기해 보자."

나는 학생들에게 이렇게 말을 걸었다. 나의 말에 반장이 조심스러워하면서 말을 하기 시작했다.

"연습시합에서 지는 것도 속상한데, 실수했다고 화내는 남자애들 때문에 더 속상해요. 무서워서 발야구 시합을 하기 싫을 정도예요."

"맞아요!"

반장의 이런 설명에 몇몇 학생들이 동조했다. 반장의 말이 끝나기도 전에, 이번에는 앞의 이야기를 반박하려는 학생 네다섯 명의 손이 올라왔다. 나는 반에서 가장 승부욕이 강한 민형이에게 발언권을 주었다.

"우리가 만날 지는 건 애들이 열심히 안 해서 그런 거예요. 제대로 뛰지도 않고 경기 중에 걸어 다녀요. 수비할 때에도 자기들끼리 이야기하거나 놀아요!"

민형이의 말이 끝나기가 무섭게, 다음 순서에 말하겠다는 손들이 올라왔다.

요컨대, 반장처럼 체육 시간에 즐겁게 시합하는 것이 중요한 학생들은 실수하면 화내는 친구들 때문에 시합하기 싫어졌다고 말했다. 민형이처럼 시합에서 이기는 것이 중요한 학생들은 신체 능력이 부족한 친구들 때문에 매번 진다, 몇몇 친구들이 시합 때 열심히 하지 않는다는 불만을 내놓았다. 이런 이야기를 들으며 나는 학생들의 발야구 문제가 궁극적으로는 협력에 대한 문제라고 느꼈다.

쉬는 시간을 알리는 종이 울리며, 국어 수업 시간이 끝났다. 하지만 학생들은 이야기를 중단할 생각이 없어 보였다. 나는 예정되어 있던 4교시 과학 수업마저도 포기하기로 하고, 학생들의 이야기를 이어서 들어보기로 했다.

모든 학생이 한 번씩은 발언권을 얻어 자신의 솔직한 마음을 털어놓았다. 처음에 학생들은 자신과 다른 의견에 화를 내거나 반박하려고만 했지만, 이런 반응도 차츰 누그러졌다. 학생들 각자 상대방에 어느 정도는 공감하면서 나름대로 상대를 이해하려고 노력하는 듯했다. 이기는 것을 중요하게 생각하는 학생들도 반 모두의 협력이 없으면 이기지 못할 것을 알고 있었다. 즐겁게 하는 것이 중요하다고 생각하는 학생 중에서도 몇몇이 한 번쯤 이기고 픈 마음이 있음을 고백했다.

"다 함께 발야구 대회를 하는 이유는 무엇일까?"

"반 친구들이 없으면 발야구라는 걸 처음부터 할 수조차 없어."

"어떤 친구에게는 쉬운 공차기가 어떤 친구에게는 힘들 수도 있지."

"힘들거나 하기 싫다고 처음부터 포기하는 태도는 옳은 것일까?"

이런 이야기를 나누면서 두 진영으로 나누어졌던 학생들은 결국 모두가 원하는 것이 같다는 것을 알게 되었다. 학생들 스스로 하나의 팀으로서 '친구들과 즐겁게 경기하는 것'과 '이기는 것' 둘 다 중요하다고 생각하는 듯했다.

'학생들에게 좀 더 맡겨 보자.'

그 시점에서 나는 학생들에게 '즐겁게 하면서도 이기는 방법'을 찾아보자고 제안했다.

"우리 반이 더 나아질 수 있는 부분은 어디라고 생각하니?"

"발야구 규칙 너무 어려워요."

"우리 반은 공격이 매번 점수로 안 이어져요."

"공차기를 잘하는 친구랑 못하는 친구가 섞여서 타순이 정해져서 그래."

"점수가 못 날 때마다 친구들 눈치가 보여요."

나는 학생들이 찾은 문제점을 비슷한 것끼리 묶어가며 칠판에 썼다. 학생들은 체육 선생님이 임의로 정해 주는 공격 순서와 수비 포지션으로 점수 내기가 어렵다는 점, 몇몇 학생들이 규칙을 정확히 모른다는 점, 친구가 실수했을 때 비난하고 반 전체의 분위기가 가라앉는다는 점 등의 원인을 찾아냈다.

나와 학생들의 이야기는 학급회의 같은 모양새로, 칠판에 쓰인 문제점들을 어떻게 스스로 해결할 수 있을지 생각해 보는 것으로 넘어갔다. 발야구가 야구와 경기 진행이나 규칙이 아주 비슷했기 때문에, 평소에도 부모님과 자주 야구를 보러 다닌다는 윤서와 찬형이를 비롯한 야구팬 몇몇이 아주 적극적으로 의견을 제시했다. 나는 학생들이 찾은 문제점들과 해결방법을 나란히 썼다.

---

1. 발야구 규칙이 어렵다. → 발야구 규칙 다시 배우기

2. 공격이 점수로 안 이어진다. → 공격 순서 바꾸기/수비 포지션 다시 정하기

3. 실수했을 때 분위기가 안 좋아진다. → 화내지 않는 법, 응원 구호 만들기

그림 13-1 나와 학생들의 학급회의

나는 윤서와 찬형이에게 발야구 규칙을 친구들이 이해할 수 있게 설명해 볼 수 있겠냐고 물었다. 윤서가 자신 있게 고개를 끄덕였고, 윤서는 칠판에 그림을 그려 가며 친구들이 자주 착각하는 상황을 중심으로 발야구 규칙을 설명해 주었다. 학생들이 어느 정도 발야구 규칙을 이해했다고 판단한 시점에, 나는 칠판에 썼던, '1. 발야구 규칙 다시 배우기' 옆에 해결되었다는 의미로 체크 표시를 그렸다. 그렇게 한 줄씩 체크 표시를 해 나가며 학생들은 활동을 이어갔다.

다음으로, 찬형이가 나와서 친구들에게 각자 제일 잘할 수 있는 수비 포지션을 추천해 주었다. 이어서 공을 차는 순서도 점수를 낼 가능성을 높일 수 있게 조정했다. 학생들이 이런

의사결정을 하는 동안, 나는 학생들 개개인의 의사가 충분히 반영되는지 살폈고, 소외되는 학생이 없도록 챙겼다. 시간이 흘러 교실을 둘러보았을 땐 어느새 양 진영의 학생들이 섞여 의견을 내고 있었다.

세 번째 문제점은 친구가 실수했을 때 반 전체 분위기가 가라앉는다는 것이었다. 학생들에게 가장 많은 호응을 얻은 해결방안은 공을 찰 때마다 응원 구호를 외쳐 주자는 것이었다. 이기는 것이 무엇보다 중요하다던 민형이의 의견이었다. 민형이의 말에 학생들은 자신이 한 번쯤 들어 본 응원 구호를 이야기했고, 여러 후보 중 가장 다수가 마음에 드는 것으로 우리 반 응원 구호를 정했다. 학생들은 신이 나 이름을 바꿔 가며 구호를 외쳤다.

"플레이, 플레이, 이민형! 플레이, 플레이, 4반!"

내가 시간을 확인했을 땐 이미 과학 수업 시간도 훌쩍 지나가 있었다.

발야구 연습시합에서의 갈등을 해결하기 위해 학생들과 활동하며 보낸 시간 이틀 뒤, 체육 시간이 돌아왔다. 체육은 교과 전담 교사가 가르치기 때문에, 평소 나는 체육 시간이면 학생들을 보낸 뒤 교실에서 다음 수업을 준비하거나 처리해야 할 업무를 보곤 했다. 그러나 이번에는 일부러 운동장에 나가 학생들이 체육 시간에 하는 모습을 지켜보았다. 지난번 나눈 다짐이나 약속들을 잘 지키도록 응원하는 마음이었다.

학생들은 준비운동을 할 때부터 결연한 표정이었다. 나도 덩달아 긴장이 되어 반장에게 살짝 물었다.

"6반은 어떤 상대야?"

"쉽게 볼 상대는 아니에요."

반장은 경기할 상대를 의식한 듯, 한껏 낮춘 목소리로 답했다.

호루라기 소리와 함께 경기는 우리 반의 공격으로 출발했다. 학생들은 새로 정한 공격 순서에 따라 스탠드에 줄지어 앉아, 너나 할 것 없이 서로 손을 맞잡고 친구들을 격려하는 모습이었다. 보람이와 준호는 스포츠를 즐기지 않아 체육 시간마다 요령을 피우곤 했는데, 윤서와 찬형이에게 자신이 외운 발야구 규칙을 다시 묻고 확인하고 있었다.

발이 빨라 1번 공격수로 정해진 준영이가 첫 점수를 내면서 우리 반의 분위기가 후끈 달아올랐다.

"선생님, 우리 작전이 통했어요!"

준영이는 친구들 한 명 한 명의 손을 치며, 첫 점수를 낸 기쁨을 만끽했다. 공격과 수비를 반복하면서 4반의 점수는 한 점 한 점씩 올라갔다. 어쩌다 실수가 나오면 아이들은 누구랄 것도 없이 함께 큰 소리로 "괜찮아, 괜찮아!" 하고 친구를 다독였다. 놀라운 변화였다. 시합 동안 내내 응원구호를 외치는 학생들의 목소리도 커져만 갔다.

"플레이, 플레이, 4반!"

그렇게 그날의 시합은 모두가 원했던 첫 승리로 끝났다.

'발야구 연습시합에서의 연패'라는 사건에서 시작된 갈등 문제는 이렇게 해소되었다. 나는 학생들이 서로 협력해서 발야구 연습시합에 임하는 모습을 보며, 무언가를 배웠다고 느꼈다. 그래서 학생들과 함께 보낸 적지 않은 시간을 곱씹어 보면서, 이 사건 혹은 시간들을 수업으로 정리해 보려고 마음먹었다.

먼저, 학생들과 함께한 일련의 수업을 정리하였다([그림 13-2] 참조).

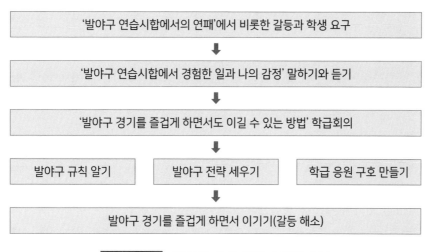

그림 13-2 '발야구 연패 사건' 수업의 흐름

내가 학생들과 함께한 수업은 학생들이 발야구 연습시합에서 생긴 갈등을 해결하고 싶어 하면서부터 출발했다. 나는 학생들이 처한 이 상황에서 처음에는 '협력'이나 '상호 이해' 라는 학습 내용을 염두에 두기도 했지만, 일단은 갈등 해소에 초점을 두고 있었다. 그래서 처음에 '발야구 연습시합에서 무엇을 경험하고 느꼈는지'를 학생 한 명씩 모두 돌아가면서

말해 보는 시간을 가졌다. 학생들이 모두 속내를 한 번씩은 말해 봄으로써, 서로를 어느 정도는 이해하게 되었다는 것을 알았지만 여전히 '발야구 시합에서 협력이 안 된다는 문제'가 남아 있었다. 그래서 나와 학생들은 '어떻게 하면 시합을 즐겁게 하면서도 이길 수 있을까?' 하는 문제를 해결해 볼 방안을 생각하는 학급회의를 이어 갔다. 학급회의에서 나온 의견을 바탕으로 '발야구 규칙을 배우는 시간' '발야구 시합 전략을 논의하는 시간' '학급 응원 구호를 만드는 시간'을 가졌다. 이 시간들은 학생들이 나에게 갖고 왔던 문제, 즉 '발야구 연패'에서 비롯한 문제를 해소하면서 마무리되었다.

이 과정을 수업의 관점에서 보면, '발야구 연습시합에서의 경험 말하기와 듣기'나 '학급에서 중요한 문제를 토의하기'는 내가 정한 수업 내용이었다. 특히 이 활동들은 일종의 국어 수업으로서 가능성을 충분히 가지고 있었다(그러나 나는 당시 활동을 국어 특정 단원 차시 수업으로 직접 연결하지 않았다. 이런 점이 이 일련의 시간을 수업으로 보기 힘든 점이기도 하다). 마찬가지로 '발야구 규칙 알기'와 '발야구 전략 세우기'는 체육 수업 활동으로, '학급 응원 구호 만들기'는 음악 수업 활동으로 볼 수 있다.

또 표면적으로 드러난 '발야구 연습시합에서의 연패와 갈등 문제'나 내가 이면에서 생각한 '협력'(혹은 '상호 이해')은 이 여러 활동을 관통하는 '주제'이기도 했다. 이런 점에서 연속하는 이 활동들은 통합교육과정의 일면을 가지고 있다. 통합교육과정에서 주제는 학생이 경험하는 세계와 연결되어 있고, 학생들의 상황이나 생활 세계의 사건이나 관심사를 수업 내용으로 선정하여 이를 통해 학생들이 국가교육과정의 성취기준을 경험할 수 있도록 한다. 이런 점에서 내가 학생들과 보낸 일련의 수업시간을 통합교육과정이라고 말할 수 있을 것이다.

특히 통합교육과정 분야의 학자인 Beane(1997, 2005)은 교사와 학생이 함께 수업을 만들어 가는 것이 통합교육과정 개발의 핵심이라고 주장한다. Beane은 교사와 학생들이 함께 찾은 중요한 문제와 쟁점을 중심으로 교육과정을 개발하면, 결국 수업을 교과와 연결할 수 있고, 어떤 교과에서 가르칠 만한 내용을 가르칠 수 있다고 말한다. 무엇보다 Beane은 교사가 교육과정 통합을 실행할 때 교사와 학생이 함께하는 것에서 시작하라고 강조한다. Beane이 이렇게 학생과 함께하는 일에서 교육과정 개발을 시작하는 것이 중요하다고 말하는 이유는 두 가지이다. 첫째, 교사가 학생들이 원하는 것을 예측하기 힘들기 때문에 실제로 학생이 개발에 참여하는 것이 필수적이기 때문이다. 둘째, 학생도 교육과정을 계획하는 것이 더 민주적이라고 보기 때문이다. 이런 Beane의 설명을 빌려 보자면, 내가 한 수업들은 발야구 연패 사건을 해결할 필요성을 공유하고 문제를 해결하는 방안을 학생들과 함께 강구했다는 점에서 교사와 학생이 함께하는 민주적인 방식을 따르는 통합교육과정의 원리를 구현했다고 말할 수 있다.

2. 나의 지난 이야기

처음부터 통합교육과정을 개발하겠다고 시작한 것이 아니라, '발야구 연패 사건'에서 이어진 일련의 시간을 수업, 나아가 통합교육과정으로 정리한 것은 나에게 중요한 의미가 있다.

사실 '발야구 연패 사건' 같은 일들은 교실에서 담임 교사가 학생들과 함께 생활하는 초등학교에서는 너무나 흔하게 일어나는 일이다. 학생들과 생활하면서 마주하는 이런 사건·사고들은 교사가 모른 척 외면하기는 힘든 그런 일들이다. 초등교사로서 나도 학생들이 교실에서 생활하는 동안 생기는 크고 작은 사건·사고들을 숱하게 만나면서, 어떤 때는 그런 사건·사고를 해결하기 위해서 꽤 많은 시간을 들여야만 했다. 그때마다 나는 아침 시간이나 점심시간, 방과 후 시간 등을 주로 사용했고, 이 '발야구 연패 사건'처럼 학생이 너무 문제에 몰입해있을 때나 해결이 시급할 때는 수업 시간을 사용하기도 했다. 학생들 사이에서 생긴 문제를 학생들과 직접 해결하기 위해서 함께 있는 수업 시간을 사용하는 게 불가피한 경우도 많았다.

문제는 이렇게 수업 시간을 사용할 때면 마음 한구석이 불편해졌다는 점이다. 즉, 이전에 나는 '발야구 연패 사건'에서 이어진 수업을 의미 있는 수업 혹은 교육과정 실행으로 보지 못했다. 수업이라고 하면 왜인지 교실 등 학교라는 장소에서 대개 40분(혹은 80분)이라는 시간 동안 어떤 '교과'를 교사가 다루고 학생이 그 교과 내용을 배워야만 할 것으로 생각하고 있었기 때문이다. 수업으로도 보기 힘든데, 교육과정이라는 이름을 붙이기는 더욱 부담스러웠다. 그래서 학생들의 사건·사고를 다루며 보낸 시간을 수업이 아닌 다른 이름으로, 가령 '생활지도'나 '학급경영'이라는 말로 부르곤 했다. 이 시간에 나는 분명히 학생들에게 필요한 내용을 가르쳤고 학생들도 그 당시 필요한 내용을 배웠다고 생각했음에도 말이다. 수업 시간을 엉뚱한 데 썼다는 죄책감마저도 느낄 때가 있었다.

나는 왜 '발야구 연패 사건'과 같은 수업 시간을 일탈로 여기면서 교육과정으로 말하기 어려워했을까? 아마도 수업에서는 교사가 의도한 것, 특히 교과서 안에 담긴 교과 내용을 학생에게 가르치고 학생은 그것을 배워야 한다는 생각이 내 안에 뿌리박혀 있었기 때문이 아닐까. 그래서 이 '발야구 연패 사건'처럼 교사가 처음부터 교과와 연결해서 계획하지는 않은 경우에는 수업이나 교육과정으로 보기 힘들었던 것이다.

수업에 관해 갖고 있는 일종의 고정관념은 더 이전으로 돌이켜보면, 교육대학교에서의 여러 수업 설계 경험이나 실습 경험에서 비롯한 것으로 생각해 볼 수 있다. 교과별로 가르칠 내용에 알맞은 교수학습 방법을 적용해서 수업을 설계할 때 실습에서 주어진 시간표에 따라 교과 수업을 준비할 때, 늘 달성해야 할 학습목표(성취기준)가 있었고, 효과적이고 효율적으로 교과내용을 전달하는 방법을 고민했다.

물론 교육대학교에서의 이런 훈련은 학교에서 매일 새로운 4, 5개씩의 수업을 만들고 실천하는 일상에 가장 큰 도움이 되었다. 학생들이 학습목표에 잘 도달했다고 판단되면 뿌듯함도 컸다. 하지만 매시간 수업이 내 의도대로 혹은 의도만큼 흘러가지는 않았고(오히려 수업은 늘 예측 불가한 일의 연속이었다), 그때는 좌절감도 컸다. 생각해 보면, 이 좌절감은 수업의 성패 여부를 사전에 계획한 학습목표에 두고 있었기 때문에 생긴 것이다. 나는 낱개 수업을 시간표나 교과 교육과정에 충실하게 하는 데 지칠 때 쯤이면 여러 교과를 엮은 통합교육과정을 간단히 계획해서 학생들과 하기도 했다. 이때는 좀 더 재미나 자유로움을 느끼기도 했지만, 마찬가지로 나의 예상만큼 학생들이 재미있어하지 않는 등 반응을 느낄 때면 같은 실패감을 맛보았다.

이런 상황에서 Beane(1997, 2005)의 교육과정 통합 이론은 교실에서 하는 수업이나 교육과정을 새롭게 바라보는 계기가 되었다. Beane은 학생이 원하는 것을 일단 따라가면서도 교과 내용을 가르칠 수 있다는 점을 강조한다. 그리고 교사가 교육과정에서 다룰 내용을 결정하는 권한을 학생과 나눠 가져야 한다고 말해 주고 있다. 이는 학생들이 생활 속에서 겪는 문제와 흥미를 중심으로 교육과정을 개발하고, 이를 통해 교과내용을 배우는 학습 목표를 자연스럽게 달성할 수 있다는 관점의 변화를 요청한다.

3. 내가 그리는 이야기

지금까지 '발야구 연패 사건' 통합교육과정을 계기로 수업과 교육과정에 관한 생각을 Beane(1997, 2005)의 교육과정 통합 이론과 연결해서 성찰해 보았다. Beane에 기대어 보니, 내가 일탈했다고 여겼던 지난 무수한 시간이 통합교육과정이 될 가능성을 품고 있었던 시간으로 다시 보인다.

한편, '발야구 연패 사건' 통합교육과정만을 두고 보면, 이를 실행한 교육과정으로 정리하면서 당시에 '발야구 연습시합에서의 경험 말하기와 듣기'나 '학급에서 중요한 문제를 토의하기' 등의 활동을 국어과 성취기준으로 연결하지는 못했다는 아쉬움이 있다. '발야구 규칙 알기'와 '발야구 전략 세우기' '학급 응원 구호 만들기'도 각각 체육이나 음악과 성취기준으로 연결해 볼 수 있었을 것이다. 혹은 전체 수업을 관통하는 '협력'이라는 주제에 초점화해서, 일련의 수업을 도덕과 성취기준으로 연결하는 방법도 생각해 볼 수 있다. 이처럼 우연히 시작한 활동이나 주제라도 교사가 후에 교과 성취기준과 연결하기만 해준다면, 교과를 가르친 교육과정으로 더 확실히 정당화할 수 있을 것이다.

앞으로도 나는 교실에서 학생들과 시간을 보내면서, 더 많은 사건·사고들을 만날 것이다. 그렇다면 학생들의 사건·사고들을 마주친 그 순간을 교육과정 통합으로 연계하면서 학생과 함께하는 그 상황을 의미 있는 교육이 일어난 상황으로 만들어 볼 수 있을 것이다.

끝으로 이 통합교육과정 이야기를 써 내려가면서 곱씹게 되는 단어를 키워드로 소개하면서 글을 마무리해 보고자 한다.

첫 번째 키워드는 '기다림'이다. 학생들과 통합교육과정을 개발할 때, 학생들의 이야기, 학생들의 반응이 성숙하도록 의도적으로 기다리는 여백도 필요하다고 본다. '발야구 연패 사건' 수업은 문제를 느낀 학생들이 나를 찾아와 직접 문제해결을 요구하면서, Beane(1997, 2005)이 말한 것처럼 학생과 교사가 함께 하는 통합교육과정으로 출발하였다. 물론 당시 나는 학생들의 상황을 주시하고 있었고, 학생들이 찾아오지 않았더라도 훈화 정도의 방법으로 한 번쯤은 개입했을 것이다. 그렇지만 이런 개입은 결국 학생에게 필요하다고 생각하는 것을 교사인 내가 추측해서 제공하는 개입일 수밖에 없다. 물론 이런 선제적 개입도 때로는 필요하다는 것도 알고 있고, 나는 일어날 수 있는 문제를 미리 방지하기 위해서 곧잘 개입하는 편이었다. 그러나 이 '발야구 연패 사건' 통합교육과정에서, 학생들이 실제로 태도를 바꿈으로써 마치 동화 같은 해피 엔딩으로 이어질 수 있었던 것은, 학생들이 부닥친 문제 상황에서 자신에게 필요한 것을 고민하는 시간, 스스로 해결책을 탐색하며 직접 결정하는 시간이 충분히 있었기 때문이라고 생각한다. 그래서 앞으로 학생과 교실에서 함께 생활하면서, 교사가 먼저 필요해 보이는 내용을 안내하거나 제시하는 대신 잠시 멈추고 기다리는 시간적 여유를 갖고자 한다.

다른 하나는 '듣기'이다. 앞에서 언급한 '기다림'은 결국 학생들이 원하는 바를 더 적극적으로 듣기 위함이다. 돌이켜보니, 나는 사건·사고를 다루는 상황, 평소 교육과정을 실행하는 상황에서 학생들로부터 원하는 것을 직접 듣기보다는 자문자답하며 학생들을 대변해 왔던 것 같다. 즉, 학생들이 좋아할 만한 것, 흥미있어 할 만한 것을 추측하고 그것을 반영하는 식으로 교육과정을 개발하곤 했다. 이것이 내가 해 온 학생 중심의 수업, 교육과정이었다. 하지만 이번 '발야구 연패 사건'은 통합교육과정을 개발하는 처음부터 학생이 개입할수 있다는 것을 보여 주었고, 학생이 하는 이야기를 따라가며 수업을 전개할 수 있으며 무엇보다 이렇게 할 때 학생이 더 유의미한 교육 경험을 한다는 점을 알려 주었다. 특히 앞서'발야구 연패 사건'을 통합교육과정으로 정당화하면서 성취기준을 연결하지 못한 아쉬움을언급했는데, 이 또한 학생의 이야기를 잘 들음으로써 해결할 수 있을 듯하다. 최종적으로실행한 통합교육과정에 성취기준을 연결할 때, 내가 의도하고 예상한 학생의 배움이 아니라, 실제로 학생이 무엇을 배웠는지를 듣고 그 배움을 설명할 수 있도록 성취기준을 더 적확하게 연결할 수 있을 것으로 기대한다.

참고문헌

민보선, 정광순(2021). 교실에서 발생하는 사건이 수업으로 연속하는 현상 탐구: van Manen의 교육
　　이론을 바탕으로. 학습자중심교과교육연구, 21(12), 325-341.

Beane, J. A. (1997). *Curriculum integration, designing the core of democratic education*. 노
　　경주 역(2019). 민주적인 교육의 핵심을 지향하는 설계 교육과정 통합. 춘천교육대학교 출판부.
Beane, J. A. (2005). *A reason to teach*. 정광순 역(2024). 가르치는 이유. 서울: 학지사.

부록

부록 1

교육과정 통합 관련 참고 도서 목록

다행히도, 지난 10년 동안 교육과정 통합 관련 책들을 계속 발행해 왔다. 1920년대부터 1940년대 초에 출판된 책들도 훌륭하지만, 1950년대부터 1970년대에 나온 몇몇 책들은 교육과정 통합의 관점을 구체적으로 다루고 있다. 다음에 제시하는 책들은 주로 북미에서 교육과정 통합이 성행했던 1990년대 나온 책들로, 교육과정 통합 분야를 이해하는 데 중요한 책들이다.

교육과정을 통합하려는 학교는 교사들이 교육과정 분야의 중요 경향을 파악하고, 참고할 수 있도록 미니 자료실을 갖추는 것이 좋다.

Alexander, W., Carr, D., McAvoy, K. (1995). *Student-Oriented Curriculum: Asking the Right Questions*. 학생중심 교육과정을 성공적으로 실행한 두 베테랑 교사와 그들의 학생 6학년 40명에 대한 이야기이다. 학생들에게 학습 권한을 주고자 하는 교사나 통합 수업을 하고자 하는 교사들에게 도움이 되는 책이다.

Beane, J. (1993). *A Middle School Curriculum: From Rhetoric to Reality*. 교육과정 개혁에 중요한 영향을 미쳤고, 지금도 대단히 영향력 있는 책이다. 교과에 대한 분과적 접근을 비판하고, 학생과 사회적 요청을 기초로 한 보편적인 교육과정에 대한 관점을 취한다.

Beane, J. (1997). *Curriculum Integration: Designing the Core of Democratic Education*. 교과를 초월하라. Beane은 교육과정 통합의 역사를 상세히 다루면서 비판점들을 분석한다. 실제 교실 사례를 들어 교육과정 통합이 교육과정개발과 수업에 대한 민주적인 접근임을 제시한다.

Beane, J. A *REASON TO TEACH: Creating Classrooms of Dignity and Hope The power of the democratic way*. 이 책은 학교에서 아이들이 민주적인 삶의 방식과 가치를 배우도록 도와야 한다는 관점에서, 학생들이 학교에서 민주주의를 경험해야 한다는 점을 말하고 있다. 학생과 함께 개발하는 교육과정 통합이 궁금하다면 참고할 수 있다.

Brazee, E., & Capelluti, J. (1995). *Dissolving Boundaries: Toward an Integrative Curriculum*. 교육과정 개선에 참여한 실제 일곱 개의 이야기이다. 특히 교육과정 통합의 타당성을 자세히 다루고 있다.

Dickinson, T. (Ed.). (1993). *Readings in Middle School Curriculum: A Continuing Conversation*. 중학교 교육과정에 대한 중요한 책이다. Stevenson, Arnold, Erb, Beane과 같은 저자들이 쓴 최근의 논문들과 함께 이전에 발표했던 몇 편의 논문들이 함께 실려 있다.

Dickinson, T., & Erb, T. (Eds.). (1996). *We Gain More Than We Give: Teaming in Middle School*. 중학교 교사조직을 주제로 지금까지 출판된 것 중에서 가장 종합적인 책이다. 이 책에 실린 자료들은 상당히 풍부하고 깊이가 있다. 복잡하고, 많은 차질이 있었고, 많은 장점도 있었고, 응분의 보상도 있었던 중학교 교사 조직의 미묘한 실제를 새롭게 그리고 의미 있게 통찰하고 있다.

Hawkins, M., & Graham, D. (1994). *Curriculum Architecture: Creating a Place of Our Own*. 신선한 충격이고, 솔직하며, 도전적이다. 이 책의 메시지는 학교마다 자기 학교의 교육과정을 만들어야 한다는 것이다. 학생, 학교, 지역사회를 '우리 자신의 삶의 장소'로 설계해야 한다.

Lipka, R., Lounsbury, J., Toepfer, Jr., C., Vars, G., Allessi, Jr., S, & Kridel, C. (1998). *The Eight-Year Study Revisited: Lessons from the Past for the Present*. 지금까지 수행한 교육과정에 대한 대표적인 연구들을 짚은 책이다. 특히 이 책에서는 중학교와 고등학교 교육과정을 신중하게 연구할 필요가 있다고 밝히고 있다. 광범위하게 시행되었다고 할 수 없지만, 1942년에 수행한 8년 연구의 결과들은 재검토해 볼 만하다. 특히 그 교훈은 오늘날에도 적용될 수 있다.

National Middle School Association. (1995). *This We Believe: Developmentally Responsive Middle Level Schools*. 위원회에서 개발하고 연방중학교협의회가 공식적으로 수용한 신조인 '우리가 믿는 것(This we believe)'은 중학생에게 적합한 교육 프로그램을 제공하고자 하는 사람들에게 확실히 도움을 줄 것이다. 중학교 교육과정의 독자성을 주장하는 근거들을 보면, 거기에는 우리가 중학생에 대해 알고 있는 것, 우리 사회의 특성들을 집약하고 있다. 중학교는 도전적이고 통합적이며 탐구적인 교육과정을 요청하고 있다.

Pate, E., Homestead, E., & McGinnis, K. (1997). *Making Integrated Curriculum Work: Teachers, Students, and the Quest for Coherent Curriculum*. 8학년을 담당하는 두 교사의 이야기를 다루고 있다. 58명의 학생들을 위한 민주적인 교실과 일관성 있는 교육과정을 탐색한 책이다.

Siu-Runyan, Y., & Faircloth, C. V. (Eds.). (1995). *Beyond Separate Subjects: Integrative Learning at the Middle Level*. 교육과정을 통합하고자 하는 교사들을 실질적으로 돕기 위한 책이다. 왜 그리고 무엇을, 구체적 사례들, 단원 구성이라는 3개의 장으로 구성했다. 실제로 유용한 팁, 아이디어, 간단한 양식들을 제공할 뿐만 아니라, 변화하려고 고군분투하는 교육자들을 상세하게 다루고 있다.

Springer, M. (1994). *Watershed: A successful Voyage Into Integrative Learning*. 일반적인 공립학교에서도 교육과정을 충분히 통합할 수 있다는 점을 널리 알리는 책이다. 7학년 40명을 대상으로 그들의 실생활을 접목하고, 스스로의 학습에 대해 책임을 지도록 계획한 실험 연구에 참여한 두 교사가 실행한 교육과정 통합에 대한 학술서이다. 선도 저자인 Sprigner의 말은 상당히 통찰력 있고 정보도 풍부하다.

Stevenson, C., & Carr, J. (Eds.). (1993). *Integrated Studies in the Middle Grades: Dancing Through Walls*. 통합교육과정을 계획하고 실행한 교사들이 쓴 그들의 경험에 대한 이야기다. 이 책은 이들을 따르려는 '비범한 용기를 가진 교사들'에게 용기를 북돋우고 상상을 불어넣어 줄 것이다.

Vars, G. (1993). *Interdisciplinary Teaching in the Middle Grade: Why and How*. 통합의 정당성에서 시작하여, 다양한 접근과 관점들을 개관하고, 통합단원을 개발하는 데 필요한 실질적인 수업 계획, 방법, 기능들을 소개하고 있다.

교육과정 통합에 대해 더 관심이 있다면 국내에서 출판한 다음 책들을 참고해도 좋다. 이 책들은 여러 대학 도서관에서 찾을 수 있다.

박일수, 김승호(2020). 통합교과의 이론과 실제(2판). 예비교사에서 통합교과의 이론과 실제를 설명하는 개론서이다. 통합교과의 개념, 역사, 이론적 근거, 교수 방법과 통합교과를 개발하는 데 유용한 이론들을 소개한다.

이경원(2014). 교육과정 콘서트. 학교에서 교과서가 아닌 교육과정을 중심에 두고 학생들과 가르치고, 배우는 내용이 설명되어 있다. 국가수준교육과정부터 학교교육과정 그리고 학년 및 교실 교육과정까지 연결되는 교육과정의 전체 모습을 알 수 있도록 제시하고 있다.

이윤미(2021). 우리, 학교 교과서 만들자: 학교교과목으로 교육과정 개발. 이리동산초등학교를 통해 교사가 학생들을 위해 학교교과목을 개발한 사례, 그리고 그에 맞는 교과서를 만든 사례를 소개한다.

이찬희, 정광순(2019). 찬희 샘, 구성차시를 만나다: 교사가 학생과 만드는 수업. 초등교사가 교실에서 초등통합교과 교과서를 사용하면서 구성차시를 활용한 수업 사례를 이야기하고 있다.

이환기, 정광순, 박채형, 조상연(2018). 초등학교 통합교과의 성격. 지금까지 이루어졌던 각각의 통합교과에 대한 논의들을 종합하고 그것을 바탕으로 미래지향적으로 각각의 통합교과 성격을 고찰하고 있다. '각각의 통합교과는 초등학교 교과로서 과연 어떤 성격을 띠고 있다고 보아야 하는가?' 하는 문제를 설명하고 있다.

전북교사교육과정연구회(2021). 꼬마시민을 기르는 통합교육과정. Beane의 이론을 토대로 민주적 삶을 지향하는 교육과정 통합의 실제 사례를 소개하고 있다. 교실에서 사회적 쟁점을 중심으로, 학생의 관심사를 중심으로 교육과정 통합을 실천하도록 도와줄 것이다.

홍영기(2006). 초등교육과정의 통합적 운영. 특히 초등학교 고학년 학생들을 대상으로 교육과정을 통합적으로 운영하기 위한 통합단원 수업 설계 모형을 소개하고 있다. 4, 5, 6학년별 통합단원 설계 및 실천 사례를 참고해 볼 수 있다.

부록 2

'동산에 다 있소!' 다학문적 교육과정 통합 사례

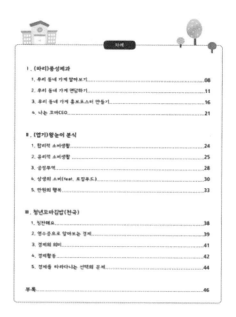

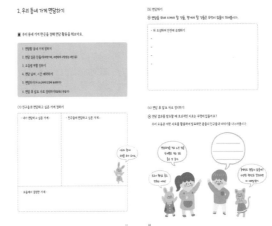

부록3

2022 개정 초등통합교과 성취기준

교육과정(교육부 고시 제2022-33호)			내용요소			교과서
영역	핵심 아이디어	성취기준	지식·이해	과정·기능	가치·태도	단원명
01. 우리는 누구로 살아갈까	01-01. 우리는 내가 누구인지 생각하며 생활한다.	[2바01-01] 학교 생활 습관과 학습 습관을 형성하여 안전하고 건강하게 생활한다.	• 학교 생활 습관과 학습 습관	• 습관 형성하기	• 안전하고 건강한 생활	학교 (1-1)
		[2슬01-01] 학교 안팎의 모습과 생활을 탐색하며 안전한 학교생활을 한다.	• 학교 안팎의 모습과 생활	• 탐색하기	• 안전한 학교생활	
		[2즐01-01] 즐겁게 놀이하며, 건강하고 안전하게 생활한다.	• 건강과 안전	• 놀이하기	• 건강한 생활 • 안전한 생활	
		[2바01-02]나를 이해하고 존중하며 산다.	• 자기 이해		• 자기 존중	나 (2-1)
		[2슬01-02] 나를 탐색하여 나에 대해 설명한다.	• 자아인식	• 설명하기		
		[2즐01-02] 놀이하며 내 몸의 움직임이나 감각을 느낀다.	• 신체 인식과 감각			
	01-02. 우리는 서로 관계를 맺으며 살아간다.	[2바01-03] 가족이나 주변 사람을 배려하며 관계를 맺는다.		• 관계 맺기	• 배려	사람들 (1-1)
		[2슬01-03] 가족이나 주변 사람에게 관심을 갖고 함께 살아가는 모습을 탐구한다.	• 가족과 주변 사람	• 탐구하기		
		[2즐01-03] 가족이나 주변 사람과 소통하며 어울린다.		• 소통하기	• 어울림	
		[2바01-04] 생태환경과 더불어 살기 위해 노력한다.	• 생태환경		• 더불어 사는 삶	자연 (2-1)
		[2슬01-04] 사람과 자연, 동식물이 어우러져 사는 생태를 탐구한다.	• 사람·자연·동식물	• 탐구하기		
		[2즐01-04] 우리를 둘러싼 자연의 아름다움을 감상한다.	• 자연의 아름다운 장면	• 감상하기		

02. 우리는 어디서 살아갈까	02-03. 우리는 여러 공동체 속에서 살아간다.	[2바02-01] 공동체에서 내가 할 수 있는 일을 찾아보고 실천한다.	• 공동체 생활 모습	• 실천하기		마을 (2-1)
		[2슬02-01] 우리가 살고 있는 마을과 사람들이 생활하는 모습을 살펴본다.	• 마을의 모습과 생활	• 살펴보기	
		[2즐02-01] 내가 참여할 수 있는 문화 예술을 향유한다.		• 문화 예술 활동하기	• 문화 예술 향유
		[2바02-02] 우리나라의 소중함을 알고 사랑하는 마음을 기른다.	• 우리나라의 소중함		• 나라 사랑	우리 나라 (1-1)
		[2슬02-02] 우리나라의 모습이나 문화를 조사한다.	• 우리나라의 모습과 문화	• 조사하기	
		[2즐02-02] 우리나라의 문화 예술을 즐긴다.	• 우리나라의 문화 예술	• 문화 예술 활동하기	• 문화 예술 향유
	02-04. 우리는 삶의 공간을 넓히며 살아간다.	[2바02-03] 차이나 다양성을 서로 존중하면서 생활한다.			• 다양성 존중	세계 (2-1)
		[2슬02-03] 알고 싶은 나라를 탐구하며 다른 나라에 관심을 갖는다.	• 다른 나라의 모습과 문화	• 탐구하기	• 관심
		[2즐02-03] 다른 나라의 문화예술을 체험한다.	• 다른 나라의 문화 예술	• 문화 예술 활동하기	• 문화 예술 향유
		[2바02-04] 새로운 활동에 호기심을 갖고 도전한다.		• 호기심 갖기	• 적극성과 도전 의식	탐험 (1-1)
		[2슬02-04] 궁금한 세계를 다양한 매체로 탐색한다.	• 궁금한 세계	• 매체 활용하기 • 탐색하기	• 호기심
		[2즐02-04] 다양한 세상을 상상하고 표현한다.		• 표현하기 • 상상하기	
03. 우리는 지금 어떻게 살아갈까	03-05. 우리는 여러 유형의 주기로 살아간다.	[2바03-01] 하루의 가치를 느끼며 지금을 소중히 여긴다.		• 하루 생활 관리하기	• 시간의 가치	하루 (1-2)
		[2슬03-01] 하루의 변화와 사람들이 하루를 살아가는 모습을 탐색한다.	• 하루의 변화와 생활	• 탐색하기	
		[2즐03-01] 하루를 건강하고 활기차게 지낸다.			• 활기찬 생활
		[2바03-02] 계절의 변화에 대응하며 생활한다.		• 변화에 대응하기	• 적절성	계절 (2-2)
		[2슬03-02] 계절과 생활의 관계를 탐구한다.	• 계절과 생활	• 탐구하기	
		[2즐03-02] 자연의 변화를 느끼며 놀이한다.	• 자연의 변화	• 자연에서 놀이하기	

03. 우리는 지금 어떻게 살아갈까	03-06. 우리는 과거, 현재, 미래를 생각하며 살아간다.	[2바03-03] 여러 인물의 삶을 통해 공동체성을 기른다.	•인물의 삶			인물 (2-2)
		[2슬03-03] 관심 있는 대상의 과거와 현재를 살펴보고 미래를 상상한다.	•과거-현재-미래	•살펴보기	•상상력	
		[2즐03-03] 전통문화를 새롭게 표현한다.	•전통문화	•창의적으로 표현하기	•전통의 소중함	
		[2바03-04] 공동체 속에서 지속가능성을 위한 삶의 방식을 찾아 실천한다.	•지속가능한 삶의 방식	•실천하기	•공동체성 •지속가능성	약속 (1-2)
		[2슬03-04] 우리의 생활과 관련된 지속가능성의 다양한 사례를 찾고 탐색한다.		•탐색하기		
		[2즐03-04] 안전과 안녕을 위한 아동의 권리가 있음을 알고 누린다.	•아동권리	•권리 누리기	•안전과 안녕	
04. 우리는 무엇을 하며 살아갈까	04-07. 우리는 경험하고 상상하고 만들며 살아간다.	[2바04-01] 모두를 위한 생활 환경을 만드는 데 참여한다.	•모두를 위한 생활 환경	•참여하기	•모두를 위한 마음	물건 (2-2)
		[2슬04-01] 생활도구의 모양이나 기능을 탐색하고 바꾸어본다.	•생활 도구의 모양과 기능	•바꾸기 •탐색하기		
		[2즐04-01] 주변의 물건을 활용하여 놀잇감을 만든다.		•고치기와 만들기		
		[2바04-02] 다양한 생각이나 의견에 대해 개방적인 태도를 형성한다.		•생각이나 의견 나누기	•개방성 •자발성	상상 (1-2)
		[2슬04-02] 상상한 것을 다양한 매채와 재료로 구현한다.	•다양한 매채와 재료	•매체 활용하기 •상상하여 구현하기	•창의성	
		[2즐04-02] 자유롭게 상상하며 놀이한다.		•놀이하기	•자유로운 상상	
	04-08. 우리는 느끼고 생각하고 표현하며 살아간다.	[2바04-03] 여럿이 하는 활동에 관심을 갖고 자발적으로 협력한다.		•협력하기		이야기 (1-2)
		[2슬04-03] 경험한 것 중에서 관심 있는 주제를 정하고 조사한다.	•관심 주제	•조사하기		
		[2즐04-03] 생각이나 느낌을 살려 전시나 공연 활동을 한다.	•생각과 느낌	•전시하기 •공연하기		
		[2바04-04] 지금까지의 생활 습관과 학습 습관을 되돌아본다.	•학습 습관 •생활 습관	•되돌아보기		기억 (2-2)
		[2슬04-04] 배운 것과 배울 것을 연결하며 앞으로의 배움을 상상한다.	•배운 것과 배울 것	•연결하기		
		[2즐04-04] 기억에 남는 경험을 떠올리며 의미를 부여한다.		•경험 떠올리기	•의미 부여	

찾아보기

내용

저자 소개

정광순(Jeong KwangSoon)
한국교원대학교 초등교육과 교수

김세영(Kim Se Young)
한국교원대학교 교육정책전문대학원 교수

김수진(Kim Soojin)
한국교원대학교 초등교육연구소 연구원

민보선(Min Bosun)
울산 천상초등학교 교사

박일수(Park Ilsoo)
공주교육대학교 교육학과 교수

박채형(PARK Chaehyeong)
부산교육대학교 교육학과 교수

신태중(Sheen Taejoong)
서울송정초등학교 교사

양효준(Yang Hyo Jun)
경기 선행초등학교 교사

유성열(You Sungyeol)
세종 바른초등학교 교사

이윤미(Lee Yun Mi)
전북 전주용소초등학교 교사

이인용(Lee Inyong)
세종 보람초등학교 교사

이찬희(LEE CHAN HEE)
한국교원대학교 기초학력연구소 연구원

이한나(Lee Hanna)
세종 가락초등학교 교사

조상연(Jo Sangyeon)
춘천교육대학교 교육학과 교수

홍영기(Hong Youngki)
진주교육대학교 교육학과 교수

2022 개정 교육과정에 따른

초등통합교과 교육론
Theory and Practice of Integrated Subjects
in the 2022 Revised National Curriculum

2025년 2월 20일 1판 1쇄 인쇄
2025년 3월 3일 1판 1쇄 발행

지은이 • 정광순 · 김세영 · 김수진 · 민보선 · 박일수 · 박채형 · 신태중
　　　　양효준 · 유성열 · 이윤미 · 이인용 · 이찬희 · 이한나 · 조상연 · 홍영기
펴낸이 • 김진환
펴낸곳 • (주) **학지사**
　　　　04031 서울특별시 마포구 양화로 15길 20 마인드월드빌딩
대표전화 • 02)330-5114　　　　팩스 • 02)324-2345
등록번호 • 제313-2006-000265호

홈페이지 • http://www.hakjisa.co.kr
인스타그램 • https://www.instagram.com/hakjisabook

ISBN 978-89-997-3241-6 93370

정가 23,000원

출판미디어기업 **학지사**

간호보건의학출판 **학지사메디컬** www.hakjisamd.co.kr
심리검사연구소 **인싸이트** www.inpsyt.co.kr
학술논문서비스 **뉴논문** www.newnonmun.com
교육연수원 **카운피아** www.counpia.com
대학교재전자책플랫폼 **캠퍼스북** www.campusbook.co.kr